Couvertures supérieure et inférieure
manquantes

LA PSYCHOLOGIE

DES

SENTIMENTS

Coulommiers. — Imp. Paul BRODARD. — 190-96.

LA PSYCHOLOGIE

DES

SENTIMENTS

PAR

TH. RIBOT

Professeur au Collège de France
Directeur de la *Revue philosophique*

PARIS

ANCIENNE LIBRAIRIE GERMER BAILLIÈRE ET Cie
FÉLIX ALCAN, ÉDITEUR
108, BOULEVARD SAINT-GERMAIN 108

1896

A

M. L. LIARD

DIRECTEUR DE L'ENSEIGNEMENT SUPÉRIEUR

Hommage reconnaissant.

PRÉFACE

La psychologie des états affectifs est, de l'avis commun, confuse et peu avancée. Bien qu'elle ait bénéficié en quelque mesure de l'entraînement contemporain vers les recherches psychologiques, on doit avouer qu'elle n'a exercé sur les travailleurs qu'une séduction modérée : on a préféré d'autres études, celles des perceptions, de là mémoire, des images, des mouvements, de l'attention. Si la preuve était nécessaire, on la trouverait dans les listes bibliographiques qui se publient actuellement en Allemagne, en Amérique, en France, et donnent l'inventaire psychologique de chaque année. Sur la totalité des livres, mémoires et articles parus, ce qui se rapporte aux sentiments reste en moyenne au-dessous du vingtième. C'est bien peu pour le rôle que les émotions et les passions jouent dans la vie humaine, et cette partie de la psychologie ne mérite pas un tel abandon. A la vérité, dans ces derniers temps, W. James et Lange semblent avoir mis un terme à cet état de stagnation. Leur thèse, d'apparence paradoxale, a suscité, surtout en Amérique, des discussions, critiques, apologies en grand nombre et, ce qui vaut mieux, des observations et des recherches.

Il faut reconnaître que, pour ceux qui ont quelque souci de la précision et de la clarté, l'étude des sentiments présente de grandes difficultés. L'observation intérieure, guide peu sûr et qui ne conduit pas loin, est ici particulièrement suspecte. L'expérimentation a donné quelques résultats très appréciables, mais bien moins importants et bien moins nombreux que pour les autres parties de la psychologie. Les recherches de détail, les monographies manquent; en sorte que notre sujet abonde à chaque instant en questions mal éclaircies. Enfin, le préjugé dominant, qui consiste à assimiler les états affectifs aux états intellectuels, à les considérer comme leurs analogues ou même leurs dépendances et à les traiter comme tels, n'est propre qu'à induire en erreur.

Nous avons, en effet, dans toute étude sur la psychologie des sentiments, à choisir entre deux positions radicalement distinctes et ce choix impose une différence dans la méthode. Sur la nature essentielle et dernière des états affectifs, il y a deux opinions contraires. D'après l'une, ils sont secondaires, dérivés, qualités, modes ou fonctions de la connaissance; ils n'existent que par elle; ils sont de l' « intelligence confuse » : c'est la thèse *intellectualiste*. D'après l'autre, ils sont primitifs, autonomes, irréductibles à l'intelligence, pouvant exister en dehors d'elle et sans elle; ils ont une origine totalement différente : c'est la thèse que, sous la forme actuelle, on peut nommer *physiologique*.

Ces deux thèses ont des variantes ; je les néglige, n'écrivant pas leur histoire ; mais tout rentre dans l'un ou l'autre de ces deux grands courants.

La théorie intellectualiste, qui est de vieille date, a trouvé sa plus complète expression dans Herbart et son école, pour qui tout état affectif n'existe que par le rapport réciproque des représentations ; tout sentiment résulte de la coexistence dans l'esprit d'idées qui se conviennent ou se combattent ; il est la conscience immédiate de l'élévation ou de la dépression momentanée de l'activité psychique, d'un état de tension libre ou entravée : mais il n'est pas par lui-même ; il ressemble aux accords musicaux et dissonances qui diffèrent des sons élémentaires, quoiqu'ils n'existent que par eux. Supprimez tout état intellectuel, le sentiment s'évanouit ; il n'a qu'une vie d'emprunt, celle d'un parasite. L'influence de Herbart persiste encore en Allemagne où (sauf quelques exceptions comme Horwicz, Schneider, etc.) l'intellectualisme complet ou mitigé prédomine.

La thèse que j'ai appelée physiologique (Bain, Spencer, Maudsley, James, Lange, etc.) rattache tous les états affectifs à des conditions biologiques et les considère comme l'expression directe et immédiate de la vie végétative. C'est celle qui a été adoptée, sans restriction aucune, dans ce travail. Pour elle, les sentiments ne sont plus une manifestation superficielle, une simple efflorescence ; ils plongent au plus profond de l'individu ; ils ont leurs racines dans les besoins et les instincts, c'est-à-dire dans des mouvements. La conscience ne livre qu'une partie de leurs secrets ; elle ne peut jamais les révéler complètement ;

il faut descendre au-dessous d'elle. Sans doute, il est fâcheux d'avoir à invoquer une activité inconsciente, à faire intervenir un facteur obscur, mal déterminé ; mais, vouloir réduire les états affectifs à des idées claires, nettes et s'imaginer que, par ce procédé, on peut les fixer, c'est en méconnaître complètement la nature et se condamner par avance à échouer.

Au reste, ce n'est le lieu ni de critiquer la thèse intellectualiste, ni de justifier l'autre en courant : l'ouvrage tout entier y est consacré. Il comprendra deux parties.

La première étudiera les manifestations les plus générales : le plaisir et la douleur, marques propres de cette forme de la vie psychique, diffus partout et d'aspects multiples ; puis la nature de l'émotion, état complexe qui, dans l'ordre affectif, correspond à la perception dans l'ordre de la connaissance.

La seconde traitera des émotions spéciales. Cette étude de détail est d'une grande importance pour des raisons qui seront exposées plus tard, avant tout pour ne pas rester dans les généralités : elle est un contrôle et une vérification. La nature de la vie affective ne peut être comprise que si on la suit dans ses transformations incessantes, c'est-à-dire dans son histoire. La séparer des institutions sociales, morales, religieuses, des changements esthétiques et intellectuels qui la traduisent et l'incarnent, c'est la réduire à une abstraction vide et morte. Aussi, on s'est attaché à suivre toutes les émotions l'une après l'autre dans la marche de leur développement, à noter les moments successifs de leur évolution ou de leur régression.

La pathologie de chaque émotion a été esquissée à titre de complément et d'éclaircissement. On a essayé de faire voir que sous des apparences de confusion, d'incohérence et de promiscuité, il y a, du morbide au normal, du complexe au simple, un fil conducteur qui peut toujours ramener au point d'origine.

Ce travail, qui a pour but d'exposer la situation présente de la psychologie des sentiments, aurait pu être très long. En éliminant toute digression et tout exposé historique, on l'a fait aussi court que possible.

Mars 1896.

PSYCHOLOGIE DES SENTIMENTS

INTRODUCTION

L'ÉVOLUTION DE LA VIE AFFECTIVE

En commençant, il est utile d'esquisser à grands traits l'évolution générale de la vie affective, de son humble début — la sensibilité organique — à ses formes les plus complexes et les plus hautes. En finissant, nous présenterons le tableau correspondant et inverse, celui de sa dissolution.

Quand on prend au hasard et tels que l'expérience journalière nous les donne, les états connus sous les dénominations flottantes de sentiments, émotions, passions : la joie et la tristesse, un mal de dent et l'agrément d'un parfum, l'amour ou la colère, la peur ou l'ambition, la jouissance esthétique ou l'émotion religieuse, la fureur du jeu ou la bienveillance, le frisson du sublime ou le malaise du dégoût et ainsi de suite, car ils sont innombrables ; une première remarque s'impose, même à les examiner superficiellement : tous ces états, quels qu'ils soient, offrent un double aspect : objectif ou extérieur, subjectif ou intérieur.

Nous constatons d'abord des manifestations *motrices* : des mouvements, des gestes, une attitude du corps, une modification dans la voix, la rougeur ou la pâleur, des tremblements, des changements dans les sécrétions ou excrétions, et autres phénomènes corporels, variant suivant les cas. Nous les observons sur nous-mêmes, chez nos semblables, chez les animaux. Quoiqu'ils ne soient pas tous moteurs au sens strict, il n'y a aucun abus à les nommer ainsi, puisqu'ils sont tous l'effet d'une action centrifuge.

Nous constatons aussi, en nous-mêmes directement et par le témoignage de la conscience, chez les autres indirectement et par induction, l'existence de certains états agréables, pénibles ou mixtes, avec leurs modes ou nuances extrêmement variables en qualité et en intensité.

De ces deux groupes, les manifestations motrices d'une part, les plaisirs, douleurs et leurs composés d'autre part, lequel est fondamental? Pouvons-nous les mettre sur la même ligne et, si nous ne le pouvons pas, quel est celui qui supporte l'autre?

Ma réponse à cette question sera nette : les manifestations motrices sont l'essentiel. En d'autres termes, ce qu'on appelle états agréables ou pénibles ne constitue que la partie superficielle de la vie affective, dont l'élément profond consiste dans les tendances, appétits, besoins, désirs, qui se traduisent par des mouvements. La plupart des traités classiques (et même d'autres) disent : « La sensibilité est la faculté d'éprouver du plaisir et de la douleur ». Je dirai, en employant leur terminologie : c'est la faculté de tendre ou de désirer et *par suite* d'éprouver du plaisir et de la douleur. La tendance n'est rien de mystérieux; elle est un mouvement ou un arrêt de mouvement à l'état naissant. J'emploie ce mot — tendance — comme synonyme de besoins, appétits, instincts, inclinations, désirs; il est le terme générique dont les autres sont des variétés; il a sur eux l'avantage d'embrasser à la fois les deux aspects, psychologique et physiologique, du phénomène. Toutes les tendances supposent une innervation motrice; elles traduisent les besoins de l'individu quels qu'ils soient, physiques ou mentaux : le fond, la racine de la vie affective est en elles, non dans la conscience du plaisir et de la douleur qui les accompagne, selon qu'elles sont satisfaites ou contrariées. Ceux-ci — les états agréables ou pénibles — ne sont que des signes, des indices; et, de même que les symptômes nous révèlent l'existence d'une maladie, non sa nature essentielle qui doit être cherchée dans les lésions cachées des tissus, des organes, des fonctions; de même aussi le plaisir et la douleur ne sont que des *effets* qui doivent nous guider vers la recherche et la détermination des causes, cachées dans la région des instincts. Si l'opinion contraire a généralement prévalu, si la priorité a été accordée à l'étude des manifestations agréables et pénibles, considérées comme l'essentiel de la vie affective et servant à la définir ; c'est le résultat d'une mauvaise méthode, d'une foi exclusive dans le témoignage de la conscience, d'une illusion commune qui consiste à croire que la portion consciente d'un événement est sa portion principale ; mais surtout la conséquence de cette idée radicalement fausse que les phénomènes corporels qui accompagnent tous les états affectifs, sont des facteurs négligeables, extérieurs, étrangers à la psychologie, sans intérêt pour elle.

Pour le moment, ce qui précède n'est qu'une affirmation ; les preuves viendront plus tard et rempliront tout l'ouvrage : il s'agissait seulement d'indiquer clairement, dès le début, la position adoptée. Nous pouvons maintenant suivre l'évolution de la vie affective, en marquant ses principales étapes qui sont : la sensibilité préconsciente, l'apparition des émotions primitives, leur transformation ou en émotions complexes et abstraites ou en cet état stable et chronique qui constitue les passions.

I

La première période est celle de la sensibilité protoplasmique, vitale, organique, préconsciente. On sait que l'organisme a sa mémoire ; il conserve certaines impressions, certaines modifications normales ou morbides ; il est capable d'adaptation : ce point a été bien établi par Hering (qui avait été précédé dans cette voie par Laycock et Jessen). C'est l'ébauche de cette forme supérieure qui est la mémoire psychique, consciente. Semblablement, il existe une forme inférieure, inconsciente, — la sensibilité organique qui est la préparation et l'ébauche de la vie affective supérieure, consciente. La sensibilité vitale est au sentir conscient ce que la mémoire organique est à la mémoire au sens courant du mot.

Cette sensibilité vitale est la propriété de recevoir des excitations et de réagir en conséquence. Dans un mémoire très connu et déjà ancien [1], Cl. Bernard écrivait : « Les philosophes ne connaissent et

---

1. « La sensibilité dans le règne animal et le règne végétal » (1876), dans la Science expérimentale, p. 218 et suiv.

n'admettent en général que la sensibilité consciente, celle que leur atteste le moi. C'est pour eux la modification psychique, plaisir, douleur, déterminée par les modifications externes.... Les physiologistes se placent nécessairement à un autre point de vue. Ils doivent étudier le phénomène objectivement, sous toutes les formes qu'il revêt. Ils observent que, au moment où un agent modificateur agit sur l'homme, il ne provoque pas seulement le plaisir et la douleur, il n'affecte pas seulement l'âme : il affecte le corps, il détermine d'autres réactions que les réactions psychiques et ces réactions automatiques, loin d'être la partie accessoire du phénomène, en sont au contraire l'élément essentiel. » Puis il montrait, par des expériences, que l'emploi des anesthésiques, poussé à outrance, abolit d'abord la sensibilité consciente, puis la sensibilité inconsciente des intestins et des glandes, puis l'irritabilité musculaire, enfin les mouvements si vivaces du tissu épithélial. De même pour les végétaux : sous l'influence de l'éther, la sensitive perd ses propriétés singulières, les graines cessent de germer, la levure de fermenter, etc. D'où cette conclusion, que la sensibilité ne réside pas dans les organes ou les tissus, mais dans les éléments anatomiques.

Depuis, ces recherches sur la sensibilité protoplasmique ont été poursuivies avec beaucoup d'ardeur dans le règne des micro-organismes. Ces êtres, tantôt animaux, tantôt végétaux, simples masses de protoplasma, sont en général monocellulaires et paraissent homogènes, sans différenciation de tissus. Or, on constate chez eux des *tendances* très variées. Les uns cherchent, les autres fuient obstinément la lumière. Les myxomicètes, masse protoplasmique qui vit dans l'écorce du chêne, placés dans un verre de montre plein d'eau s'y tiennent en repos; mais si l'on dispose autour d'eux de la sciure de bois, ils émigrent aussitôt vers elle, comme pris de nostalgie. L'actynophrys fait de même pour l'amidon. Les bactéries découvrent dans un corps voisin jusqu'à un trillionième de milligramme d'oxygène. Certains ciliés sédentaires paraissent choisir leur nourriture. Enfin on a cru voir une tendance élective dans le mouvement qui entraîne l'ovule mâle vers l'ovule femelle. Je ne rappelle qu'une faible partie des faits qu'on a énumérés.

S'il me fallait invoquer d'autres exemples, je citerais encore les cas étudiés de nos jours sous le nom de « phagocytose ». La lutte pour la vie existe non seulement entre les individus, mais entre les éléments anatomiques constituant l'individu. Chaque tissu, musculaire, conjonctif, adipeux, etc., possède des phagocytes (cellules dévorantes) dont le rôle consiste à « dévorer », à détruire les cellules de même nature affaiblies ou vieillies. Outre ces phagocytes spéciaux, il y a les phagocytes généraux comme les globules blancs du sang qui viennent au secours des premiers, quand ils ne suffisent pas à la tâche. Ils résistent aux microbes pathogènes, soutiennent contre eux une lutte interne, s'opposent à l'envahissement des germes infectieux. Cette propriété, d'apparence téléologique, sembla d'abord fort étonnante. Les recherches ultérieures ont montré que les phagocytes sont doués d'une sensibilité (dite chimiotaxique) grâce à laquelle ils distinguent la composition chimique du milieu, s'en rapprochent ou s'en éloignent : les tissus dégénérés attirent certains d'entre eux qui s'incorporent les cellules lésées ou mortes ; quant aux éléments sains et vigoureux peut-être se défendent-ils en sécrétant quelque substance qui les préserve de la phagocytose.

Ces faits pris* entre beaucoup d'autres sur lesquels nous aurons d'ailleurs à revenir à propos de l'instinct sexuel (2° partie, ch. vi) ont été interprétés de deux manières très différentes : l'une psychologique, l'autre chimique.

Pour les uns, il y a dans tous ces phénomènes un rudiment de conscience. Puisque les mouvements sont adaptés, appropriés, variables suivant les circonstances, il faut, disent-ils, qu'il y ait un choix, et le choix implique un élément psychique : leur motilité est la révélation d'une « psyché » obscure qui est douée de tendances attractives et répulsives.

Pour les autres (et nous adoptons cette opinion), tout est réductible à des explications physico-chimiques. Sans doute, il y a affinité, attraction, répulsion, mais au sens scientifique ; ces mots sont des métaphores dérivées du langage de la conscience, qui doivent être purgées de tout élément anthropomorphique. Divers auteurs ont montré, par de nombreuses observations et expériences, les conditions chimiques qui déterminent ou empêchent le prétendu choix (Sachs, Verworn, Löb, Maupas, Bastian, etc.).

Sur ce point, comme pour toutes les questions d'origine, on ne peut opter que d'après des vraisemblances et elles paraissent toutes en faveur de l'hypothèse chimique. Au reste, ceci n'a pour notre sujet qu'un intérêt secondaire. Si l'on admet des tendances conscientes, alors l'origine de la vie affective coïncide avec l'origine même de la vie physiologique. Si l'on élimine toute psychologie, il reste encore la tendance physiologique, c'est-à-dire l'élément moteur qui, à aucun degré, du plus humble au plus élevé, ne fait jamais défaut.

Cette excursion dans la période préconsciente — puisque nous la tenons pour telle — nous met en possession d'un résultat. Au terme de cette recherche, nous trouvons déjà deux tendances physico-chimiques, organiques, mais bien dessinées : l'une d'attraction, l'autre de répulsion : ce sont les deux pôles de la vie affective. L'attraction, qu'est-elle ici? Simplement l'assimilation, elle se confond avec la nutrition. Pourtant avec l'attraction sexuelle, notons-le, nous atteignons déjà un degré plus élevé; le phénomène est plus complexe; l'être monocellulaire n'agit plus seulement pour se conserver, mais pour maintenir l'espèce. Quant à la répulsion, nous pouvons remarquer qu'elle se manifeste de deux manières. D'un côté, elle se confond avec la désassimilation : la cellule ou le tissu rejette ce qui ne lui convient pas. D'un autre côté, à un stade un peu supérieur, elle est en quelque façon déjà défensive.

Nous avons ainsi donné une base à notre sujet, en montrant qu'il existe au-dessous de la vie affective consciente, une région très inférieure, très obscure, celle de la sensibilité vitale ou organique qui est une forme embryonnaire de la sensibilité consciente et la supporte.

II

Passons des ténèbres à la lumière et du vital au psychique. Mais, avant d'entrer dans la période consciente de la vie affective et de la suivre dans la marche progressive de son évolution, ici est peut-être le lieu convenable pour examiner une question assez importante et qui a été généralement résolue à tort dans le sens de la négative : Y a-t-il des états affectifs *purs*, c'est-à-dire vides de tout élément intellectuel, de tout contenu représentatif, qui ne soient liés ni à des perceptions, ni à des images, ni à des concepts, qui soient simplement subjectifs, agréables, désagréables ou mixtes? Si l'on répond négativement, il s'ensuit que, jamais et sans aucune exception, aucun mode de sentiment ne peut exister par lui-même; il lui faut toujours un soutien; il n'est toujours qu'un accompagnement. Cette thèse a pour elle la majorité; elle a été adoptée naturellement par les intellectualistes et tout récemment Lehmann l'a soutenue sous sa forme radicale : un état de conscience émotionnel pur ne se rencontre pas; le plaisir et la douleur sont toujours liés à des états intellectuels [1]. Si l'on répond affirmativement, alors l'état affectif est considéré comme ayant, au moins quelquefois, une existence propre, indépendante, non assujetti au rôle perpétuel d'acolyte ou de parasite.

Ceci est une question de fait et l'observation seule peut répondre. Bien que nous ayons d'autres raisons à donner en faveur de l'autonomie et même de la primordialité de la vie affective, nous les renvoyons à la conclusion de ce livre, pour rester actuellement dans l'expérience pure et simple. Il est incontestable que, dans la règle, les états émotionnels accompagnent les états intellectuels; mais qu'il n'en puisse être autrement, que les perceptions et représentations soient la condition d'existence nécessaire, absolue, sans exception, de toute manifestation affective, c'est ce que je nie.

Il y a une première classe de faits que je ne mentionne que pour mémoire. Quoiqu'ils aient été invoqués, ils me paraissent peu probants. Je veux parler de certaines émotions qui éclatent brusquement chez les animaux, sans aucune expérience antérieure qui les explique. Gratiolet ayant présenté à un tout jeune chien un débris de peau de loup si usée qu'elle ressemblait à du parchemin, l'animal en le flairant fut saisi d'une frayeur indicible. Kroener dans son livre sur la cénesthésie [2] a recueilli des faits analogues. Toutefois, il est si difficile de savoir ce qui se passe dans la conscience

---

1. « Ein rein emotionneller Bewusstseinszustand kommt nicht vor; Lust und Unlust sind stets an intellektuelle Zustände geknüpft. » *Die Hauptgesetze der menschlichen Gefühlslebens* (1892), p. 16.

2. *Das körperliche Gefühl* (1887), p. 80-81.

d'un animal, de faire la part de l'instinct et de la transmission héréditaire, que je n'insiste pas. De plus, dans tous ces cas, l'émotion
est suscitée par une sensation *externe* qui pousse le ressort, met
en jeu le mécanisme de l'instinct; en sorte qu'on pourrait arguer
de là que ce n'est pas un état affectif pur, indépendant. Pour ne
laisser aucun doute, il faut des cas où l'état affectif précède l'état
intellectuel, n'est pas provoqué par lui, mais tout au contraire le
provoque.

L'enfant ne peut avoir au début qu'une vie purement affective.
Durant la période intra-utérine, il ne voit, ni n'entend, ni ne
touche; même après la naissance il lui faut plusieurs semaines
pour apprendre à localiser ses sensations. Sa vie psychique, si rudimentaire qu'elle soit, ne peut évidemment consister qu'en un vague
état de plaisir et de peine, analogues aux nôtres. Il ne peut les lier à
des perceptions, puisqu'il est encore incapable de percevoir. C'est
une opinion très accréditée que l'enfant entre dans la vie par la
douleur : Preyer l'a contesté; nous verrons plus tard pour quelles
raisons. Toutefois, n'insistons pas encore sur ces faits, puisque
aussi bien nous ne pouvons les interpréter que par induction. Les
adultes vont nous fournir des arguments irrécusables et abondants.

Règle générale : tout changement profond dans les sensations
internes se traduit d'une façon équivalente dans la cénesthésie et
modifie le ton affectif; or, les sensations internes n'ont rien de
représentatif et ce facteur, d'une importance capitale, les intellectualistes l'ont oublié. De cet état purement organique qui devient,
ensuite affectif, puis intellectuel, nous trouverons plus tard de
nombreux exemples, en étudiant la genèse des émotions; il suffit
pour le moment d'en noter quelques-uns. Sous l'influence du
hachich, dit Moreau (de Tours) qui l'a si bien étudié, « le sentiment qu'on éprouve est un sentiment de bonheur. J'entends par là
un état qui n'a rien de commun avec le plaisir purement sensuel.
Ce n'est pas le plaisir du gourmand, de l'ivrogne, mais bien plutôt
un plaisir comparable à la joie de l'avare, à celle qu'apporte une
bonne nouvelle. » J'ai beaucoup connu un homme qui, pendant
dix ans, s'est hachiché continuellement et à hautes doses; il a
résisté à ce régime plus qu'il n'était probable et est mort fou. Je
recevais ses confidences orales et écrites, souvent plus que je ne

l'aurais désiré. Pendant cette longue période, j'ai toujours constaté ce sentiment de satisfaction inépuisable qui se traduisait de temps en temps par des inventions étranges ou des élucubrations médiocres, mais hors de pair à son avis. — A l'époque de la puberté, lorsqu'elle suit sa marche normale, on sait qu'il se produit une métamorphose profonde. Des conditions quelconques, connues ou inconnues, agissent sur l'organisme et modifient son état (1er moment); traduites dans la conscience, ces conditions organiques engendrent un ton affectif particulier (2e moment); cet état affectif institué suscite des représentations correspondantes (3e moment). L'élément représentatif apparaît en dernier lieu. Des phénomènes analogues se produisent dans d'autres circonstances où la cénesthésie est modifiée par l'état des organes sexuels (menstruation, grossesse) : l'état émotionnel se produit d'abord, l'état intellectuel ultérieurement. — Mais la source la plus abondante où l'on pourrait puiser à volonté est certainement la période d'incubation qui précède l'éclosion des maladies mentales. Dans la plupart des cas, c'est un état de tristesse vague. Tristesse sans cause, dit-on vulgairement : avec raison, si l'on entend qu'elle n'est suscitée ni par un accident, ni par une mauvaise nouvelle, ni par les causes ordinaires; mais non pas sans cause, si l'on prend garde aux sensations internes dont le rôle, en pareil cas inaperçu, n'en est pas moins efficace. — Cette disposition mélancolique est aussi la règle dans les névroses. Parfois, il se trouve que l'état affectif, au lieu d'être une incubation lente, est une *aura* de caractère émotionnel, d'une durée très courte (quelques minutes à quelques heures au plus). Certains malades, par des expériences répétées, s'en rendent bien compte; ils savent par ce changement que l'accès va venir. Féré (*Les Épilepsies*) en a donné plusieurs exemples, entre autres celui d'un jeune homme qui, dans cette circonstance, changeait totalement de caractère; ce qu'il exprimait d'une manière originale en disant : « Je sens que je change de cœur ». C'est *ultérieurement* que cet état affectif prend corps, se fixe dans une idée, comme cela se voit au mieux dans le délire des persécutions.

Sans insister davantage, ce qui serait facile, sur une énumération de faits, on peut ramener ces états affectifs purs à quatre types principaux :

1° État agréable (plaisir, joie) : celui du hachich et ses analogues, certaines périodes de la paralysie générale des aliénés, l'euphorie des phtisiques et des mourants : beaucoup de gens qui
ont échappé à une mort qu'ils considéraient comme certaine se
sont sentis envahis à son approche d'un état de béatitude, sans
autre détermination, qui·n'est peut-être que l'absence de toute souffrance [1] ;

2° État pénible (tristesse, chagrin) : la période d'incubation de
la plupart des maladies, la mélancolie des périodes menstruelles ;

3° État de peur : sans raisons, sans causes apparentes, sans justi-
fication, sans objet ; peur de tout et de rien : état assez fréquent
qui sera examiné en détail sous le titre des *phobies* ;

4° État d'excitabilité : se rapproche de la colère, est fréquent dans
les névroses ; c'est une manière d'être instable et explosive qui,
d'abord vague et indéterminée, finit par prendre une forme, s'attacher à une représentation et se décharger sur un objet.

Enfin, il y a les états mixtes formés par la coexistence ou l'alternance des états simples.

De tout ce qui précède, il résulte qu'il existe une vie affective
pure, autonome, indépendante de la vie intellectuelle, qui a sa cause
en bas, dans les variations de la cénesthésie qui est elle-même une
résultante, un concert des actions vitales. Dans la psychologie du
sentiment, le rôle des sensations externes est bien mince, comparé
à celui des sensations internes, et certes il faut ne rien voir au delà
des premières pour ériger en règle « qu'il n'y a pas d'état émotionnel qui ne soit lié à un état intellectuel ».

Ce point élucidé, revenons à notre tableau général de l'évolution.

I. Au-dessus de la sensibilité organique, nous trouvons la période
des besoins, c'est-à-dire des tendances purement vitales ou physiologiques, avec la conscience en plus. Cette période existe seule chez
l'homme au début de la vie et se traduit par les sensations internes
(faim, soif, besoin de sommeil, fatigue, etc.). Elle est constituée par
un faisceau de tendances d'un caractère surtout physiologique, et
ces tendances ne sont rien de surajouté et d'extérieur ; elles sont
la vie en action. Chaque élément anatomique, chaque tissu, chaque

---

[1]. Pour des observations sur ce point, voir *Revue philosophique*,
mars 1896.

organe n'a qu'un but, exercer son activité, et l'individu physiologique n'est pas autre chose que l'expression convergente de toutes
ces tendances. Elles peuvent se présenter sous une double forme.
Ou bien elles expriment un manque, un déficit; l'élément anatomique, le tissu, l'organisme a besoin de quelque chose. Sous cette
forme la tendance est impérieuse, irrésistible; telle la faim du car-
nassier qui engloutit sa proie vivante. Ou bien elles traduisent un
excès, un superflu : tels, une glande qui a besoin de sécréter, un
animal bien nourri qui a besoin de se mouvoir : c'est la forme
embryonnaire des émotions de luxe.

Tous ces besoins ont un point de convergence : la conservation
de l'individu, et pour employer l'expression courante, nous trouvons en eux l'*instinct de la conservation* en exercice. Au sujet de
cet instinct, on s'est livré dans ces derniers temps à des discussions qui me paraissent assez oiseuses. L'instinct de la conservation
est-il primitif? est-il dérivé? Quelques auteurs sont pour la première
hypothèse; d'autres (notamment W. James, Sergi) penchent vers
la seconde. Selon le point de vue, chacune des deux solutions est
admissible et vraie. Au point de vue synthétique, l'instinct de la
conservation est primordial, puisqu'il n'est pas autre chose que la
résultante, la somme de toutes les tendances particulières de chaque
organe essentiel : il n'est qu'une formule collective. Au point de
vue analytique, il est secondaire, puisqu'il suppose avant lui toutes
les tendances particulières en lesquelles il se résout; puisque
chacun de ses éléments est simple, puisqu'il n'y ajoute rien et n'en
est que la traduction dans la conscience. — On pourrait se
demander pareillement si une sensation de son est simple ou
composée et ici encore, selon le point de vue, la réponse varierait.
Pour la conscience l'événement est un, simple, irréductible; pour
l'analyse objective, l'événement est composé, réductible à un nombre
déterminé de vibrations. Dans les diverses parties de la psychologie,
on trouverait beaucoup de questions du même genre.

L'important est de comprendre que l'instinct de la conservation
n'est pas une entité, mais l'expression abréviative qui désigne un
groupe de tendances.

II. En sortant de la période des besoins, réductible à des tendances d'ordre physiologique, accompagnées de plaisirs ou de dou-

leurs physiques, nous entrons dans la période des *émotions primitives*.

Nous ne pouvons pour le moment déterminer avec rigueur et en
détail, ce qu'il faut entendre par émotion (voir 1ʳᵉ partie, ch. vii);
il suffit d'une caractéristique grossière, mais saisissable. Pour
nous, *l'émotion est, dans l'ordre affectif, l'équivalent de la perception dans l'ordre intellectuel*, un état complexe, synthétique
qui se compose essentiellement : de mouvements produits ou
arrêtés, de modifications organiques (dans la circulation, la respiration, etc.), d'un état de conscience agréable ou pénible ou mixte,
propre à chaque émotion. Elle est un phénomène à apparition
brusque et à durée limitée; elle se rapporte toujours à la conservation de l'individu ou de l'espèce; — directement pour les émotions
primitives, indirectement pour les émotions dérivées.

L'émotion, même à s'en tenir aux formes primitives, nous introduit donc dans une région supérieure de la vie affective, où les
manifestations deviennent assez complexes. Mais ces formes primitives — les émotions simples, irréductibles — comment les déterminer, car tel est notre principal but? Beaucoup négligent cette
détermination ou la font au hasard, arbitrairement. Les anciens
auteurs semblent, dans cette occurrence, avoir suivi une méthode
d'abstraction et de généralisation qui ne pouvait les conduire qu'à
des entités. C'était une doctrine accréditée chez eux que toutes les
« passions » sont finalement réductibles à l'amour et à la haine;
cette thèse se rencontre couramment. Pour atteindre cette conclusion, ils paraissent avoir rapproché et comparé les diverses passions, dégagé les ressemblances, éliminé les différences et, de
réduction en réduction, avoir abstrait de cette multiplicité les caractères les plus généraux [1].

Si l'on entend par amour et haine les mouvements d'attraction
ou de répulsion qui se trouvent au fond des émotions, il n'y a pas
à contredire; mais on ne nous donne que des abstractions, des
concepts théoriques; une telle détermination est illusoire et sans
utilité pratique. Si l'on entend amour (quel amour? car rien de plus
vague que ce mot) et haine en un sens plus concret et que l'on

---

1. Descartes est une exception éclatante à cette manière de procéder;
on reviendra ailleurs sur la méthode qu'il a suivie (2ᵉ partie, ch. vii).

prétende les considérer comme la source primitive dont on peut dériver toutes les autres émotions, c'est une pure vue de l'esprit, une assertion que rien ne justifie.

La détermination des émotions primitives doit se faire non par abstraction et généralisation, mais par *constatation*. Pour cela, je ne vois qu'un procédé à suivre : une méthode d'observation qui nous apprenne l'ordre et la date d'apparition des diverses émotions, qui nous donne leur liste généalogique et chronologique. Nous tiendrons pour primitives toutes celles qui sont irréductibles aux manifestations antérieures, toutes celles qui apparaissent comme une manifestation nouvelle et celles-là seulement; toutes les autres sont secondaires et dérivées.

Les matériaux pour ce travail ne peuvent être cherchés que dans la psychologie des animaux et dans celle des enfants. La première nous serait d'un bien faible secours. Sans doute, des traités spéciaux et autorisés nous donnent l'énumération des émotions animales, mais sans distinction entre les simples et les composées, sans aucune indication précise sur l'ordre de leur apparition. Il n'en est pas de même pour la psychologie infantile : les études assez nombreuses publiées sur ce sujet, depuis une trentaine d'années, ont rendu possible une tentative qui était auparavant inabordable.

Il s'agit donc de déterminer, d'après les faits, dans quel ordre les émotions apparaissent, en ne tenant compte que de celles qui paraissent primitives, c'est-à-dire irréductibles aux précédentes. Je me borne à leur simple énumération avec l'indication de leurs caractères principaux; chacune devant être l'objet d'une étude spéciale dans la deuxième partie.

1° La peur est la première en date d'après l'unanimité des observations. Selon Preyer, elle se manifesterait dès le second jour. Toutefois le fait qu'il rapporte me paraît convenir à la surprise plutôt qu'à la peur proprement dite. Dans tous les cas, d'après le même auteur, il serait très facile de la noter après vingt-trois jours. Darwin ne croit l'avoir observée qu'au bout de quatre mois, Perez à deux mois. Ce dernier incline à croire que cette émotion serait suscitée d'abord par les sensations auditives, plus tard par les sensations visuelles. Sa précocité d'apparition a été attribuée à la transmission héréditaire, assertion que nous aurons à examiner.

2º Après l'émotion défensive naît l'émotion offensive sous la forme de la colère. Perez la note entre deux et quatre mois; Preyer et Darwin à dix mois : ils entendent la colère véritable, marquée par le froncement des sourcils et autres symptômes très nets (se rouler en criant, etc.). Naturellement, les dates indiquées pour chaque émotion n'ont rien de rigoureusement fixe; elles doivent varier suivant le tempérament de l'enfant et les circonstances.

3º Puis vient l'émotion tendre (affection). Quelques auteurs emploient le mot sympathie qui est trop vague, à mon gré. Elle se manifeste par son mode d'expression fondamental, le mouvement d'attraction, la recherche du contact. Darwin l'a bien décrite : « L'affection naît probablement très tôt dans la vie, si nous pouvons toutefois en juger d'après le sourire de l'enfant (deuxième mois). Je n'ai cependant aucune preuve nette qu'il (l'enfant) reconnût et distinguât quelqu'un avant le quatrième mois. A cinq mois, il montra le désir d'aller vers sa nourrice; mais ce n'est que vers un an qu'il montra de l'affection spontanément et par des gestes manifestes. Quant à la sympathie (?) il en manifesta à dix mois onze jours très exactement, sa nourrice ayant fait semblant de crier[1]. » D'après Perez, elle apparaît vers dix mois. C'est de cette source que doivent dériver plus tard des formes complexes d'une grande importance, les émotions sociales et morales.

Avec la peur, la colère et la tendresse nous restons dans le domaine des émotions que l'homme partage avec les animaux; car même l'émotion tendre se rencontre très bas dans la série animale, au moins sous la forme de l'amour maternel. Ces trois émotions ont donc un caractère bien net d'universalité. Ici nous faisons un pas qui nous introduit dans une région purement humaine.

4º Ce stade est marqué par l'apparition des émotions liées à la personnalité, au moi. Jusqu'ici nous avions un individu, un être vivant avec une conscience plus ou moins vague de sa vie; mais l'enfant (d'ordinaire vers l'âge de trois ans au moins) devient conscient de lui-même comme personne. Alors apparaissent de nouvelles manifestations émotionnelles dont la source peut être appelée, faute d'un meilleur terme, l'amour-propre, l'émotion égoïste (*Self-feeling*

---

1. Darwin, dans *Mind*, II, 285. *Biographical Sketch of an Infant.*

Selbtsgefühl) et qui peut se traduire sous deux formes : l'une négative, sentiment d'impuissance, de débilité ; l'autre positive, sentiment de force, d'audace. Ce sentiment de plénitude et d'exubérance
est la source d'où dériveront plus tard de nombreuses formes émotionnelles (orgueil, vanité, ambition). Peut-être faut-il aussi y rattacher toutes celles qui expriment un superflu de vie : le besoin
d'activité physique, le jeu sous toutes ses formes, la curiosité ou
désir de connaître, le besoin de créer par l'imagination ou l'action.

5° Reste l'émotion sexuelle, la dernière dans l'ordre chronologique et dont le moment d'apparition est facile à fixer, puisqu'il a
des marques objectives, physiologiques. C'est une erreur de supposer qu'elle peut être dérivée de l'émotion tendre ou que celle-ci en
dérive, comme on l'a quelquefois soutenu. L'observation des faits
condamne complètement cette thèse et montre qu'elles sont irréductibles l'une à l'autre. Nous en donnerons plus tard des preuves
évidentes.

Maintenant, se pose une question embarrassante : notre sujet en
est plein. Faut-il terminer ici notre liste des émotions primitives ou
y ajouter deux autres : la joie et le chagrin? On peut pencher pour
l'affirmative. Ainsi Lange les a comprises parmi les quatre ou cinq
« émotions » simples qu'il a choisies comme types de ses descriptions. Voici, selon moi, les raisons contre cette solution. Il est incontestable que la joie et le chagrin présentent tous les caractères qui
constituent une émotion : des mouvements ou arrêts de mouvement, des changements dans la vie organique et un état de conscience *sui generis*. Mais il faut alors que le plaisir physique et la
douleur physique soient compris aussi parmi les émotions, car ils
présentent l'un et l'autre les caractères ci-dessus énumérés : de
plus, il y a identité de nature entre le plaisir physique et la joie
d'une part, entre la douleur physique et le chagrin d'autre part,
comme nous l'établirons dans la suite de ce travail : la seule différence est que la forme physique a pour antécédent un état de
l'organisme, que la forme morale (joie, tristesse) a pour antécédent
une représentation. En d'autres termes, il faudrait classer le plaisir
(sans qualification ni restriction) et la douleur (sans qualification ni
restriction) parmi les émotions primitives. Or, ces deux prétendues
émotions présentent par rapport aux cinq autres précitées une

différence évidente et capitale : c'est leur caractère de généralité.
La peur est parfaitement distincte de la colère, l'émotion tendre de
l'émotion égoïste et l'émotion sexuelle des quatre autres par sa
marque spécifique. Chacune d'elles est un état complexe, fermé,
impénétrable, indépendant; comme la vision par rapport à l'ouïe ou
le toucher par rapport à l'odorat. Chacune traduit une tendance
particulière (défensive, offensive, d'attraction vers le semblable, etc.)
et est adaptée à une fin particulière. Tout au contraire, le plaisir et
la douleur traduisent les conditions générales de l'existence, sont
diffus partout, pénètrent partout. Il y a douleur dans la peur, dans
certains moments de la colère et de l'émotion égoïste; il y a plaisir
dans l'émotion sexuelle, dans certains moments de la colère et de
l'émotion égoïste. Ces deux états n'ont pas de domaine propre.
L'émotion est, de sa nature, particulariste; le plaisir et la douleur
sont, de leur nature, universalistes : ils sont les marques générales
de la vie affective et s'ils coïncident, comme les émotions, avec des
phénomènes moteurs, vaso-moteurs et le reste, c'est qu'aucune forme
de sentiment ne peut exister sans ses conditions physiologiques.

Telles sont les raisons pour lesquelles nous refusons de classer
les états agréables et pénibles parmi les émotions primitives et de
les considérer comme de la même nature. Quant au moment de
leur apparition, la douleur physique passe pour coexister avec le
début même de la vie extra-utérine; le plaisir physique résultant
de l'appétit satisfait, de la sensation de chaleur, etc., doit être à peu
près contemporain. La joie et le chagrin sont plus tardifs. Selon
Preyer, le sourire et l'éclat des yeux à trois semaines indiquent la
joie; « dès le deuxième mois, un enfant prenait plaisir à entendre
chanter et jouer du piano ». Je ne suis pas sûr que cet exemple soit
très probant; j'y verrai plutôt un plaisir surtout physique. Darwin
l'a observée vers le quatrième mois, peut-être avant, mais très nettement vers un an, au retour d'une personne absente. Le chagrin
peut se manifester d'après Preyer vers le quatrième mois (les pleurs
avant la quatrième semaine). Darwin en recule la première apparition à six mois, dans l'observation citée précédemment. En somme,
les documents sont peu abondants et peu concordants, en raison de
la difficulté grande, à ce moment de la vie, de différencier sûrement
les deux formes du plaisir et les deux formes de la douleur.

A la racine de chacune des émotions primitives, il y a une tendance, un instinct; mais nous ne prétendons pas que cette liste épuise celle des instincts chez l'homme; nous aurons à revenir ailleurs sur ce point (2° partie, Introduction, § II). Admettons, à titre d'hypothèse provisoire, que ces cinq émotions seules sont irréductibles : toutes les autres doivent en dériver. Nous essaierons d'indiquer dans la suite comment les émotions secondaires en sortent par l'effet d'une évolution complète, d'un arrêt de développement, d'un mélange ou d'une combinaison (2° partie, ch. vii).

III

Au-dessus de ces émotions qui, quoique composées de plusieurs éléments, sont simples en tant qu'émotions et que l'on peut qualifier d'innées, puisqu'elles sont données par l'organisation elle-même, il y a les nombreuses formes de sentiment qui se manifestent au cours de la vie, suscitées par des représentations du passé ou de l'avenir, par des constructions d'images, par des concepts, par un idéal. Comme chaque émotion primitive sera étudiée dans son développement total, de sa forme inférieure à ses formes les plus intellectualisées, il est inutile d'essayer en ce moment une esquisse de cette marche ascendante qui, réduite à des généralités, serait vague et confuse. Elle atteint sa dernière étape dans les régions les plus hautes de la science, de l'art, de la religion, de la morale.

On peut assurer, sans se risquer, que ces formes supérieures sont inaccessibles à la très grande majorité des hommes. Peut-être un individu à peine, sur cent mille ou un million, y atteint : les autres ne les connaissent pas ou ne les soupçonnent que par ouï-dire et à peu près. C'est une terre promise où n'entrent que peu d'élus.

En effet, pour éprouver les sentiments d'ordre supérieur, deux conditions sont requises : 1° il faut être capable de concevoir et de comprendre les idées générales; 2° ces idées ne doivent pas rester de simples formes intellectuelles, mais pouvoir susciter certains sentiments, certaines tendances appropriées. Que l'une ou l'autre de ces conditions manque, l'émotion ne se produira pas.

Quant à la formule de l'évolution durant cette période, elle est très simple : l'ordre de développement des émotions est rigoureusement dépendant de l'ordre de développement des idées générales : c'est l'évolution des idées qui règle celle des sentiments. Nous nous trouvons ici en parfait accord avec la théorie intellectualiste.

La faculté d'abstraire et de généraliser est très inégalement départie. Elle dépend de la race, du temps, des individus. Quelques hommes ne dépassent guère le niveau des images génériques qui ne sont que du concret simplifié et condensé. Quelques-uns atteignent ces formes moyennes de l'abstraction où le mot joue un rôle de substitut de la réalité, mais où il a besoin, pour être compris, que les qualités des choses qu'il représente soient figurées par un schéma vague, concomitant du mot. Quelques-uns atteignent le degré de la substitution complète, où le mot tient lieu de tout le reste et n'a besoin d'aucun auxiliaire, pour assurer les opérations de l'esprit. Chacun de ces degrés (et ils comportent des subdivisions que je n'indique pas) a sa résonance affective possible. Ainsi tout homme, suivant la portée de son intelligence, peut franchir quelques stades ou tous les stades, et, suivant la nature de son tempérament, ressentir, à chacun d'eux, un état émotionnel ou rien. Les émotions qui sont susceptibles d'une évolution complète, nous en fourniront les preuves. Un exemple bien simple peut être indiqué en passant : c'est la tendance sexuelle, qui peut être tour à tour physiologique, psycho-physiologique, surtout psychologique, et finalement intellectuelle. A son plus bas degré (chez les micro-organismes et les êtres similaires) nous trouvons des faits d'ordre purement vital et organique, inconscients selon moi. Puis la conscience apparaît; mais l'émotion sexuelle se manifeste sous une forme toute spécifique, sans choix individuel, c'est un pur instinct, « le Génie de l'espèce qui se sert de l'individu pour arriver à ses fins ». Plus tard, l'individualité se dessine; nous rencontrons le choix; il y a adjonction des émotions tendres, tout à fait étrangères à la période primitive. Puis vient le moment d'équilibre entre les éléments organiques et les éléments psychiques : c'est le cas ordinaire pour l'homme, moyen, normal. Cet état est très complexe, résultant de la fusion ou convergence de tendances nombreuses : d'où sa force d'entraînement. Puis vient une rupture d'équilibre, une période d'interversion; l'élément physiologique s'efface graduellement, l'élément psychique gagne en intensité; ce qui est la répétition de la période primitive, mais à rebours. C'est la phase proprement intellectuelle de l'amour; l'idée surgit d'abord, les phénomènes physiologiques viennent après. A un degré plus élevé de raffinement, l'image personnelle, concrète, est remplacée par une représentation vague, impersonnelle, par un idéal, un concept : c'est l'amour pur, platonique, mystique, dont l'accompagnement organique est si faible qu'il est d'usage de le nier.

Ces formes subtiles et raffinées que les intellectualistes tiennent pour supérieures, ne sont en réalité qu'un appauvrissement dans l'ordre affectif. Au reste, elles sont rares, et, sauf quelques exceptions, sans efficacité; car c'est une règle que tout sentiment perd de sa force dans la mesure où il s'intellectualise; et c'est une source inépuisable d'illusions et d'erreurs, dans la pratique, que la foi aveugle dans « la puissance des idées ». Une idée qui n'est qu'une idée, un simple fait de connaissance, ne produit rien, ne peut rien : elle n'agit que si elle est *sentie*, s'il y a un état affectif qui l'accompagne, si elle éveille des tendances, c'est-à-dire des éléments moteurs. On pourrait avoir étudié à fond la *Raison pratique* de Kant, en avoir pénétré toutes les profondeurs, l'avoir couverte de gloses et de commentaires lumineux, sans avoir ajouté pour cela un iota à sa moralité pratique; elle vient d'ailleurs : et c'est un des plus fâcheux résultats de l'influence intellectualiste dans la psychologie des sentiments que d'avoir induit à méconnaître une vérité si évidente.

IV

On peut remarquer que, dans les traités contemporains, le mot *passion* a presque entièrement disparu ou ne se rencontre que incidemment [1]. Il a pourtant un long passé qu'il serait intéressant

---

1. Höffding, *Psychologie* (p. 392-394), 2ᵉ édit. all. — J. Sully, *The Human Mind*, t. II, p. 56, considère l'émotion comme un genre dont l'affection et la passion sont des espèces : L'affection est une disposition émotionnelle fixée; la passion est la forme violente de l'émotion. Au reste, rien n'est plus vague et plus inconstant que la terminologie de notre sujet et pourtant, ainsi que Wundt l'a montré dans des *Essays*, elle a fait des progrès très appréciables, quand on la compare à la confusion du commencement de ce siècle.

de suivre, si je ne m'étais interdit toute digression historique. Actuellement, le terme émotion est préféré pour désigner les manifestations principales de la vie affective : c'est une expression générique ; la passion n'en est qu'un mode. La langue vulgaire conserve le mot et avec raison, car il répond à une réalité ; et la passion est un événement d'une trop grande importance pratique, pour qu'on puisse se dispenser d'en parler, de dire en quoi elle diffère de l'émotion, quelle est sa nature, dans quelles conditions elle apparaît.

On est à peu près d'accord pour la définir et sous des formules différentes selon qu'elles émanent d'un moraliste ou d'un théologien, d'un philosophe ou d'un biologiste, on trouve toujours les mêmes caractères essentiels : « C'est un besoin déréglé » ; « C'est une inclination ou un penchant poussé à l'excès » ; « c'est un désir violent et durable qui domine l'être cérébral tout entier »[1], etc. : la terminologie seule varie.

Si nous cherchons quelle est la marque propre de la passion et sa caractéristique dans l'ensemble de la vie affective, il faut pour répondre à cette question la distinguer de l'émotion d'une part et de la folie d'autre part : car elle est située entre les deux, à mi-chemin.

Il est assez difficile d'indiquer avec netteté et exactitude la différence entre l'émotion et la passion. Est-ce différence de nature ? Non, puisque l'émotion est la source d'où la passion découle. Est-ce une différence de degré ? Cette distinction est précaire ; car s'il y a des émotions calmes et des passions violentes, le contraire se rencontre aussi. Reste une troisième différence : la durée. On dit généralement que la passion est un état qui dure : l'émotion est la forme aiguë, la passion la forme chronique. Violence et durée, tels sont les caractères qu'on lui assigne ordinairement ; mais on peut préciser davantage l'essentiel de sa nature. *La passion est dans l'ordre affectif ce que l'idée fixe est dans l'ordre intellectuel* (on pourrait ajouter : ce que la contracture est dans l'ordre moteur). Elle est l'équivalent affectif de l'idée fixe. Ceci exige quelque explication.

---

1. Letourneau, *Physiologie des passions*, liv. III, ch. i.

L'état intellectuel normal, c'est la pluralité des états de cons-cience déterminée par le mécanisme de l'association. Si, à un moment donné, une perception ou une représentation surgit qui occupe seule le champ principal de la conscience, régnant en maîtresse, faisant le vide autour d'elle et ne permettant que les associations qui sont en rapport direct avec elle-même : c'est l'attention. Cet état de « monoïdéisme » est par sa nature exceptionnel et transitoire. S'il ne change pas d'objet, s'il persiste ou se répète incessamment, nous avons l'idée fixe que l'on pourrait appeler l'attention en permanence. Elle n'est pas nécessairement morbide; le mot célèbre de Newton en est une preuve et il y en a d'autres : mais la souveraineté latente ou actuelle de l'idée fixe est absolue, tyrannique.

Pareillement, l'état affectif normal, c'est la succession des plaisirs, peines, désirs, caprices, etc., qui, dans leur forme modérée et souvent émoussée par la répétition, constituent le train prosaïque de la vie ordinaire. A un moment donné, des circonstances quelconques suscitent un choc, c'est l'émotion. Une tendance annihile toutes les autres, confisque momentanément toute l'activité à son profit : ce qui est l'équivalent de l'attention. A l'ordinaire, cette réduction des mouvements à une direction unique ne dure pas; mais que, au lieu de disparaître, l'émotion reste fixe ou qu'elle se répète incessamment, toujours la même avec les légères modifications qu'exige le passage de l'état aigu à l'état chronique : c'est la passion, qui est l'émotion en permanence. Malgré d'apparentes éclipses, elle est là toujours prête à apparaître, absolue, tyrannique.

Sur l'origine de la passion, les moralistes et les romanciers ont fait cette remarque qu'elle naît de deux manières différentes : par coup de foudre ou par « cristallisation », par action brusque ou par actions lentes. Cette double origine dénote une prédominance tantôt de la vie affective, tantôt de la vie intellectuelle. Quand la passion naît par coup de foudre, elle est issue directement de l'émotion elle-même et en conserve la nature violente, autant du moins que sa métamorphose en une disposition permanente le permet. Dans l'autre cas, le rôle initiateur est dévolu aux états intellectuels (images, idées) et la passion se constitue lentement par l'effet de l'association qui n'est elle-même qu'un *effet*; car elle obéit à une influence latente, à un facteur caché, à une activité inconsciente qui ne se révèle que par son œuvre. Les représentations ne s'attirent et ne s'associent qu'en raison de leur similitude affective, du ton émotionnel qui leur est commun : par additions successives, ces petits ruisseaux font un fleuve. Cette forme de passion, en raison de son origine, a moins de fougue et plus de ténacité.

Il resterait, après avoir distingué la passion de l'émotion, à la séparer de la folie, son autre voisine. Certains auteurs ont classé d'emblée toutes les passions dans la folie : c'est une thèse que je rejette. Elle est peut-être acceptable pour le moraliste ; nullement pour le psychologue. Mais le travail de séparation est très délicat et ne peut être tenté dans cette introduction. La distinction entre le normal et le morbide, toujours difficile, l'est surtout dans la psychologie des sentiments. Nous essayerons ailleurs (1re partie, ch. iv) de trouver les marques qui permettent d'établir légitimement cette séparation, et le travail que nous écartons en ce moment, sous sa forme générale, sera fait plus tard pour chaque émotion en particulier.

PREMIÈRE PARTIE

PSYCHOLOGIE GÉNÉRALE

CHAPITRE I

LA DOULEUR PHYSIQUE

On a risqué, bien inutilement, beaucoup de définitions de la douleur. Les unes sont de pures tautologies ; les autres émettent implicitement une hypothèse sur sa nature, en la rattachant aux excitations fortes [1]. Posons-la comme un état intérieur que chacun connaît par son expérience et dont la conscience nous révèle les innombrables modalités ; mais qui par sa généralité et sa multiplicité d'aspects échappe à toute définition.

Sous sa forme primitive la douleur est toujours physique, c'est-à-dire liée aux sensations externes ou internes. Assez précise pour les parties superficielles du corps, notamment pour la surface cutanée, sa localisation est plus vague, quand elle a pour siège les parties profondes, les viscères, les instruments de la vie organique. Dans ce dernier cas, quand la douleur est d'origine interne, non périphérique ; quand elle vient du grand sympathique ou du nerf vague son parent, elle s'accompagne d'un état d'anxiété, d'anéantissement ou d'angoisse que nous aurons souvent à signaler et qui a fait dire qu'il « semble que le patient ait conscience que les opérations de la nature sont suspendues en lui ». Pour le moment, sans distinguer entre ces deux origines, externe et interne, étudions les

---

1. « La douleur est une vibration forte et prolongée des centres nerveux conscients qui résulte d'une excitation périphérique forte et par conséquent d'un brusque changement d'état dans les centres nerveux. » (Richet.) « C'est l'excitation la plus violente de quelques parties sensorielles — excitation qui met simultanément à contribution les excitations plus étendues d'autres parties. » (Wundt.)

caractères *objectifs* de la douleur physique prise en général :
d'abord ses conditions anatomiques et physio logiques, puis les
modifications corporelles qui l'accompagnent et que la langue
ordinaire appelle ses effets.

I

La transmission des impressions douloureuses, de la périphérie
aux centres corticaux, est loin d'être déterminée dans toutes les étapes
de son parcours.

Les terminaisons nerveuses, par leur position d'avant-poste,
reçoivent le premier choc ; mais quel est leur rôle? On sait que les
nerfs des organes profonds et que les filets du grand sympathique
n'ont pas de terminaisons d'une structure spéciale. Pour les nerfs
des sens spéciaux, de la vue, de l'ouïe, de l'odorat et du goût où,
tout au contraire, les appareils périphériques (rétine, organe de
Corti, etc.) sont d'une anatomie extrêmement complexe, on sait
que leur rôle est surtout sensoriel ; ils sont avant tout des instruments de connaissance, rarement de douleur ou de plaisir directs :
en sorte que la question en ce qui concerne les terminaisons nerveuses, par rapport a la douleur se réduit principalement aux
nerfs de l'appareil tactile, en prenant ce mot au sens le plus large.
L'extrême difficulté d'isoler l'impression purement périphérique de
celle qui atteint le nerf lui-même, rend presque insoluble la question posée plus haut quant au rôle de ces appareils périphériques.
Beaunis[1], s'appuyant sur les faits d'anesthésie localisée où le patient
ne sent plus la douleur, mais perçoit encore le contact, pense que
l'analgésie atteindrait le nerf, avant d'agir sur leurs terminaisons,
enfermées dans des capsules plus ou moins résistantes.

Existe-t-il des nerfs spéciaux pour transmettre la douleur?
Tout d'abord, Goldscheider, bien connu par ses recherches sur les
points de chaud et de froid, l'avait soutenu[2]. D'après lui, les filets
nerveux doloriffères seraient entrelacés avec les nerfs sensoriels, plus

1. *Sensations internes*, ch. xx, à lire pour les détails.
2. *Archiv. fur Anatomie und Physiol.*, 1885.

nombreux pour les nerfs de la sensibilité générale (toucher, chaud
et froid), moins nombreux pour les sens spéciaux. Si l'existence de
ces nerfs spécifiques de la douleur était bien établie, elle aurait pour
notre sujet une importance aussi grande que les découvertes de
Sachs et autres, sur les filets nerveux propres aux muscles, ont eue
pour l'étude du sens kinesthétique. Mais ce physiologiste a répudié
depuis [1] sa première assertion ou soutenu qu'elle avait été mal
comprise; il admet des points douloureux (sensibles à la douleur), non un organe spécifique de la douleur ni des nerfs spéciaux pour la transmettre. Par contre, Frey [2] prétend avoir donné
des preuves expérimentales de l'un et de l'autre : nerfs dolorifiques
et organes terminaux appropriés. Ses expériences ont été rejetées
comme inexactes. Dans l'état actuel, rien n'établit l'existence de
nerfs de la douleur et la plupart des auteurs ont donné de fortes
raisons contre la vraisemblance d'une telle découverte. Cette
hypothèse rejetée, on admet que l'impression douloureuse, comme
toute autre, se transmet par les nerfs de sensibilité générale ou
spéciale. — Lorsqu'elle est entrée dans la moelle épinière par les
racines postérieures, la route qu'elle suit pour parvenir aux centres
supérieurs a donné lieu à beaucoup de recherches et de discussions. D'après Schiff, la transmission a lieu par la substance grise,
les impressions tactiles cheminant par les cordons postérieurs : il y
aurait ainsi deux voies distinctes, l'une pour le phénomène affectif,
l'autre pour la sensation proprement dite. Brown-Séquard admet
aussi des voies distinctes, mais à travers la substance grise seulement; la région antérieure est dévolue au toucher, la région
médiane à la température, la région postérieure à la douleur.
D'après Wundt, il y aurait pour les impressions du toucher et de la
température une voie primaire par la substance blanche, quand les
excitations sont modérées; une voie secondaire par la substance
grise qui servirait de dérivatif, quand les excitations sont violentes. L'hypothèse de voies séparées, quelles qu'elles soient, a
l'avantage de s'accorder avec un fait bien connu, sur lequel nous
aurons à revenir : c'est que la transmission de la douleur retarde
sur la transmission sensorielle. Lehmann, dont la position est

1. Goldscheider, *Ueber den Schmerz* (Berlin, 1894).
2. Frey, *Beiträge zur Physiologie des Schmerzsinns* (Leipzig, 1894).

rigoureusement intellectualiste, ne peut admettre que l'élément affectif ait une certaine indépendance par rapport à l'élément sensoriel, qu'il existe isolément. D'après lui, le retard s'explique par ce fait « que la douleur exige dans l'organe sensoriel une excitation plus forte que la sensation sans douleur et que par suite la douleur doit se produire après la sensation, à mesure que l'excitation augmente en intensité [1] ». Cette explication est acceptable; mais elle suppose que la douleur dépend toujours de l'intensité de l'excitation, ce qui n'est pas prouvé.

De la moelle épinière nous arrivons au bulbe, auquel certains auteurs assignent un rôle capital. Le plus récent, Sergi, dans son livre *Dolore e Piacere* (Milan, 1894) en fait le siège des phénomènes affectifs en général (douleurs, plaisirs, émotions). Ce qui, d'après lui, témoigne en faveur de l'importance du bulbe dans la vie affective, c'est le nombre et la nature des noyaux nerveux situés entre la protubérance et le plancher du quatrième ventricule : noyaux qui agissent sur le cœur, les vaisseaux, les poumons, les sécrétions, les mouvements intestinaux. « Le nœud vital de Flourens est le centre vital et doit être aussi le centre du plaisir et de la douleur, qui ne sont que des altérations des fonctions de la vie organique [2]. » A son avis (qui est aussi le nôtre) le rôle du cerveau dans la genèse des états affectifs a été surfait; il n'agit que de deux manières : comme moyen de rendre conscients tous les troubles de la vie organique, base physique des sentiments; comme cause d'excitation par le moyen des idées.

Si disposé que l'on soit à restreindre le rôle du cerveau, c'est-à-dire de la couche corticale, il n'en reste pas moins un facteur prépondérant et le terme final où aboutit le processus de transmission. Or ici nous plongeons dans l'obscurité. Les recherches sur les localisations cérébrales ne nous apprennent à ce sujet rien qui soit généralement admis. Durant la première période de ces études,

---

1. Lehmann, *Die Hauptgesetze des menschlichen Gefühlstebens*, p. 46 et suiv.

2. Sergi, dans sa préface, a indiqué sommairement les « antécédents de sa théorie ». Il la trouve chez l'anatomiste anglais Todd, chez Hack Tuke, Laycock, Herbert Spencer, Brown-Séquard, etc. Remarquons que Vulpian, en s'appuyant sur des expériences d'une interprétation douteuse, localisait les émotions dans la protubérance exclusivement : *Leçons sur l'anatomie du système nerveux*, XXIV°.

qu'on pourrait appeler celle des localisations circonscrites et à outrance, D. Ferrier plaçait dans les lobes occipitaux le siège des émotions; parce que, d'après lui, cette région de l'écorce recueillait les sensations viscérales, parce qu'elle tenait sous sa dépendance l'instinct sexuel, enfin parce que ces lobes seraient plus développés chez la femme que chez l'homme. Il est inutile d'exposer les nombreuses critiques qui ont été faites de cette thèse. — Durant la deuxième période, actuelle, des localisations, que l'on pourrait appeler par opposition à l'autre, celle des localisations disséminées, plutôt fonctionnelles que proprement anatomiques, les auteurs sont peu disposés à admettre un centre particulier de la vie affective et notamment de la douleur. Tous les centres sensoriels et même tous les centres moteurs (peut-être au fond n'y a-t-il que des centres sensori-moteurs, avec prépondérance de l'un ou l'autre élément) peuvent dans certaines conditions d'activité produire dans la conscience un sentiment de plaisir ou de douleur.

L'hypothèse d'un centre cortical est donc bien peu vraisemblable ; nous reviendrons sur ce point en traitant des émotions.

II

Les modifications de l'organisme qui accompagnent la douleur physique ont été si souvent décrites qu'il suffit d'en tracer un tableau sommaire. Elles sont réductibles à une formule unique : La douleur est liée à la diminution ou à la désorganisation des fonctions vitales :

1° Elle agit sur les mouvements du cœur; en général elle en diminue la fréquence; dans les cas extrêmes, le ralentissement peut être tel qu'il produit la syncope. Chez les animaux, soumis aux expériences de laboratoire, même après l'ablation de l'encéphale, les impressions douloureuses produisent une diminution des contractions cardiaques. Chez l'homme, quoiqu'il y ait quelquefois augmentation dans la fréquence du pouls, il se produit toujours, sous une forme ou une autre, une modification du rythme appréciable au sphygmographe. Richat avait raison de dire : « Voulez-vous savoir si une douleur est feinte, explorez le pouls ».

2° L'influence sur la respiration est plus irrégulière et plus instable : le rythme devient anormal, tantôt rapide, tantôt lent; les inspirations sont successivement courtes et profondes. Mais le résultat final, c'est une diminution notable de l'acide carbonique exhalé, c'est-à-dire un ralentissement réel des combustions. La température s'abaisse. « Je m'étais figuré, dit Mantegazza, que la douleur serait accompagnée d'une augmentation de chaleur, l'action musculaire étant très intense sous l'influence des grandes souffrances. L'expérience faite sur les animaux et sur moi-même prouva tout le contraire [1] ». Heidenhain et Mantegazza ont noté en effet une diminution moyenne de 2 degrés centigrades qui peut, d'après le dernier, durer une heure et demie et plus; elle serait due à la contraction des vaisseaux sanguins périphériques.

3° L'action de la douleur sur les fonctions digestives est bien connue et se traduit par un ralentissement ou des troubles : diminution de l'appétit, arrêt des sécrétions, indigestion, vomissement, diarrhée, etc. Permanente, elle agit sur la nutrition générale et se traduit par des modifications de la sécrétion urinaire, par une décoloration stable de la peau, des poils, des cheveux. Les exemples abondent de chevelures, de barbes, de sourcils, blanchis en quelques jours sous l'influence d'une grande douleur [2].

4° Les fonctions motrices traduisent la douleur de deux manières opposées : la forme passive, dépression, arrêt ou suppression totale des mouvements, le patient semble anéanti; la forme active, agitation, contorsions, convulsions et cris. Ce dernier cas paraît en contradiction avec la formule générale qui lie la douleur à une diminution d'activité et il me paraît avoir été mal interprété par certains auteurs. En fait, cette excitation violente est une dépense qui se fait rapidement sentir et laisse finalement l'individu très appauvri. Elle ne découle pas, comme dans la joie ou le jeu, d'un surplus d'activité; elle est débilitante, irrégulière et spasmodique. Elle me paraît d'ailleurs avoir sa source dans l'expression instinc-

1. Mantegazza, *Fisiologia del dolore*, ch. III.
2. Pour les cas historiques et autres, voir Hack Tuke, *l'Esprit et le corps*, p. 243.

tive des émotions. L'animal blessé secoue la partie douloureuse de son corps, sa patte ou sa tête, comme s'il voulait en expulser la souffrance. Toutes ces réactions motrices, désordonnées et violentes, sont une défense de l'organisme, — défense inutile et dans bien des cas nuisible, mais résultant d'actes qui, autrefois ou dans d'autres circonstances, étaient adaptés à leur fin.

Lehmann a soumis à l'expérimentation cinq personnes auxquelles il a fait subir tour à tour des impressions agréables et désagréables et il a enregistré, dans les deux cas, les changements de la respiration et du volume du bras, à l'aide du pléthysmographe de Mosso [1]. Il tire de ses expériences les conclusions qui suivent :

Toute impression agréable produit une augmentation du volume du bras et de la hauteur du pouls, avec augmentation de la profondeur de la cavité respiratoire.

L'impression désagréable, lorsqu'elle est faible, produit immédiatement une diminution du volume du bras et de la hauteur du pouls. Presque aussitôt, le volume augmente, malgré la diminution du pouls, et dépasse ordinairement l'état normal, lorsque le pouls est revenu à son état primitif. — Si l'impression est forte, mais non douloureuse, ces changements s'accentuent davantage, et, dès le début, sont accompagnés de profondes inspirations. — Enfin si l'impression est douloureuse, il se produit, outre des changements considérables de volume, des mouvements respiratoires puissants et des troubles de l'innervation des muscles volontaires.

L'excitation désagréable produit d'abord un spasme des vaisseaux superficiels, un relâchement des vaisseaux profonds et une diminution d'amplitude des contractions du cœur. Les deux premiers facteurs réunis produisent une diminution brusque et forte du volume des membres. Les deux derniers facteurs réunis produisent une diminution de la hauteur du pouls et, par suite de l'affaiblissement des contractions cardiaques, il se produit une stase du sang veineux qui se traduit par l'accroissement du volume du membre.

Ces modifications corporelles dont nous avons résumé les principaux traits, sont, pour l'opinion commune, des *effets* de la dou-

---

1. Pour le détail des expériences, voir *Hauptgesetze*, etc., p. 77 et suiv., avec tracés graphiques à l'appui.

leur et beaucoup d'ouvrages de psychologie paraissent l'admettre. Cette thèse est inacceptable. La douleur considérée comme événement psychique, comme fait intérieur, comme pur état de conscience n'est pas une cause, mais un symptôme. La cause, c'est l'excitation (quelle qu'en soit la nature) qui, venant du milieu extérieur, agit sur les sens externes, ou venant du milieu intérieur agit sur la vie organique. Elle se traduit de deux manières : d'une part, par l'état de conscience que nous appelons douleur; d'autre part, par les phénomènes physiques ci-dessus énumérés. Ce que la conscience exprime à sa manière, l'organisme l'exprime à sa manière. Ceci n'est pas une simple vue de l'esprit; car des expériences montrent que les modifications circulatoires, respiratoires, motrices, se produisent, là où il est vraisemblable que la conscience fait défaut. Mantegazza a montré que si l'on soumet un animal intact à des piqûres, coupures, brûlures, il s'ensuit des troubles cardiaques; mais que le même phénomène se produit après l'ablation de l'encéphale. François-Franck, recherchant les effets de l'excitation douloureuse sur le cœur, a constaté que l'anesthésie chloroformique supprime les troubles du cœur, et que, par contre, l'enlèvement des hémisphères cérébraux ne les abolit pas. Autrefois, Longet et Vulpian ont soutenu que chez les animaux, réduits à la protubérance et aux parties inférieures de l'axe cérébro-spinal, les cris et les mouvements qui se produisent quand on les pince, sont purement réflexes : cette interprétation a été contestée par Brown-Séquard. Chez des anencéphales humains, on a constaté, pendant le petit nombre de jours qui leur est donné de vivre, des cris, des mouvements de succion et autres. Il faut donc admettre ou bien que l'état de conscience que nous appelons douleur peut se produire en l'absence de cerveau, ou bien que les phénomènes physiques peuvent exister seuls, sans leur concomitant psychique.

La douleur (comme état de conscience) n'est qu'un signe, un indice, un événement intérieur qui révèle à l'individu vivant sa propre désorganisation. Le seul cas où la douleur est cause, c'est lorsque s'étant solidement installée dans la conscience, la remplissant tout entière, elle devient un agent de destruction; mais alors elle n'est cause que secondairement. C'est l'un de ces cas fréquents dans les sciences de la vie où ce qui est primitivement effet devient

cause à son tour. Quoiqu'elle soit commune à la plupart des psychologues, c'est donc une erreur de considérer la douleur et le
plaisir comme les éléments fondamentaux de la vie affective; ils ne
sont que des *marques*, le fond est ailleurs : que dirait-on d'un
médecin qui confondrait les symptômes d'une maladie avec sa nature
essentielle?

Nous touchons ici à un point trop important pour ne pas insister.
Cette thèse que la douleur n'est qu'un signe et, en somme, malgré
son rôle souverain dans la vie humaine, un phénomène superficiel
par rapport aux tendances qui sont le fond de la vie affective, trouve
un appui dans les faits d'*analgésie*, c'est-à-dire disparition de la douleur. Cette insensibilité se présente sous deux formes : spontanée,
artificielle.

L'analgésie spontanée est de règle chez les hystériques; elle peut
varier en degré, en position, en étendue. Les démonologues du
moyen âge et de la Renaissance connaissaient ces migrations de
l'insensibilité dans les diverses parties des corps qu'ils exploraient
avec soin pour découvrir les *stigmata diaboli*, c'est-à-dire les
régions insensibles à la douleur. Quelques auteurs lui assignent
une cause purement psychique : les impressions pénibles ne
seraient pas senties, parce qu'elles restent en dehors du champ de
la conscience qui, chez ces malades, est à l'état presque permanent
de désagrégation, d'éparpillement, de destruction [1]. Il est certain,
par contre, que l'idée fixe intense, la concentration profonde de
l'attention, l'exaltation fanatique, peuvent produire une analgésie
temporaire ou durable. Bien des soldats, dans le feu de la bataille,
n'ont pas senti leurs blessures. Pascal, plongé dans ses problèmes,
échappait aux névralgies. Les Aïssaouas, les Fakirs, certains Lamas
du Thibet, se déchirent et se tailladent, garantis de la douleur par
leur délire, et l'on ne peut douter que bien des martyrs, au milieu
des tortures, n'ont éprouvé qu'un état de ravissement. Dans certaines formes d'aliénation mentale (excitation maniaque, mélancolie, idiotie, etc.), cette analgésie spontanée est fréquente et se
produit sous des formes extraordinaires. On en trouvera de nom-

1. Pierre Janet, *État mental des hystériques*.

breux exemples dans les ouvrages spéciaux [1]. L'un broie du verre dans sa bouche, pendant une demi-heure, sans ressentir aucun mal. Un autre, dans une lutte, se casse la jambe, un fragment du tibia fait saillie au dehors, après avoir déchiré la peau; il n'en poursuit pas moins l'objet de sa colère, puis vient s'asseoir à table pour manger, sans que sa figure révèle la moindre souffrance. Très nombreux sont ceux qui, par intention ou par mégarde, plongent un bras dans l'eau bouillante, s'appuient sur un poêle rougi; la peau tombe en lambeau, sans qu'ils paraissent s'en inquiéter. L'énumération de faits analogues serait sans fin [2].

Les analgésies artificielles produites par le chloroforme et les divers anesthésiques, telles qu'on les emploie dans les opérations chirurgicales, sont plus instructives. On s'est demandé si les mouvements, les objurgations et les cris de certains patients ne prouvent pas que l'analgésie n'est pas complète, même lorsqu'elle semble telle. Richet a émis cette opinion que ce qui fait défaut, ce n'est pas la conscience, mais le souvenir; la douleur serait si rapide qu'elle n'est qu'un moment mathématique et ne laisserait aucun retentissement après elle : ce serait une série d'états de conscience tour à tour évanescents. Cette hypothèse est très soutenable; mais ce qui me paraît plus important parmi les faits rapportés par cet auteur, c'est que la douleur ayant disparu, un certain degré de connaissance persiste. En d'autres termes, il y a une scission : l'homme affectif a disparu, l'homme *intellectuel* reste.

1. Voir en particulier Morel, *Traité des maladies mentales*, qui a résumé beaucoup de faits curieux, p. 321 et suiv.

2. Weir Mitchell (*Medical Record*, déc. 24, 1892, cité par Strong, *Psychological Review*, 1895, t. II, p. 332) rapporte le fait extraordinaire qui suit d'analgésie naturelle. Homme qui mourut à cinquante-six ans, corpulent, pesant environ 250 livres, joyeux vivant. Intelligent, vigoureux de corps et d'esprit, avait acquis une réputation considérable comme avocat et politicien. « Durant une campagne politique, ayant eu un doigt blessé dans un tumulte, il le détacha lui-même en le mordant et le cracha à terre. Il eut un ulcère à un orteil, qui résista trois ans au traitement, sans lui causer un seul instant la moindre douleur. Il eut aussi un abcès à la main, qui se propagea au bras et à l'avant-bras, et causa une enflure énorme qui mit sa vie en danger : on usait de la lancette sans précaution et, pendant tout ce temps, il ne ressentit aucune douleur. De même pour l'opération de la cataracte sur ses deux yeux; il garda l'immobilité d'une statue. Ce n'est que pendant sa dernière maladie qu'il se plaignit de quelque douleur; mais elle passa vite et il était revenu à son état d'insensibilité naturelle, lorsqu'il mourut. »

Pour beaucoup d'opérations simples, plusieurs sentent le contact
de l'instrument : douleur nulle. Mais voici des cas plus complexes :
Opération d'une fissure à l'anus avec fistule ; la malade sent le
contact des ciseaux et distingue bien qu'on lui fait quatre incisions ;
elle ne peut parler, mais ne souffre pas. — Opération analogue.
« Pendant qu'on l'opère, je lui demande : Quel âge avez-vous ?
Elle répond : quarante et un ans ; ne sent rien ; réveillée elle ne se
rappelle ni la blessure ni la brûlure et se plaint de n'avoir pas été
opérée. » — « A une autre, pendant l'opération, je demande :
Comment cela va-t-il ? Réponse : cela ne va pas mal. A ce moment,
je la pince très fortement ; elle ne sent rien. — J'introduis fortement une pince dans la bouche pour prendre la langue. « Otez-
moi donc cette cigarette », dit l'opéré. Au réveil, aucun souvenir. »
— Un autre à qui on passe une barbe de plume sous le nez, dit :
« Ne me chatouillez pas ». Cette réponse eut lieu pendant qu'on lui
liait les grosses artères, temps très douloureux de l'opération. » —
Enfin, un homme chloroformé, pendant qu'on lui liait le cordon
spermatique, entend sonner l'horloge et dit tranquillement : « Voici
onze heures et demie. Au réveil, aucun souvenir [1]. »

Si j'ai cité ces faits, c'est qu'ils prouvent à quel point la douleur
comme état de conscience est *séparable*, comment elle peut être
ajoutée et retranchée, à quel point elle offre les caractères d'un
épiphénomène.

Cette indépendance relative du phénomène-douleur, contre
laquelle les intellectualistes se sont toujours insurgés [2], me paraît
corroborée par le fait du retard que nous avons signalé plus haut
en passant. Si l'on se heurte un cor en marchant, on sent le choc
avant la douleur ; on sent le froid du bistouri avant la douleur de
l'incision. Beau estimait que la douleur retarde de quelques dixièmes
de seconde sur l'impression tactile. Burckhardt, d'après des recherches précises, fixe la vitesse de transmission dans la moelle à
12 m. 9 par seconde pour les impressions douloureuses, à 43 m. 3

1. Richet, *Recherches expérimentales et cliniques sur la sensibilité*,
p. 258-259.
2. Voir sur ce point les explications embarrassées de Lehmann, *ouv.
cité*, p. 51 et suiv.

pour les autres. Dans certaines maladies, comme le tabes dorsal, l'écart entre le contact d'une aiguille et la douleur éprouvée peut être de une à deux secondes. — On peut citer encore bien d'autres faits. Si l'on saisit, dans une pince à pression, un repli de la peau et qu'on s'arrête au moment où la pression est suffisante, la douleur qui n'existait pas d'abord, finit par apparaître. Elle vient graduellement, comme par ondée, et finit par devenir insupportable. — Un homme dont le pouce est pris dans une machine, ne fut averti de sa blessure que parce qu'il se sentit le bras attiré et c'est un quart d'heure après qu'il commença à souffrir. — On a remarqué aussi que la syncope causée par des chocs violents et des traumatismes ne se produit pas immédiatement [1] ; entre l'accident et l'évanouissement, il peut s'écouler plusieurs minutes.

La douleur est le résultat d'une sommation. Naunyn a montré que, chez les tabétiques, une excitation mécanique (comme celle d'un cheveu sur la surface cutanée du pied), qui reste au-dessous du seuil de la conscience comme contact et comme douleur, si elle est répétée de 60 à 600 fois par seconde, est perçue au bout de 6 à 20 secondes et devient bientôt pour le malade une douleur intolérable.

Bien que la sensibilité excessive à la douleur (hyperalgésie) appartienne à la pathologie de notre sujet qui sera étudiée dans un autre chapitre, il convient d'en dire quelques mots pour l'opposer à l'état contraire, l'analgésie, et surtout en vue de nos conclusions. Cet état est plus difficile à constater que l'insensibilité, parce que ici il n'y a plus qu'une différence de degré, non une différence de l'être au néant. Mais, dans certains cas, il y a entre l'excitation et la réaction du sujet sentant une disproportion telle, qu'on peut dire sans hésiter que la sensibilité n'est plus normale.

On a remarqué que, d'une manière générale, les races inférieures sont peu sensibles à la douleur. Les nègres d'Égypte subissent presque sans souffrance les plus grandes opérations chirurgicales (Pruner-Bey), Mantegazza en a rapporté un grand nombre d'exemples (ch. xxvi). Chez le paysan, la sensibilité est d'ordinaire moins vive que chez le citadin et l'on peut admettre, sans hésiter, que la

1. Richet, *ouv. cité*, p. 289-290 et 315-316 : beaucoup d'observations.

susceptibilité à la douleur augmente avec la civilisation ; pour beaucoup, ce qu'on appelle du stoïcisme, serait mieux nommé un faible degré de sensibilité. L'hyperalgésie se voit le mieux dans les cas d'extrême surexcitabilité nerveuse. Chez quelques-uns, elle est généralisée, c'est le « supplicium neuricum », et le patient se dit en proie à d'inexprimables tourments. Elle est moins fréquente en ce qui concerne les nerfs spéciaux, cependant elle se rencontre. L'un souffre du plus léger bruit, ne peut tolérer la moindre odeur. Pitres cite le cas d'une personne enfermée dans une chambre obscure dont elle ne sortait que la nuit, les yeux préservés par une visière épaisse contre le rayonnement des étoiles. Ceux qui pénétraient le jour dans sa chambre noire, devaient porter des vêtements sombres, cacher avec grand soin le col de leur chemise dont le reflet blanc lui était horriblement désagréable [1]. L'hyperalgésie cutanée est très commune, tantôt sur toute la surface, tantôt hémilatérale, tantôt disséminée par îlots. Weir Mitchell, dans son livre sur *Les lésions des nerfs*, en a rapporté plusieurs exemples, entre autres d'un soldat blessé à qui le froissement seul du papier causait des douleurs atroces. Les fumeurs d'opium, lorsqu'ils interrompent leurs habitudes, sentent le moindre souffle comme un froid glacial et se plaignent de douleurs intolérables dans toutes les parties du corps. L'hyperalgésie des tissus profonds est aussi fréquente chez les hystériques et les hypocondriaques.

Il convient de remarquer en passant que de même que l'insensibilité à la douleur (analgésie) est indépendante de l'incapacité à percevoir les impressions sensorielles (anesthésie) ; de même l'hyperalgésie est distincte de l'hyperesthésie. Celle-ci est une faculté de percevoir qui dépasse de beaucoup la moyenne : on sait que certaines races, certains individus ont une acuité visuelle, auditive, olfactive, extraordinaires ; on connaît l'hyperesthésie tactile des aveugles ; enfin, chez les hypnotisés, la finesse des sens a quelquefois paru miraculeuse. L'hyperalgésie, comme l'analgésie, montre donc l'indépendance relative de la douleur par rapport aux sensations qui la suscitent.

1. Pitres, *Leçons cliniques sur l'hystérie*, I, p. 182.

III

Nous pouvons conclure de ce qui précède que quoique la douleur physique (il ne s'agit que d'elle en ce moment) soit toujours
liée à une sensation interne ou externe, qu'elle fasse partie d'un
complexus psychique, elle peut en être séparée, disjointe. Elle a
donc ses conditions d'existence propres et nous pouvons en dire
autant du plaisir par anticipation.

Ces conditions d'existence quelles sont-elles? ou plus simplement
qu'est la douleur, de sa nature? A l'heure actuelle, il y a sur ce
point deux doctrines bien distinctes : l'une, qui compte peu d'adhérents, soutient que la douleur physique est proprement une *sensation*. L'autre, généralement admise, la considère comme une *qualité*
de la sensation, plus exactement comme un accompagnement, un
concomitant [1].

La première, quoique toute récente sous sa forme complète, n'est
pas sans antécédents. Elle a trouvé un point d'appui momentané
dans la prétendue découverte des nerfs dolorifères. Nichols, l'un
des promoteurs de cette hypothèse, l'a développée d'abord en
s'orientant dans ce sens; on a dû y renoncer. Strong, l'un de ses
plus chauds partisans, l'a soutenue en s'appuyant sur d'autres raisons. D'après lui, tout le mal vient de l'ambiguïté du mot douleur
qui peut signifier deux choses : déplaisir (*displeasure, Unlust*) ou
douleur physique au sens positif. Il réduit celle-ci aux coupures,
piqûres, brûlures, bref à toutes celles qui affectent la peau. Elle est,
d'après lui, une sensation au sens strict, comme celle de bleu ou de
rouge; « elle n'est pas un attributif, mais un substantif ». La douleur
de la brûlure, par exemple, est le mélange de deux sensations :
chaleur, douleur. La sensibilité générale est composée de quatre
espèces de sensations : toucher, chaud, froid, douleur. Chacune

---

1. Les débats sur ce sujet ont eu lieu surtout entre les psychologues
américains. Consulter : Rutgers Marshall, *Pain, pleasure and Æsthetics*,
1895). — Nichols, *Origin of pleasure and pain* (*Philosophical Review*, I, 403
et 518 — *Psychological Review*, Strong, juillet 1895; et pour les critiques
et répliques, septembre et novembre 1895, janvier 1896. — *American journal of Psychology*, 1895, t. VII et suiv.

d'elles peut être abolie séparément. La cocaïne et le chloroforme suppriment la douleur, non le contact; la saponine supprime le toucher, non la douleur; la syringomyélie détruit la sensibilité thermique et douloureuse, non celle du toucher; dans certaines névrites, il y a suppression du contact sans analgésie. Ces divers faits sont invoqués comme principal argument en faveur de l'hypothèse de la douleur-sensation, bien qu'ils puissent être tout aussi bien expliqués dans l'autre doctrine.

Cette hypothèse est pleine de difficultés. D'abord l'absence de base anatomique : organes, nerfs spéciaux. Nous reviendrons sur ce point important (ch. iii) au sujet du plaisir. Nichols nous dit que, contre l'existence des nerfs de douleur, il n'y a aucune preuve, sinon qu'ils n'ont pas été établis objectivement ; — c'est bien quelque chose, — que l'étude histologique ne pourrait pas, en définitive, déterminer dans les appareils périphériques ce qui sert au toucher et ce qui est propre à la douleur, et que la preuve doit être déduite des cas de sensations tactiles sans douleur, ou *vice versa* — qui ne constitue une preuve à aucun degré. — De plus, la séparation établie entre le déplaisir (douleur morale?) et la douleur physique est arbitraire, factice, nullement motivée. — Mais il y a une séparation encore plus inacceptable. Strong déclare expressément qu'il se limite aux douleurs localisées sur la surface cutanée. Or, de quel droit retrancher du groupe des douleurs physiques — strictement physiques — les états de tourment, de torture qui viennent des organes internes, les multiples névralgies aussi intolérables qu'aucune douleur externe, sans parler des malaises, de la prostration, de l'épuisement? Sont-ils aussi des sensations ou autre chose? On ne le dit pas. — Enfin, et Strong lui-même s'est posé l'objection, il faut avouer que nous aurions ici des sensations d'étrange sorte, qui ne se projettent pas au dehors, qui ne s'extériorisent pas. Tandis que les impressions visuelles, auditives, tactiles, gustatives, olfactives, sont rapportées aux causes qui les provoquent; les douleurs de la piqûre, coupure, brûlure, restent rigoureusement subjectives et ne sont pas mises dans l'aiguille, le couteau, le charbon ardent, comme nous mettons le son dans la cloche ou l'amertume dans l'absinthe. La seule réponse possible (et les partisans de la douleur-sensation ne l'ont point faite) serait que ce phénomène a un caractère propre : il reste toujours une sensation, il ne devient jamais une perception; d'où son défaut de projection au dehors. Mais alors pourquoi l'assimiler « au bleu ou au rouge »? De plus, la sensation pure, si tant est qu'elle existe chez l'adulte, se rapproche tellement de l'état affectif que la thèse de la douleur-sensation, en ce qu'elle a d'essentiel, s'évanouit. « Quoi qu'on puisse penser de la probabilité d'une découverte future d'organes terminaux pour la douleur physique, je pense qu'il faut accorder qu'il n'y a aucune preuve de l'existence dans le milieu d'un stimulus spécial dont la douleur physique serait le correspondant spécial : et n'y eût-il d'autre raison que celle-là, ce serait une grande erreur de placer dans la classe bien déterminée des « sensations » un état mental à qui manquent tous les caractères de la sensation en général. » Cette conclusion de Rutgers Marshall est aussi la nôtre.

La doctrine adverse, qui s'est intitulée dans ces derniers temps théorie de la qualité (*quale-theory*), est souvent soutenue sous une forme peu satisfaisante, parce que en fait elle se réduit à une affirmation de *quantité*. La douleur qui accompagne la sensation peut dépendre soit de son intensité, soit de sa qualité seule.

Il est inutile d'insister sur le premier cas, car presque tous les auteurs ne cessent de répéter que l'impression douloureuse est le résultat d'une excitation forte, intense, violente, prolongée.

Tout au contraire, il importe de remarquer que cette affirmation exclusive n'est pas applicable partout et toujours. Souvent, en effet, la douleur n'exige pas l'intensité de l'excitation. Cela ressort avec évidence des cas d'hyperalgésies, et c'est ce qui nous a engagé à en citer. La sensation très désagréable causée par un couteau qui gratte du verre vient certainement de la nature plus que de l'intensité de l'excitation. Beaunis fait remarquer que certaines odeurs ou saveurs, certains contacts, sont pénibles d'emblée et qu'il n'est pas nécessaire qu'ils soient intenses. Le frôlement d'une barbe de plume, qui jetait dans l'angoisse le patient de Weir Mitchell, agissait-il par son intensité? Sans doute il faut reconnaître que les hyperalgésies constituent un groupe à part qui n'est pas strictement comparable avec les cas ordinaires : ce sont des formes pathologiques, variables en degrés; mais la pathologie n'est que l'exagération d'un phénomène normal. L'erreur de ceux qui rapportent la douleur à la seule intensité de l'excitation, c'est de ne considérer que les conditions *objectives* ; ils oublient trop le rôle du sujet sentant. Les douleurs qui dépendent de la qualité de l'excitation sont d'origine surtout *subjective*, parce que le degré d'excitabilité des éléments nerveux, chez le patient, est la condition essentielle qui règle tout.

Ces deux conditions admises comme agissant l'une et l'autre — l'intensité et la qualité, — que se passe-t-il ensuite? Quelle est la nature intime du processus qui produit la douleur? L'hypothèse la plus naturelle, la plus simple, la plus conforme aux conceptions mécaniques, actuellement prédominantes dans les sciences biologiques, consisterait à admettre que la douleur correspond à une forme particulière de mouvement. Dans cette supposition, la voie nerveuse afférente, de la périphérie aux centres, pourrait être parcourue par trois espèces distinctes de mouvement ou d'ébranlement moléculaires : la première donnant naissance à la sensation pure, c'est-à-dire à un état intellectuel, à une connaissance; la seconde, parfois présente, parfois absente, donnant naissance à la douleur; la troisième, parfois présente, parfois absente, donnant naissance au plaisir.

Il y aurait encore une hypothèse possible, tout à fait différente des autres, sur la genèse de la douleur, vers laquelle j'inclinerais volontiers, mais qui ne peut être présentée que comme une vue d'esprit. Elle consisterait à l'attribuer à des *modifications chimiques* dans les tissus et les nerfs, tout particulièrement à la production de toxines locales ou généralisées dans l'organisme. La douleur serait ainsi l'une des manifestations et l'une des formes de l'auto-intoxication. Seul Oppenheimer [1] me paraît avoir cherché dans cette voie. D'après lui, en ce qui concerne l'origine de la douleur « dans tout organe, sensoriel ou autre, la cause réelle est dans une altération du tissu, en particulier une altération d'espèce chimique, par laquelle ou bien les produits de destruction s'élèvent au-dessus de la moyenne normale ou bien les modifications résultent de l'influence d'un corps étranger, présent dans l'organisme ». En ce qui concerne la connexion entre le tissu périphérique et les centres, elle

---

1. *Schmerz und Temperaturempfindung*, Berlin, Reimer, 1893.

se ferait par les nerfs vaso-moteurs (constricteurs et dilatateurs). Ainsi les tissus, comme organes terminaux de la douleur, les vaso-moteurs, comme voie de conduction. Dans les organes qui ne subissent que de très légers changements, quand ils sont en activité (les tendons, ligaments, os, etc.), la sensibilité consciente est presque nulle. « La douleur n'est pas, comme beaucoup le croient, le plus haut degré de la sensation qui se produit dans les organes des sens spéciaux; mais la sensation la plus intense qui se produise dans les nerfs vaso-moteurs, sous l'influence d'une violente excitation. »

Cette hypothèse sera peut-être justifiée par l'avenir. Nous y reviendrons en étudiant les émotions, et nous verrons que celles-ci du moins sont accompagnées dans l'organisme de modifications chimiques profondes et bien constatées.

La douleur physique est un ample sujet qui, on le voit, n'a pas été négligé dans ces derniers temps et sur lequel il resterait beaucoup à dire; mais il faut se borner, parce que ce n'est qu'une portion assez restreinte de la psychologie des sentiments.

CHAPITRE II

LA DOULEUR MORALE
(LE CHAGRIN, LA TRISTESSE)

En passant de la douleur physique à la douleur morale, entrons-nous dans un autre monde et changeons-nous de sujet? Nullement. Les langues, avec leurs termes spéciaux : tristesse, chagrin (*sorrow, Kümmer*), etc., créent une illusion dont la plupart des psychologues paraissent avoir été dupes : c'est qu'entre ces deux formes de la douleur, il y aurait une différence de nature. En tout cas, ils ne s'expliquent pas nettement sur ce point et paraissent partager l'opinion commune [1]. Le but de ce chapitre est d'établir au contraire que, entre la douleur physique et la douleur morale, il y a une *identité* foncière, qu'elles ne diffèrent l'une de l'autre que par le point de départ : la première étant liée à une sensation, la seconde à une forme quelconque de représentation, image ou idée.

I

Au premier abord, il semblera paradoxal et même révoltant à plus d'un de soutenir que la douleur que cause un cor au pied ou

---

1. Je ne vois guère que Hartmann qui ait traité ce point incidemment, mais avec beaucoup de netteté. « Que j'aie mal aux dents ou au doigt ou à l'estomac; que je perde ma femme, un ami ou ma place, » si dans tous ces cas, on distingue ce qui est douleur et n'est que douleur et ne peut être confondu avec la perception, l'idée, la pensée, on reconnaîtra que cet élément spécial est identique dans tous les cas. » *Philosophie de l'Inconscient*, t. I, 2ᵉ p., ch. III.

un furoncle, celle que Michel-Ange a exprimée dans ses *Sonnets*
de ne pouvoir atteindre son idéal ou celle que ressent une conscience délicate à la vue du crime, sont identiques et de même
nature. Je rapproche à dessein des cas extrêmes. Il n'y a pourtant
pas lieu de s'indigner si l'on remarque qu'il s'agit de la douleur
seule, non des événements qui la provoquent, qui sont, eux, des
phénomènes extra-affectifs. Au reste, la meilleure manière de justifier notre thèse, c'est de suivre l'évolution de la douleur morale
dans sa marche ascendante, du plus bas au plus haut. Il suffira
d'en noter les principales étapes.

Première période. — La douleur morale est liée d'abord à une
représentation extrêmement simple, à une image concrète, c'est-à-
dire à la copie immédiate d'une perception. On peut la définir : la
reproduction idéale de la douleur physique. Elle ne suppose qu'une
seule condition, la mémoire. L'enfant qui a dû avaler un remède
désagréable, celui qui s'est fait extraire une dent, lorsqu'il faut
recommencer, éprouvent une douleur qu'on ne peut appeler physique, puisqu'elle est liée à une simple image ; elle en est la copie
affaiblie et l'écho. On peut dire dans le langage des mathématiciens
que, dans ce cas, la douleur morale est à la douleur physique
comme l'image est à la perception. C'est une forme si simple qu'elle
se rencontre même chez beaucoup d'animaux, non des plus élevés.
Ce n'est pas encore la douleur morale (tristesse, chagrin) au sens
complet et rigoureux, mais elle devait être notée parce qu'elle
répond à ce que les naturalistes appellent une forme de passage.

Deuxième période. — Elle est liée à des représentations complexes
et forme une très grande classe dont les manifestations sont les
seules qui se rencontrent dans la moyenne de l'humanité. A ce
degré, la douleur morale suppose la réflexion ou plus explicitement : d'abord la faculté de raisonner (déduction ou induction),
ensuite l'imagination constructive. On en peut citer des exemples
en foule, pris au hasard : la nouvelle d'une mort, d'une maladie,
de la ruine, d'une ambition frustrée, etc. Le point de départ est un
fait tout simple et tout sec, mais la douleur s'attache à tous les
résultats *aperçus* qui en découlent. Ainsi la ruine, c'est tout un
cortège de privations, de misères, de travaux à recommencer, de
fatigues et d'épuisements. C'est dans cette traduction de détail,

variant suivant les individus et les cas, que consiste la douleur morale. Il est clair, et l'observation le prouve, que l'homme doué d'une imagination ardente et constructive, ressentira une douleur intense; tandis qu'un autre, à imagination froide et pauvre, reste insouciant, ne voyant guère dans son malheur que le présent, l'actuel, c'est-à-dire peu de chose : la somme des douleurs évoquées est proportionnelle à la somme des représentations évoquées. L'enfant reste insensible à la nouvelle d'une mort ou d'une ruine et s'il s'émeut, c'est par imitation; parce qu'il n'a rien dans son expérience qui lui permette de déduire ce qui est contenu dans ces mots funestes et de se représenter l'avenir.

La douleur morale se présente sous diverses formes :

Positive : c'est une dépense de mouvement, la représentation d'un travail épuisant, d'un effort incessant à recommencer qui est déjà senti dans la conscience par anticipation. Tel est le cas d'un candidat refusé à son examen et qui ne peut pas y renoncer.

Négative : c'est un arrêt de mouvement, un amoindrissement, la conscience d'un déficit, d'une privation, de besoins sans cesse renaissants, sans cesse frustrés. La mort d'une personne aimée en est le plus parfait exemple.

Mixte : comme chez le millionnaire ruiné ou le roi détrôné qui se remettent à l'œuvre pour reconstituer leur passé. D'une part, représentation des longs travaux d'une nouvelle conquête; d'autre part, tendances de toute sorte jadis satisfaites, maintenant enrayées d'une manière inexorable.

Une étude complète de notre deuxième groupe des douleurs morales comprendrait deux moments : la forme égoïste, la première en date, et la forme sympathique ou altruiste. Celle-ci semble se produire d'assez bonne heure, puisque Darwin l'a notée à l'âge de six mois et onze jours chez l'un de ses enfants, qui se montra fort ému parce que sa nourrice fit semblant de se désoler et de crier. Preyer prétend même, nous l'avons vu, que le chagrin apparaît dès l'âge de quatre mois. Cette forme sympathique de la douleur se rencontre chez certains animaux, particulièrement ceux qui vivent en société. Pour certains couples monogames, la mort d'un des conjoints produit souvent le dépérissement de l'autre. Nous ne nous arrêterons pas, pour le moment, à la description de ces deux grandes formes de la vie affective qui nous occuperont tant de fois au cours de notre étude.

Troisième période. — Le chagrin est lié à de purs concepts ou à des représentations idéales. C'est la douleur intellectuelle, bien plus rare et qui d'ordinaire n'afflige pas, du moins longtemps, le commun des hommes. Telle est la douleur de l'homme religieux qui ne se sent pas assez fervent, du métaphysicien tourmenté par le doute, du poète et de l'artiste qui ont conscience d'une création avortée, du savant qui poursuit sans succès la solution d'un problème.

Ces formes de la douleur sont principalement négatives et secondairement positives. Elles consistent avant tout en besoins non satisfaits, privations, lacunes dans l'existence; ensuite en effort, dépense de force, fatigue, pour n'aboutir à rien.

II

Après avoir montré que le phénomène-douleur, au cours de l'évolution, s'attache à des représentations de plus en plus hautes et finalement à des conceptions supérieures, examinons la douleur morale objectivement, *du dehors*, pour montrer de nouveau son identité avec la douleur physique, ou plus exactement pour établir que la douleur est phénomène invariable en nature, sous quelque forme qu'il se manifeste.

1° La tristesse est accompagnée des mêmes modifications dans l'organisme que la douleur physique. Il est inutile d'en répéter la description: troubles de la circulation, constriction des vaso-moteurs, syncope; abaissement de la respiration ou changements perpétuels dans son rythme; retentissement brusque ou prolongé sur la nutrition, inappétence, indigestion, arrêt ou diminution des sécrétions, vomissement. Remarquons que les cas de canitie rapide, rappelés plus haut, se rencontrent surtout dans les violentes secousses morales (Marie-Antoinette, Ludovic Sforza, etc.). Les muscles volontaires de la voix, du visage, du corps tout entier subissent les mêmes influences, ont le même mode d'expression; pour la douleur morale comme pour la douleur physique, il y a les formes muettes et les formes agitées.

2° Si l'on admet l'ancien adage : « Naturam morborum medi-

cationes ostendunt », comme nous voyons chaque jour la même
thérapeutique générale employée pour les deux formes de la douleur, ceci est encore un témoignage en faveur de leur identité : sans
doute chacune a des moyens curatifs qui lui sont propres : pour
la douleur morale, les consolations, les distractions, les voyages;
mais n'emploie-t-on pas pour guérir l'une et l'autre l'opium, les
sédatifs, les toniques?

3° Nous avons rapproché plus haut les cas les plus grossiers de
douleur physique des cas les plus raffinés de douleur morale; mais
il y a des formes composites où les sensations et les représentations
paraissent se faire équilibre, en sorte que ces états douloureux doivent s'inscrire sous l'un et l'autre titre. Tels certains mélancoliques
dont nous aurons à parler plus tard; mais nous pouvons prendre
comme type l'hypocondriaque : nous trouvons ici le point de jonction des deux douleurs. La description des troubles physiques de
l'hypocondrie a été bien souvent faite. Il y a des douleurs localisées,
mais en outre combien de douleurs simplement représentées, grossies
comme avec une loupe, attribuées au poumon, au cœur, au foie, à
la rate, aux reins, à l'estomac, aux intestins, aux articulations qui
craquent! que de conjectures sur la couleur de la face, de la langue,
des urines et surtout quelle perpétuelle anxiété! L'un d'eux disait :
« Cela va trop bien aujourd'hui, cela m'inquiète, car ce n'est pas
naturel ». Est-ce douleur physique, est-ce douleur morale? Tantôt
l'une, tantôt l'autre prédomine, suivant les individus et les moments.
Clouston a noté que chez les mélancoliques souvent la tristesse
diminue quand la douleur physique augmente. Elles sont si intimement entrelacées qu'on ne peut établir entre elles un point de
départ. Cet état morbide, qui n'est pas rare, méritait d'être rappelé
parce qu'il est lui aussi une forme de passage. On pourrait sans
crainte généraliser et dire : il n'y a aucune douleur physique (c'est-
à-dire localisée) si légère qu'elle soit qui ne s'accompagne de
quelque agacement fugitif, aucun agacement qui ne s'accompagne
de quelques légers troubles physiques.

Tout ce qui précède ne veut pas dire que le chagrin est une
douleur physique très raffinée, qu'il en est issu, qu'il en sort,
comme, suivant la formule bien connue : *Nihil est in intellectu
quod non prius fuerit in sensu*, on suppose que les formes supé-

rieures de la connaissance sortent de la seule sensation. Ce serait un contresens. La douleur physique n'est pas un genre dont la douleur morale serait une espèce. La thèse que je soutiens c'est que la douleur est toujours identique à elle-même, qu'elle a ses conditions d'existence propres, que les innombrables modalités qu'elle nous présente dans l'ordre physique [1] et dans l'ordre mental tiennent à l'élément sensoriel ou intellectuel qui la suscitent et qu'elle enveloppe.

Resterait à chercher pourquoi certaines représentations ont le fâcheux privilège de susciter la douleur. C'est une question que nous ne pouvons qu'effleurer, parce qu'elle appartient à une autre partie de notre sujet. Pour le moment, je réponds simplement : parce qu'elles sont un commencement de désorganisation mentale comme la douleur physique est un commencement de désorganisation physique. L'être sentant, homme ou animal, est un faisceau de besoins, d'appétits, de tendances physiques ou psychiques : tout ce qui les supprime ou les entrave, se traduit par la douleur. La souffrance physique répond à la réaction aveugle et inconsciente de l'organisme contre toute action nuisible. La tristesse répond à la réaction consciente contre toute diminution de la vie psychique. L'homme emprisonné dans le prosaïsme le plus étroit et le plus borné ne ressentira assurément aucune douleur esthétique, parce que n'ayant aucun besoin de ce genre, il ne peut être de ce chef ni amoindri ni entravé.

En résumé, la douleur, sous toutes ses formes, révèle une identité de nature. La distinction entre la douleur physique et la douleur morale a une valeur pratique, non scientifique.

---

1. Hahnemann distinguait 73 espèces de douleurs physiques, Georget, 38, Renaudin, 12, etc. Je donne ces nombres à titre de curiosités. Plus récemment Goldscheider (*Ueber den Schmerz*) établit trois étages dans les douleurs physiques : 1° douleurs vraies, réelles (*echte*); elles dépendent des nerfs de la sensibilité générale et sont causées par des excitations mécaniques, thermiques, chimiques, par l'inflammation, les poisons; 2° douleurs indirectes, pseudo-douleurs qui consistent surtout en un état de malaise (*Schmerzweh*); elles peuvent dans les maux de tête, d'estomac, etc., être aussi oppressives et torturantes que les douleurs « réelles »; 3° douleurs psychiques ou idéales (*ideel*), qui sont une hyperesthésie de l'activité sensitive : elles se rencontrent dans les névroses (neurasthénie, hystérie, hypocondrie), dans les hallucinations, l'état hypnotique, etc. Cette classification est peut-être acceptable en physiologie. Pour la psychologie, toute douleur, à titre d'état de conscience, quelle qu'elle soit et d'où qu'elle vienne, est « vraie », « réelle ».

CHAPITRE III

LE PLAISIR

Quand on traite de la douleur, on est embarrassé par l'abondance des documents et la difficulté est d'être court; pour le plaisir, c'est le contraire. Est-ce parce que les médecins, depuis des siècles, ont recueilli des observations sur la douleur, tandis qu'il n'existe aucune profession qui ait pour but d'observer le plaisir? Est-ce parce que l'humanité est ainsi faite que, souffrant plus de la douleur qu'elle ne jouit du plaisir, elle étudie tout ce qui est peine pour s'en délivrer et accepte tout ce qui est agréable, naturellement et sans réflexion? On ne peut pourtant pas accuser les psychologues d'avoir négligé cette étude, quoique la bibliographie du plaisir soit bien mince, en face de celle de la douleur. En général, ils ont considéré ces deux sujets comme la contre-partie l'un de l'autre : le plaisir et la douleur s'opposent comme deux contraires, en sorte que connaître l'un c'est connaître l'autre. Mais ce n'est là qu'une hypothèse peut-être vraie, peut-être fausse, qui ne repose, en grande partie, que sur le témoignage de la conscience, toujours discutable et suspect. « Il se peut très bien, dit justement Beaunis, que le plaisir et la douleur, qui nous paraissent deux phénomènes opposés et contraires l'un à l'autre, ne soient en somme que des phénomènes de même nature et qui ne diffèrent que par une différence de degré. Il peut se faire qu'ils soient des phénomènes d'ordre différent, mais qu'on ne puisse comparer l'un à l'autre de façon à pouvoir dire que l'un est le contraire de l'autre. Il peut se faire qu'ils dépendent simplement d'une différence d'excitabilité des centres nerveux. Il peut se faire enfin qu'ils rentrent tantôt dans une catégorie, tantôt dans l'autre [1]. »

I

Les formules universellement adoptées pour caractériser le plaisir indiquent cette position vague du problème : « Les états agréables sont les corrélatifs des actions qui contribuent au bien ou à la conservation de l'individu ». « Généralement parlant, le plaisir accompagne les activités moyennes, quand ces activités sont de nature à être en excès ou en défaut » (Herbert Spencer). — « L'expérience atteste que, dans tous les domaines sensoriels, les sensations d'énergie modérée sont spécialement accompagnées d'un sentiment de plaisir. Ainsi ce sentiment se joint aux sensations de chatouillement dues à des excitations cutanées de faible énergie » (Wundt). D'après cet auteur, la gamme du plaisir est moins riche et moins étendue que celle de la douleur, et il en trouve la preuve dans le langage qui traduit l'expérience universelle. « Le langage, dit-il, a créé de nombreuses expressions pour les sentiments, les émotions et les inclinations pénibles, tandis que les dispositions joyeuses de l'âme sont dénommées tout court. Ce phénomène tient moins à ce que l'homme observe spécialement et soigneusement ses états pénibles ou désagréables qu'à ce que les sentiments de plaisir possèdent en réalité une plus grande uniformité. Ceci est particulièrement évident pour les sentiments sensoriels [liés aux sensations]. La douleur a non seulement de nombreux degrés d'énergie, mais même d'après son siège toutes sortes de nuances. » Mantegazza, en établissant la synonymie du plaisir, paraît soutenir la thèse contraire [2]. Pour ma part, je me range à l'opinion de Wundt.

Les conditions anatomiques et physiologiques de la genèse et de la transmission du plaisir sont une terre inconnue. Dans les cas

---

1. Beaunis, *Sensations internes*, ch. xxiii.
2. *Fisiologia del piacere*, 2ᵉ part., ch. ii. Il énumère les expressions suivantes : *gusto, diletto, compiacenza, soddisfazione, conforto, contentezza, allegria, buon umore, gioia, giubilo, tripudio, delizia, voluttà, felicità, solletico, rapimento, trasporto, ebbrezza, delirio.* Peut-être sur ce point la langue italienne est-elle plus riche que la langue allemande.

de plaisir physique, que se passe-t-il dans les terminaisons périphériques, dans les nerfs, dans l'axe cérébro-spinal? Ces questions
ne sont pas même posées par la plupart des auteurs. La physiologie de la douleur, malgré ses incertitudes, est riche et instructive, en comparaison de celle du plaisir.

Dans ces derniers temps, on a soutenu que le plaisir, ainsi que
la douleur, doit être considéré comme une *sensation*, non comme
le concomitant des divers états psychiques; qu'ils sont l'un et
l'autre des sens fondamentaux ayant leurs énergies nerveuses propres et distinctes des autres sensations : en d'autres termes, les
expressions « sensation de plaisir et de douleur » devraient être
prises au sens strict que comporte le mot sensation. Nous en avons
déjà parlé à propos de la douleur. Cependant il ne me paraît pas
inutile d'y revenir; car cette assertion, outre son caractère hypothétique, ne me paraît pas heureuse. En effet, s'il est un état
psychologique qui soit nettement délimité et différencié de tous les
autres, c'est la sensation.

La sensation est déterminée et circonscrite par un organe
spécial qui ne sert qu'à cette fin, comme la vue, l'ouïe, etc.; tout
au moins par des nerfs spéciaux et des terminaisons périphériques
spéciales, comme le toucher et la température. Les sensations
internes, malgré leur appareil nerveux propre, ont un caractère
plus vague : ainsi quelques psychologues les appellent indifféremment sensations et sentiments. Les sensations kinesthétiques ou de
mouvement comprises longtemps sous le nom de sens musculaire
— terme impropre qui tend à disparaître, — quoique diffuses dans
l'organisme, ont cependant des nerfs qui leur sont propres : ceux
du tissu musculaire, des articulations (du périoste, des ligaments,
des synoviales, des tendons). Mais pour le plaisir et la douleur, il
ne se trouve ni organes, ni nerfs spéciaux. Nous avons vu l'opinion
admise au sujet des nerfs dolorifères; quant à des nerfs du plaisir,
je ne connais aucun auteur qui en ait hasardé l'hypothèse, si faiblement que ce soit. Il est vrai que l'un de ceux qui admettent les
nerfs de douleur (Frey) s'est tiré fort commodément de cette difficulté, en disant que le plaisir « n'étant que l'absence de douleur »
ne suppose pas de nerfs spéciaux. N'est-ce donc pas fausser complètement l'acception des termes que de classer parmi les sensations

des phénomènes psychiques qui n'ont aucune des conditions anatomiques et physiologiques requises [1] ?

On connaît mieux les manifestations qui se produisent dans
l'organisme, quand nous sommes en état de plaisir. Prenons comme
type les plaisirs stables, en écartant ceux qui par leur exubérance
confinent, nous le verrons plus tard, aux formes pathologiques.
Que le point de départ soit une excitation physique, une représentation ou un concept, il se produit, comme pour la douleur, deux événements distincts : d'une part, un état de conscience, intérieur,
que nous qualifions d'agréable; d'autre part, un état somatique,
extérieur, dont voici les principaux caractères :

Pris dans leur ensemble, ils s'opposent presque trait pour trait
au tableau qui a été fait des manifestations physiques de la douleur
et traduisent une augmentation des fonctions vitales. Ce contraste
n'est pas sans importance en faveur de la thèse commune qui
oppose le plaisir et la douleur comme deux contraires.

1° La circulation augmente surtout au cerveau, ce qui se traduit par divers phénomènes, notamment par l'éclat des yeux. Les
expériences de Lehmann citées précédemment (ch. i) montrent
que le plaisir physique comme le plaisir esthétique sont accompagnés de dilatation des vaisseaux et d'augmentation des contractions du cœur [2].

1. Cette thèse a été soutenue principalement en Amérique par
Nichols, *Philosophical Review*, juillet 1892, et en France par Bourdon,
Revue philosophique, septembre 1893. Le premier l'applique au plaisir et
à la douleur « qui sont des sensations fondamentales aussi distinctes
l'une de l'autre qu'elles le sont des autres sensations ». Son article contient des considérations ingénieuses sur le rôle de l'association des
idées. — Le second l'applique au plaisir seulement et considère la douleur
comme irréductible. Pour lui, « le plaisir est une sensation spéciale et
non pas une sensation commune ni une propriété de toutes les sensations; et il est de même nature que la sensation spéciale de chatouillement ». En rapprochant le plaisir du chatouillement (après Descartes
et d'autres, comme il le fait remarquer) Bourdon échappe en partie à la
critique exposée plus haut. Il faut pourtant remarquer que le chatouillement est lui-même une sensation dont les conditions organiques sont
bien vaguement déterminées. Outre l'impression cutanée, il y a certainement des actions réflexes diffuses qui le font rapporter tout autant à la
sensibilité interne qu'au tact.
2. Pendant l'impression de cet ouvrage, M. le Dr G. Dumas s'est livré
à des recherches expérimentales sur l'état de la circulation pendant les
états de joie et de tristesse. Nous regrettons de ne pouvoir en faire usage.
Elles seront publiées dans la *Revue philosophique* : juin à août 1896.

2º Même remarque pour la respiration, qui devient plus active; par suite la température du corps s'élève, les échanges nutritifs, plus rapides, produisent une riche alimentation des organes et des tissus. « Dans la joie, toutes les parties du corps profitent et se conservent plus longtemps; l'homme content, dispos, est bien nourri et reste jeune. C'est une vérité banale que les gens bien portants sont contents » (Lange). Elle augmente aussi les sécrétions (lactée, spermatique, etc.).

3º L'innervation des muscles volontaires s'exprime par une exubérance de mouvements, par les cris de joie, le rire et les chants. Certains cas de joie extrême et brusque ont produit tous les effets de l'ivresse alcoolique. Le chimiste Davy dansa dans son laboratoire, quand il eut découvert le potassium. — Münsterberg, au Congrès international de psychologie de Londres (1892), a communiqué les expériences suivantes sous le titre de *Fondement psychologique des sentiments*. On trace avec la main droite une ligne de 10 centimètres de longueur. Quand on est bien exercé à ce mouvement, on essaie de le répéter les yeux fermés en dirigeant la main de droite à gauche, par un mouvement de flexion centripète, puis de gauche à droite par un mouvement d'extension centrifuge. On commet, en pareil cas, des erreurs tantôt dans un sens, tantôt dans l'autre. Répétons les mêmes expériences sous l'influence de certains états affectifs (tristesse, gaîté, colère, etc.), notons les erreurs et leur sens. Münsterberg y découvre une loi très précise. Dans le chagrin, les mouvements d'extension (centrifuges) sont trop courts : erreur moyenne, — 10 millimètres, et les mouvements de flexion (centripètes) sont trop grands : erreur moyenne, + 12 millimètres. Dans la joie, au contraire, les mouvements centrifuges sont trop grands : erreur moyenne, + 10 millimètres, et les mouvements centripètes trop courts : erreur moyenne, — 20 millimètres. D'où il conclut que, dans le plaisir, les mouvements ont une tendance à l'augmentation, dans la douleur à la diminution.

Les manifestations de la joie peuvent se résumer en un seul mot : dynamogénie.

Il est superflu de dire que nous considérons le plaisir, au même titre que la douleur, comme un phénomène surajouté, un symptôme, un signe, une marque, dénotant que certaines tendances sont satisfaites, et qu'il ne peut être considéré comme un élément fondamental de la vie affective. Ainsi que la douleur, le plaisir est *séparable* du complexe dont il fait partie et, dans certaines circonstances anormales, peut totalement disparaître. L'*anhédonie* (si l'on me permet ce néologisme par opposition à analgésie) a été très peu étudiée, mais elle existe. Je n'ai pas besoin de dire que l'emploi des anesthésiques supprime à la fois la douleur et son contraire, mais il est des cas où l'insensibilité au plaisir existe seule. « La sensation de la volupté sexuelle est, dans des cas fort rares, lésée isolément, Brown-Séquard a vu deux cas d'anesthésie spéciale de la volupté, toutes les autres espèces de sensibilité, de la muqueuse urétrale et de la peau, persistant. Althaus en rapporte un autre cas. On en trouverait peut-être un plus grand nombre, sans la fausse honte qui empêche les malades d'en parler. Fonsagrives en cite un exemple très remarquable observé sur une femme [1]. » Cette insensibilité n'existe pas seulement pour le plaisir physique, mais pour le plaisir moral (joie, gaîté). Sans parler des cas de mélancolie profonde qui nous occuperont plus tard, où le moindre rayon de joie ne pénètre pas dans l'individu, il y a des cas d'anhédonie qui semblent plus simples et plus nets. « Une jeune fille fut atteinte d'une maladie de foie qui, pendant quelque temps, altéra sa constitution. Son caractère subit de profondes modifications. Elle ne sentit plus aucune affection pour son père et sa mère. Elle aurait voulu jouer avec sa poupée, mais il lui était impossible d'y trouver le moindre plaisir. Les choses qui précédemment la faisaient rire aux éclats, étaient pour elle sans intérêt [2]. » Esquirol a observé le cas d'un magistrat, homme très intelligent, atteint d'une maladie de foie. « En lui, toute affection paraissait être morte. Il ne montrait ni perversion, ni violence, mais absence complète de réaction émotive. S'il allait au théâtre (ce qu'il faisait par habitude), il ne pouvait y trouver aucun plaisir. Penser à sa maison, à son intérieur, à sa femme et à ses enfants absents, l'affectait aussi peu, disait-il, qu'un théorème d'Euclide. » Nous avons ici un échantillon d'une existence pour ainsi dire purement intellectuelle (le Sage des stoïciens).

Ces faits, et dans d'autres chapitres, sous d'autres titres, nous en

1. Richet, *Recherches*, etc, p. 212.
2. Lewes, *Physical basis of mind*, p. 327.

trouverons d'analogues, montrent que le plaisir ne dépend pas simplement de la *quantité* de l'excitation. Même remarque que pour la douleur. Attribuer tous les plaisirs aux excitations d'énergie moyenne est l'équivalent de la formule : la douleur est due à une excitation intense et prolongée. Dans les deux cas, on invoque l'intensité seule ; mais il y a des plaisirs irréductibles à l'énergie moyenne et qui dépendent de la *qualité* de l'excitation ou de la nature du sujet sentant. Dira-t-on que les plaisirs sexuels sont les concomitants d'une activité moyenne? Le plaisir produit par de beaux accords, pour une oreille musicale, est une affaire de qualité, non d'intensité. Il faut donc renoncer à ramener les conditions objectives du plaisir à une seule formule.

Quoique l'opinion commune établisse une séparation entre les plaisirs sensoriels et les plaisirs spirituels, cette distinction est purement pratique. Le plaisir, comme état affectif, reste toujours identique à lui-même ; ses nombreuses variétés ne sont déterminées que par l'état intellectuel qui le suscite : sensation, image, concept. Il serait fastidieux pour le lecteur de recommencer en détail l'exposé fait pour la douleur en l'appliquant au plaisir ; il suffit d'en indiquer les principaux traits.

Toutes les formes du plaisir s'accompagnent des modifications organiques précédemment énumérées. A l'origine, il ne peut être que physique, c'est-à-dire lié à une sensation (plaisir d'un contact doux et chaud, apaisement de la faim et de la soif, chez l'enfant et les animaux). Puis le plaisir devient une anticipation, comme le chien à qui on apporte sa pâtée ; pour employer les termes de Herbert Spencer, c'est un état présentatif-représentatif. Puis, dans cette évolution ascendante, apparaît le plaisir attaché à des pures représentations. C'est, comme pour la douleur, le grand groupe, celui des joies diverses et multiples qui consolent l'humanité de ses misères : elles se scindent aussi en plaisirs égoïstes et plaisirs sympathiques. Restent les manifestations plus rares et plus hautes, liées à de purs concepts : les plaisirs de la création esthétique, ceux du métaphysicien, du savant. — On pourrait encore montrer comment du plaisir considéré comme strictement physique (l'homme altéré qui boit à longs traits une boisson fraîche) au plaisir intellectuel le plus subtil, le plus éthéré, la transition peut s'établir, en fait, peu à peu, par degrés ; que les deux éléments — sensoriel et représentatif — coexistent toujours et que nous qualifions chaque plaisir uniquement d'après la prépondérance de l'un ou de l'autre. — Enfin si nous avons trouvé dans l'hypocondrie une forme composite qui peut être classée à titre égal dans la douleur physique et dans la douleur morale ; dans le domaine du plaisir, il n'est pas difficile de découvrir des formes analogues. Le plaisir esthétique provoqué par les formes, les couleurs et surtout les sons nous en fournit un exemple. Il est incontestable que ces trois espèces de sensations, toute seules, en elles-mêmes et par elles-mêmes, produisent un plaisir sensoriel. Certaines couleurs, certains timbres, certains accords, sont agréables d'emblée. Puis les représentations évoquées suscitent, elles aussi, une quantité de plaisir indépendant des sensations originelles. Fechner, dans sa *Vorschule der Aesthetik*, distingue, dans son analyse des éléments du be   le facteur direct, c'est-à-dire la sensation, et le facteur indirect   ociatif), c'est-à-dire les idées évoquées et associées. Ces de   teurs coexistent, l'analyse psychologique seule les sépare e   ue Fechner établit dans les éléments intellectuels a son équivalem les états affectifs [1].

II

La formule généralement adoptée qui rattache le plaisir aux activités moyennes s'appuie sur un fait d'observation courante : c'est que le plaisir poussé à l'excès ou trop prolongé se transforme en souvent en son contraire. Les plaisirs de la bouche peuvent conduire à la nausée, le chatouillement devient rapidement une torture, de même le chaud et le froid, et il n'est pas de mélodie favorite qu'on puisse tolérer pendant deux heures consécutives. En un mot, une sensation ou représentation d'abord agréable peut, lentement ou brusquement, être accompagnée de son contraire. L'élément sensoriel ou intellectuel restant le même, du moins en apparence, l'état affectif change.

1. Pour plus de détails sur ce point, voir ch. VII.

Un fait si banal, bien mis en lumière dès l'antiquité et d'où les philosophes avaient déduit diverses conséquences, ne mériterait pas de nous arrêter si, sous sa mince apparence, il ne nous donnait lieu de pénétrer dans l'intimité de notre sujet.

Remarquons que la même transformation peut s'opérer en sens contraire; un état primitivement pénible peut devenir agréable. Cette transmutation se rencontre à la racine de presque tous les plaisirs qu'on appelle *acquis*; une saveur, une odeur d'abord répugnantes, peuvent devenir délectables. De même pour certains exercices physiques liés au toucher et au sens musculaire. L'usage des alcooliques, du tabac, des narcotiques de toute sorte, nous fourniraient des exemples à profusion. On se plaît à certaines formes de littérature qui ont d'abord révolté; on peut en dire autant de la peinture et l'histoire de la musique est un long témoignage en faveur de cette transformation de goûts.

Il convient avant tout de noter que cette expression consacrée, « transformation » du plaisir en douleur et *vice versa*, est inexacte. Ni la douleur ne se change en plaisir, ni le plaisir en douleur, pas plus que le blanc ne se change en noir. Cela veut dire que les conditions d'existence de l'un disparaissent pour faire place aux conditions d'existence de l'autre. Il y a succession, non transformation; un symptôme ne se change pas en son contraire.

Cette succession, brusque ou lente, conduit à se demander si, entre les deux phénomènes antagonistes, il n'y aurait pas un fond commun, une certaine identité de nature. A la question ainsi posée, on peut répondre par deux hypothèses.

1° Admettre que la différence est foncière, irréductible, que la douleur est aussi nettement distincte du plaisir que la sensation visuelle l'est de la sensation auditive; il y a antinomie, antagonisme irréconciliable. L'affirmation la plus nette de cette thèse se trouve chez ceux qui font du plaisir et de la douleur des « sensations » comparables aux autres sensations, ayant leur caractère spécifique.

2° Admettre que la différence est de degré, non de nature; que les deux manifestations contraires ne sont que deux *moments* d'un même processus; qu'elles ne diffèrent entre elles que comme le son diffère du bruit, ou un son très aigu d'un son très grave qui résultent l'un et l'autre d'une même case, le nombre des vibrations dans l'unité de temps. Je soutiens cette seconde hypothèse.

Prenons comme exemple un cas simple où le processus se manifeste dans sa totalité. Voici une personne en état dit d'indifférence, neutre, moyen, c'est-à-dire qu'elle ne peut le qualifier ni comme agréable, ni comme pénible; elle se laisse simplement vivre. Elle est sensible au parfum des fleurs ; on en met dans sa chambre : plaisir. Puis, au bout d'une heure tout change : elle est incommodée, elle les fuit. Donc trois moments successifs : indifférence, plaisir, peine.

Mais ces trois moments dans la conscience ont leur corrélatif dans les modifications de l'organisme : circulation, respiration, mouvement, phases diverses de la nutrition. Le premier répond à la formule vitale moyenne de l'individu; le second à un accroissement des fonctions vitales, et, suivant la formule consacrée (que nous examinerons plus tard), à une augmentation d'énergie; le troisième à un abaissement des fonctions vitales, à une diminution d'énergie. Telles sont les données de l'observation et de l'expérience. Les recherches de Féré sur les sensations olfactives (sans parler des autres) ont montré que l'agrément ou le désagrément qui les accompagnent, se traduit par une augmentation ou une diminution de pression au dynamomètre. Chez un sujet dont la force dynamométrique est normalement 50-55, une odeur désagréable l'abaisse à 45; une odeur agréable l'élève à 65. Chez un autre (hystérique), le parfum du musc, d'abord très agréable, donne au dynamomètre 46 au lieu de 23; au bout de trois minutes, il devient désagréable; la pression donne 19[1]. Il y a donc dans l'organisme des fluctuations perpétuelles dont l'agréable et le désagréable, sont les indices dans la conscience : les deux contraires sont liés à une même cause, les fonctions vitales qui sont leur fond commun, et j'inclinerais à proposer l'hypothèse suivante :

Dans la plupart des cas, sinon dans tous, il se passe *simultanément* deux processus contraires, l'un dans le sens de l'augmentation, l'autre dans le sens de la diminution : *ce qui tombe dans la conscience n'est que le résultat d'une différence.*

1. Féré, *Sensation et mouvement*, p. 62, 63.

Différence entre quoi? Entre les recettes et les dépenses. Prenons au moins à titre schématique, un moment où les actions destructives et constructives se font équilibre, ce qui répond à l'état neutre ou d'indifférence des psychologues et représentons-le par la formule numérique 50 = 50. Survient un deuxième moment où les actions destructives prédominent : supposons-les égales à 60, tandis que les actions constructives tombent à 40. En comparant ce deuxième moment au premier, nous trouvons une différence dans le sens négatif = — 20, dont l'équivalent psychique est un état de conscience pénible. Puis un troisième moment où les actions constructives l'emportent = 60, les actions destructives tombant à 40 : différence dans le sens positif = + 20 dont l'équivalent psychique est un état de conscience agréable. Je prie le lecteur de ne prendre tout ceci qu'à titre d'éclaircissement.

Aussi entendue, la « transformation » du plaisir en douleur, de la douleur en plaisir n'est que la traduction dans l'ordre de la psychologie affective du rythme fondamental de la vie. Celle-ci se réduit au fait ultime de la nutrition, constituée par deux processus réciproquement dépendants et dont l'un implique l'autre : assimilation, désassimilation; intégration, désintégration. Sauf les cas extrêmes, tels que l'inanition et la consomption d'un côté, la pléthore de l'autre côté, où l'un des deux processus règne presque sans contrepoids, à l'ordinaire ils oscillent autour d'une moyenne comme le plaisir et la douleur autour d'un état réputé neutre. En physiologie, il arrive qu'un phénomène très net et facile à constater recouvre et cache un phénomène contraire; en sorte que la partie principale de l'événement est prise indûment pour le tout. Ainsi on sait que le muscle s'échauffe par l'exercice, ce qui paraît en contradiction avec la loi de transformation de l'énergie, le travail mécanique devant consommer une partie de ce mode de mouvement que nous nommons chaleur. Béclard et plusieurs autres après lui ont montré qu'il y a un abaissement réel au début du travail positif, et que, dans le muscle en action, il se produit deux phénomènes contraires : l'un physique, absorbant de la chaleur et déterminant un refroidissement du muscle actif; l'autre chimique, produisant un échauffement du muscle. Celui-ci masque l'autre. De même, les expériences bien connues de Schiff ont montré que le cerveau s'échauffe lorsqu'il reçoit les impressions et les élabore ; il devrait se refroidir, puisqu'il travaille ; mais les expériences de Tanzi semblent établir des oscillations alternantes de refroidissement et d'échauffement, pendant le travail cérébral. Nous rappelons ces faits, qui n'ont pas un rapport direct avec notre sujet, pour montrer que la coexistence de deux processus contraires dont le plus apparent dérobe l'autre, n'es‶ pas une chimère. Il y a souvent deux phénomènes simultanés dont l'un se voit et l'autre ne se voit pas.

Dans notre hypothèse donc, les conditions d'existence du plaisir et de la douleur sont impliquées l'une dans l'autre et toujours coexistantes : ce que la conscience exprime est un *surplus* et ce qu'on appelle leur transformation n'est qu'une différence en faveur de l'un ou de l'autre [1].

J'ajoute quelques remarques finales sur la transformation de la douleur en plaisir. Plus rare que son contraire, elle présente des particularités à noter :

Les plaisirs très vifs épuisent rapidement, condition très propice à la rapide apparition de la douleur ; je ne vois pas que les douleurs très vives se changent en plaisir, sauf peut-être dans quelques cas qui seront examinés dans le prochain chapitre.

La « transformation » ne se fait pas brusquement, mais toujours par action lente.

A titre d'explication, on a invoqué l'habitude ; mais c'est un terme si général qu'il demande à être précisé pour chaque cas particulier. On a dit aussi que la sensation pénible étant accompagnée d'une désorganisation, d'un abaissement vital, provoque par là même une réparation organique, un accroissement vital, qui est la condition du plaisir ; mais cela n'établit pas que cette période de réintégration coexiste avec l'impression première et lui confère une marque affective contraire. Le fumeur novice est d'abord incom-

---

1. Telle paraît aussi la thèse de Rutgers Marshall (*ouv. cité*). D'abord, il considère toujours les « plaisirs-peines » comme des états connexes; « le plaisir pur est éprouvé toutes les fois que l'activité physique coïncidant avec l'état psychique auquel le plaisir est attaché, implique l'emploi d'une force de surplus emmagasinée, la résolution d'un surplus potentiel en énergie actuelle : en d'autres termes, toutes les fois que l'énergie impliquée dans la réaction à un stimulus est supérieure en quantité à l'énergie que le stimulus suscite habituellement ».

modé (nausée, mal de tête, etc.); suit une période de réparation ; mais elle n'est pas liée directement à l'acte de fumer.

Il me semble préférable d'admettre, avec Beaunis, que les états agréables dont nous parlons ne sont pas simples, mais complexes, constitués par un certain nombre d'éléments. « Il peut se faire que parmi les éléments qui composent la sensation, les uns soient agréables et les autres pénibles : par l'habitude et l'exercice, ce qu'il y avait de pénible disparaît peu à peu pour la conscience et il ne subsiste que les éléments agréables de la sensation. Dans ce cas, il n'y aurait pas réellement transformation de douleur en plaisir, mais extinction, disparition des éléments désagréables de la sensation et prédominance des éléments agréables [1]. »

La cause de ce changement me paraît attribuable à cette fonction biologique, bien mal connue dans son fond intime, qu'on appelle l'adaptation et qui paraît se réduire à des modifications nutritives. L'expérience montre que son efficacité est aléatoire : elle réussit chez les uns, échoue chez les autres.

[1]. Beaunis, *Sensations internes*, p. 246-247.

CHAPITRE IV

PLAISIRS ET DOULEURS MORBIDES

Le titre de ce chapitre peut sembler paradoxal, le plaisir étant d'ordinaire l'expression de la santé et même de l'exubérance de vie, la douleur étant par définition un état maladif. Il faut reconnaître que pour celle-ci l'expression *anormale* serait préférable. Cependant les faits que nous allons étudier ne sont pas rares et méritent d'être examinés à part, parce que les déviations et anomalies du plaisir et de la douleur servent à en mieux comprendre la nature.

En prenant pour la première fois notre sujet par le côté pathologique — procédé qui sera appliqué plus tard à chacune des émotions simples ou complexes, — quelques remarques préliminaires sont indispensables.

L'application de la méthode pathologique à la psychologie n'a pas besoin d'être légitimée; elle a fait ses preuves. Les résultats acquis sont trop nombreux et trop connus pour qu'il y ait besoin de les énumérer. Cette méthode, en effet, a deux principaux avantages : 1° elle est un instrument de grossissement, elle amplifie le phénomène normal : l'hallucination fait mieux comprendre le rôle de l'image et la suggestion hypnotique éclaire la suggestion qui se rencontre dans la vie ordinaire; 2° elle est un instrument précieux d'analyse. La pathologie, a-t-on dit justement, n'est que la physiologie dérangée et rien ne fait mieux comprendre un mécanisme que la suppression ou la déviation d'un de ses rouages : les aphasies produisent une décomposition de la mémoire et des diverses sortes de signes, que l'analyse psychologique la plus subtile ne pourrait tenter ni même soupçonner.

La principale difficulté de cette méthode consiste à déterminer le moment précis où elle peut être appliquée. La distinction du sain et du morbide est souvent très malaisée. Sans doute, il y a des cas où l'hésitation n'est pas possible ; mais il y a des zones mitoyennes qui flottent indécises entre la maladie et la santé. Claude Bernard a osé écrire : « Ce qu'on appelle l'état normal est une pure conception de l'esprit, une forme typique idéale entièrement dégagée des mille divergences entre lesquelles flotte incessamment l'organisme, au milieu de ses fonctions alternantes et intermittentes ». S'il en est ainsi pour la santé du corps, combien plus encore pour la santé de l'esprit. Le dilemme : « cet homme est fou ou ne l'est pas, dit Griesinger, n'a pas de sens dans bien des cas ». L'organisme psychique plus complexe et plus instable que l'organisme physique laisse encore plus difficilement fixer une norme. Enfin cette difficulté atteint son *maximum* dans notre sujet, parce que la vie affective, la plus mobile, entre toutes les formes de la vie psychique, oscille sans cesse autour d'un point d'équilibre, toujours prête à descendre trop bas ou à monter trop haut.

Comme il faut pourtant se résoudre à adopter quelques caractères qui servent de marques pathologiques, de *criterium* pour distinguer le sain du maladif, dans l'ordre affectif, nous acceptons ceux que Féré a proposés. Pour lui une émotion peut être considérée comme morbide :

1° Lorsque ses concomitants physiologiques se présentent avec une intensité extraordinaire (il nous paraît convenable d'ajouter : ou une dépression extraordinaire) ;

2° Lorsqu'elle se produit sans cause déterminante suffisante ;

3° Lorsque ses effets se prolongent outre mesure [1].

Ces trois marques que j'appellerai : réaction anormale par excès où *déficit*, disproportion (apparente) entre la cause et l'effet, chronicité, nous serviront bien des fois dans l'étude des émotions. Pour le moment, il ne s'agit que du plaisir et de la douleur.

I

Commençons par le plaisir. J'examinerai tout d'abord un cas typique étudié par plusieurs psychologues et dont ils n'ont fourni,

1. Féré, *Pathologie des émotions*, p. 223.

à mon gré, aucune explication satisfaisante : c'est l'état particulier qu'on a nommé *luxury of pity* (Spencer), plaisir dans la douleur (Bouillier) et qu'il serait plus exact d'appeler *plaisir de la douleur*. Il consiste à se complaire dans sa propre souffrance et à la savourer comme un plaisir.

Cette disposition de l'âme n'est pas, comme on pourrait le croire, exclusivement propre aux gens blasés et aux époques de civilisation raffinée ; elle semble inhérente à l'humanité à peine sortie de la barbarie. Bouillier [1] a relevé chez les auteurs de l'antiquité les passages qui la mentionnent, non seulement chez Lucrèce, Sénèque et d'autres moralistes, mais dans les poèmes d'Homère, reflet d'une civilisation bien primitive et où cependant « on se réjouit de ses larmes ». Il aurait pu en trouver dans la Bible et, je suppose, dans les épopées de l'Inde ancienne. Nous ne sommes donc pas en face d'un phénomène rare ; toutefois plus on avance dans la civilisation, plus il devient fréquent.

Quelques faits vaudront mieux que des citations ; on en trouve de toute espèce : plaisir de la douleur physique, plaisir de la douleur morale. Certains malades éprouvent une volupté intense à tourmenter leurs plaies. « J'ai connu, dit Mantegazza, un vieillard, qui m'avouait trouver un plaisir extraordinaire et qui ne lui paraissait inférieur à nul autre, à égratigner les contours enflammés d'une plaie sénile qu'il avait depuis plusieurs années à une jambe [2]. » Un homme célèbre de la Renaissance, Jérôme Cardan, dit dans son autobiographie, « qu'il ne pouvait se passer de souffrir et quand cela lui arrivait, il sentait s'élever en lui une telle impétuosité que toute autre douleur lui semblait un soulagement ». Aussi avait-il l'habitude dans cet état de mettre son corps à la torture jusqu'à en verser des larmes [3]. On pourrait continuer une longue énumération de ces plaisirs de la douleur physique. Comme plaisir de la douleur morale, je ne donnerai qu'un exemple : la mélancolie, au sens ordinaire, non médical du mot, celle des amants, des poètes, des artistes, etc. : état qui peut être considéré comme le type de la dégustation

---

1. Bouillier, *Du plaisir et de la douleur*, ch. vii.
2. Mantegazza, *Fisiologia del piacere*, p. 26.
3. Il y aurait une curieuse étude de psychologie pathologique à faire d'après le *De Vita propria* de Cardan, qui était manifestement ce qu'on appelle de nos jours un névropathe et un déséquilibré.

complaisante de la tristesse. Tout le monde peut être triste, mais n'est pas mélancolique qui veut. Je mentionnerai encore, en passant, les plaisirs du laid en esthétique, le goût des spectacles sanglants et des tortures que nous devrons étudier ailleurs.

Laissons les faits pour les essais d'explication qu'on a proposés : ils ne sont pas nombreux. Bouillier (*ouv. cité*) paraît adopter l'opinion d'un Cartésien qui dit : « Si l'âme dans tous les mouvements des passions, même les plus douloureux, est en quelque sorte chatouillée par une douceur secrète, si elle se complaît dans sa douleur, si elle ne veut pas être consolée, c'est qu'elle a la conscience que l'état où elle se trouve est l'état de cœur et d'esprit qui convient le mieux à sa situation ». Je ne comprends pas cette prétendue explication. J'aime mieux celle de Hamilton qui met la cause principale « dans le surcroît d'activité que donne à notre être tout entier le ressentiment de nos propres douleurs ». Ceci du moins est logique, puisque le plaisir est lié à son corrélatif ordinaire, un surcroît d'activité. — Spencer [1] a examiné le problème plus longuement : « J'appellerai l'attention sur un autre sentiment égoïste, surtout en raison de sa nature mystérieuse. Il y a un sentiment agréablement douloureux dont il est difficile de déterminer la nature et plus difficile encore de retracer la genèse : je veux parler de ce qu'on appelle quelquefois le plaisir de la douleur. Il semble possible que ce sentiment qui pousse l'homme en proie à la douleur à souhaiter d'être seul avec son chagrin et qui fait qu'il résiste à toute distraction, résulte de ce que cet homme fixe son attention sur le contraste qui existe entre ce qu'il croit mériter et le traitement qu'il a reçu soit de ses semblables, soit d'un pouvoir supérieur. S'il croit qu'il a mérité beaucoup, tandis qu'il a reçu peu, et surtout si au lieu d'un bien c'est un mal qui est survenu, la conscience de ce mal est adoucie par la conscience du bien qu'il croit mériter, rendue agréablement dominante par le contraste... Il y a en lui l'idée d'un grand déni de justice et un sentiment de supériorité à l'égard de ceux qui en sont les auteurs... Cette explication est-elle la vraie? je sens que ce n'est pas évident. Je la propose simplement à titre d'essai et j'avoue que cette émotion particulière

---

1. *Principles of Psychology*, t. II, § 518.

est telle que ni l'analyse ni la synthèse ne me mettent en état de la comprendre complètement. »

Cette explication ne me paraît que partielle, inapplicable à tous les cas. A mon avis, toutes les tentatives de ce genre doivent échouer, parce que les auteurs restent sur le terrain de la psychologie normale. Ce fait doit être traité par la méthode pathologique. On dira peut-être que ce n'est que la substitution d'un mot à un autre. Nullement, comme on le verra par ce qui suit.

On a eu le tort de s'attaquer d'abord à des phénomènes trop délicats et de les considérer isolément. Il faut procéder non par synthèse ou analyse, mais par grossissement; établir une série dont les derniers termes — énormes — éclairent les premiers. J'indique les principales étapes de cette gradation : mélancolie esthétique, transitoire et intermittente; *spleen*; mélancolie (au sens médical) [1]; puis en poussant plus loin, tendance au suicide, finalement le suicide. C'est ce dernier terme qui fait comprendre tous les autres. Les premières étapes ne sont que des formes embryonnaires, avortées ou mitigées de la tendance de l'être vers sa propre destruction, du désir qui la pose comme agréable. Enrayées dans l'immense majorité des cas, les formes faibles sont un acheminement vers la destruction et ne s'expliquent que si on les rapproche du cas extrême.

Les évolutionnistes ont émis cette hypothèse qu'il a dû exister des animaux ainsi conformés que chez eux le plaisir était lié aux actions destructrices, la douleur aux actions utiles et que, comme tout animal cherche le plaisir et fuit la douleur, ils ont dû périr en vertu de leur constitution même, puisqu'ils cherchaient ce qui détruit et fuyaient ce qui conserve. Cette supposition n'a rien de chimérique, car nous voyons des hommes trouver du plaisir à des actes qui, ils le savent très bien, les conduiront rapidement à la mort. Un être ainsi constitué est anormal, illogique; il renferme en lui une contradiction qui le tuera.

---

1. Un mode anormal de sentir des mélancoliques, remarque Krafft-Ebing, se rencontre dans la félicité de la douleur (*Leidseligkeit*); chez eux des idées qui, à l'état sain, provoqueraient de la douleur, réveillent dans leur conscience affligée un faible sentiment de satisfaction qui en représente le ton affectif correspondant.

Mais, peut-on dire, si la douleur et les actions nuisibles d'une part, le plaisir et les actions utiles d'autre part, forment des couples indissolubles, de telle sorte que l'état pénible dans la conscience est l'équivalent des actions destructives dans l'organisme et inversement, il y aurait donc ici une interversion : le plaisir exprimerait la désorganisation, la douleur, la réorganisation. Cette hypothèse, bien peu vraisemblable, ne paraît pas nécessaire. Si l'on admet, comme il a été dit dans le précédent chapitre, qu'il existe toujours deux processus simultanés et contraires dont la différence seule tombe dans la conscience, il suffit qu'un des deux processus augmente ou que l'autre diminue d'une manière anormale, pour que la différence change aussi en faveur de l'un ou de l'autre. Sans doute le résultat final est en contradiction avec la règle, puisque dans les cas ci-dessus, le surplus qui devrait être négatif (douleur) est positif (plaisir) : mais ceci est une preuve nouvelle que nous sommes en face d'une déviation, d'une anomalie, d'un cas pathologique qui doit être traité comme tel.

Nous avons pris à part et étudié un cas typique; il nous reste non à énumérer, mais à classer les plaisirs pathologiques pour en montrer la fréquence. Prenant comme guide la bonne définition de Mantegazza : « Le plaisir morbide est celui qui est la cause ou l'effet d'un mal », je les distribue en trois classes :

1° Les plaisirs demi-pathologiques. Ils forment une transition du sain au morbide franc. Ce sont ceux qui exigent une dépense excessive ou prolongée de l'énergie vitale. On sait que les plaisirs du goût, de l'odorat, de la vue, de l'ouïe, du toucher, de l'exercice musculaire, des rapports sexuels, produisent la fatigue, l'épuisement ou même deviennent pénibles brusquement. Les plaisirs de la tendresse, de l'amour-propre, de la possession, lorsqu'ils se transforment en passions, c'est-à-dire augmentent en intensité et en stabilité, cessent d'être des plaisirs purs; un élément douloureux s'y adjoint. Ce phénomène est naturel et logique, puisque tout accroissement d'activité entraîne des pertes et par conséquent des conditions de la douleur. Cette classe est à peine morbide, parce que la douleur *succède* au plaisir. Il n'en est pas de même des deux autres où le plaisir surgit du milieu de la destruction et domine dans la conscience.

2º *Les plaisirs destructeurs de l'individu.* Je ne m'arrête pas à certaines anomalies du goût et de l'odorat qui seront décrites ailleurs; mais les plaisirs dus à l'ivresse et aux narcotiques sont si répandus qu'ils semblent inhérents à l'humanité : en tout temps, en tout lieu, même chez les races sauvages, l'homme a trouvé des moyens artificiels de vivre, ne fût-ce qu'un instant, dans un monde enchanté. Ce plaisir, c'est lui qui l'a créé pour sa propre destruction. Mais il y a des cas encore plus nets, non acquis et inventés, où le plaisir recouvre et domine le travail de désorganisation. Ainsi pendant une certaine période de la paralysie générale des aliénés, où le malade croit posséder au suprême degré la force, la santé, la richesse, le pouvoir, où la satisfaction et la béatitude s'expriment dans toute leur personne. Ainsi dans certaines formes de la manie aiguë : par un côté, que nous négligeons en ce moment, elle se rapproche de la colère; par un autre côté, c'est une humeur expansive, une joie qui déborde, un sentiment d'énergie, de vigueur; quelques-uns disent, après la guérison, qu'ils ne se sont jamais sentis si heureux que pendant leur maladie (Krafft-Ebing). On peut citer encore le cas des phtisiques : beaucoup ne sont jamais si riches d'espérances et si féconds en projets que quand ils vont mourir. Enfin il y a « l'euphorie » des mourants. On a essayé de l'expliquer par une analgésie, comme si la suppression de la douleur était identique à l'apparition de la joie. Féré qui a examiné la question dans sa *Pathologie des Émotions* [1] admet que cette exaltation est due à des conditions momentanées, mais positives, de la circulation cérébrale.

Faut-il admettre que, dans ces cas, par une dérogation inconcevable au déterminisme naturel, le plaisir deviendrait la traduction dans la conscience d'une désorganisation profonde, implacable? Il n'en est nul besoin. Il est plus rationnel d'admettre que ce plaisir est lié ici, comme toujours, à sa cause naturelle, une suractivité vitale. Tout plaisir pathologique est accompagné d'excitabilité; mais celle-ci n'est pas une activité normale, sans quoi le fiévreux et le névropathe auraient un excès de santé. En réalité, nous sommes en face d'un cas complexe : d'une part, une déperdition perpétuelle,

1. P. 170 et suiv.

énorme, qui marche à grands pas, sans se traduire dans la conscience; d'autre part, une excitation superficielle, momentanée et consciente. L'anomalie est dans cette disproportion psychique ou plutôt dans la myopie de la conscience qui ne peut dépasser ses étroites limites et pénétrer dans le domaine de l'inconscient.

3° Les plaisirs destructeurs à caractère social : ils sont liés non au mal de l'individu, mais à celui des autres. Tel est le plaisir que l'on éprouve à tuer, à voir tuer, aux spectacles sanglants, aux courses de taureaux, aux combats d'animaux et, à un degré beaucoup plus faible, au récit ou à la lecture d'événements sanguinaires. Ces plaisirs s'expliquent; ils dénotent la satisfaction de tendances violentes, destructives qui, faibles ou fortes, inconscientes ou conscientes, existent chez tous les hommes. Leur étude rentre dans la pathologie des tendances qui sera traitée plus tard; remarquons seulement en passant que ces tendances enveloppent un certain déploiement d'énergie, ce qui est l'une des conditions du plaisir actif.

Une dernière question : Le plaisir, en particulier la joie, peut-il être la cause d'une catastrophe grave, comme la folie et la mort?

Quelques aliénistes, Bucknill, Tuke, Guislain, etc., citent des cas de folie qu'ils attribuent à une joie brusque : un héritage imprévu, une place convoitée. Griesinger soutient « qu'il est extrêmement rare qu'une joie immodérée détermine *à elle seule* la folie, si même cela arrive jamais ». D'autres nient le fait absolument [1]. Il est certain que dans l'énumération des causes de folie, on ne voit guère figurer la joie.

La même thèse a été soutenue pour la mort [2] qui se produirait brusquement ou à la suite d'une syncope.

C'est prendre la question sous une forme trop simple. D'abord, la joie, à titre d'état de conscience, ne saurait avoir cette efficacité. La catastrophe ne peut s'expliquer que par des troubles organiques soudains et violents, qui ne peuvent agir ainsi que sur des prédisposés. Ce n'est pas la joie qui affole ou qui tue; mais le choc qui est reçu par un être dont l'état est anormal. Il serait plus juste de dire qu'un événement qui, chez le commun des hommes, *devrait*

1. Féré, *Pathologie des émotions*, p. 203, 204.
2. Pour quelques faits, authentiques ou non, voir Féré, *ouv. cité*, p. 234.

causer de la joie, produit ici un état particulier, pathologique, qui aboutit à la folie ou à la mort.

II

La contre-partie peut être traitée rapidement. On trouve, assez rarement, des gens qui s'affligent du bien qui leur arrive : ils ont la douleur du plaisir. Je crois que nul psychologue n'en a parlé et il me semble inutile de faire l'étude de ce cas. Contraire dans la forme au plaisir de la douleur, il lui ressemble quant au fond. Cette disposition d'esprit qui se rencontre chez certains pessimistes, est qualifiée à bon droit d'excentrique, bizarre, c'est-à-dire que l'opinion commune la considère instinctivement comme une déviation, une anomalie. Ceci n'est d'ailleurs qu'un cas particulier d'une manière d'être plus générale, la tristesse morbide ou pathologique, que nous allons étudier. J'ai fait remarquer plus haut que la douleur et la tristesse enveloppant toujours un élément maladif, l'expression *anormal* serait plus exacte ou moins exposée à la critique.

Pour affirmer qu'une douleur physique ou morale est en dehors de la règle et peut être qualifiée d'anormale, nous avons recours aux trois marques distinctives posées au début de ce chapitre et nous pouvons prendre comme type unique : la mélancolie (au sens médical). Elle présente les caractères requis : longue durée, disproportion entre la cause et l'effet ressenti, réaction excessive ou insuffisante.

La description de l'état mélancolique est inutile, elle se trouve dans tous les traités de maladies mentales. Cette affection a beaucoup de formes cliniques qui varient de la *melancolia attonita* qui simule la stupidité à l'espèce agitée et incessamment gémissante, des formes légères aux états profonds et incurables. Il nous suffira d'en présenter les caractères les plus généraux : en rapprochant la mélancolie de la tristesse ordinaire, nous pratiquons la méthode de grossissement, parce que l'état morbide n'est guère que l'état normal en haut-relief.

1° Nous savons que les caractères physiologiques de la douleur normale sont réductibles à une seule formule : abaissement des fonctions vitales. Pour la mélancolie de même; mais la dépression organique s'accentue bien davantage. Constriction des vaso-moteurs d'où la diminution du calibre des artères, anémie, refroi-dissement des extrémités; abaissement de la pression cardiaque qui peut descendre d'une moyenne de 800 grammes à 650 grammes et même 500 grammes; ralentissement progressif de la nutrition avec des manifestations diverses qui en résultent : troubles diges-tifs, arrêt des sécrétions; mouvements lents et rares, antipathie pour tout effort musculaire, tout travail, tout exercice du corps; à moins qu'il n'y ait, comme chez les mélancoliques agités, des moments de réflexes désordonnés et d'accès furieux. Tel est le tableau général. On voit que c'est celui de la douleur poussé à l'extrême et que nous trouvons même ici, comme dans la forme normale, les douleurs passives et les douleurs actives.

2° Les caractères psychiques consistent d'abord dans un état affectif qui varie de la résignation apathique au désespoir; quelques-uns sont tellement anéantis qu'ils se croient morts. On a noté qu'en général les caractères tristes versent dans la mélancolie et que les caractères gais tournent plutôt à la manie : exagération dans les deux cas de l'état normal. La disposition intellectuelle consiste dans le ralentissement de l'association des idées, la paresse d'esprit. Ordinairement, une idée fixe prédomine, excluant de la conscience tout ce qui ne se rapporte pas à elle ; ainsi l'hypocondriaque ne pense qu'à sa santé, le nostalgique à son pays, le mélancolique religieux à son salut. L'activité volontaire est à peu près nulle; l'aboulie, « la conscience de ne pas vouloir, est l'essence même de la maladie » (Schüle). Parfois, des impulsions réflexes, violentes, inattendues, qui sont une nouvelle preuve de l'anéantissement de la volonté. En somme, tandis que la tristesse normale a ses moments de rémittence, le mélancolique est enfermé dans sa dou-leur comme dans un mur impénétrable sans la moindre fissure où la joie puisse pénétrer.

Ici se pose une question que nous ne pouvons négliger, parce qu'elle tient à l'une des thèses principales de cet ouvrage : le rôle fondamental de la vie affective. La mélancolie passive étant prise comme le type de l'état pénible sous sa forme permanente et extrême, quelle en est l'origine? Deux réponses sont possibles :

admettre qu'une douleur physique ou une certaine représentation
engendre la disposition mélancolique et empoisonne la vie affective ;
admettre qu'un état général et vague de dépression et de désorganisation se concrète et se fixe dans une idée. Dans la première
hypothèse, l'état intellectuel est primitif et l'état affectif n'est qu'un
effet. Dans la seconde hypothèse, l'état affectif est le premier
moment et l'état intellectuel en résulte.

Ce problème, psychique plutôt que pratique, n'a préoccupé qu'un
très petit nombre d'aliénistes. Schüle admet les deux origines [1].
Tantôt le patient souffrant d'une dépression douloureuse, sans
motif, dont il ne peut s'affranchir, en reste là ; mais le plus souvent
il rattache le sentiment douloureux vague à un événement de sa
vie antérieure ou actuelle. Tantôt, *bien plus rarement*, l'idée obsédante apparaît la première, forme le pivot de l'état mélancolique et
de ses suites. M. le Dr Dumas qui a consacré un ouvrage spécial à
cette question [2], en s'appuyant sur ses propres observations, conclut
comme Schüle. Une de ses malades attribue son incurable tristesse
tour à tour et sans raison suffisante, à son mari, à son fils, à l'ouvrage qui lui manquera. Chez d'autres, l'origine est intellectuelle :
perte de fortune, idée de damnation irrémissible, etc. D'où il est
conduit à admettre : une mélancolie d'origine organique, la plus
fréquente ; une mélancolie d'origine intellectuelle, la plus rare.

Pourrait-on ramener ces deux modes d'apparition à une cause
commune, plus profonde ? C'est la solution de Krafft-Ebing [3]. « Il
faut considérer la douleur psychique et l'arrêt des idées comme des
phénomènes coordonnés et il y a lieu de penser à une cause commune :
à un trouble nutritif du cerveau (anémie ?) qui conduit à une moindre
dépense d'activité nerveuse. Prise d'une manière compréhensive,
la mélancolie peut être considérée comme un état morbide de l'organe psychique, fondé sur des troubles nutritifs et caractérisé d'un
côté par le sentiment de la douleur et un mode particulier de
réagir de toute la conscience (névralgie psychique), d'un autre côté,

---

1. Schüle, *Traité clinique des maladies mentales.* Art. *Mélancolie*, trad.
franç., p. 21 et 28.
2. G. Dumas, *Les états intellectuels dans la mélancolie.* On y trouvera
plusieurs observations détaillées.
3. Krafft-Ebing, t. II, section I, ch. I.

par la difficulté des mouvements psychiques (instinct, idées) et finalement par leur arrêt. »

Je ne voudrais pas encourir le reproche de tirer des faits plus
qu'ils ne contiennent et de vouloir l'unité à tout prix ; mais il résulte
de ce qui précède que si l'état affectif n'est pas partout et toujours
primitif, du moins il l'est le plus souvent. D'ailleurs, il est étroitement lié aux troubles trophiques qui sont fondamentaux, en sorte
que nous arrivons à la même conclusion par une autre voie. Dumas
(*ouv. cité*, p. 133 et suiv.) a insisté sur les influences déprimantes du
paludisme, sur l'engourdissement, l'apathie physique et morale des
habitants de la Sologne, des Dombes, des Maremmes et autres
régions infestées par la *malaria*, état qui se résume en deux mots :
tristesse et résignation. Ces faits sont tout en faveur de l'origine
organique des mélancolies.

L'étude spéciale des anomalies du plaisir et de la douleur n'est
pas importante seulement pour elle-même. La formule généralement admise depuis Aristote qui accouple le plaisir à l'utile, la
douleur au nuisible, comporte beaucoup d'exceptions dans la pratique. Peut-être la constitution d'un groupe pathologique dans
l'étude du plaisir et de la douleur permet de résoudre quelques difficultés ; d'éviter que la règle et les anomalies soient mises sur le
même plan et indûment assimilées. Nous le verrons dans l'un des
prochains chapitres.

CHAPITRE V

LES ÉTATS NEUTRES

Jusqu'ici le plaisir et la douleur ont été étudiés d'abord séparément, comme deux états parfaitement distincts, purs, par hypothèse, de tout mélange; puis nous avons examiné ces cas singuliers où la douleur devient la matière ou l'occasion du plaisir et inversement. Resterait à parler des cas où l'agréable et le pénible *coexistent* en proportions variables dans la conscience, par exemple : chez l'ascensionniste qui ressent à la fois la fatigue, la crainte des précipices, la beauté du paysage, le plaisir de la difficulté vaincue. Rien de plus fréquent que ces formes mixtes; elles seraient même la règle, si l'on admet avec certains auteurs qu'il n'y a ni peines ni plaisirs parfaitement purs : mais par leur constitution complexe et composite, elles sont, en fait, des émotions; nous les retrouverons plus tard.

Le sujet de ce chapitre est tout autre. C'est le problème très discuté, non résolu, peut-être insoluble, des états neutres, d'indifférence, purs de tout accompagnement agréable ou pénible. Existent-ils? L'affirmative et la négative sont soutenues par des auteurs d'une grande autorité; il y a même tel psychologue qui me paraît avoir adopté tour à tour les deux thèses [1].

La question ne peut être abordée que de deux manières : par l'observation, par le raisonnement. Examinons les résultats de ces deux méthodes.

I. L'état d'indifférence existe-t-il comme *fait observable?* Bain

1. Pour un court historique de la question jusque vers la moitié du xixᵉ siècle, voir Bouillier : *Du plaisir et de la douleur*, ch. xi.

est, parmi les contemporains, le principal champion de cette thèse qui a suscité une longue discussion[1]. Il ne prétend pas affirmer qu'il y ait un seul état de conscience (*feeling*) qui soit pur de tout élément agréable ou désagréable; mais si ceux-ci n'existent qu'à titre de quantités infinitésimales, la psychologie n'a pas à s'en occuper. Le plaisir et la douleur sont des genres tranchés, cependant il y a un intérêt pratique à savoir s'il n'existe pas d'états neutres. Bain en trouve le type dans les cas de simple excitation (*excitement*), qui peuvent s'accompagner de plaisir ou de douleur, mais qui en restent distincts. Être brûlé, sentir l'*assa-fœtida*, avaler de l'aloès, voilà des modes d'excitation que nous appelons douleur, parce que celle-ci l'emporte. Entendre le bruit d'un moulin, le murmure confus d'une grande ville, voilà des modes d'excitation que nous pouvons appeler agréables ou désagréables; mais l'excitation est le fait essentiel; le plaisir et la douleur sont l'accident. Dans la plupart des exemples qu'il a choisis, Bain ne me paraît pas heureux; j'en cite quelques-uns : le choc que produit la surprise; mais la surprise n'est qu'une forme mitigée de la crainte et il est rare qu'elle ne revête pas instantanément un caractère pénible ou agréable; l'état d'attente : « L'objectivité intense du regard qui suit une course ou une grande opération chirurgicale n'est pas strictement parlant de l'inconscience, mais un maximum d'énergie avec un minimum de conscience. C'est plutôt un mode d'indifférence, une excitation plutôt qu'un état affectif. » Même remarque; il y a d'ailleurs dans l'attente un sentiment d'effort qui devient rapidement fatigue et, le plus souvent, l'attente enveloppe l'anticipation d'un événement désiré ou redouté.

Ceux qui renoncent à établir l'existence des états neutres par l'observation directe, la déduisent de principes généraux. Ainsi Sergi la considère comme l'effet nécessaire de conditions biologiques déterminées. Le plaisir et la douleur étant les deux formes fondamentales, les deux pôles de la vie affective, il doit exister entre eux une zone neutre qui répond à un état de parfaite adaptation. La douleur est un état de conscience qui révèle un conflit de l'organisme avec les forces extérieures, un manque d'adaptation de

1. Voir *Mind*, nᵒˢ d'octobre 1887, janvier et avril 1888, janvier 1889, et J. Sully, *The Human Mind*, t. II, p. 4, 5.

l'un à l'autre : d'où une déperdition d'énergie. Le plaisir est un état de conscience qui révèle que la réaction de l'organisme se joint aux excitations extérieures, d'où naît par synergie une augmentation d'activité vitale. L'indifférence est l'état de conscience neutre qui manifeste une adaptation parfaite de l'organisme à des intensités constantes et variables, comme une chaleur ou une lumière moyennes : en d'autres termes, les excitations qui ne diminuent ni n'augmentent l'activité vitale, mais la conservent, produisent un état d'équilibre et n'apparaissent à la conscience ni comme plaisir ni comme douleur[1]. Cette hypothèse qu'en certains moments l'être sentant ne perd ni ne gagne et que tel est le substratum de l'état psychique dit neutre, me paraît très vraisemblable, mais reste une hypothèse.

Maintenant interrogeons les psychophysiciens qui ont traité ce sujet d'après la méthode qui leur est propre et qui concluent diversement. Il est difficile d'adopter un procédé plus théorique que le leur et qui montre mieux l'insuffisance de la méthode intellectualiste dans le domaine de la psychologie affective. A vrai dire le sujet qu'ils traitent est un cas particulier du problème, non sa totalité : ils recherchent si dans la « transformation » du plaisir en douleur et inversement, il y a dans le passage d'un contraire à l'autre un point neutre ou d'indifférence. Wundt représente le phénomène graphiquement par une courbe : la portion de cette courbe qui est au-dessus de la ligne d'abscisse a une valeur positive et correspond au développement du plaisir; la portion qui est au-dessous correspond au développement de la douleur et a une valeur négative; le point précis où la courbe coupe l'abscisse (pour monter dans le sens du plaisir ou descendre dans le sens de la douleur) correspond à un point neutre ou indifférence. Lehmann, qui admet d'ailleurs que les sensations faibles sont des états neutres, donne une courbe assez différente de celle de Wundt. D'après une observation faite d'abord par Horwicz et des expériences qui lui sont propres (à lui Lehmann), si l'on plonge les doigts dans une eau dont la température varie graduellement de 35° à 50° centigrades pendant une durée de 2 minutes 20 secondes, on éprouve d'abord

1. *Psychologie physiologique*, liv. IV, ch. I, p. 309 et suiv. de la traduction française.

une chaleur agréable, puis quelques faibles picotements désagréables, puis des oscillations de picotements plus intenses avec des moments de repos, enfin de la douleur. Sa conclusion contraire à celle de Wundt, c'est que le passage du plaisir à la douleur ne se fait pas en état neutre [1].

Les expériences ne sont pas à dédaigner, mais quant à la figuration du phénomène, elle n'est qu'un leurre : cette conception mathématique n'explique rien. Il est tout à fait arbitraire d'assimiler le plaisir à une valeur positive, la douleur à une valeur négative. De plus, le passage des quantités + aux quantités — par le zéro, est une opération qui a sa base dans notre faculté d'abstraire et pour matière des quantités abstraites et homogènes. Les divers degrés du plaisir et de la douleur ne sont rien de semblable. Nous ne savons même pas si ces deux phénomènes ont un fond commun, s'il y a entre les deux une commune mesure, s'ils ne sont pas tous deux irréductibles et dans le passage de l'un à l'autre, nous n'avons aucun droit de poser, théoriquement, un *Nullpunkt*. Le problème est d'ordre concret ; ce qui se pose est une question de fait, soluble ou non.

II. Écoutons ceux qui n'admettent pas d'états d'indifférence.

Tout état de conscience est une trinité au sens théologique : il est la connaissance de quelque événement externe ou interne ; il renferme des éléments moteurs ; il a un certain ton affectif. Nous le qualifions intellectuel, moteur, émotionnel, d'après la prépondérance de l'un de ces éléments, non d'après son existence exclusive. C'est un fait bien connu que plus une perception est nette, plus son ton affectif est faible et que plus une émotion est intense, plus l'élément intellectuel qui la provoque est atténué ; mais diminution n'équivaut pas à disparition. S'il existait des états neutres, l'un des éléments fondamentaux de la vie psychique cesserait d'être par moments, sous une forme intermittente.

D'ailleurs, observons-nous et interrogeons notre conscience. « Considérons-nous à l'un de ces moments de calme et d'apparente

---

1. Wundt, *Grundzüge der phys. Psychologie*, 4e éd. (allemande), t. I, p. 557 et suiv. ; Lehmann, *Hauptgesetze*, etc., §§ 236 à 241. L'un des élèves es plus distingués de Wundt, Külpe, dans son *Umriss der Psychologie* (1895), considère l'existence d'un point d'indifférence « comme indubitable et prouvée par une série d'expériences » (p. 249).

indifférence où il semble que rien ne nous émeuve et que notre sensibilité engourdie demeure comme suspendue entre le plaisir et la douleur. Cette apparence trompeuse d'insensibilité et de sécheresse recouvre toujours quelques sensations plus ou moins faibles d'aise ou de malaise, quelques sentiments plus ou moins légers et confus de joie ou de tristesse qui, pour n'avoir rien d'excitant et de vif, n'en sont pas moins réels. Comment d'ailleurs notre sensibilité ne serait-elle pas constamment plus ou moins impressionnée par tant de causes générales qui, indépendamment des causes particulières, agissent sur nous si constamment, à chaque instant de notre vie et qui nous assiègent, pour ainsi dire, sans relâche du dedans et du dehors? » Bouillier, l'auteur de ce passage (*ouv. cité*, ch. xi), énumère à l'appui les innombrables impressions qui viennent des organes intérieurs, de l'état de l'air et du ciel, de la lumière, des incidents les plus futiles de la vie ordinaire.

Il est certain que le domaine des états d'indifférence, s'il existe, est exigu. Cependant, si habilement que Bouillier soutienne sa thèse, elle ne peut échapper à une objection : le témoignage de la conscience, toujours douteux, l'est ici plus qu'ailleurs. Ce qu'il nous propose, en effet, c'est de nous *observer*. Dès lors, il ne s'agit plus de la conscience naturelle, à l'état brut, mais de cette conscience un peu artificielle que crée l'attention. Nous regardons non avec nos yeux, mais à travers un microscope; nous amplifions, nous grossissons le phénomène; et ici la méthode de grossissement est perfide. A certains états subconscients, elle fait franchir le seuil de la conscience; elle les fait passer de la pénombre à la lumière et dispose à croire que tel est leur état ordinaire. On sait que certaines personnes, en fixant fortement l'attention sur une partie de leur corps, peuvent y faire naître une sensation de pesanteur, de fourmillement, des battements artériels, etc. Ces modifications existent-elles toujours, mais inaperçues tant que l'attention ne s'y applique pas? ou bien l'attention les produit-elle par une augmentation de l'activité vasculaire, augmentant, mais ne créant pas? Cette dernière supposition est la plus probable. L'hypocondriaque qui épie obstinément et patiemment les détails de sa vie organique, sent marcher en lui le mécanisme vital qui échappe aux autres hommes. Il serait facile de donner d'autres exemples prouvant qu'il faut distinguer entre la conscience pure et simple et l'observation interne et qu'il est d'autant moins licite de conclure de celle-ci à celle-là que, dans le cas actuel, le problème se réduit à une différence d'intensité.

Cette question a bien mérité d'être appelée « one of the *cruces* of psychology » (J. Sully). Si l'on veut prendre un parti, on ne peut se décider que d'après des vraisemblances et des préférences. J'incline vers la thèse des états d'indifférence. Il me semble difficile d'admettre que certaines perceptions ou représentations, sans cesse répétées, impliquent rien de plus qu'une connaissance : la vue de mes meubles rangés dans leur ordre habituel ne me cause aucun plaisir ou déplaisir appréciables, ou s'ils existent comme quantités infinitésimales, la psychologie, ainsi que Bain le dit justement, n'a pas à s'en inquiéter. Fouillée fait aussi remarquer que le sentiment d'indifférence n'est pas primitif, qu'il est dû à un effacement [1].

La répugnance de certains psychologues à admettre des états d'indifférence, tient à ce que cette thèse leur paraît introduire la discontinuité dans la vie affective. La série, incessamment mobile et alternante des modifications pénibles ou agréables, aurait des moments d'interruption, des vides et des lacunes. Autant que quiconque je soutiens la continuité de la vie affective ; mais il faut la chercher ailleurs. Elle est dans les appétits, les tendances conscientes ou inconscientes, les désirs et les aversions qui, eux, sont toujours agissants, permanents et indéfectibles. Nous retrouvons encore ici cette illusion qui consiste à considérer le plaisir et la douleur, qui ne sont que des signes, comme l'élément essentiel et fondamental.

Je trouve d'ailleurs étrange que dans un sujet tant étudié et tant discuté, nul n'ait fait une remarque qui ne me paraît pas sans importance. Chaque auteur suppose que la formule qu'il adopte est applicable à tous les hommes. C'est poser la question sous une forme philosophique et non sous une forme psychologique, c'est-à-dire sans tenir compte des variétés individuelles de tempérament et de caractère : ce qui n'est pas un élément négligeable. C'est supposer, sans aucune preuve, que tous les cas sont réductibles

1. Fouillée, *Psychologie des idées-forces*, I, 68.

à l'unité. Tout au contraire, il y a des présomptions que la solution adoptée, quelle qu'elle soit, peut être vraie pour certains hommes, fausse pour d'autres.

Un tempérament nerveux, excitable, en état de vibration perpétuelle, constamment tenu en éveil par le travail de la passion ou de la pensée, peut par sa constitution même ne laisser aucun moment accessible à une intermittence entre les états pénibles ou agréables, incessamment renouvelés.

Un tempérament lymphatique, un caractère froid, une intelligence bornée et pauvre d'idées, constituent un terrain parfaitement approprié à l'apparition fréquente et longue des états d'indifférence [1].

Ces différences d'observation courante montrent qu'il faut se méfier d'une solution trop simpliste.

---

1. Je donne un exemple d'un pareil caractère décrit par un historien d'après les sources arabes. « L'émir Mohammed (à Grenade en 1408) se sentant mourir, jaloux d'assurer le trône à son fils, envoya l'ordre de mettre à mort son frère Youssouf qu'il retenait captif à Salobreña. L'alcade, au moment où il reçut cet ordre, jouait aux échecs avec son prisonnier, à qui sa douceur avait gagné le cœur de ses geôliers. En lisant la fatale dépêche, il se troubla et n'osa en faire part au prince. Mais Youssouf devina à son trouble de quoi il s'agissait : « Est-ce ma tête qu'on te demande? » dit-il à l'alcade. Celui-ci pour toute réponse lui tendit la lettre de son frère. Youssouf réclama seulement quelques heures pour dire adieu à sa femme; mais le messager de mort déclara que l'exécution ne pouvait se retarder, car l'heure de son retour était fixée d'avance. « Eh bien, répliqua Youssouf, achevons du moins la partie. » Mais l'alcade était tellement troublé qu'il avançait ses pions au hasard et que Youssouf fut obligé de l'avertir de ses erreurs. Toutefois la partie ne s'acheva pas. Des cavaliers, venus de Grenade à bride abattue, saluèrent Youssouf émir, en lui annonçant la mort de son frère. En passant ainsi de l'échafaud au trône, le prince musulman resta maître de lui comme il l'avait été en face du supplice. Doutant encore de sa fortune, il s'achemina vers Grenade, où il fut reçu aux cris de joie du peuple. » (Rosseuw St-Hilaire, *Histoire d'Espagne*, t. V, p. 227.) On cite des traits analogues de divers personnages historiques.

CHAPITRE VI

CONCLUSIONS SUR LE PLAISIR ET LA DOULEUR

Je ne m'arrêterai pas longuement sur une question aussi débattue et encore moins accessible que celle que nous quittons : Dans la conscience, lequel apparaît le premier, le plaisir ou la douleur? De nos jours surtout, optimistes et pessimistes ont longuement bataillé sur ce point, quoique, à mon avis, il ne leur importe guère. Leurs doctrines sont deux conceptions antithétiques du monde qui dépendent uniquement du tempérament et du caractère, et qui ne seraient ni confirmées ni infirmées par la solution de ce problème. Il est clair que c'est une question d'origine, de psychogenèse, étrangère à la psychologie expérimentale et qui ne comporte que des probabilités.

Descartes a émis cette singulière opinion : « Que la première passion de l'âme a été la joie, parce qu'il n'est pas croyable que l'âme ait été mise dans le corps, sinon lorsqu'il a été bien disposé, ce qui donne naturellement la joie ». D'autres, d'après des vues théoriques moins étranges, soutiennent que le plaisir ayant pour cause le libre jeu de notre activité, la douleur est jointe à son arrêt et que par conséquent elle est postérieure [1]. La majorité me paraît en faveur de la thèse contraire : l'impression du froid, du contact, le commencement de la respiration pulmonaire, etc., sont invoqués comme preuve de l'antériorité de la douleur; mais surtout les cris des enfants et des animaux nouveau-nés. Cependant Preyer, dans deux passages peu remarqués, refuse au cri toute signification

1. Pour l'historique, voir Bouillier : *ouv. cité*, ch. xii.

affective et n'y voit qu'un réflexe [1]. Il ne paraît pas douteux que la vie psychique dans sa première phase (intra-utérine) et extra-utérine soit à peu près réduite aux impressions pénibles et agréables. Ressemblent-elles à celles de l'adulte? C'est vraisemblable; mais il ne faut pas oublier que assimiler les formes plastiques de l'époque primitive aux formes fixées et rigides de l'adulte est un procédé qui est souvent la source de beaucoup d'erreurs.

Laissant de côté cette question d'origine, il est impossible de terminer notre étude sur le plaisir et la douleur, sans rappeler sommairement les théories générales qui sont la philosophie de notre sujet. Elles sont réductibles à deux titres : le *comment*, le *pourquoi*; quelles sont les conditions d'existence du plaisir et de la douleur, quelle est leur utilité.

---

[1]. Le premier cri du nouveau-né était autrefois considéré comme n'étant rien moins qu'un réflexe. Il est pourtant très probable que cette première manifestation vocale accompagnant une expiration est un réflexe pur et simple.

Kant écrivait (sans avoir certainement observé lui-même d'enfants ou d'animaux nouveau-nés) : « Le cri que fait entendre l'enfant à peine né n'a pas l'intonation de la plainte, mais celle de l'irritation, de la colère. Ce n'est pas qu'il souffre, mais quelque chose lui déplaît. Sans doute il voudrait se mouvoir et il sent son impuissance, comme il sentirait une chaîne qui entrave sa liberté. Quel a pu être le but de la nature en faisant que l'enfant qui vient au monde pousse des cris dangereux au plus haut point? aucun animal, cependant, excepté l'homme, n'annonce son existence lors de la naissance par des cris semblables ».

Cette remarquable conception a été beaucoup commentée et adoptée. Actuellement, bien des personnes pensent que les pleurs et les cris du nouveau-né ont une signification psychique considérable. Mais tous les commentaires de ce genre viennent se briser contre ce fait plusieurs fois constaté, que le nouveau-né totalement anencéphale crie pourtant lors de la naissance; et que beaucoup de nouveau-nés sains ne crient pas, mais éternuent, dès leur entrée dans le monde, comme l'a vu Darwin.

. . . .

« Les réflexes de douleurs qui, dans la vie ultérieure, se manifestent de la façon la plus vive, sont dans les premiers temps de la vie les moins développés. L'observation (Gunzmer) d'environ 60 nouveau-nés lui a montré que ceux-ci sont, durant les premiers jours, presque insensibles, et, durant la première semaine, peu sensibles aux piqûres d'aiguille.

« Des enfants nouveau-nés ont été, pendant la première journée, piqués avec des aiguilles fines, au nez, à la lèvre supérieure, à la main, assez profondément pour faire jaillir une goutte de sang, et pourtant l'enfant ne manifesta aucun symptôme de malaise; pas une fois il ne tressaillit. » (Preyer, *L'âme de l'enfant*, p. 177 et 193.)

I

Sur le premier point, depuis l'antiquité jusqu'à l'époque contemporaine, il y a un accord presque unanime et bien rare entre les diverses écoles : le plaisir a pour condition un accroissement, la douleur une diminution d'activité. J'emploie à dessein cette formule vague, parce qu'elle résume les formules particulières. Il serait oiseux d'énumérer même les principales. Au fond, dans un langage qui varie suivant les temps et les doctrines, tous les auteurs disent la même chose; employant, selon leur tournure d'esprit, une formule métaphysique, ou physique (Léon Dumont), ou physiologique, ou psychologique. Les intellectualistes eux-mêmes s'accordent avec les autres : considérant la sensibilité comme une forme confuse de l'intelligence, ils disent que le plaisir est un jugement confus de perfection, la douleur un jugement confus d'imperfection. Bref, si l'on dépouille chaque formule des variantes qui l'adaptent à la philosophie particulière de chaque auteur, il y a un résidu commun, qui chez tous est l'essentiel.

L'histoire de ces variations sur un même thème serait monotone et sans profit; il est bon pourtant de remarquer que, à mesure que l'on avance dans notre siècle, la conception théorique des anciens tend à se préciser, à s'appuyer sur l'expérience et à se faire légitimer par elle. Nous avons vu plus haut les deux formules — augmentation, diminution — prendre un corps, en se traduisant par les changements objectifs et observables de la nutrition, des sécrétions, des mouvements, de la circulation et de la respiration.

Les expériences de Féré « concordent parfaitement, nous dit-il, pour montrer que les sensations agréables s'accompagnent d'une augmentation de l'énergie, tandis que les désagréables s'accompagnent d'une diminution. La sensation du plaisir se résout donc dans une sensation de puissance, la sensation de déplaisir dans une sensation d'impuissance. Nous en sommes donc arrivés à la démonstration matérielle des idées théoriques émises par Bain, Darwin, Spencer, Dumont et autres [1]. » Je rappelle que Féré a appliqué

1. Féré, *Sensation et mouvement*, p. 64. A consulter pour le détail des expériences résumées ci-dessous.

ses recherches dynamométriques à toutes les espèces de sensation :
à l'odorat, au goût, à la vision modifiée par des verres ayant les
principales couleurs du spectre; le rouge donnant une pression
dynamométrique de 42, qui descend progressivement à 20-17
avec le violet. Pour les sensations auditives, il trouve que l'équivalent dynamique est en rapport avec l'amplitude et le nombre des
vibrations. Mêmes résultats pour les mouvements : l'exercice du
membre inférieur ou supérieur exerce une influence dynamogé-
nique sur le nombre correspondant. Bien plus, une excitation *non
perçue par la conscience*, une perception latente, détermine un
effet dynamique tout comme l'impression consciente. Les hallucinations suggérées, agréables ou désagréables, sont également
accompagnées d'accroissement ou de diminution de la pression au
dynamomètre.

Si la formule « abaissement de l'énergie vitale » dont nous avons
trouvé le cas extrême dans la mélancolie, ne donne lieu à aucune
équivoque, il n'en est pas de même de la formule contraire : aussi
certains auteurs ont pensé avec raison qu'elle doit être précisée. Le
plaisir répond à un accroissement d'activité : mais si l'on entend
par là une plus grande quantité de travail produit, le plaisir résul-
terait d'une *diminution* de l'énergie potentielle de l'organisme,
comme l'a fait remarquer Léon Dumont, c'est-à-dire d'un appauvrissement, ce que l'expérience contredit. Il faut donc entendre cet
accroissement d'activité, en ce sens que le travail produit ne dépense
pas plus d'énergie que les actions nutritives, intra-organiques n'en
peuvent produire : ou pour employer la formule de Grant Allen :
« Le plaisir est l'accompagnement d'une activité saine dans la
mesure où elle n'excède pas le pouvoir ordinaire de réparation que
l'organisme possède [1] ».

Enfin, il faut remarquer que si toute sensation externe ou interne,
quelle que soit sa nature, est une transmission de mouvements venus
du dehors, un nouvel apport pour le système nerveux et le cerveau,
toute sensation devrait produire d'abord une augmentation d'énergie
au moins momentanée. Féré qui a prévu la possibilité de cette
objection admet toujours une excitation primitive; « s'il est des

---

1. Ce point a été bien discuté dans Lehmann (*ouv. cité*, p. 205 à 208).

cas où les phénomènes de dépression paraissent survenir d'emblée et exister seuls, c'est que l'observation est insuffisante [1] ». Il y aurait ainsi une phase d'augmentation très courte, masquée aussitôt d'après lui par la phase de diminution. Les physiologistes, comme nous l'avons vu, tendent toujours à expliquer la douleur par l'intensité de la sensation; mais si l'on tient compte de sa nature, de sa qualité et surtout de la susceptibilité du système nerveux à certains modes de mouvements reçus, rien n'empêche la déperdition d'être immédiate.

Meynert, dans sa *Psychiâtrie*, est le seul qui ait essayé d'entrer plus avant dans la voie explicative et de déterminer le *mécanisme* qui produit la douleur et le plaisir. Voici son hypothèse dans ses principaux traits.

Pour la douleur, sa théorie se résume dans une action d'arrêt de deux catégories de réflexes : moteurs, vasculaires. L'état pénible est la traduction dans la conscience de ce mécanisme physiologique.

1° Réflexes moteurs. Supposons un chatouillement léger sur la main d'un enfant endormi; comme son sommeil est bon et que la douleur est nulle, il n'y a qu'un faible retrait de la main. Supposons une légère piqûre, il s'ensuit peu de mouvements et limités à une faible partie du corps. Supposons enfin une grande douleur, l'extraction d'une dent, une brûlure étendue sur une large portion de la peau, etc., il se produit des réflexes longs et terribles dans toutes les parties du corps, qui peuvent être considérés (à notre avis) comme des mouvements défensifs. Voilà pour les faits extérieurs; à l'intérieur que se passe-t-il?

On sait que la conduction est lente dans la substance grise (douze fois plus que dans la substance blanche, d'après Helmholtz). Lorsqu'une excitation augmente, comme nous venons de le voir, le nombre des groupes musculaires mis en mouvement, la résistance à la transmission s'accroît dans la même mesure. « La sensation de douleur suppose un mouvement réflexe et un arrêt de la conduction nerveuse dans la substance grise de la moelle épinière. » C'est ce processus d'inhibition, à degrés variables, qui est senti dans la conscience comme douleur.

1. *Pathol. des émotions*, p. 226.

2° Réflexes vasculaires. L'excitation périphérique a aussi des effets réflexes sur le système vaso-moteur : contraction des artères spinales, des carotides, des artères cérébrales, d'où la syncope qui accompagne fréquemment les vives douleurs et ce sommeil (par anémie) qu'on a constaté plus d'une fois chez les suppliciés, pendant qu'ils subissaient la torture. Cette constriction des artères produit un changement chimique, un déficit d'oxygène et d'éléments nutritifs dans les cellules de l'écorce ; la respiration des tissus est entravée et l'état de l'organisme aux abois se traduit psychologiquement par la douleur.

Tout au contraire, les excitations qui contribuent au bien-être de l'individu sont accompagnées d'une libre transmission de la force nerveuse, d'une dilatation vaso-motrice, d'une hyperhémie des centres nerveux et, dans l'ordre moteur, de « mouvements d'agression », comme les chants d'oiseaux, l'aboiement joyeux des chiens et autres manifestations analogues chez l'homme.

Meynert a transféré son mode d'explication à la douleur morale d'une manière assez vague et en s'appuyant sur l'association des idées. Il ne serait pas difficile d'adapter cette hypothèse aux diverses formes du chagrin, de la tristesse ; mais avec un mécanisme plus compliqué. Le point de départ n'est plus dans une perception, mais dans une représentation. Le phénomène n'est plus d'origine périphérique, mais centrale ; en sorte qu'il part du cerveau et y revient, ou, en termes psychologiques, commence par un état de conscience purement intellectuel et finit par un état de conscience surtout affectif. Si lisant par hasard dans un journal une liste nécrologique, j'y trouve, sans doute possible, le nom d'un ami, une chose se produit en moi ; c'est-à-dire que les autres noms inconnus défilaient dans ma conscience comme des mots vides ou une simple perception visuelle : brusquement tout change : les mouvements réflexes et vasculaires ci-dessus décrits se produisent, puis l'action d'arrêt des centres médullaires et cérébraux, dont l'expression dans la conscience sera le chagrin. Mais ces réflexes ne sont possibles que si le mot lu provoque la réminiscence de morts antérieures, c'est-à-dire d'une somme de privations, de négations et de désirs enrayés, — résultats d'expériences accumulées qui surgissent d'un bloc et qui, conscients, ou subconscients, ou inconscients, agissent.

Un aliéniste anglais, Clouston, qui a donné un exposé critique de cette hypothèse de Meynert, la considère comme la meilleure dans l'état actuel de la physiologie nerveuse, quoique pleine de lacunes et après tout, théorique plutôt qu'expérimentale. Elle est en désaccord avec divers faits : par exemple, dans la colère, qui est un état pénible, il y a afflux sanguin et mouvements agressifs [1]. Par contre, elle s'accorde avec bon nombre de manifestations observées dans les maladies mentales : ainsi, au troisième degré de la paralysie générale, une piqûre cause un réflexe sans douleur, parce qu'il n'y a plus de pouvoir d'inhibition dans la substance grise désorganisée. Dans l'évolution de la mélancolie, les patients ont quelquefois, au début, des douleurs purement physiques (névralgie, céphalalgie, etc.); elles disparaissent pour se changer en état mélancolique qui disparaît à son tour, quand les douleurs physiques reviennent. Des faits journaliers montrent que la douleur physique et la douleur morale ne peuvent coexister avec intensité : une brûlure peut arrêter pour un temps la mélancolie et l'on sait ce qui arrive à bien des gens quand ils entrent dans le cabinet du dentiste. Il semble que l'organisme n'ait qu'une capacité limitée pour le plaisir et la douleur et que l'un et l'autre ne peuvent coexister sous leur double forme physique et morale.

II

On a beaucoup écrit sur la finalité du plaisir et de la douleur, mais en procédant de deux manières bien distinctes.

La première, celle des théologiens et des moralistes, est une explication extrinsèque : le plaisir est un attrait, le charme de la vie; la douleur est un moniteur vigilant qui nous avertit de notre désorganisation. Ils existent en nous par la grâce bienfaisante de la Providence ou de la Nature; ils ont une cause transcendante.

La seconde, qui n'a trouvé son expression complète que dans l'école évolutionniste, est une explication intrinsèque. Elle s'en tient

1. *British Medical Journal*, Aug. 14, 1886, p. 319 et suiv. Nous verrons plus tard que le mécanisme de la colère n'est pas aussi simple que Clouston semble l'admettre.

à l'analyse des faits et montre que le plaisir et la douleur ont leur *pourquoi* dans les conditions d'existence de l'animal, et, par conséquent, que leur causalité est immanente. Ainsi entendu le problème du *pourquoi* est à peu près identique à celui du *comment* : mécanisme et finalité sont bien près de se confondre.

Herbert Spencer, après lui Grant Allen, Schneider et d'autres, ont bien montré que la liaison du plaisir et de l'utile, de la douleur et du nuisible, est un rapport presque nécessaire dérivant de la nature des choses et qu'elle a été un facteur important pour la survivance du plus apte. Tout animal — souvent même il n'a pas d'autre guide — persiste ordinairement dans ce qui lui cause du plaisir, c'est-à-dire dans un mode d'activité utile à sa conservation; il fuit ordinairement ce qui lui cause de la douleur, laquelle est le corrélatif des actions nuisibles : il a deux bons guides dans le chemin de la vie, pour durer et perpétuer son espèce.

Si cette concomitance était sans exceptions, si le plaisir toujours accompagnait l'utile et inversement, il suffirait de poser la loi des conditions d'existence et rien de plus. Mais les dérogations à la règle sont fréquentes et exigent une étude critique. Les unes sont explicables, d'autres me paraissent irréductibles.

1° Herbert Spencer nous débarrasse d'un grand nombre d'exceptions qui sont, en fait, un résultat de la civilisation. L'homme préhistorique (d'après lui) était bien adapté à son milieu et à la vie de rapine : mais lorsque, sous la pression du besoin, s'est produit le passage à la vie sédentaire et civilisée, l'être humain s'est trouvé mal adapté. Aux conditions d'existence naturelle se sont superposées les conditions d'existence sociale, constituant un autre milieu, exigeant d'autres formes d'activité. Par suite se sont produits de fréquents désaccords qu'il a longuement énumérés [1] : survivance de tendances déprédatrices difficiles à satisfaire, nécessité d'un travail répugnant ou monotone, excès de travail compensés par des excès de plaisir, comme cela est si fréquent dans les grandes villes, etc. Toutes ces interversions sont l'œuvre de l'homme, de sa lutte déraisonnable contre la nature, de sa volonté, de ses artifices. « Dans le cas de l'espèce humaine, il s'est produit pour longtemps

---

1. *Principles of Psychology*, t. I, §§ 125-127.

un dérangement profond et compliqué de la connexion naturelle entre les plaisirs et les actes profitables, la douleur et les actes nuisibles, dérangement qui obscurcit si bien la connexion naturelle qu'il fait supposer quelquefois une connexion inverse. » Spencer croit que la réadaptation se fera à la longue : je laisse cette consolation aux optimistes, sans la partager.

2° Outre ces exceptions dues à l'intercurrence des causes sociales, il y en a d'autres, d'un caractère individuel, qu'on peut encore expliquer. Certains poisons sont agréables et causent la mort ; une opération chirurgicale est douloureuse, mais utile ; beaucoup savourent un *far niente* qui les conduit à la ruine ; il est agréable de vivre dans le monde de la fantaisie pure, d'où l'on tombe énervé et incapable de remplir sa tâche quotidienne. Bien d'autres cas de ce genre se rencontrent dans la vie courante. En tout cela, il n'y a que des exceptions apparentes à la règle. La conscience ne révèle que le phénomène *momentané* et, dans ces limites, son verdict est exact ; elle exprime les processus qui se passent dans l'organisme au moment actuel, comme nous l'avons vu pour l'euphorie des mourants : elle ne peut dire ce qui s'en suivra. L'explication se réduit au mot de Grant Allem : Ni le plaisir ni la douleur ne sont prophètes [1].

3° Il y a d'autres faits que les partisans des causes finales passent prudemment sous silence et que certains évolutionnistes ont tenté d'expliquer.

Spencer fait remarquer (*loc. cit.*, § 127) que tant que l'individu est jeune et encore infécond, son bien et celui de la race vont de pair, mais quand vient l'âge de la reproduction, il se produit une scission ; souvent même le bien individuel et le bien spécifique sont totalement opposés. Très fréquemment, chez les invertébrés, la mort des parents est un résultat naturel de la propagation. Dans la grande classe des insectes, la plus nombreuse de toutes les espèces animales, le mâle ne vit que jusqu'à ce qu'il ait engendré, la femelle meurt après la ponte. Il y a donc, dit l'auteur anglais, une restriction à faire.

Schneider, dans son intéressant ouvrage *Freud und Leid*, inspiré

---

1. Voir Lehmann : *ouv. cité*, § 201 ; Höffding, *Psychologie in Umrissen*, 2° édit., p. 380.

de l'hypothèse transformiste et des idées de Spencer, supprime la difficulté en rattachant le plaisir et la douleur aux conditions d'existence de l'*espèce*, non de l'individu : le plaisir correspond à une utilité spécifique, la douleur à une nuisance spécifique. Cette position du problème est habile, mais arbitraire. Le plaisir et la douleur sont des états essentiellement subjectifs, individuels. Ils ne peuvent prendre un caractère spécifique que par généralisation, c'est-à-dire à titre de conception de notre esprit, qui n'a de réalité et de valeur qu'en tant qu'extrait des cas particuliers.

Pour nous en tenir à l'homme et sans nous préoccuper de l'antagonisme entre l'individu et l'espèce, il y a des cas dont la réduction à la loi est bien difficile. Un grain de sable dans l'œil, une névralgie dentaire, causent une douleur dont la disproportion est énorme avec le dommage subi par l'organisme. Par contre, la dissolution de certains organes essentiels à la vie est souvent presque indolore. Le cerveau peut être coupé, cautérisé, presque sans souffrance; une caverne peut se former dans le poumon, un cancer dans le foie sans que rien nous avise du danger. La douleur, cette « sentinelle vigilante » des causes finales reste muette ou ne nous informe que quand le mal est de longue date, profond, irrémédiable. Bien plus, elle nous induit souvent en erreur sur le siège vrai du mal, les exemples abondent de fausses localisations : une démangeaison du nez est due à des vers intestinaux, une céphalalgie à un état morbide de l'estomac, une douleur de l'épaule droite à une maladie du foie; il y en a beaucoup d'autres de ce genre que les médecins ont étudiées sous le nom de synesthésies douloureuses ou synalgies.

Schneider est, je crois, le seul qui ait tenté d'expliquer ces dérogations à la formule généralement admise [1] en réduisant le problème aux deux questions suivantes : 1° Le développement d'une vive sensibilité des organes internes, c'est-à-dire d'un rapport de causalité entre leurs lésions et le sentiment de la douleur, était-il possible en général? 2° Si ce développement avait eu lieu, cette faculté de sentir les lésions des organes internes, comme douleur, pouvait-elle être un moyen de protection comme cela arrive pour la peau? — Les organes intérieurs ne sont en contact qu'avec un milieu intérieur,

___

1. *Freud und Leid der Menschengeschlechts* (1883), p. 35 et suiv.

à peu près uniforme; si le contraire se produit, si des lésions profondes les mettent à nu, la mort s'ensuit ordinairement, du moins chez les animaux et l'homme primitif; les progrès tardifs de la chirurgie ont seuls permis de remédier à ces accidents. Si, par variation spontanée, un cas de sensibilité des organes internes s'était produit, il eût été inutile, il n'eût pu se fixer, se transmettre par l'hérédité, puisque la lésion causant la mort, toute évolution de cette qualité devenait impossible. D'ailleurs, cette faculté sensitive des organes intérieurs eût-elle existé, elle restait inutile, puisqu'elle ne pourrait devenir efficace qu'à la condition d'être liée à des mouvements de protection, de retrait des organes qui, en raison même de la constitution de l'animal, ne peuvent se produire. En fait, la sensibilité s'est concentrée tout entière dans les parties extérieures du corps qui en se protégeant elles-mêmes protègent, dans la mesure possible, les organes internes.

J'ai insisté sur les exceptions (certainement, elles ne sont pas sans causes, qu'on accepte celles de Schneider ou d'autres), parce qu'on est trop porté à les oublier. La connexion du plaisir et de l'utile, de la douleur et du nuisible est une formule qui doit son origine aux philosophes, c'est-à-dire à des esprits qui exigent avant tout et toujours l'unité. La psychologie doit procéder autrement : confronter sans cesse la formule avec les faits, la contrôler par l'expérience, noter les exceptions. Elle se contente de lois empiriques qui embrassent la généralité, jamais la totalité des cas.

CHAPITRE VII

NATURE DE L'ÉMOTION

I

En abordant le sujet indiqué par le titre de ce chapitre, nous passons des manifestations générales de la vie affective (plaisirs et douleurs) à ses manifestations spéciales; nous descendons de la superficie aux couches profondes pour arriver au fait fondamental et irréductible qui est la racine de toute émotion : une attraction ou une répulsion, un désir ou une aversion, bref un mouvement ou un arrêt de mouvement.

Déjà, dans l'Introduction, nous avons marqué la place de l'émotion dans le développement de la vie affective, et plus tard, dans la deuxième partie de ce livre, nous étudierons séparément chacune des émotions primitives avec ses caractères propres qui la déterminent et la fixent; pour le moment, il ne s'agit que des caractères généraux qui se rencontrent dans toute émotion.

Ce terme, dans le langage de la psychologie contemporaine, a remplacé les mots passions, affections de l'âme (*passiones, affectus animi*) usités au xviiᵉ siècle. Outre qu'il est consacré par l'usage, il a l'avantage de mettre en relief l'élément moteur inclus dans toute émotion (*motus, Gemüthsbewegung*). « Ce mot est une induction résumant l'expérience du genre humain et le terme commotion, jadis en usage pour désigner ces phénomènes, exprime le fait encore plus clairement » (Maudsley).

A première vue et sans entrer dans l'analyse, toute émotion, même peu intense, nous apparaît comme envahissant l'individu tout entier et exprimant, sous sa forme complète, ce que Bain a nommé la loi de diffusion. Extérieurement : mouvements de la face, du tronc et des membres. Intérieurement : modifications organiques nombreuses que cause et domine la fonction organique par excellence, la circulation. Les expériences de Lombard, Broca, Bert, Gley, Mosso, Tanzi, etc., ont montré que toute forme quelconque d'activité de l'esprit est liée à une augmentation de la circulation; mais celle-ci est toujours supérieure à la moyenne, quand une émotion se produit. « L'activité émotionnelle d'une espèce donnée produit une augmentation de température dans toutes les régions; elle est, en général, toujours plus rapide et plus forte que celle qui vient de l'activité intellectuelle » (Lombard). Mosso qui, dans des expériences très connues, a pu étudier les plus légères modifications de la circulation sanguine, conclut que « les émotions exercent une action beaucoup plus manifeste sur la circulation cérébrale que le travail intellectuel, quelque grande que soit son énergie ». — L'émotion ne présente pas seulement ces caractères vagues et diffus, chacune d'elles est un complexus. Prenons les plus simples et les plus communes, la peur, la colère, la tendresse, l'amour sexuel : chacune d'elles est un état complexe, un faisceau psycho-physiologique constitué par un groupement d'éléments simples qui diffère suivant chaque émotion. mais qui comprend toujours : un état de conscience particulier, des modifications particulières des fonctions de la vie organique ; des mouvements ou tendances au mouvement, des arrêts ou tendances à l'arrêt de mouvements particuliers. Toute émotion primaire est un complexus inné, exprimant d'une manière directe la constitution de l'individu ; les émotions sont des manifestations *organisées* de la vie affective ; ce sont les réactions de l'individu pour tout ce qui touche à sa conversation ou à son amélioration, à son être ou à son mieux-être. En une certaine mesure, les émotions primaires sont analogues aux perceptions qui exigent un organisme psycho-physiologique adapté à une fonction spéciale par rapport au monde extérieur; avec cette différence que la vision, l'audition, l'olfaction, etc., ont leur organe propre, inaliénable, tandis que la peur, la colère, etc., ont un organisme diffus, dont les éléments, combinés d'une autre manière, deviennent l'organisme d'une autre émotion.

Il s'ensuit que l'étude des émotions, du point de vue de la psychologie pure, ne peut aboutir. L'observation intérieure, quelque subtile qu'elle soit, ne peut que décrire le fait interne et en noter les nuances; elle reste muette sur les conditions et la genèse de l'émotion; elle ne saisit qu'une émotion sans corps, une abstraction. Il n'y a aucune manifestation de la vie psychique, sans excepter les perceptions, qui dépendent plus étroitement que celle-ci des conditions biologiques. Le grand mérite de James et de Lange, c'est d'avoir tous les deux, en même temps et d'une manière indépendante, démontré l'importance capitale des facteurs physiologiques dans l'émotion.

Je n'ai pas l'intention d'exposer longuement la thèse de ces deux auteurs, quoiqu'elle soit la contribution la plus importante qui ait été faite depuis longtemps à la psychologie des émotions. Elle commence à être fort connue et, en tout cas, est facilement accessible [1]. Réduite à l'essentiel, elle peut se résumer en deux propositions principales :

1° L'émotion n'est que la conscience de tous les phénomènes organiques (extérieurs et intérieurs) qui l'accompagnent et qui sont considérés généralement comme ses effets; en d'autres termes, ce que le sens commun considère comme les effets de l'émotion en est la cause;

2° Une émotion diffère d'une autre émotion suivant la quantité et la qualité de ces états organiques, suivant leurs combinaisons diverses, n'étant que l'expression subjective de ces divers modes de groupement.

Pour traiter un sujet scientifiquement, dit Lange, il faut s'attacher à des marques objectives : l'étude des couleurs ne devint scientifique que le jour où Newton découvrit un caractère objectif, la différence de réfrangibilité des rayons colorés. Faisons de même pour les émotions; c'est possible. Chacune d'elles se traduit par des gestes, des attitudes, des phénomènes organiques que l'on a le grand

---

[1]. Le livre de Lange *Sur les émotions* a paru d'abord en danois et a été traduit en allemand (1885) par le Dr Kurella et en français (1895) par le Dr G. Dumas. W. James a exposé sa théorie d'abord dans un article du *Mind* (1884) et plus longuement dans ses *Principles of Psychology* (1890), t. II, ch. xxv.

tort de considérer comme secondaires, accessoires, consécutifs : étudions-les, nous substituerons ainsi à l'introspection un procédé objectif de recherche. Comme il convient de commencer par le simple, l'auteur s'en est tenu « à quelques-unes des émotions les plus nettes et les mieux caractérisées : la joie, la peur, le chagrin, la colère, la timidité, l'attente » ; il s'est abstenu de considérer « celles où les faits physiques sont peu saillants et peu accessibles ».

Suit une description minutieuse des émotions ci-dessus énumérées et de leurs symptômes physiques, pour laquelle je renvoie à l'ouvrage cité. En généralisant, on voit que les phénomènes décrits sont réductibles à deux groupes : 1° Modifications de l'innervation musculaire : elle diminue dans la peur, le chagrin, augmente dans la joie et la colère, l'impatience ; 2° Modifications vaso-motrices : constriction dans la peur et la tristesse, dilatation dans la joie et la colère. — Ces deux groupes ont-ils la même importance, sont-ils primitifs au même titre ou l'un d'eux est-il subordonné à l'autre ? Autant que l'état actuel de nos connaissances nous permet de répondre, dit Lange, les changements vasculaires doivent être posés comme primitifs, les plus légères variations circulatoires modifiant profondément les fonctions du cerveau et de la moelle.

Quelle est la signification de tout cela pour les émotions ? D'après la psychologie courante, un état émotionnel soumis à l'analyse se décompose comme il suit : 1° un état intellectuel, perception ou idée, comme point de départ (une mauvaise nouvelle, une apparition terrifiante, une injure reçue) ; 2° un état affectif, l'émotion, tristesse, colère, peur ; 3° les états organiques et les mouvements résultant de cette émotion. Mais le second moment, l'émotion ainsi conçue n'est plus qu'une entité et une pure hypothèse. Or, pour être acceptable, une hypothèse doit expliquer tous les phénomènes et être nécessaire à leur explication. Ici, tel n'est pas le cas. Il y a, dans la vie normale et pathologique, des émotions qui ne dérivent d'aucune idée, mais qui, au contraire, l'engendrent : le vin donne la joie, l'alcool du courage, l'ipéca cause une dépression voisine de la peur, le hachich produit l'exaltation, les douches la calment. Les asiles sont pleins de malades dont l'irritabilité, la mélancolie, l'angoisse sont « sans cause », c'est-à-dire ne résultent d'aucune perception ou image. Ici, nous prenons sur le vif la vraie cause :

elle est dans les influences physiques. Débarrassons-nous donc d'une hypothèse inutile : .... entité psychique — l'émotion — qui viendrait s'intercaler entre la perception ou l'idée et les événements physiologiques; et renversant l'ordre admis par le sens commun, nous disons : d'abord un état intellectuel, puis des troubles organiques et moteurs, puis la conscience de ces troubles qui est l'état psychique que nous appelons l'émotion.

W. James, d'une autre manière et avec d'autres arguments, soutient la même thèse : « Les changements corporels qui suivent immédiatement une perception et notre conscience de ces changements, en tant qu'ils se produisent, c'est l'émotion ». A l'encontre du sens commun, il faut dire : c'est parce que nous pleurons que nous sommes tristes, parce que nous frappons que nous ressentons la colère, parce que nous tremblons que nous avons peur. Supprimez dans la peur les battements du cœur, la respiration haletante, le tremblement, l'affaiblissement musculaire, l'état particulier des viscères; supprimez dans la colère l'ébullition de la poitrine, la congestion de la face, la dilatation des narines, le resserrement des dents, la voix saccadée, les tendances impulsives; supprimez dans le chagrin les pleurs, les soupirs, les sanglots, la suffocation, l'angoisse — que restera-t-il? un pur état intellectuel, pâle, incolore, froid. Une émotion décorporalisée (*disembodied*) est un nonêtre.

C'est là sans doute une hypothèse sans preuve décisive. L'expérience *cruciale* ne pourrait être fournie que par un homme atteint d'anesthésie totale, externe et interne, sans paralysie; éprouverait-il encore quelque émotion? Le cas est irréalisable absolument; James n'en a trouvé que trois qui s'en rapprochent, dont l'un est très connu, celui de Strumpell : les sujets sont apathiques; mais la vie émotionnelle n'est pas totalement absente; Strumpell a noté la surprise, la peur et la colère, dans quelques occasions [1].

1. Depuis la publication du livre de James, le Dr Berkeley a rapporté dans le *Brain* (IV, 1892) deux cas d'anesthésie générale, cutanée et sensorielle : les sujets sont apathiques, on a constaté la honte, le chagrin, la surprise, la peur et la répulsion « comme substitut de la colère ». — Le Dr Sollier, dans un article de la *Revue philosophique*, mars 1894, a rapporté des expériences faites sur des sujets en état d'hypnose profonde, chez qui on abolit par suggestion la sensibilité périphérique et viscérale; il conclut dans le sens de James et Lange.

Renonçons à l'expérience positive et décisive. La thèse a par elle-même une tournure si paradoxale, que beaucoup d'objections s'élèvent.

1° Y a-t-il des preuves réelles que certaines perceptions produisent, par une influence physique immédiate, des effets corporels antérieurs à l'apparition de l'émotion? Assurément. La lecture d'une poésie, un récit héroïque, la musique, peuvent évoquer instantanément un frisson de tout le corps, des battements cardiaques, des larmes. Grattez deux morceaux d'acier l'un contre l'autre et toute l'organisation nerveuse est exaspérée. Ne sait-on pas que la seule vue du sang fait tomber certaines personnes en syncope. Enfin James allègue les cas pathologiques mentionnés plus haut par Lange où « l'émotion est sans objet », c'est-à-dire évidemment dépendante d'une cause purement physique.

2° Si la théorie est vraie, en produisant volontairement les manifestations d'une émotion spéciale, nous devons susciter l'émotion elle-même. — Dans la majorité des cas, ce critérium est inapplicable, car la plus grande partie des phénomènes organiques qui manifestent l'émotion ne peuvent être produits à volonté, l'expérience reste donc partielle. Toutefois, dans la mesure où elle est possible, elle corrobore l'hypothèse plutôt qu'elle ne l'infirme. Restez longtemps assis dans une attitude mélancolique et la tristesse vous gagnera. Si vous êtes triste, prenez une attitude gaie, mêlez-vous à une compagnie joyeuse et peu à peu vous laisserez votre tristesse sur la route. On objecte que beaucoup d'acteurs ont dans leur rôle la parfaite apparence d'une émotion et ne la ressentent pas. James donne les résultats d'une curieuse enquête faite en Amérique sur ce point : les réponses ne s'accordent pas; les uns disent qu'ils jouent avec leur cerveau, les autres avec leur cœur; les uns ressentent l'émotion de leur personnage, les autres non. Il semble que James aurait pu mentionner ce qui se passe chez certains hypnotisés : si on donne à leurs membres l'attitude de la prière, de la colère, de la menace, de l'amour (ce qui constitue une suggestion par le sens musculaire), l'émotion correspondante est évoquée.

3° La manifestation d'une émotion, au lieu de l'augmenter, la fait disparaître; ainsi un abondant flot de larmes diminue le chagrin.

RIBOT. — Sentiments. 7

— Cette objection ne distingue pas entre ce qui est senti *pendant* la manifestation et ce qui est senti *après*. L'émotion est toujours éprouvée pendant que la manifestation persiste; mais quand les centres nerveux sont épuisés, naturellement le calme s'ensuit. Ne dit-on pas de certains hommes qu'ils sentiraient davantage, s'ils étaient moins « démonstratifs »? C'est que l'exubérance de leur mode d'expression les épuise rapidement et ne permet pas à l'émotion de durer, tandis qu'un tempérament bilieux, qui ne se dépense pas, reste un « volcan assoupi ».

Je n'ai emprunté à James et à Lange que ce qui était strictement nécessaire pour faire comprendre leur théorie. Je déclare l'accepter dans son fond; mais sans admettre la position dualiste qu'ils semblent avoir adoptée. Je m'expliquerai sur ce point dans la suite de ce chapitre; pour le moment, il nous reste à montrer que la théorie physiologique s'applique au domaine entier des émotions.

II

Nous avons vu, en effet, que Lange s'en tient expressément à quelques émotions simples et refuse de s'aventurer plus loin. W. James concentre son effort sur les émotions grossières (*coarse*), les autres (*the subtler emotions*), il ne les mentionne qu'en passant et se borne à quelques remarques sur l'émotion esthétique. Il me semble pourtant nécessaire de traiter ce sujet autrement que par prétérition. En effet, les adversaires (et ils sont nombreux) ont soutenu que la théorie physiologique, acceptable à la rigueur pour les formes inférieures de l'émotion, devient insuffisante à mesure qu'on s'élève et que tout essai, pour l'appliquer aux formes supérieures, aboutirait à un échec.

Il faut d'abord s'entendre sur la valeur de ces termes, inférieur et supérieur, grossier et fin; ils ne peuvent signifier que des degrés dans l'évolution. Les émotions inférieures ou grossières ont été appelées aussi « animales » parce qu'elles sont communes à l'homme et à la plupart des animaux. Les émotions supérieures ou fines sont proprement « humaines », quoiqu'on les trouve en germe chez les animaux les plus élevés.

Les premières sont liées à des sensations, des perceptions ou à leurs représentations immédiates; elles ont un rapport étroit et direct avec la conservation de l'individu ou de l'espèce. Les secondes sont liées à des images de moins en moins concrètes ou à des concepts; elles ont un rapport plus vague ou indirect avec les conditions d'existence de l'individu ou de l'espèce.

On peut dire encore que inférieur est synonyme de primitif, simple; que supérieur est synonyme de dérivé, complexe. Comment se produit le passage des formes inférieures aux formes supérieures? Pour le moment, il n'importe pas de le savoir, il suffit de constater qu'il a eu lieu [1].

En résumé, de même que, dans l'ordre intellectuel, il y a une échelle ascendante qui conduit du concret aux formes inférieures, puis moyennes, puis supérieures de l'abstraction; de même, dans l'ordre affectif, il y a une échelle qui monte de la peur ou de la colère aux émotions les plus idéales : et de même que le concept le plus élevé garde la marque des concrets dont il est issu, sous peine de n'être qu'un mot vide; de même, les sentiments les plus éthérés ne peuvent perdre totalement les caractères qui en font une émotion, sous peine de disparaître comme telle.

Je n'insisterai pas sur ces remarques théoriques; l'observation directe des faits est préférable et répond plus clairement.

Les formes supérieures, vraiment humaines, de l'émotion sont réductibles à quatre groupes principaux : sentiment religieux, moral, esthétique, intellectuel. Bien que les caractères somatiques qui accompagnent chacun d'eux doivent être notés avec le plus grand soin dans la deuxième partie de cet ouvrage, il est nécessaire dès à présent et par avance de signaler les principaux. Surtout, il faut se tenir en garde contre l'erreur commune qui consiste à chercher l'émotion là où il n'en reste plus que la survivance et l'ombre. Si, par exemple, on prend les formes les plus intellectualisées du sentiment religieux ou esthétique, on aura grande peine à retrouver les conditions physiologiques de son existence. Rien d'étonnant; nous n'avons plus dans ce cas qu'un abstrait ou extrait d'émotion, une simple marque, un schéma émotionnel, un substitut affectif

1. Voir ci-après : 2ᵉ partie, ch. VII.

équivalant à ces substituts intellectuels qui tiennent lieu du concret. Ce qu'il faut étudier, c'est l'émotion vraie, ressentie, éprouvée, non pauvrement remémorée, réduction pâle de ce qui *a été* une émotion.

1° Le sentiment religieux, peut-être plus qu'aucun autre, est lié à des conditions physiologiques, parce qu'il est strictement lié à l'instinct de la conservation, au salut, sous quelque forme que le croyant le conçoive. L'*intensité* de l'émotion nous importe seule ; sa qualité est une affaire d'appréciation critique ; nous prenons le fait brut, observable, légitime ou non. Or, le croyant, quel que soit son degré de culture, quelle que soit sa religion, au moment où il ressent l'émotion, n'a-t-il pas le tremblement, la pâleur, le *sacer horror*, l'anéantissement qui peut devenir défaillance, l'attitude prosternée? Les mystiques n'ont-ils pas décrit mille fois le trouble violent qui les agite, la tempête intérieure qui les ravage, jusqu'à ce que, le calme rétabli, ils s'expriment dans un langage qui rappelle bien souvent celui de l'amour sexuel? La qualification d'hystérique, donnée à tort ou à raison à beaucoup d'entre eux, s'appuie sur les symptômes physiques qu'ils ont décrits. Et les procédés employés pour susciter, raviver ou renforcer l'émotion religieuse, depuis le vin des Bacchanales antiques jusqu'aux concerts bruyants de l'Armée du Salut, n'ont-ils pas une action directe et physiologique sur les organes? Et l'action des rites qui ne sont que l'expression fixée d'une forme particulière de croyance? Et les miracles qui se produisent dans toutes les religions, chez ceux qui ont « la foi qui guérit », est-ce qu'ils ne se passent pas, dans l'organisme? On remplirait de longues pages avec la seule énumération des conditions matérielles qui enveloppent, soutiennent ou évoquent le sentiment religieux, tel qu'on le trouve existant *en fait*, actuellement ou dans l'histoire. Rien n'est plus chimérique que de concevoir l'émotion religieuse comme un acte pur, comme une entité psychologique existant en elle-même et par elle-même, indépendamment de ses concomitants physiologiques. Supprimez tous ceux-ci, que reste-t-il? une pure idée, froide et décolorée. Il est bien évident que les facteurs physiologiques qui éclatent si vivement dans l'émotion intense, s'atténuent par l'effet du tempérament, de la répétition, de la routine ; mais dans la même mesure aussi l'émotion faiblit et s'atténue : une haute *conception* religieuse et une profonde *émotion* religieuse sont deux phénomènes psychiques très différents : nous reviendrons ailleurs sur ce point.

2° L'émotion morale ne doit pas non plus être confondue avec l'idée morale. La notion abstraite de justice, de devoir, d'impératif catégorique, agit sur les uns, est sans influence sur les autres. L'émotion morale, non pas factice et conventionnelle, mais réellement sentie et éprouvée, est une secousse et un entraînement; elle se traduit toujours par des mouvements intérieurs et extérieurs; elle agit comme un instinct. La sympathie qui nous met à l'unisson des autres, qui nous fait sentir leur bien et leur mal, est (nous le verrons plus tard) une propriété de la vie animale qui exige impérieusement des conditions physiologiques et ne peut exister sans elles; or, le rôle de la sympathie dans la genèse des émotions morales n'est pas douteux. Celui qui court pour arrêter un voleur ou un assassin — lorsqu'il a été simple témoin, qu'il n'a été lui-même ni volé ni attaqué — n'est-il pas en proie à un bouleversement qui est physiologique? Dans les explosions de l'amour maternel, dans les actes de dévouement brusque, n'y a-t-il pas un *raptus* qui secoue l'individu tout entier de la tête aux pieds? Si ces faits, entre tant d'autres, ne suffisent pas, que l'on considère ce qui se passe dans les masses populaires en fermentation, dans certains cas de la psychologie des foules. « Dans le terme moralité si nous faisons entrer l'apparition momentanée de certaines qualités [1] telles que l'abnégation, le dévouement, le désintéressement, le sacrifice de soi-même, le besoin d'équité, nous pouvons dire que parfois les foules sont susceptibles d'une moralité très haute... beaucoup plus élevée même que celle dont est capable l'individu isolé. Seules les collectivités sont capables de grands désintéressements et de grands dévouements. » Mais dans cet état de grossissement énorme de l'émotion morale, pense-t-on que les facteurs physiologiques sont négligeables? ne sont-ils pas les véhicules naturels et nécessaires de la contagion morale?

3° Je serai bref sur l'émotion intellectuelle, parce qu'elle est rare et est ordinairement tempérée; cependant, quand elle surgit avec

1. G. Le Bon, *Psychologie des foules*, p. 48 et suiv.

les vrais caractères de l'émotion intense, elle n'échappe pas à la règle. Ni la recherche ni la découverte de la vérité pure ne passionnent la majorité des hommes, pas plus qu'ils ne s'affligent d'en être privés; mais ceux que ce démon possède lui sont livrés *corps* et *âme*. Leur émotion n'est pas plus indépendante qu'une autre des conditions physiologiques; la biographie des savants en fournit des exemples à volonté : les perpétuelles souffrances physiques de Pascal, Malebranche suffoqué par les battements de cœur en lisant Descartes, Humphry Davy dansant dans son laboratoire après sa découverte du potassium, Hamilton sentant brusquement « comme la fermeture d'un circuit galvanique » au moment où il découvre la méthode des quaternions, etc. Il n'est pas besoin de chercher si haut; la vie courante en fournit à chaque instant des exemples qui, pour être prosaïques, n'en sont pas moins probants. L'instinct de la curiosité est la racine de toute émotion intellectuelle, si plate ou si haute qu'elle soit : or, celui qui surveille et épie la conduite de son voisin et les mille petits détails de sa vie, quand sa curiosité puérile est frustrée, n'éprouve-t-il pas l'angoisse *physique* du désir non satisfait?

4° A en croire certains raffinés, l'émotion esthétique aurait le privilège de se mouvoir dans le domaine de la contemplation pure. Cette assertion est fondée sur l'erreur signalée plus haut, qui consiste à ne tenir compte que de la *qualité* de l'émotion, non de son intensité. C'est une émotion de critique, purifiée, sublimée, dépouillée dans la mesure possible de sa résonance somatique, qu'ils substituent à l'émotion véritable et primitive, dont toutes les autres sont issues et qu'ils ont éprouvées à l'origine, comme le reste des hommes; car les plus délicats eux-mêmes ne peuvent commencer par la fin. C'est une manière abstraite de sentir, substituée à la manière concrète. W. James fait sur ce point d'excellentes remarques auxquelles nous renvoyons le lecteur (*ouv. cité*, p. 468 et suiv.). L'émotion esthétique complète, sans acception de sa qualité, n'exige pas toujours une grande culture. L'homme primitif qui, en commun avec ses compagnons, s'enivre de sa danse et de ses chants, se grise de sons et de mouvements; le spectateur naïf qui est pris tout entier par la représentation d'un grossier mélodrame; le paysan espagnol qui contemple son église débordante d'ornements *rococo* et de saints habillés étrangement : tous ceux-là ont l'émotion concrète qui secoue, fait battre le cœur, rire ou pleurer, crier, gesticuler.

D'ailleurs, il suffit de rappeler les recherches inaugurées par Fechner dans sa *Vorschule der Aesthetik* et continuées depuis, surtout en Allemagne, sous le nom d'esthétique élémentaire [1], qui mettent si bien en relief le rôle de l'élément sensoriel dans la genèse du plaisir et de la peine esthétiques. Résumons-les en deux mots : Il y a dans la constitution du sentiment esthétique deux facteurs : l'un direct, lié aux sensations et perceptions ; l'autre indirect, lié aux représentations (images et associations d'idées) ; l'un ou l'autre prédomine suivant les arts : le facteur direct dans la musique et les arts plastiques, le facteur indirect dans la poésie. Le facteur direct, par sa définition même, dépend de l'organisme. Les couleurs ne sont pas de simples sensations, elles ont un ton affectif qui leur est propre. D'après Wundt, le blanc inspire la gaieté, le vert une joie tranquille, le rouge répond à l'énergie, à la force, etc. On peut admettre ou non ces déterminations (Scripture en donne d'autres) ; elles varient probablement d'un individu à un autre ; mais le principe reste inattaquable. Les expériences de Féré précédemment citées, sur les couleurs excitantes et dépressives, vont dans le même sens. De même pour les sons : suivant qu'ils sont graves, élevés ou moyens, ils produisent une disposition particulière. — Si de la simple sensation nous passons aux perceptions, l'action physique directe n'est pas douteuse : dans l'agencement des couleurs, dans les phénomènes de contraste, dans les contours et formes de certaines lignes, dans le plaisir inné de la symétrie, de la régularité ; dans le rythme, la mesure, la cadence, dans la perception de l'harmonie et des dissonances, etc. — A la vérité, les auteurs cités ont insisté plutôt sur l'action sensorielle que sur les modifications organiques et motrices qui l'accompagnent ; mais il reste toujours indiscutable que le sentiment esthétique est nécessairement lié à des conditions physiologiques.

1. Wundt, *Physiolog. Psychologie*, 4° édit. (allemande), ch. xx; Külpe, *Grundriss der Psychologie*, p. 257, § 38; J. Sully, *Sensation and Intuition*, 2° partie; Grant Allen, *Mind*, July 1879, art. *Symetry*.

Puisque la thèse que nous soutenons, c'est que l'intensité des émotions, même supérieures, est en raison directe de la quantité des événements physiologiques qui l'accompagnent, je me propose dans ce qui va suivre d'en examiner une seule séparément; mais avec quelques détails.

Quel est le plus émotionnel de tous les arts? La musique. Nul doute possible sur la réponse, élimination faite de ceux qui sont réfractaires à son action et qui doivent être récusés. Aucun art n'a une puissance de pénétration plus profonde, aucun ne peut traduire des nuances si ténues de sentiment qu'elles échappent à tout autre mode d'expression : ceci est admis à l'unanimité.

L'art le plus émotionnel est-il aussi le plus dépendant des conditions physiologiques, comme l'exige notre thèse? Oui, et pour le démontrer, les preuves de faits sont si nombreuses qu'il n'y a que l'embarras de choisir. Laissons de côté tout élément intellectuel, les représentations vagues ou claires que la musique évoque ; écartons toutes les dissertations métaphysiques sur sa nature et sa révélation de l'infini ou sur son origine dans l'espèce humaine, pour nous en tenir au seul aspect physique et affectif et en saisir le lien.

Tout d'abord la musique agit sur beaucoup d'animaux. Bien que l'on trouve sur ce point, dès l'antiquité, des « contes de nourrice » et des anecdotes merveilleuses, il reste, déduction faite des histoires apocryphes, un très grand nombre d'observations ou d'expériences qui doivent être tenues pour exactes : on les trouvera dans divers musiciens ou musicographes (Grétry, Fétis, etc.). Les chiens, les chats, les chevaux, les lézards, les serpents, les araignées, sans parler de beaucoup d'oiseaux, sont les exemples le plus souvent cités. Des expériences faites au Jardin des Plantes de Paris, en particulier sur les éléphants au commencement de ce siècle, ont été bien des fois mentionnées; elles sont variées et concluantes [1]. Faut-il en inférer que ces animaux sont mélomanes? Quelques auteurs ne paraissent pas avoir de doute sur ce point, parce qu'ils ont une tendance naturelle à négliger le côté physique du phénomène et à l'interpréter dans un sens quasi humain. Il est bien plus vraisemblable que les sensations de son et de mouvement (le rythme

1. On les trouvera dans Beauquier, *Philosophie de la musique*, p. 65.

auquel les animaux sont très sensibles) agissent directement sur l'organisme et indirectement sur les fonctions vitales et produisent un état physique de plaisir ou de peine; peut-être chez les plus élevés, comme l'éléphant, un certain état affectif qui se rapproche de l'émotion. Bref, la musique agit comme une brûlure, comme le chaud, le froid ou un contact caressant. J'ai consulté sur ce point des écrivains d'une compétence reconnue sur la psychologie musicale. « Les consonances ou dissonances relatives, composées de tierces majeures ou de tierces mineures, m'écrit M. Dauriac, font sur l'organisme des effets agréables ou pénibles, indépendamment de toute impression ou de tout jugement esthétique. » M. Stumpf a bien voulu me répondre par une longue lettre, très documentée, d'où il conclut que « der Grund hievon dürfte ein rein physiologischer sein ».

Passons à l'homme primitif. La question devient moins simple; mais l'élément physique reste prépondérant. La musique ne consiste guère que dans le rythme, marqué par des instruments grossiers et bruyants, dont le principal effet est d'augmenter l'ébranlement du système nerveux. Les aborigènes de l'Amérique peuvent, pendant quatre heures consécutives, s'enivrer de sons mesurés, sans aucune signification mélodique. Chez divers peuples, les devins et les sorciers emploient le tambour pour produire en eux-mêmes une sorte d'extase [1]; c'est une véritable intoxication par le son et surtout par le mouvement, c'est-à-dire un état affectif suscité directement par des sensations externes et internes : nous assistons ici à la genèse de l'émotion.

L'homme civilisé est sensible à la musique (sauf les exceptions) à des degrés divers, depuis le populaire qui préfère comme le sauvage les airs bien rythmés jusqu'au plus raffiné mélomane; mais pour tous, le premier effet est physique. « La vibration musicale n'est qu'une façon particulière de percevoir cette vibration universelle, cette musique de la vie qui anime tous les êtres et tous les corps, depuis le plus infime jusqu'au plus élevé. A ce point de vue, l'art musical peut être appelé l'art par excellence de la sensibilité, parce qu'il règle ce grand phénomène, la vibration, dans lequel se résu-

1. Pour des détails sur ce point, consulter l'intéressant ouvrage de Wallaschek : *Primitive Music*.

ment toutes les perceptions extérieures, parce qu'il le transporte du domaine inconscient, où il se trouvait caché, dans le domaine de la conscience [1]. » La musique agit sur le système musculaire, sur la circulation, la respiration et leurs annexes. Les sons intenses (grosse caisse, timbale) donnent au corps entier une secousse, les sons suraigus causent des contractions musculaires; je connais une musicienne chez qui une dissonance trop forte produit des convulsions. Ajoutez les effets bien connus d'horripilation, de frissons dans le dos, dans le cuir chevelu, de sueurs subites, de chatouillement, de constriction à l'épigastre. Grétry avait déjà noté que le pouls est sensible à la mesure et il a rapporté plusieurs observations faites sur lui-même où les pulsations retardent et s'accélèrent, suivant les mouvements d'un chant intérieur. On n'en finirait pas à énumérer les effets purement physiques de l'impression musicale.

La conclusion à tirer, c'est que tandis que certains arts éveillent d'abord des idées qui donnent aux sentiments une détermination, celui-ci agit inversement. Il crée des dispositions dépendantes de l'état organique et de l'activité nerveuse, que nous traduisons par les termes vagues : joie, tristesse, tendresse, sérénité, tranquillité, inquiétude; sur ce canevas l'intellect brode à sa guise, suivant les individus.

On pourrait aller plus loin et passer du général au particulier. Si la musique crée, par ses effets sur l'organisme, des dispositions, des situations affectives momentanées; la différence des voix, des instruments, des timbres doit éveiller des dispositions différentes et spéciales : ce qui est incontesté. La tonalité d'un morceau doit agir de même; ce qui est encore admis par beaucoup de compositeurs. Il est vrai qu'ils ne s'entendent guère sur la détermination et la signification de chaque ton et qu'on relèverait chez eux de bien amusants désaccords. (Ainsi le ton de *mi bémol* qui, pour Gevaert, est puissant, majestueux, pour Grétry indiquait une catastrophe future.) Ici, plus que partout ailleurs, l'excès de détermination nuit.

J'ajoute une dernière remarque sur les effets physiques de la musique, c'est son action thérapeutique. Nous savons par de nom-

1. Beauquier, *ouv. cité*, p. 56.

breux témoignages qu'elle était connue dès l'antiquité. Depuis les
médecins grecs jusqu'à Leuret qui l'employait dans son traitement
moral de la folie, longue serait l'histoire des cures qu'on lui attribue. Un physiologiste russe bien connu, Tarchanoff, a récemment
préconisé et conseillé son emploi rationnel dans les désordres du
système nerveux; mais elle n'agit pas par des influences occultes,
mystérieuses, spirituelles; elle agit physiquement, elle est un cas
de la médecine vibratoire. Les recherches de Boudet de Paris, de
Mortimer Granville, de Buccola, de Morselli, de Vigouroux, en fournissent la preuve.

Quoiqu'il y eût bien d'autres choses à dire sur ce sujet, ceci
suffit à montrer que le plus émotionel des arts est celui qui dépend
le plus rigoureusement des modifications de l'organisme : ce qui
m'a paru un argument de fait, qui n'est pas négligeable, en faveur
de la théorie physiologique de l'émotion [1].

III

Nous venons de montrer que les formes dites supérieures de
l'émotion n'échappent pas à la nécessité des conditions physiologiques, mais il y a encore une autre question qui reste obscure et
comme en suspens et qui, en raison de son importance, doit être
élucidée. La voici : pourquoi certaines sensations internes ou
externes, certaines images, certaines idées, ont-elles le privilège de
susciter certains états organiques et moteurs et par suite l'émotion?
Comment s'établit ce lien, ce *nexus*? car l'expérience nous apprend
qu'il n'est pas nécessaire : chez le même individu, la même perception, la même idée peuvent dans un cas éveiller une émotion,
dans un autre cas ne rien susciter. En d'autres termes, il y a des

[1]. Gurney, dans une critique de l'hypothèse de James (*Mind*, IX, 425),
dit : « Il y a beaucoup de morceaux de musique dont la représentation
silencieuse [c'est-à-dire la pure audition intérieure, à la lecture des
notes] m'a donné autant d'émotion que leur exécution par le meilleur
orchestre : c'est dans ce dernier cas, presque exclusivement, que mon
émotion est associée au frisson et autres phénomènes physiques. » James
me paraît avoir répondu à cette objection (*Psych.*, II, p. 469-470) qui, selon
moi, tient au problème de la mémoire affective que nous examinerons
plus loin.

perceptions, images et concepts, qui restent des états purement intellectuels, sans aucun accompagnement affectif, du moins accessible à la conscience; et il y en a qui sont aussitôt enveloppés et comme submergés dans l'émotion qu'ils provoquent. Remarquons que la question se pose toujours, quelque opinion que l'on adopte sur la genèse de l'émotion. D'après l'opinion courante l'ordre est celui-ci : état intellectuel, état affectif, états organiques. D'après l'hypothèse physiologique, l'ordre est celui-ci : état intellectuel, états organiques, état affectif. En passant d'une thèse à l'autre le problème ne subit qu'une variante : Pourquoi tel état intellectuel est-il quelquefois doublé d'un état affectif, quelquefois non? Voilà pour la première thèse. Pourquoi tel état intellectuel est-il accompagné de modifications organiques et motrices, quelquefois non? Voilà pour la deuxième thèse.

La réponse est la même dans les deux cas : l'état intellectuel s'accompagne d'un état affectif toutes les fois qu'il a un rapport direct avec les conditions d'existence, naturelles ou sociales, de l'individu. — Pour justifier cette proposition, nous devons examiner successivement ces deux formes de conditions d'existence.

1re période. Sensations ou images liées aux conditions d'existence naturelles.

Il s'agit d'une question de genèse : nous devons donc commencer par les phénomènes les plus humbles. Le sens primordial, le seul chez certains animaux, est le toucher uni aux sensations internes. Remarquons qu'à l'origine, la « connaissance » que nous prenons à son plus bas degré n'a qu'une valeur *pratique*; la sensation est un moniteur, un aide, un instrument, une arme qui n'a qu'une fin unique, la conservation de l'individu, et qui est tout entière subordonnée à cette fin : sans cela, elle n'est plus qu'une manifestation inutile, un luxe. Le *nexus* entre la sensation et les réactions organiques et motrices, est donc inné, c'est-à-dire qu'il résulte de la constitution même de l'animal; s'il manque, les conditions d'existence font défaut. Le tissu primordial, dit Spencer, doit être affecté différemment, suivant qu'il est en contact avec des matières nutritives (ordinairement solubles) ou des matières non nutritives (ordinairement insolubles). « La contraction par laquelle la partie touchée d'un rhizopode absorbe un fragment de matière assimilable est causée par un commencement d'absorption de cette matière », c'est-à-dire que contact et absorption c'est tout un. L'action de certains agents est suivi d'un mouvement de retraite, ou, au contraire, de mouvements propres à assurer la continuation de l'impression. « Ces deux genres de mouvement sont respectivement les phénomènes et les marques de la douleur et du plaisir. Le tissu agit donc de manière à assurer le plaisir et à éviter la peine, par une loi aussi physique et naturelle que celle par laquelle une aiguille aimantée se dirige vers le pôle ou un arbre vers la lumière. » Sans rechercher s'il y a plaisir et peine — ce qui est une pure hypothèse — il y a du moins des phénomènes objectifs qui dénotent, entre la sensation et les mouvements d'expansion ou de rétraction, un lien d'utilité.

En montant de ces organismes inférieurs à ceux qui sont munis de plusieurs sens, rien ne change. Chaque ordre de sensation agit de même. L'animal est mieux informé, par suite mieux gardé et mieux armé : voilà tout. Enfin, lorsque certaines images (c'est-à-dire des souvenirs de plaisirs et de peines éprouvés) suscitent un état émotionnel, le mécanisme reste le même et tend vers la même fin. Ce n'est donc pas sans raison que nous avons assimilé plus haut chaque forme d'émotion primaire à un organisme psycho-physiologique adapté à un but particulier.

Il est inutile de passer en revue les émotions primaires et de montrer que la sensation, la perception ou l'image ne produisent des troubles organiques et moteurs que lorsque la conservation de l'individu ou de l'espèce est intéressée. L'état intellectuel (sensation, perception ou image) peut produire instinctivement, c'est-à-dire par un mécanisme inné, l'immobilité, le resserrement, le reploiement sur soi-même, la fuite — c'est la peur ; ou au contraire les mouvements offensifs, l'attaque — c'est la colère ; ou des mouvements d'attraction accompagnés des phénomènes particuliers à chaque espèce — c'est l'amour sexuel.

En résumé, tout événement de ce genre, réduit à sa plus simple expression, consiste en : 1° un fait intellectuel, analogue à un ressort, qui ébranle toute la machine ; 2° une réaction inconsciente, demi-consciente ou consciente de l'instinct de conservation ; celui-ci n'étant nullement une entité, comme nous l'avons déjà dit, mais l'organisme lui-même sous son aspect dynamique.

2° période. Perceptions, images ou idées, liées aux conditions d'existence sociales.

Jusqu'ici, nous n'avons considéré la réaction émotionnelle que dans ses rapports avec la nature, c'est-à-dire avec le milieu physique ambiant. Son domaine est bien plus étendu ; chez l'homme et dans beaucoup d'espèces animales, elle est adaptée au milieu social. Au fond, le mécanisme reste le même. Une perception, une image ou une idée suscitent une émotion, parce qu'elles ont un rapport direct ou indirect (dans ce dernier cas, le rapport est conçu, induit, déduit) avec les conditions sociales de l'individu. Le moi naturel a ses besoins et ses tendances ; de même pour le moi social, greffé sur l'autre ou plutôt ne faisant qu'un avec lui ; par suite, le mécanisme est mis en jeu dans un plus grand nombre d'occasions ; la circonférence s'étend, mais le centre reste le même.

Notons les différences entre les deux périodes. Il y a pour celle-ci : 1° Une prépondérance des représentations et des concepts, c'est-à-dire des formes supérieures de la connaissance. 2° Au lieu d'une association naturelle, innée, entre certaines perceptions et certaines réactions émotionnelles — associations qu'on peut appeler anatomiques, puisqu'elles sont fixées dans l'organisme de l'individu, — il y a des associations secondaires, acquises, moins solidement fixées, parfois tout artificielles, qui résultent de l'expérience, de l'éducation, de l'habitude, de l'imitation. J'en donne quelques exemples, à titre d'éclaircissement et en évitant les redites.

Le sentiment de la propriété dérive d'une condition d'existence naturelle, la nutrition. Il se manifeste d'abord, sous la forme d'une prévision, chez quelques animaux qui mettent en réserve des aliments pour l'avenir. Chez l'homme primitif, il s'étend aux vêtements, aux armes, à la grotte ou à la hutte qu'il habite ; plus tard, avec la vie nomade, aux troupeaux ; puis aux produits agricoles, à l'argent, à l'or, à la monnaie de papier, enfin à cette chose impalpable et toute d'opinion qu'on appelle le crédit. Il revêt ainsi peu à peu un caractère social. La connaissance de toute perte ou de tout gain, actuel ou possible, produit dans l'individu une émotion, parce qu'elle lui apprend que son adaptation aux conditions sociales est diminuée ou augmentée.

Le sentiment de l'amour-propre (*self-feeling*) est inné, primitif. Transportons-nous dans une société où les questions de rang, de préséance, d'étiquette, ont une importance capitale, dans une monarchie aristocratique comme celle de Louis XIV, et nous verrons quel bouillonnement d'émotions peut se produire à propos d'un événement, futile et sans portée à nos yeux. Lisez les *Mémoires* de Saint-Simon : on veut accorder indûment à un courtisan les privilèges d'un duc et pair, à sa femme un tabouret chez la reine. Il éclate, s'indigne, se dépense en visites incessantes, forme des coalitions, remue les ministres et le Parlement et finalement exulte de sa victoire. Quelque factice et puérile que cette agitation paraisse, son émotion résulte du même mécanisme physiologique que les émotions les plus simples, l'instinct de conservation de sa personne, — non de son moi naturel, mais de son moi courtisan du grand roi. S'il échoue, il est atteint, amoindri, diminué, dans ses conditions d'existence sociales.

Le cas cité plus haut de Malebranche, à qui le *Traité de l'homme* de Descartes « causa des palpitations de cœur si violentes qu'il était obligé de quitter son livre à toute heure pour respirer », a fait dire à Fontenelle : « L'invisible et inutile vérité n'est pas accoutumée à trouver tant de sensibilité parmi les hommes ». Sans doute ; mais pour le vrai savant, trouver la vérité est une des conditions impérieuses de son existence ; pour les autres, c'est un luxe ; aussi restent-ils indifférents.

Nous croyons avoir répondu à la question posée plus haut — pourquoi certaines sensations, images, idées, ont le privilège de susciter des changements organiques et moteurs, qui traduits dans le langage de la conscience constituent l'état émotionnel — et justifié notre réponse. La sensation, l'image, l'idée ne sont que des causes occasionnelles, incapables par elles-mêmes d'engendrer aucune émotion : elle jaillit du fond intime de l'individu, de son *organisation*, l'exprime directement, participe à sa stabilité et à son instabilité.

IV

L'hypothèse de James et Lange, considérée d'abord comme un paradoxe, a soulevé tant de remarques, critiques, objections, réponses, plaidoyers pour et contre, que je renonce à les résumer [1]. Elle n'était pourtant pas sans précédents. Lange, dans ses *Addenda*, mentionne, à titre de précuseurs, Malebranche, Spinoza et quelques autres auteurs moins célèbres. On a fait depuis des revendications légitimes en faveur de Descartes, dans son traité sur les *Passions de l'âme* [2]. Il conviendrait aussi de ne pas oublier les physiologistes : Maudsley avait indiqué cette thèse sans y insister [3]. La supériorité de James et de Lange, c'est de l'avoir posée clairement et de s'être efforcés de l'appuyer sur des preuves expérimentales. J'ai dit qu'elle me paraît l'essai d'explication le plus vraisemblable pour ceux qui ne se représentent pas les émotions comme des entités psychologiques. Le seul point par où je diffère de ces auteurs est relatif à la position de la thèse, non à son fond.

Il est évident que nos deux auteurs, inconsciemment ou non, se

1. J'indique, un peu au hasard, les principaux documents de cette polémique : Wundt, *Philosophische-Studien*, VI, 3, p. 349 (il ne critique que Lange.); Gurney, *Mind*, t. 35, juillet 1884; Marshall, *ibid.*, t. 36, octobre 1884; Stanley, *ibid.*, t. 41, janvier 1886; Worcester, *Monist.*, janvier 1893; *Psychological Review* (de Baldwin), septembre et novembre 1894, janvier 1895, etc.

2. « Quoique écrit dans les premiers jours de la science moderne, ce livre supporte la comparaison avec tout ce qui a été produit dans ces dernières années. Il serait difficile, en effet, de trouver un traité des émotions qui lui soit supérieur en originalité, en profondeur, en suggestion. La position que Descartes a prise est celle de James; mais il ne se contente pas de soutenir d'une manière générale que l'émotion est causée par un changement physique. Après avoir conclu qu'il y a six passions primitives, il essaie de montrer qu'il y a un ensemble spécial d'états organiques, affecté à la production de chacune d'elles. » Irons, *Philosophical Review*, mai 1895, p. 291.

3. « Quand une grande passion cause des troubles physiques et moraux, voici, je crois, ce qui se produit. Une impression physique, faite sur le sens de la vue ou sur le sens de l'ouïe, se propage par une voie physique jusqu'au cerveau, où elle suscite une commotion physique de ses molécules. De ce centre de commotion, l'énergie libérée se propage par des voies physiques à d'autres parties du cerveau et finalement se décharge par les voies physiques appropriées, soit par des mouvements, soit en modifiant les sécrétions et la nutrition. La passion que l'on ressent est le côté subjectif de la commotion cérébrale, c'est son passage d'une base physique à la conscience. » (*Pathol. of Mind*, 1879.)

placent au point de vue dualiste, tout comme l'opinion courante qu'ils combattent; la seule différence est dans l'interversion des effets et des causes : l'émotion est une cause dont les manifestations physiques sont les effet, disent les uns; les manifestations physiques sont la cause dont l'émotion est l'effet, disent les autres. Selon moi, il y aurait un grand avantage à éliminer de la question toute notion de cause et d'effet, tout rapport de causalité et à substituer à la position dualiste une conception unitaire ou monistique. La formule aristotélicienne de la matière et de la forme me paraîtrait mieux convenir, en entendant par matière les faits somatiques, par forme l'état psychique correspondant; les deux termes n'existant d'ailleurs que l'un par l'autre et n'étant séparables que par abstraction. C'était une tradition, dans l'ancienne psychologie, d'étudier les rapports « de l'âme et du corps »; la nouvelle psychologie n'en parle pas. En effet, si la question prend une forme métaphysique, ce n'est plus de la psychologie; si elle prend une forme expérimentale, il n'y a pas lieu de la traiter séparément parce qu'elle est traitée partout. Aucun état de conscience ne doit être dissocié de ses conditions physiques : ils composent un tout naturel qu'il faut étudier comme tel. Chaque espèce d'émotion doit être considérée de cette manière : ce que les mouvements de la face et du corps, les troubles vaso-moteurs, respiratoires, sécrétoires expriment objectivement, les états de conscience corrélatifs que l'observation intérieure classe suivant leurs qualités, l'expriment subjectivement : c'est un seul et même événement traduit dans deux langues. Nous avons assimilé plus haut les émotions à des organismes psycho-physiologiques : ce point de vue unitaire, plus conforme à la nature des choses et aux tendances actuelles de la psychologie, me paraît, dans la pratique, éliminer beaucoup d'objections et de difficultés.

Au reste, que l'on adopte ou non cette théorie, il reste toujours acquis que les manifestations organiques et motrices ne sont pas des accessoires, que leur étude fait partie de celle de l'émotion; aussi devons-nous en parler avec quelques détails.

CHAPITRE VIII

CONDITIONS INTÉRIEURES DE L'ÉMOTION

Le substratum physiologique de l'émotion ou sa matière (comme il plaira), comprenant les fonctions organiques ou intérieures et les fonctions motrices qui se traduisent au dehors, nous suivrons cette division. Bien qu'elle puisse sembler artificielle, elle ne l'est pas complètement : les manifestations intérieures sont, pour la plupart, hors de l'action de la volonté; les manifestations extérieures la subissent dans beaucoup de cas. D'ailleurs, cette séparation un peu arbitraire n'est faite que pour la clarté de l'exposition.

I

Le rapport des diverses émotions avec les fonctions internes est un sujet encore dans l'enfance, confus, mal débrouillé. Il en est au même point que le problème de l'expression des émotions avant Ch. Bell, Darwin et leurs successeurs, c'est-à-dire réduit à une constatation purement empirique, sans explication. Sans doute, on sait bien que les troubles vaso-moteurs ou respiratoires varient suivant les émotions, mais le *pourquoi* des différences d'un cas à l'autre est souvent ignoré et même inexploré. Quoique Lange ait beaucoup fait dans ce sens, on ne peut se vanter d'avoir un tableau complet de toutes les manifestations organiques et fonctionnelles qui accompagnent les émotions simples, sans parler des formes complexes. Encore moins sait-on, clairement et positivement, pourquoi ces manifestations se produisent et non d'autres. Ainsi, Hack Tuke prétend « que c'est une remarque commune que, tandis que la rougeur de la honte commence par les joues et les oreilles, celle de la colère commence par les yeux, celle de l'amour par le front ». En supposant le fait bien établi, il resterait à chercher pourquoi, dans chaque cas, tel territoire vasculaire est affecté par préférence. En somme, l'étude des conditions intérieures de l'émotion reste, quant à présent, fragmentaire et descriptive.

Le rôle des viscères dans la vie affective, émotions, passions, est si évident que, de tout temps, il a frappé l'esprit des hommes. Sur ce point, pendant des siècles, on trouve, d'une part, une psychologie populaire qui s'est fixée dans les langues, pleine d'erreurs et de préjugés, mais aussi de très bonnes observations; d'autre part, des tentatives scientifiques, variant avec la physiologie de l'époque, qui se sont exprimées dans les doctrines médicales. On peut, durant cette longue période, distinguer deux tendances principales : l'une consiste à localiser les passions dans les viscères exclusivement, surtout dans le cœur; l'autre à les placer dans le cerveau. Sans forcer les faits, on pourrait trouver dans ces deux tendances la forme fruste et inconsciente des deux théories régnantes dans la psychologie affective : l'une organique, l'autre intellectualiste.

Il serait sans intérêt de retracer cette longue histoire, de rappeler que Platon mettait le courage dans la poitrine et les appétits sensuels dans le ventre; que l'École de Salerne attribuait la colère au fiel, la joie à la rate, l'amour au foie. La théorie organique ou viscérale est restée bien longtemps très prépondérante et, au commencement de ce siècle, Bichat (an VIII, 1800) ne craignait pas d'écrire : « Le cerveau n'est jamais affecté par les passions qui ont pour siège *exclusif* les organes de la vie interne : le foie, le poumon, le cœur, la rate, etc. » A partir du XVIIe siècle, la théorie cérébrale s'accentue; avec Gall et Ch. Bell, le cœur se trouve tout à fait dépossédé et, par réaction, le rôle des viscères fut à peu près oublié.

Actuellement, nul ne soutient que le cœur ou tout autre organe de la vie végétative est le siège d'une émotion, en ce sens qu'il la ressente; la conscience de la vie affective n'existe que par le cerveau, dans lequel les sensations internes venant des viscères sont représentées comme les sensations externes : il est un écho. Le cerveau, disait Hunter, sait parfaitement que le corps a un foie et un estomac ou, comme s'exprimait Carus, chaque organe a sa *psychische Signatur*. L'idéal serait, au moyen d'une analyse élémentaire, bien conduite et complète, de déterminer la part contributive de chaque viscère et de chaque fonction interne dans la constitution d'une émotion particulière. Rien de pareil ne peut être tenté; il n'existe sur ce point que des matériaux épars, des conjectures appuyées surtout sur l'état morbide. Nous y reviendrons plus tard (2e partie). Bornons-nous en ce moment aux deux organes dominateurs : le cerveau, centre de la vie psychique; le cœur, centre de la vie végétative.

I. Le cerveau n'est pas seulement l'écho des sensations internes : il reçoit et réagit suivant sa disposition; il centralise, mais en faisant sa partie dans le concert; aux impressions qu'il recueille, il donne sa marque. Déjà (ch. i, § 1er) nous avons vu les hypothèses émises sur le « siège » ou « centre » de la douleur et du plaisir : bulbe, protubérance, lobe temporal, lobe occipital, etc. Naturellement, chaque auteur a étendu son hypothèse aux émotions proprement dites. Cependant, la recherche de « centres émotionnels » paraît encore plus chimérique. Une émotion particulière n'a pas un centre déterminé, un siège localisé, dans l'encéphale, auquel elle soit attachée. Outre que ni l'observation ni l'expérience n'indiquent rien de pareil, il suffit de considérer la complexité d'une émotion quelconque pour comprendre qu'elle exige l'activité de plusieurs centres cérébraux et infra-cérébraux : 1° les centres sensoriels de la vision, de l'audition, de l'olfaction, etc.; 2° les centres disséminés dans la zone motrice qui régissent les mouvements des diverses parties du corps; 3° enfin les centres correspondant aux phénomènes de la vie organique, et ils constituent plusieurs étages : dans la moelle, centres respiratoire, accélérateur des mouvements du cœur, génito-spinal, vésico-spinal (on sait que la vessie est un aussi bon esthésiomètre que l'iris); etc.; dans le bulbe, centres respiratoire, vaso-moteur, de l'inhibition cardiaque, thermique; dans la couche corticale, il y a beaucoup de discussions non closes sur la position des centres vasculaires, thermiques, trophiques, glandulaires, des mouvements organiques qui déterminent la contraction des intestins, de la vessie, de la rate, etc. Cette énumération bien incomplète et confuse suffit à notre dessein : montrer qu'il faut parler non d'un centre, mais de l'action synergique de plusieurs centres, groupés différemment suivant les cas [1].

On sait que les vaso-moteurs de la tête, des membres supérieurs, des membres inférieurs, des viscères, sont fournis en partie par des filets nerveux du sympathique, en partie par les nerfs rachidiens issus de diverses parties de la moelle. Or, une expérience ancienne de Claude Bernard (1852) montre que la section du grand sympathique au cou produit du même côté une dilatation des vaisseaux, une augmentation de la température, de la nutrition, de la tonicité musculaire et de la sensibilité. Au contraire, la galvanisation du même nerf produit la constriction des vaisseaux et les phénomènes inverses des précédents. Féré fait remarquer que les manifestations du premier cas sont, en général, celles des émotions sthéniques; comme celles du second cas, la traduction des émotions asthéniques [2].

Quoi qu'on pense de ce rapprochement, le caractère incontestable et tant de fois signalé de toute émotion — la diffusion — nous montre qu'elle est partout; que si l'on pouvait voir avec ses yeux le mécanisme cérébral qui le supporte, on serait spectateur du travail coordonné des centres multiples; que, par conséquent, l'hypothèse d'une localisation, d'un siège au sens circonscrit, n'est justifiée par rien.

II. Il est inutile de rappeler que la plupart des idiomes font du cœur l'incarnation de la vie affective et que l'opposition de la raison

---

1. Dans ses *Leçons sur l'hystérie*, t. I, 21ᵉ leçon, Pitres examine incidemment s'il existe des centres encéphaliques des états affectifs et conclut « que les changements moléculaires qui correspondent à l'activité des éléments cellulaires ébranlés par les passions, rayonnent dans tous les sens, stimulent ou dépriment l'excitabilité des éléments voisins, retentissent sur les centres moteurs et sensitifs, sur les noyaux d'origine des nerfs viscéraux et finalement déterminent l'état d'émotion, c'est-à-dire l'état psychophysiologique qui est l'expression spéciale de la réaction des centres nerveux aux excitations psychiques ».

2. Ouvrage cité, p. 490-491.

et de la passion est, dans la langue courante, celle du cerveau et
du cœur. Tout n'est pas préjugé dans cette opinion : des physiologistes contemporains l'ont montré.

Pourquoi le cœur, muscle dépourvu de conscience, se trouve-t-il
érigé en organe essentiel et central des émotions et des passions?
C'est en raison de cette loi physiologique bien connue qui nous fait
transférer nos états psychiques dans l'organe périphérique qui les
communique à notre conscience. De tous les chocs qui nous frap-
pent, il subit le contre-coup; il reflète les impressions les plus
fugitives; dans l'ordre des sentiments, aucune manifestation n'est
hors de lui, rien ne lui échappe; il vibre incessamment quoique
différemment.

Claude Bernard et, après lui, Cyon ont pris à tâche de justifier
les expressions populaires sur le cœur, de montrer qu'elles ne sont
pas de simples métaphores, mais le résultat d'une observation
exacte et qu'elles peuvent se traduire dans la langue physiologique.
Je résume leurs principales remarques.

Le cœur, centre de la vie organique, et le cerveau, centre de la
vie animale, les deux organes culminants de la machine vivante,
sont dans des rapports incessants d'action et de réaction qui se
traduisent par deux états principaux, la syncope, l'émotion; la première due à la cessation momentanée des fonctions cérébrales par
cessation de l'arrivée du sang artériel; la seconde due à la transmission au cœur d'une modification circulatoire. Il y a toujours
une impression initiale qui arrête légèrement cet organe (d'après
Cl. Bernard), d'où une pâleur fugace, puis une réaction que le cœur,
en raison de sa sensibilité extrême, sent le premier; car, de même
que le cerveau est le plus délicat des organes de la vie animale, le
cœur est le plus sensible des organes de la vie végétative.

Quand on dit que le cœur est *brisé* par la douleur, cela répond à
des phénomènes réels. Le cœur a été arrêté par une impression
soudaine, d'où quelquefois la syncope, et des crises nerveuses. Le
cœur *gros* répond à un prolongement de la diastole, qui fait éprouver dans la région précordiale un sentiment de plénitude et de resserrement. Le cœur qui *palpite* n'est pas seulement une formule
poétique, mais une réalité physiologique : les battements sont
rapides et sans intensité. La facilité avec laquelle le cœur se vide,

la régularité de la circulation étant entretenue par une pression insignifiante, répond au cœur *léger*. Deux cœurs *unis* battent à l'unisson sous l'influence des mêmes impressions. Dans le cœur *froid*, les battements sont lents et tranquilles, comme sous l'influence du froid ; dans le cœur *chaud*, c'est le contraire. « Quand on dit à quelqu'un qu'on l'aime de *tout son cœur*, cela signifie, physiologiquement, que sa présence ou son souvenir éveillent en nous une impression nerveuse qui, transmise au cœur par le pneumogastrique, fait réagir notre cœur de la façon la plus convenable à provoquer dans notre cerveau un sentiment ou une émotion. Chez l'homme, le cerveau doit, pour exprimer ses sentiments, avoir le cœur à son service [1]. »

Rappelons les observations bien connues de Mosso qui a pu étudier directement la circulation sanguine du cerveau chez trois sujets dont le crâne avait été détruit par des accidents divers. Il a constaté que le seul fait de regarder l'un de ses malades avec attention, que l'entrée d'un étranger ou tout autre événement de peu d'importance, élève immédiatement le pouls cérébral. Chez une femme, la hauteur des pulsations augmente brusquement, sans cause apparente : c'est qu'elle vient d'apercevoir dans la chambre une tête de mort qui lui a fait un peu peur. Même phénomène chez un autre qui entend sonner midi ; c'est qu'il ne se sent pas à l'aise pour dire sa prière. Je ne dis rien de ses recherches avec le plétysmographe, qui se rapportent surtout au travail intellectuel.

On comprend donc comment l'opinion populaire a pu considérer le cœur comme le siège ou le générateur des émotions. C'est l'expression instinctive d'une vue très juste : l'importance souveraine, pour la vie affective, de l'action des viscères résumée dans un organe fondamental.

II

Puisque, pour le moment, nous éliminons les mouvements pour nous en tenir aux conditions *intérieures* de l'émotion, il est facile

1. Pour plus de détails, voir : Cl. Bernard, *La science expérimentale. Étude sur la physiologie du cœur*, 1865, et Cyon, Discours à l'Académie de Saint-Pétersbourg. *Le cœur et le cerveau*, trad. dans *Revue scientifiq.*, 22 novembre 1873. Mosso, *Sulla circolazione del sangue nel cervello* (1880) et *la Paura*.

de voir que ces conditions se réduisent à ce qu'on désigne sous le nom de sensations internes, organiques, vitales. Ce n'est pas le lieu d'énumérer les modifications de chacune d'elles dans le cas de chaque émotion spéciale (voir la 2ᵉ partie) ; la question, prise actuellement dans sa généralité, se pose ainsi : Les sensations internes sont-elles réductibles à un processus unique, fondamental? Si la réponse est affirmative, les conditions intérieures de l'émotion se trouveraient du même coup déterminées sous leur forme la plus générale. On peut du moins l'essayer.

La première difficulté consiste en ce que nous n'avons pas des sensations internes une énumération complète, invariable d'un auteur à un autre, comme dans le cas des sensations spéciales. Beaunis en donne une classification très détaillée en huit groupes ; Krœner en adopte une autre assez différente : tous deux y comprennent le plaisir, la douleur et les émotions. Eliminons ce dernier groupe (les manifestations affectives) pour nous restreindre aux sensations vitales proprement dites, liées aux besoins purement physiologiques, aux organes et fonctions indispensables à la vie : les sensations diverses du canal alimentaire (faim, soif, malaise, nausée, etc.), celles de l'appareil respiratoire (air sain et frais, dyspnée, asphyxie), de l'appareil circulatoire, des excrétions et sécrétions ; des organes sexuels à l'état normal ou dans les phases transitoires (puberté, menstruation, grossesse, ménopause, etc.), le besoin de mouvement musculaire, de repos, de sommeil, la sensation de fatigue, — nous avons presque tous, sinon tous, les éléments de la cénesthésie, c'est-à-dire de la conscience de notre corps en tant que vivant et agissant.

Ces sensations multiples ont-elles une cause commune; sont-elles les modalités d'un même processus; supposent-elles à leur origine un même stimulus, un même genre d'excitation, comme les variétés de la sensation visuelle supposent toutes des vibrations lumineuses et les variétés de sensations auditives des vibrations sonores? — Pour toutes les sensations internes, soutient Krœner, l'excitation initiale est de nature *chimique*. « Toute sensation organique repose sur un processus chimique et se produit d'après les lois de la diffusion et de l'osmose [1]. » L'auteur justifie son assertion

1. Krœner, *Das körperliche Gefühl*, in-8, Breslau, 1887, p. 102-112.

par l'exposé d'un grand nombre de faits pour lesquels nous renvoyons le lecteur à son livre. L'action chimique, suivant lui, se produit ou bien sous la forme gazeuse (passage du dehors dans une
pièce chargée de miasmes délétères) ou bien sous la forme liquide
(alcool, substances toxiques à l'état de solution dans les liquides de
l'organisme et lancés dans le torrent circulatoire).

Il n'est pas bien sûr, quoi qu'en dise Krœner, que *toutes* les
sensations internes aient pour cause une action chimique, sous l'une
ou l'autre des formes précitées et que leur localisation vague soit
due à cette cause seule et non, comme on l'admet généralement, à
ce qu'elles se produisent dans des organes dépourvus de mouvements. Ainsi le chatouillement, le vertige, les sensations musculaires (que Krœner et Beaunis renferment dans ce groupe) paraissent dépendre d'excitations mécaniques bien plus que de causes
chimiques. Toutefois, on ne peut nier que les sensations internes
fondamentales — liées à la nutrition et à ses conditions immédiates,
à la fatigue et au sommeil, qui résultent l'un et l'autre d'un empoisonnement des muscles et des centres nerveux, à la vie sexuelle
— sont dues à des excitations de cause chimique. Dès lors, on peut
faire un pas de plus dans la voie de James et de Lange et dire que
les émotions ne dépendent pas seulement des conditions physiologiques, mais encore plus profondément des *actions chimiques* qui
se passent dans les tissus et les liquides de l'organisme.

A l'appui de cette condition extrême de la genèse des émotions,
on ne peut présenter que quelques remarques fragmentaires, mais
qui les montrent étroitement dépendantes des variations du milieu
intérieur, intra-organique.

1º Nous avons d'abord le groupe des substances excitantes, toniques, déprimantes, toxiques : le vin, les diverses boissons alcooliques, le hachich, l'opium, la coca, les aphrodisiaques, etc. Bien
qu'elles soient des produits artificiels, introduits du dehors, non
engendrés dans l'organisme et par lui, on sait combien elles modifient le milieu intérieur, et par suite l'humeur, le caractère, l'intensité et la direction des passions.

2º Mais il y a les substances que le corps vivant fabrique ou
modifie lui-même. On a dit que l'organisme est un réceptacle et un
laboratoire de poisons : dans l'état d'émotion, le seul qui nous

occupe, le rôle de ce travail chimique se manifeste à chaque instant. On parle sans cesse de l'affaiblissement ou de l'augmentation de la circulation sanguine; toutefois les dispositions ou modifications émotionnelles ne sont pas liées seulement à des variations de quantité, mais aussi de *qualité* du sang (anémie, aglobulie, paludisme, etc.). La locution populaire sur les émotions qui font « tourner le sang » n'est pas si ridicule qu'il peut sembler. La colère, la peur, la fatigue, s'accompagnent souvent de changements dans la constitution intime du liquide sanguin. Notons incidemment les rapports constatés entre certaines affections cardiaques et les dispositions affectives : chez les aortiques, anémie, excitation, irritabilité; dans l'insuffisance mitrale, congestion, humeur taciturne et mélancolique. — Nous aurons ailleurs l'occasion de rapporter des faits qui montrent la corrélation de certaines émotions avec des changements toxiques dans la salive et la sécrétion lactée. La sueur peut dans certains états affectifs prendre une teinte rouge, jaune, verte, bleue, sans parler de ses variations d'odeur qui sont, assurément, d'origine chimique. — Même en dehors des maladies mentales, la sécrétion urinaire fournirait un gros contingent de changements chimiques (azoturie, oxalurie, phosphaturie, etc.), coïncidant avec des variations de l'ordre affectif, telles que l'appréhension, la mélancolie, l'irritabilité. Chez les goutteux et les rhumatisants, les modifications d'humeur dépendant bien plus de la nutrition générale que de la souffrance actuelle, ont été souvent signalées. — On connaît les rapports entre la sécrétion du suc gastrique et les états agréables ou pénibles; les dyspeptiques ont la réputation bien établie de n'être ni gais ni commodes à vivre. Beaumont avait constaté, chez son fameux Canadien, « que sous l'influence de la colère ou d'autres émotions très fortes, la tunique interne de l'estomac s'irritait, devenait rouge, sèche, très sensible et il en résultait un accès d'indigestion ». — L'époque du rut, l'éréthisme sexuel, s'accompagne, chez un grand nombre d'animaux, de profondes modifications chimiques qui se traduisent au dehors par des changements de couleur et d'odeur et qui, au dedans, ne restent pas limités aux organes sexuels, mais s'étendent au corps tout entier : on sait que la chair du gibier est mauvaise pendant le rut et que beaucoup de poissons, à l'époque du frai, deviennent toxiques. N'oublions pas que l'animal devient pendant la même période méchant, violent, agressif, dangereux. Il serait facile de s'étendre sur ce point, même en ce qui touche l'homme (puberté, gestation, lactation, menstruation).

3° On a observé depuis longtemps que, dans la grande majorité des cas, les maladies mentales débutent par des troubles affectifs et que les aberrations intellectuelles n'apparaissent que plus tard. Bien plus récemment une doctrine s'est produite, qui tend à chercher la cause première de ces troubles affectifs dans une auto-intoxication, c'est-à-dire dans « les désordres provoqués à l'intérieur de l'organisme par la formation exagérée ou la rétention morbide des poisons normaux, en particulier par ceux qui proviennent du tube digestif et de l'urine » : des troubles de la nutrition par accélération, ralentissement ou perversion, telle est la cause posée comme la plus générale. On invoque à l'appui les rapports de la mélancolie, de l'hypocondrie, de l'humeur pessimiste avec l'hyperchlorhydrie stomacale et les bons résultats d'un lavage de l'estomac ; les nombreuses modifications mentales qui coïncident avec les modifications chimiques de l'organisme, par exemple certains accès de folie chez les arthritiques. « Un caractère de l'état mental des diabétiques c'est la concordance des fluctuations de l'état mental avec celles du sucre et l'influence pour ainsi dire barométrique de la composition de l'urine sur les dispositions morales. » Ce liquide, dans la manie, cesse en grande partie d'être toxique, par suite de la rétention morbide des poisons normaux qui ne sont plus éliminés [1].

Une longue énumération de faits sur cette question encore à l'étude serait déplacée. Elle ne serait d'ailleurs vraiment instructive qu'à la condition d'être systématique, c'est-à-dire de grouper sous le titre de chaque émotion, tous les états physiologiques qui l'accompagnent invariablement et toutes les modifications chimiques qui lui sont propres exclusivement. En poussant notre étude jusqu'aux conditions chimiques, nous avons voulu seulement pénétrer aussi loin que possible dans les conditions les plus générales de la vie affective et montrer une fois de plus pourquoi elle traduit la constitution intime de l'individu.

---

1. Bouchard, *Leçons sur les auto-intoxications* ; *Leçons sur les maladies par ralentissement de la nutrition.* — Régis, *Traité des maladies mentales*, p. 112, 115, 123, etc. — Féré, *Pathologie des émotions*, 264, 405 et suiv.

A propos du plaisir et de la douleur, nous avons remarqué qu'on les attribue trop exclusivement à l'intensité de l'excitation (excessive, dit-on, pour la douleur, modérée pour le plaisir) et qu'on oublie sa *qualité*. Puisque nous en sommes aux hypothèses sur le rôle des conditions chimiques dans la vie affective, puisqu'elles sont les plus générales et puisque le plaisir et la douleur ont aussi ce caractère de généralité, il est permis de risquer une supposition. Elle consisterait à admettre que le plaisir se produit, ou bien quand l'excitation augmente l'activité chimique dans l'organisme sans produire des toxines, ou bien quand cette augmentation d'activité amène la désagrégation des poisons normaux; — que la douleur se produit ou bien quand l'excitation crée un milieu approprié à la formation des toxines, ou bien quand directement et d'emblée elle en suscite l'apparition générale ou locale. Mais je ne veux pas insister sur une simple vue de l'esprit, sans preuves, énoncée en passant, à titre de suggestion, sur une question inexplorée.

Nous avons toujours parlé des modifications chimiques comme *coïncidant* avec les changements émotionnels. Sont-elles des effets ou des causes ou l'un et l'autre suivant les cas? Il est clair que cette question n'est pas nouvelle pour nous. C'est l'antithèse entre la théorie psychologique et la théorie physiologique de l'émotion qui s'offre sous un autre aspect; il n'y a pas lieu d'y revenir.

CHAPITRE IX

Les mouvements des yeux, de la bouche, de la face, des membres inférieurs et supérieurs, du tronc, les modifications de la voix con· stituent l'expression extérieure de l'émotion principalement réductible à des actions musculaires. Depuis un demi-siècle, ce sujet a été étudié dans des ouvrages si connus qu'il convient d'être très court. Je me bornerai à un résumé de l'état actuel de la question.

Pendant des milliers d'années, cette question est demeurée dans la phase de l'empirisme pur ou de spéculations dites scientifiques qui n'avaient guère un meilleur renom que l'alchimie, l'astrologie ou la chiromancie : Jean Müller, au nom de la physiologie, déclarait l'expression des émotions totalement inexplicable. Cependant le travail commençait qui devait lui infliger un démenti : Lavater avec son talent rare d'observation personnelle ; Ch. Bell avec des procédés plus objectifs. Puis Duchenne (de Boulogne) va plus loin et substitue l'expérimentation à l'observation pure. On sait que, chez un vieillard atteint d'anesthésie de la face, il faisait, à l'aide de l'électricité, contracter un muscle isolé et produisait ainsi certains modes d'expression de la physionomie : il en concluait qu'il suffit souvent de la contraction d'un seul muscle pour exprimer une passion ; « que chaque émotion a pour ainsi dire sa note exacte, précise, unique, produite par une modification locale unique ». Ainsi le frontal est pour lui le muscle de l'attention, l'orbiculaire supérieur des lèvres le muscle de la réflexion, le pyramidal (intersourcilier) exprime la menace, le grand zygomatique, le rire, le petit zygomatique, le pleurer, le triangulaire des lèvres, le dédain, etc. Malgré le caractère un peu artificiel des expériences et l'exclusivisme des conclusions, un grand pas était fait [1].

Enfin parut l'ouvrage de Darwin qui fait époque. Appuyé sur les résultats d'une longue enquête étendue aux adultes, aux enfants, aux aliénés, aux animaux, aux diverses races humaines, Darwin le premier pose la question fondamentale, unique : pourquoi et comment telle émotion est-elle liée à tel mouvement, et non à tel autre? et s'efforce d'y répondre : le problème est posé sous sa forme scientifique [2].

Dans l'œuvre de Darwin, il y a deux choses : une description détaillée et complète de chaque émotion ou état affectif particulier (nous en profiterons plus tard) et l'exposé des lois générales de l'expression réduite à trois principes très connus. Que reste-t-il de ces trois principes, après les critiques qu'ils ont subies? C'est le seul point que nous ayons à examiner pour le moment.

1° Le principe de l'association des habitudes utiles reste le plus solide. Il consiste à admettre que les mouvements utiles pour satisfaire un désir ou éloigner une sensation pénible deviennent habituels et continuent à se produire, alors même que leur utilité devient nulle ou contestable. En d'autres termes, il y a des attitudes, gestes, mouvements qui s'expliquent directement, parce qu'ils ne sont que

---

1. Lavater (1781-1803), *Essai sur la physionomie destiné à faire connaître l'homme et à le faire aimer*; Ch. Bell (1806), *Anatomy and philosophy of expression*; Duchenne (1862), *Mécanisme de la physionomie humaine ou analyse électro-physiologique de l'expression des passions.* Pour les anciens ouvrages sur la physionomie, consulter le livre de Mantegazza sur l'expression des sentiments (Bibl. scient. intern.).

2. On trouve dans Duchenne le curieux passage qui suit : « Le Créateur n'a pas eu à se préoccuper des besoins de la mécanique. Il a pu, selon sa sagesse ou (que l'on me pardonne cette manière de parler) par une divine fantaisie, mettre en action tel ou tel muscle, un seul ou plusieurs muscles à la fois, lorsqu'il a voulu que les signes des passions, même les plus fugaces, fussent écrits passagèrement sur la face de l'homme. Ce langage de la physionomie une fois créé, il lui a suffi, pour le rendre universel et immuable, de donner à tout être humain la faculté instinctive d'exprimer toujours ses sentiments par la contraction des mêmes muscles. » Ainsi, la question reste pour lui dans le domaine des causes premières. Il constate un rapport de coexistence entre une émotion déterminée et certains mouvements des muscles; mais sans chercher la raison et l'explication naturelle de ce *nexus*. On sait que certains philosophes ont soutenu la thèse de l'institution divine de la parole; ceci en est l'équivalent : c'est la thèse de l'institution divine du langage des gestes.

l'émotion actualisée, objectivée, prenant un corps, comme les mouvements de contact dans la tendresse, d'agression dans la colère, de redressement et de gonflement dans l'orgueil. Mais il y en a d'autres qui ne s'expliquent pas directement. En quoi nous sont utiles le froncement des sourcils dans la perplexité, les pleurs dans le chagrin, l'exhibition des dents dans la colère? D'après Darwin, ces actes autrefois utiles continuent d'exister à titre de survivances. Ici, les successeurs de Darwin lui reprochent légitimement de n'être pas assez psychologue et trouvent une meilleure explication : le fait important n'est pas la survivance de mouvements utiles, mais le transfert d'un mode d'expression primitif à une émotion analogue.

2° Le principe de l'antithèse est décidément abandonné, il est hypothétique et n'explique rien. D'après Darwin, il y a une « disposition primitive et générale à accompagner certains sentiments de gestes contraires à ceux qui expriment le sentiment opposé ». Léon Dumont a fait une critique très serrée et probante de cette assertion. Prenant un à un les faits invoqués par Darwin, qui sont d'ailleurs bien peu nombreux, il a montré qu'ils peuvent s'expliquer tout autrement [1].

3° Le principe de l'action directe du système nerveux ne peut être mis sur la même ligne que les deux autres, parce qu'il les dépasse de beaucoup en généralité et que, par rapport à lui, ils sont subordonnés et non coordonnés. Avant Darwin, Spencer (*Psych.*, II, §§ 495, 502) avait posé un principe analogue auquel il réduisait l'expression des émotions. Il l'appelle la loi de la décharge nerveuse. Elle peut se produire sous deux formes : être diffuse ou restreinte. La première dépend de la quantité ou de l'intensité de l'émotion et lui sert de mesure. Elle suit, dans sa propagation, une marche invariable : elle affecte les muscles en raison inverse de leur masse et du poids des parties auxquelles ils s'insèrent. Chez l'homme, elle agit d'abord sur les muscles délicats de la voix et les muscles grêles de la face, puis elle envahit successivement les bras, les jambes, le tronc du corps. Les mouvements de la queue, chez le chien et le chat, de l'oreille chez le cheval et beaucoup d'autres

---

1. L. Dumont, *Théorie scientifique de la sensibilité*, ch. vi, p. 236. — Fouillée, *Psychologie des idées-forces*, I, 167, admet le principe de Darwin, mais en l'interprétant d'une autre manière.

analogues chez les animaux, sont des illustrations de cette loi. — La décharge restreinte dépend de la qualité ou de la nature de l'émotion ; elle est due « aux rapports établis dans le cours de l'évolution entre des sentiments particuliers et des séries particulières des muscles, mis ordinairement en jeu pour leur satisfaction ». Ceci ne me paraît guère différer des principes des habitudes utiles de Darwin.

Le livre sur l'*Expression des émotions* en a suscité d'autres : ceux de Piderit, de Mantegazza, de Warner, qui, dans sa *Physical Expression* (1885), a essayé une étude purement objective, et par suite extra-psychologique, du sujet. Mais, parmi les essais pour ramener l'expression à ses principes fondamentaux et remplacer la théorie très ébranlée de Darwin, celle de Wundt me paraît la meilleure [1]. Il admet, comme son prédécesseur, trois principes, mais fort différents, qui peuvent agir simultanément et concourir à la production d'un mouvement isolé.

1° Le principe de la modification directe de l'innervation : c'est-à-dire que l'intensité des mouvements musculaires et des vaso-moteurs dépend de l'intensité des émotions ; à ce principe obéissent surtout les mouvements qui se dérobent le plus à la domination de la volonté. C'est l'équivalent du troisième principe de Darwin, mis ici à sa place, en tête, comme il convient.

2° Le principe de l'association des sensations analogues consiste en ce que les dispositions de l'esprit qui ont une analogie avec certaines impressions sensorielles, se traduisent de la même manière. Au début, nous n'avons que des plaisirs, douleurs, besoins de l'ordre physique dont le mode d'expression est inné et pour ainsi dire anatomique. Plus tard viennent les plaisirs, douleurs, désirs de l'ordre moral qui s'emparent des modes d'expression préexistants pour se traduire au dehors : c'est un langage détourné de son acception primitive, qui dans l'ordre des gestes est l'équivalent d'une métaphore. Ce principe, bien mieux que celui des survivances de Darwin, permet d'expliquer aisément un grand nombre de modes d'expression, en apparence embarrassants. Si l'homme perplexe se gratte la tête, tousse, se frotte les yeux, c'est

1. *Physiolog. Psychologie*, t. II, ch. xxii. Il a aussi traité la question dans un recueil spécial d'articles intitulé *Essays*.

qu'un léger malaise d'origine physique et un léger embarras d'origine psychique ont une analogie foncière qui se traduit par les mêmes mouvements expressifs. Wundt a décrit très bien la mimique de la bouche dans la dégustation des substances douces, acides, amères : dès qu'une émotion se produit, qui a quelque affinité avec ces sensations gustatives (joie douce, douleur amère, reproches acerbes), l'expression de la bouche, du nez, de la face réapparaît. C'est parce que, dans les deux cas, l'état affectif, le ton émotionnel est le même que, les mouvements expressifs sont identiques. Il y a, comme le dit justement Mantegazza, des *synonymies mimiques*.

3° Le principe du rapport des mouvements avec les représentations sensorielles consiste en ce que les mouvements musculaires d'expression se rapportent à des objets imaginaires. Wundt considère comme principalement justiciable de ce principe la mimique des yeux, des bras et des mains. Nous représentons ce qui est grand en levant la main, ce qui est petit en l'abaissant, le futur par un mouvement en avant, le passé par un mouvement en arrière. On pourrait objecter que ces gestes traduisent des états intellectuels plutôt qu'affectifs; mais il est certain que beaucoup d'émotions ont une mimique qui s'adresse à des objets absents. Gratiolet (1857) en a recueilli un assez grand nombre. L'homme indigné, même seul, serre le poing contre un adversaire absent. On ferme les yeux, on détourne le visage pour ne pas voir un objet désagréable; on en fait autant lorsqu'on désapprouve une opinion. Quand on approuve, on penche la tête en avant, comme pour contempler. Dans la négation, nous tournons la tête à droite et à gauche, exactement comme font les enfants et les animaux, quand on leur place devant la bouche un objet qui leur déplaît. L'expression du dédain, du mépris, du dégoût, reproduit la physionomie d'un homme qui rejette un mets nauséabond.

Il ne me paraît pas bien sûr que le troisième principe de Wundt ait l'importance des deux autres ni qu'il soit irréductible. Mais sa théorie que nous venons de résumer, avec quelques exemples empruntés ailleurs, se présente comme celle qui fait le mieux ressortir l'importance des facteurs psychologiques que les fondateurs avaient trop oubliés.

Tous les travaux sur cette question, quelles qu'en soient actuellement les lacunes, ont démontré que l'expression des émotions n'est pas un fait adventice, purement extérieur, extra-psychologique, dont l'étude n'incomberait qu'au physiologiste comme science et au physionomiste comme art ; c'est l'émotion elle-même objectivée, c'est son corps dont elle est inséparable. A mon avis, dans les très nombreuses modalités de mouvement musculaire qui expriment les émotions, il faut distinguer deux couches : l'une primitive qui dépend de la constitution anatomique et physiologique ; l'autre secondaire qui dépend de la constitution psychologique. Le rapport de l'une à l'autre est celui qui, dans toute langue développée, existe entre le sens primitif et le sens dérivé des mots. L'analogie est le grand artisan du langage intellectuel ; son action est plus restreinte quant au langage émotionnel. Mais, lorsque à l'émotion de la première heure, ayant déjà son mode d'expression fixé, a succédé une émotion nouvelle que la conscience, à tort ou à raison, a sentie comme analogue, le mécanisme expressif préétabli a servi à une nouvelle fin, comme un vieux mot dont la signification s'étend et se modifie. Dans les deux cas, l'esprit suit le même procédé et obéit à une même loi inconsciente qui le régit.

CHAPITRE X

LES CLASSIFICATIONS

L'état d'incohérence de la psychologie affective et le vague de sa terminologie apparaissent dans leur plénitude avec le problème des classifications. Bien que, pour des raisons qui seront dites à la fin du chapitre, une classification satisfaisante et complète me paraisse impossible, les tentatives n'ont pas manqué, et il faut admettre qu'elles ne sont pas illégitimes, au moins à titre d'approximation et d'effort vers un ordre provisoire.

Dans la limite des cinquante dernières années et malgré le zèle très modéré des psychologues pour l'étude des sentiments, on en trouve une vingtaine signées de noms connus, sans parler des variantes [1]. Elles sont loin de s'accorder, sauf sur quelques points, et lorsqu'on les rapproche pour les confronter et les concilier, s'il est possible, la première impression est celle d'une confusion inextricable et de divergences irréductibles. En examinant avec plus d'attention, le jour se fait. On voit que si elles s'accordent si peu, c'est qu'elles diffèrent quant aux objets qu'elles classent et quant aux méthodes qu'elles suivent; en un mot, on peut essayer une classification de ces classifications et dès lors on constate, selon moi, qu'elles se ramènent à trois types qui les comprennent toutes : 1° Les uns ne classent, en fait, que les plaisirs et les douleurs et ramènent toute la vie affective à leurs modalités; 2° D'autres classent les émotions proprement dites et ici il faut distinguer deux groupes,

---

1. Pour une histoire sommaire de ces classifications, consulter spécialement : J. Sully, *The Human Mind*, t. II, Appendice F., p. 357, et Bain, *Émotions*, Appendice B.

selon que la méthode employée est purement empirique et fondée sur l'observation courante, ou selon qu'elle a recours à l'analyse et à la recherche génétique, à la manière des classifications dites naturelles ; 3° Enfin d'autres classent purement et simplement des états intellectuels et par contre-coup les états affectifs qui les accompagnent : c'est la méthode intellectualiste.

Pour justifier notre distinction, nous allons examiner successivement ces trois types. Cette incursion sur un terrain ingrat ne sera pas sans quelque utilité, au moins négative.

I

Comme c'est une tendance commune à beaucoup d'auteurs de réduire toute la vie affective aux plaisirs et aux douleurs, considérés comme phénomènes essentiels et fondamentaux, il est naturel qu'ils aient servi de base à une catégorie de classifications.

« Dans la science du plaisir et de la douleur, dit Léon Dumont, nous ne nous trouvons plus, comme dans les autres sciences, en présence d'organes et de fonctions séparés, car le plaisir est de tous les organes et de toutes les fonctions, comme aussi la douleur. Aussi pensons-nous que reproduire dans cette science la classification des facultés de perception, d'intelligence et de volonté, c'est se livrer à une redondance psychologique qui n'offre pas sans doute de bien graves inconvénients, mais jette en tout cas bien peu de lumière sur l'analyse » (*ouv. cité*, II° p., ch. 1). On ne peut mieux dire. Toutefois pour classer, il faut un principe directeur ; où le prendre ? « Cette base nous est fournie par notre définition même du plaisir et de la douleur : le plaisir étant l'augmentation de la force dans l'ensemble de l'individualité consciente, la douleur sa diminution. » De là, Dumont déduit la division qui se rencontre chez beaucoup d'auteurs : la douleur est positive, quand elle résulte d'une augmentation de dépense, négative quand elle dépend d'une suppression d'excitation ; le plaisir est positif quand il y a un accroissement d'excitation, négatif quand il y a une diminution de dépense. En d'autres termes, si nous assimilons la « force » à un capital en état de rénovation continue, nous avons plus de dépenses ou moins de recettes, plus de recettes ou moins de dépenses.

Mais Dumont ne s'en tient pas là, il passe aux détails ; sous ces quatre titres généraux il veut classer des espèces et nous avons : Peines positives : l'effort, la fatigue, le laid, le hideux, l'immoral, le faux ; — Peines négatives : faiblesse, épuisement, inanition, douleur physique proprement dite, ennui, embarras, doute, impatience, attente, chagrin, crainte, tristesse, pitié ; — Plaisirs négatifs : repos, gaieté ; — Plaisirs positifs : des sens, de l'activité telle que jeu, rêverie, passe-temps ; du goût, de l'esprit, du sublime, de l'admiration, du beau et de ses variétés.

J'ai transcrit cette classification telle qu'il la donne. Je n'élèverai aucune difficulté ni sur un procédé de répartition si arbitraire que les douleurs physiques se trouvent classées parmi les peines négatives, ni sur l'abus d'un mot vague : « la force », que L. Dumont a une tendance marquée à prendre en un sens transcendant. Je ne considère qu'un seul point : c'est le passage qui se fait *subrepticement* d'une classification des plaisirs et peines à une classification des émotions ou à quelque chose d'analogue. L'auteur ne tient pas sa promesse de ne pas classer « les facultés de perception, d'intelligence et de volonté », et il ne peut pas la tenir. En fait ce qu'il suit, c'est la vieille division classique (plaisirs et peines des sens, du cœur, de l'esprit), qui peut servir à une exposition didactique, mais à nulle autre chose.

Beaunis a proposé une classification des douleurs et plaisirs qui a aussi pour base un principe unique : les divers modes de mouvement. Il distingue trois classes de douleurs : les centres nerveux peuvent être inactifs par insuffisance de mouvement ; leur activité peut être excessive par exagération de mouvement ; leur activité peut être enrayée brusquement par arrêt de mouvement. Même classification en ce qui concerne les plaisirs : inaction, activité, arrêt. — Cette division me paraît bien préférable. Il a essayé aussi une classification de détail des douleurs physiques (p. 176) et des douleurs morales (p. 235) ; mais il n'en donne aucune pour les plaisirs [1].

Pour ma part, j'incline à croire qu'une classification (au sens exact du mot) des plaisirs et des douleurs est une chose impossible. Comme ce sont des caractères très généraux, on ne peut établir

---

1. Beaunis, *Sensations internes*, ch. xxi.

que des divisions très générales. Dès qu'on va au delà, on classe en
réalité des sensations internes ou externes, des perceptions, des
images, des concepts, des modes d'action qui sont accompagnés
d'un état agréable ou désagréable, positif ou négatif, dû à l'activité,
la suractivité ou l'arrêt ; mais les modalités de l'agréable et du
désagréable, qui, d'ailleurs, sont infinies, ne sont pas classées en
elles-mêmes et pour elles-mêmes. Les variétés de la douleur physique, les plus simples de toutes, les plus communes, les mieux
étudiées, les plus faciles à isoler, les plus vides de représentation
concomitante, n'ont pu subir une classification fixe, depuis Hahnemann, qui en comptait 73, jusqu'à Beaunis, qui en énumère 83.

En un mot, « la science du plaisir et de la douleur », pour
employer l'expression un peu emphatique de L. Dumont, est de la
catégorie des sciences qui ne procèdent pas par classification, parce
qu'elles n'en ont pas la matière. On ne peut que poser des divisions
très générales, puis procéder par *énumération incomplète*.

II

Les émotions, au moins les plus simples et les mieux déterminées, se présentent comme des états psychiques ayant leurs caractères propres, spécifiques. Elles diffèrent entre elles non comme
un mode de la douleur ou du plaisir diffère d'un autre mode, mais
comme une chose diffère d'une autre chose : à ce titre, elles
paraissent des *objets* susceptibles d'une classification. Nous avons
dit plus haut qu'on a procédé de deux manières.

1º La première ressemble fort aux classifications dites artificielles,
qu'on pourrait appeler aussi concrètes, synthétiques. Elle prend
les émotions comme des réalités et se place en face d'elles comme
le zoologiste et le botaniste en face de la variété des animaux et des
plantes. Elle est empirique, c'est-à-dire qu'elle n'a aucun principe
directeur ; elle classe d'après l'observation seule, suivant des ressemblances et des différences extérieures.

Bain peut être cité comme l'un des principaux représentants de
cette manière de procéder. Je ne veux pas insister sur un travail
indigne d'un pareil psychologue, qu'il a pourtant fait à deux
reprises différentes, sans parvenir à s'accorder avec lui-même.

Sa classification la plus ancienne donne comme fondamentales l'émotion de la relativité (surprise, étonnement), la terreur, la tendresse, l'estime de soi-même, la colère, l'émotion de la puissance, de l'activité, de l'exercice de l'esprit, l'émotion esthétique, l'émotion morale.

La plus nouvelle comprend onze groupes : l'amour, la colère, la crainte, le sentiment de la propriété, du pouvoir, l'orgueil, la vanité, l'émotion de l'activité, le sentiment intellectuel, l'émotion esthétique, l'émotion morale. Parmi elles, trois sont « simples » : l'amour, la colère et la crainte; mais il se trouve un peu plus loin que l'amour et la colère sont appelés les « deux géants, les membres dominateurs du système émotionnel », en sorte que la crainte paraît éliminée.

L'incohérence et l'inconsistance de cette tentative éclatent d'elles-mêmes. Je n'insiste pas. (Remarquons que, dans les deux cas, le sentiment religieux est omis.) Je n'y trouve qu'une bonne remarque : c'est que les plaisirs et peines sont contenus dans toutes les classes, tout comme, dans les plantes, un même genre peut contenir des plantes alimentaires et vénéneuses, d'un arome délicieux ou d'une odeur nauséabonde. Je n'ai rapporté cette classification que pour montrer comment, par sa nature même, elle est condamnée à un échec. Flottant à l'aventure, sans principe fixe, elle ne peut être qu'arbitraire, quand elle n'est pas contradictoire.

Herbert Spencer en a fait une critique fort connue et, si je la rappelle en quelques mots, c'est qu'elle nous sert de transition vers la deuxième forme de classification et l'éclaircit [1]. Bain n'a pas vu que s'en tenir aux caractères les plus manifestes des émotions, c'est suivre la méthode des anciens naturalistes qui classaient les cétacés parmi les poissons. Toute classification doit être précédée d'une analyse rigoureuse. Pour cela il aurait fallu, au préalable, étudier l'évolution ascendante des émotions à travers le règne animal, rechercher celles qui apparaissent les premières et coexistent avec les formes les plus inférieures de l'organisation et de l'intelligence; noter les différences qui existent, quant aux émotions, entre les races humaines inférieures et supérieures; celles qui sont communes à

---

1. H. Spencer, *Essays*, t. II. La classification de Bain se trouve dans *The Emotions*, ch. III.

toutes pouvant être considérées comme simples et celles qui sont propres aux races civilisées, comme ultérieures et dérivées.

2° C'est en s'inspirant de ces remarques que le Dr Mercier a élaboré une classification que j'exposerai comme type de la méthode analytique et comparative : elle est, en tout cas, la plus récente et la plus fouillée dans les détails [1]. Procédant à la manière des zoologistes et des botanistes, il divise en classes, sous-classes, genres, espèces, formant 17 tableaux. J'y relève six classes et vingt-trois genres sous lesquels viennent se ranger (déduction faite de toute répétition et double emploi) 128 manifestations affectives, - telles qu'on les trouve dans l'expérience commune et traduites dans le langage courant. Il n'est ni possible ni utile de présenter ici en détail cette classification; j'indiquerai seulement les six grandes classes avec quelques subdivisions qui permettent d'en comprendre l'esprit :

La première classe comprend les sentiments qui ont rapport à la conservation de l'organisme physique ou mental. Elle comprend deux sous-classes (suivant que l'excitation primitive vient du milieu extérieur ou qu'elle a sa source dans l'organisme lui-même) : deux ordres et neuf genres.

La deuxième est celle des sentiments qui ont rapport à la perpétuité de l'espèce, considérés comme simples besoins. Deux sous-classes : primaire (émotion sexuelle et ses variétés), secondaire (sentiment paternel, maternel, filial, etc.).

Avec la troisième classe, nous dépassons la région des sentiments primitifs et fondamentaux. Elle comprend ceux qui se rapportent au bien-être commun (collectivité, famille, etc.). Elle comprend deux ordres (qui comportent plusieurs genres) : sentiments patriotiques, sentiments moraux.

La quatrième classe (vaguement différenciée de la précédente) est celle des sentiments qui ont rapport au bien-être des autres : sympathie, bienveillance, pitié et leurs contraires.

La cinquième classe comprend les sentiments qui ne sont ni conservateurs, ni destructeurs, c'est-à-dire que nous dépassons la région de la pure utilité individuelle ou sociale. Deux ordres et cinq genres, qui sont : l'admiration, la surprise, le sentiment esthétique, le sentiment religieux.

1. Ch. Mercier, *The Nervous System and the Mind* (1888), p. 279 à 364.

La sixième et dernière classe est celle des sentiments qui correspondent à de purs rapports (dans la nomenclature ordinaire, on les désigne sous le nom de sentiments intellectuels) : conviction, croyance, doute, perplexité, scepticisme. Elle ne comprend aucune subdivision.

Même avec l'omission de tout détail, l'esprit général de ce travail doit apparaître suffisamment au lecteur. Quoique conduite d'après une méthode fixe, elle n'échappe pas aux difficultés inhérentes à *toute* classification des émotions. D'abord, l'ordre de filiation n'est pas toujours bien marqué. L'auteur lui-même reconnaît que l'arrangement en séries n'est pas possible ; mais que cette difficulté s'est présentée également pour la zoologie et la botanique. On y relève des répétitions, c'est-à-dire des formes de sentiments qui figurent tour à tour sous plusieurs titres. Ceci est encore inévitable. Les émotions complexes (quelques-unes du moins) sont formées par anastomoses : elles ressemblent à des confluents dont les ruisseaux viennent de diverses sources et de directions très différentes ; on peut légitimement les rapporter à l'une ou l'autre de leurs origines ; mais l'attribution sera partielle et arbitraire. Le sentiment religieux, par exemple, est compris dans la classe des émotions intellectuelles. Mais son caractère social est indéniable ; nous y reviendrons en l'étudiant : rappelons en passant le culte des ancêtres, des héros divinisés, les religions strictement nationales dans l'antiquité ; les communautés, ordres, confréries, corporations, les œuvres de propagande dans les temps modernes et avant tout son caractère contagieux. Il est faux d'ailleurs qu'il ne soit « ni conservateur ni destructeur de l'individu ». On pourrait donc le placer tout aussi bien — ou aussi mal — dans la troisième classe. Dès qu'on passe des émotions simples aux émotions complexes, ce qu'il importe de déterminer, c'est moins la filiation que la composition ; or, ce procédé rapproche plutôt de la chimie que de la classification zoologique.

III

Un troisième type de classification, propre aux intellectualistes, consiste à classer d'après les états intellectuels, en tant qu'ils sont accompagnés d'éléments affectifs. Il est issu de la psychologie de Herbart, s'appuie sur elle, se rencontre chez les principaux représentants de cette école, Waitz, Drobisch et surtout Nahlowsky dans *Das Gefühlsleben* (p. 44 et suiv.). Cette méthode est propre à l'Allemagne et son influence se fait encore sentir même chez Wundt et plus récemment dans le livre de Lehmann (*ouv. cité*, p. 338 et suiv.). En Angleterre, Shadworth Hodgson se rapproche de ce type.

A part le procédé qui est commun à toutes, ces classifications s'accordent encore moins dans les détails que celles des deux premiers types. Prises en général, elles ont un aspect scolastique; elles s'émiettent en divisions, subdivisions, distinctions, d'où il sort plus d'obscurité que de lumière. Il y a pourtant une dichotomie qui leur est propre, qui répond à une réalité, qui ne se rencontre pas dans les deux types précités et qui, à ce titre, mérite une mention.

Les classifications de ce genre établissent d'abord deux grandes catégories d'émotions : celles qui dépendent du *contenu* des représentations, celles qui dépendent du *cours* des représentations. Assimilons le flux des états de conscience à un fleuve qui, suivant la nature du sol ou l'état du ciel, coule tantôt limpide, tantôt fangeux, tantôt bleu ou vert, tantôt grisâtre. Outre ces variétés d'aspects, il en présente d'une autre espèce qui dépendent du mouvement de ses eaux, ici lentes, là rapides, là-bas stagnantes ou brisées par les tournants brusques des rives. L'un répond au contenu, l'autre au cours des représentations qui soutiennent les états affectifs.

La première classe (contenu) comprend les émotions *qualitatives*, qu'ils divisent généralement en inférieures ou sensorielles et supérieures, qui sont intellectuelles, esthétiques, morales ou religieuses, selon que les idées qui suscitent ces sentiments sont le vrai, ou le beau, ou le bien, ou l'absolu.

La deuxième classe (cours des représentations) comprend les émotions *formelles*, c'est-à-dire celles qui dépendent des formes diverses du cours des idées, des rapports qui existent entre elles. Nahlowsky distingue quatre espèces : 1° sentiment d'attente et d'impatience; 2° d'espoir, d'anxiété, de surprise, de doute; 3° d'ennui; 4° de reconfort et de travail.

Le seul mérite de cette classification, c'est de montrer qu'il y a des manifestations affectives qui ne dépendent que des rapports, des transitions d'un état intellectuel à un autre. Ce mérite tient à son défaut essentiel qui consiste à opérer sur les perceptions, représentations et idées seules, non sur les états affectifs pris en eux-mêmes et directement. Comme cette manière de procéder est, en définitive, une classification intellectuelle, elle doit n'omettre aucune forme de la connaissance, pas même ces états fugitifs et effacés — les rapports — qui unissent, disjoignent, excluent, rapprochent, éloignent, subordonnent; bref, indiquent des *mouvements* de la pensée et qu'on a eu souvent le tort d'oublier. Resterait à savoir si beaucoup de rapports ne sont pas des états de nature affective plutôt qu'intellectuelle; c'est un point que j'examinerai ailleurs.

Pour se consoler de cette multiplicité et de ce désaccord des classifications, on peut dire que les naturalistes ne sont pas plus heureux. On accordera sans peine qu'il est plus facile de classer les animaux que les états affectifs et, pourtant, rien qu'en notre siècle que de « systèmes » depuis Lamarck, Cuvier, Oken, en passant par Blanville, Geoffroy Saint-Hilaire, Siebold, Ehrenberg, Robert Owen, von Baer, Vogt, Agassiz, pour aboutir à Häckel et ne citer que les principaux!

Nous avons indiqué en passant pourquoi est impossible une classification véritable des émotions, c'est-à-dire une distribution en ordres, genres, espèces, suivant des caractères dominateurs et subordonnés. Toute classification, si elle n'est purement empirique, exprime une théorie générale de la vie affective, un « système », par conséquent une hypothèse. De plus, elle ne peut se flatter jamais d'avoir épuisé sa matière, car chaque émotion simple ou composée comporte des variétés sans nombre suivant les individus, les races, l'époque et le cours de la civilisation; il y en a qui sont éteintes, il y en a d'autres qui viennent de naître. Enfin l'existence d'émotions mixtes — et elles sont nombreuses — est une pierre d'achoppement pour toute tentative de répartition en série linéaire. La seule voie à suivre est celle de la filiation génétique : poser les émotions simples, primaires; puis chercher par quels procédés conscients ou inconscients de l'esprit les émotions composées et dérivées ont pu en sortir : nous essayerons de les déterminer dans un autre chapitre [1]. Mais ce travail n'est plus une classification.

1. Voir la deuxième partie, chap. VII.

CHAPITRE XI

LA MÉMOIRE AFFECTIVE

I

Après les nombreuses recherches qui ont été faites depuis une vingtaine d'années sur la nature et la reviviscence des images visuelles, auditives, tactiles-motrices, verbales, il semble paradoxal de soutenir qu'il y a encore dans le domaine de la mémoire une région inexplorée. En fait, pourtant, c'est à peine si l'on trouve quelques remarques éparses sur les images qui dérivent de l'olfaction, de la gustation, des sensations internes, des plaisirs et douleurs et des émotions en général. La question de la mémoire affective reste à peu près intacte [1]. L'objet de ce chapitre est d'en commencer l'étude.

Les impressions du goût et de l'odorat, nos sensations viscérales, nos états agréables ou pénibles, nos émotions et passions laissent, ou peuvent laisser, des souvenirs, comme les perceptions de la vue et de l'ouïe : c'est là un fait d'expérience vulgaire sur lequel il est inutile d'insister. Ces résidus, fixés en nous, peuvent rentrer dans la conscience, et l'on sait que la reviviscence des images peut se produire de deux manières : elle est provoquée ou spontanée.

La reviviscence provoquée est la plus simple de toutes. Elle consiste en ce qu'un événement *actuel* suscite les images d'événements

1. Je ne vois guère à mentionner que Herbert Spencer, *Principles of Psychology*, I, §§ 69 et 96; Bain, *Emotions*, ch. v; W. James, *Psychology*, II, 474, 475, et Fouillée, *Psychol. des Idées-forces*; Höffding, *Psychologie*, 3 éd. (trad allem.), VI, B. 3; Lehmann, *Hauptgesetze*, p. 261-263.

antérieurs semblables, et elle a lieu, sans doute possible, pour la catégorie d'images qui nous occupe. La sensation actuelle de fatigue, d'odeur de lis, de goût du poivre, de mal dans une certaine dent, m'apparaît comme la répétition des sensations antérieurement éprouvées, semblables à la présente ou du moins paraissant telles; par conséquent elle les ravive.

Mais les images des sensations olfactives et gustatives, des sensations internes, des plaisirs et des douleurs passés, des émotions éprouvées, peuvent-elles renaître dans la conscience *spontanément ou à volonté, indépendamment de tout événement actuel qui les provoque*? On sait que, chez quelques peintres, la vision intérieure est si nette qu'ils peuvent faire un portrait de mémoire; que, chez quelques musiciens, l'audition intérieure est si parfaite qu'ils peuvent, comme Habeneck, entendre idéalement une symphonie qui vient d'être jouée, en se rappelant tous les détails de l'exécution et les plus légers écarts dans la mesure. Y a-t-il dans l'ordre des représentations affectives des cas analogues? Telle est, sous sa forme précise, la question que nous allons examiner en détail. On verra, par la suite, qu'elle a une portée pratique et qu'elle n'est pas une simple curiosité de psychologie.

Avant d'entrer en matière, je résumerai les principaux faits relatifs à cette question, que l'on trouve épars dans divers auteurs. Je les classe en quatre groupes :

1° Réunissons le goût et l'odorat. Ce dernier sens est beaucoup plus étendu, plus riche et plus varié que l'autre; la langue commune les confond souvent et enrichit le goût aux dépens de l'odorat. Quoique peu scientifique, cette confusion est pour nous sans grande importance.

Tout le monde sait que les dégustateurs, les cuisiniers, certains chimistes ou parfumeurs distinguent les nuances les plus délicates et les identifient sans erreur avec des sensations antérieures; mais ceci est un rappel provoqué. Existe-t-il un rapport spontané ou volontaire de ces deux groupes d'images? Si l'on interroge les monographies les plus copieuses des physiologistes [1], on les trouve

---

1. Voir von Vintschgau, art. *Geruch* et *Geschmack* dans le *Handbuch der Physiologie* de Hermann, t. III; Gley, art. *Gustation*; François-Franck, art. *Olfaction* dans le *Diction. encycl. des sciences médicales*.

à peu près muettes sur ce point. Cloquet, Müller, Valentin ont rapporté des cas de sensations subjectives qu'ils attribuent à des causes internes ; mais d'autres physiologistes, comme Ludwig, sans les nier, pensent que des particules sapides dans la bouche et des molécules odorantes sur la muqueuse nasale peuvent agir en pareil cas ; de sorte que les prétendues images seraient en fait des sensations.

Les rêves peuvent fournir un meilleur point d'appui. Parmi les nombreux auteurs qui ont écrit sur cette question, quelques-uns nient résolument l'existence des représentations du goût et de l'odorat. Il est impossible d'accepter cette opinion. Bien qu'elles soient relativement rares, on en trouve des exemples qui paraissent à l'abri de toute critique. Une personne qui, pour raison de santé, s'abstient complètement de vin depuis plusieurs années, m'affirme en avoir senti très nettement la saveur au cours d'un rêve. Rappelons les hallucinations hypnagogiques si bien décrites par A. Maury, qui y était fort sujet : il mentionne le goût d'huile rance, l'odeur de brûlé, survenant en dehors de toute cause objective.

Pour les hallucinations proprement dites, on sait que celles de l'odorat sont très fréquentes. Beaucoup d'auteurs hésitent à admettre celles du goût, qu'ils réduisent à de pures illusions, mais on sait que la distinction établie autrefois entre ces deux manifestations pathologiques est, de nos jours, très contestée.

2° Les sensations internes jouent un rôle capital dans la vie affective. A l'état normal, sont-elles susceptibles de reviviscence spontanée ou volontaire ? Je n'ai trouvé aucun renseignement précis sur ce point. A l'état pathologique, on en trouve des exemples abondants chez les hypocondriaques, hystériques et névropathes, chez les aliénés qui se plaignent d'organes supprimés, d'estomac interverti, etc. Resterait toutefois à déterminer le rôle de l'organe lui-même et de son état actuel dans la plupart de ces cas de reviviscence ; ce qui est très difficile.

3° Pour les plaisirs et les douleurs, sous leur double forme physique et mentale, il n'y a pas de doute. Le souvenir d'une lumière aveuglante, d'une dissonance ou d'un son strident, de l'extraction d'une dent ou de quelque opération plus grave ; la perspective d'un bon dîner pour le gourmet, des vacances prochaines pour l'écolier : tous ces états de la vie psychologique qu'on désigne en général sous le nom de plaisirs et peines de l'imagination, montrent combien est fréquente la reviviscence des images affectives. Aussi la difficulté n'est pas d'établir leur existence, mais de déter-miner leur nature.

Rappelons aussi avec quelle facilité on peut, chez les hypnotisés, faire naître par suggestion des états agréables ou pénibles de toute sorte.

Enfin, dans certains cas, l'image affective peut même devenir complètement hallucinatoire, c'est-à-dire que par son intensité elle égale la réalité elle-même. « Un étudiant, dit Gratiolet, donna en jouant un coup de manche de scalpel sur le doigt allongé de son camarade. Celui-ci en ressentit une douleur si vive qu'il croyait que l'instrument avait pénétré jusqu'à l'os. » Pendant une émeute sous le règne de Louis-Philippe, un combattant reçut à l'épaule une légère contusion d'une balle déviée; « il sentit un flot de sang qui coulait de la plaie sur sa poitrine », et la peau n'avait même pas une égratignure. Bennett raconte qu'un boucher resta suspendu par le bras au crochet de son étal. On le dégagea terrifié, poussant des cris affreux, se plaignant de souffrir cruellement : or, le crochet n'avait pénétré que dans le vêtement et le bras était indemne [1]. On pourrait donner à cet état le nom d'*hallucination affective*.

4° Sur la reviviscence des émotions et passions, la psychologie est bien pauvre en observations et documents : à la vérité, on peut admettre que ce qui précède sur les plaisirs et douleurs est applicable à ce dernier groupe. Mais ce n'est pas sur la question de fait que l'attention des psychologues s'est concentrée. Leur préoccupation est théorique et se rapporte à la nature de la mémoire affective. Pour la plupart d'entre eux, le souvenir est simplement celui des circonstances concomitantes de l'émotion. Pour les autres, il y a un souvenir de l'émotion elle-même, comme telle. Ceci étant le point principal de mon sujet et devant être discuté longuement dans la suite, je me borne, pour le moment, à indiquer les deux opinions.

En somme, à s'en tenir à l'état normal — les états pathologiques

---

1. Hack Tuke, *L'Esprit et le corps*, trad. française, p. 104. On y trouvera d'autres faits de ce genre.

mis à part, — les faits réunis me paraissent tout à fait insuffisants pour répondre à la question posée ci-dessus.

II

Je me suis donc proposé de recueillir de nouveaux documents et de rechercher s'il n'existe pas, d'un individu à un autre, de grandes différences dans la mémoire affective : ce qui expliquerait les dissentiments des auteurs sur ce point.

Élimination faite des réponses douteuses, vagues ou peu instructives, j'ai recueilli une soixantaine de dossiers. Chaque personne (adultes des deux sexes et de divers degrés de culture) a été interrogée par moi directement et ses réponses ont été immédiatement notées. J'ai reçu en outre quelques longues communications écrites que je compte au nombre des meilleures. La nature des questions posées ressortira suffisamment de l'exposé qui va suivre, qui est le résumé de mon enquête et en donne les principaux résultats. Je m'en tiens actuellement aux faits seuls; l'interprétation viendra plus tard.

1° *Images gustatives et olfactives.* — J'étais disposé à admettre qu'elles ne sont susceptibles d'aucune reviviscence spontanée et à plus forte raison volontaire, étant pour ma part totalement incapable d'en raviver une seule, même au plus faible degré. Les réponses m'ont donné complètement tort : les négatives sont 40 0/0, les positives 60 0/0. Plus exactement : 40 0/0 ne ravivent aucune image; 48 0/0 en ravivent quelques-unes; 12 0/0 se disent capables de les raviver toutes et à volonté ou presque toutes.

La majorité des cas comporte donc la reviviscence spontanée de quelques odeurs seulement. Les plus fréquemment citées sont : l'œillet, le musc, la violette, l'héliothrope, l'acide phénique, l'odeur de campagne et d'herbe, etc. Quant aux conditions dans lesquelles l'image apparaît, elles sont très variées. Pour les uns, elle n'est accompagnée d'aucune représentation visuelle, tactile ou autre. Chez la plupart, l'odeur imaginée suscite ultérieurement l'image visuelle correspondante (d'une fleur, d'un flacon d'essence). Beaucoup doivent se donner d'abord la représentation visuelle et « avec le temps » parviennent à susciter l'image olfactive. Deux personnes affirment, qu'en lisant une description de paysage, elles sentent immédiatement les odeurs caractéristiques. Ici le signe suffit. L'une d'elles, qui est un romancier, éprouve quelquefois la soif, dans les mêmes conditions.

Dans les deux observations qui suivent l'image olfactive n'existe que pour un cas unique et paraît suscitée par l'ensemble des circonstances concomitantes.

OBS. I. « J'étais allé voir à l'hôpital, mon ami B., atteint d'un cancer de la face... Lorsqu'il parle, il faut s'approcher tout près pour saisir des intentions de mots et alors, en dépit des pansements antiseptiques, une odeur âcre, fétide, vous prend aux narines... Je devais aller le revoir : chose promise; mais cette perspective me répugnait. Me promenant dans un endroit de Paris où ne manquent ni l'air, ni l'espace, je m'adressais le secret reproche de ne pas aller visiter le pauvre malade... Au même moment, je perçois, comme si j'étais auprès de lui, cette même odeur âcre, très reconnaissable de tumeur cancéreuse — si brusque, que instinctivement j'approche ma manche de mon nez pour flairer et voir si mon vêtement n'a pas conservé l'odeur; mais la réflexion vient aussitôt que, depuis cinq jours, je ne suis pas allé à l'hôpital et que d'ailleurs je portais un autre paletot. »

OBS. II. « Je ne me rappelle que *deux* odeurs : l'une invinciblement liée au souvenir d'une chambre de malade, odeur fade de pharmacie, d'air vicié, vraiment désagréable quand elle renaît, comme en ce moment.

« Il m'est arrivé de trouver à un magnétiseur (M. R.) une odeur très particulière et indéfinissable, lorsqu'il m'endormait et que je n'étais pas encore parvenu à l'état léthargique. J'ai remarqué depuis que bien souvent — pas toujours — la mémoire de cette odeur bizarre accompagnait le souvenir du magnétiseur. Ceci me paraît d'autant plus probant que l'odeur, étant très subtile déjà quand M. R. est auprès de moi, il faut pour que la sensation renaisse, si faible soit-elle, que la reviviscence soit absolue. »

J'hésiterais à admettre la reviviscence spontanée ou volontaire de presque toutes les odeurs, si cela ne m'avait été affirmé par des personnes instruites, compétentes et de parfaite bonne foi. Je donne quelques extraits de leur déclaration : « Je sens presque toutes les odeurs caractéristiques et je le fais à volonté : en ce moment, je pense à un pays rhénan et j'en sens l'odeur ». — « Je me rappelle la plupart des odeurs, pas toutes, spontanément ou volontairement (dans ce dernier cas, il me faut du temps). — Sentez-vous *hic et nunc* l'odeur de rose et de quelle espèce? — Je la sens *in genere*, mais, en insistant, c'est une odeur de rose flétrie. La représentation visuelle vient ensuite. » Le seul qui m'ait dit pouvoir sentir toutes les odeurs à volonté, a toujours besoin d'une représentation visuelle préalable [1].

Sur le souvenir des saveurs, seules, les réponses sont assez vagues. L'un se rappelle « facilement et à volonté le goût du sel avec impression visuelle très nette », mais moins aisément les trois autres saveurs fondamentales. Un autre qui use, pour sa gorge, de trois espèces de bonbons, « en pressent la saveur, lorsqu'il en éprouve le besoin, qu'il les voit ou qu'il les touche ». En général, la reviviscence des saveurs m'a paru liée surtout à celle des aliments usuels et à l'état du canal alimentaire (faim).

2° *Sensations internes.* — Mon enquête ne les comprend pas toutes, mais seulement les plus communes et les plus faciles à observer [2].

Pour la faim, sur 51 réponses claires, 24 peuvent se la représenter, 27 ne le peuvent pas. (La question a toujours été posée à une heure où la sensation réelle n'existait pas et quelques-uns m'ont dit que, à l'état normal, ils n'éprouvent ni la faim ni la soif.) Elle est décrite d'ordinaire « comme une sensation tactile dans l'œsophage ou un tiraillement d'estomac ». Un seul m'a affirmé pouvoir, « à volonté, ressentir la faim et la soif, même après avoir bu et mangé ».

La soif est imaginée bien plus fréquemment et à ce qu'il semble

---

1. Récemment Galton, dans une note intitulée : « L'arithmétique par l'odorat », a décrit un dispositif à l'aide duquel il s'est assuré que l'on peut pratiquer quelques opérations arithmétiques à l'aide des images olfactives, comme on le fait avec des représentations visuelles ou auditives. Il s'exerce à associer deux bouffées de menthe avec une de camphre, trois de menthe avec une d'acide carbolique : il pratique de petites additions; puis plus tard il opère avec leurs seules images (représentations visuelles et auditives exclues). Pour les détails, voir *Psychological Review*, n° de janvier 1894.

2. La mémoire des sensations internes, quoique distincte de celle des états affectifs proprement dits, s'en rapproche tellement que les deux sujets me paraissent inséparables.

plus nettement (36 oui, contre 15 non). Elle est décrite comme
sécheresse dans la gorge, chaleur, etc.

Pour la représentation de la fatigue, la réponse a été affirmative
sans aucune exception. Les modes de représentation diffèrent. Les
uns la ressentent (idéalement) dans les muscles ; les autres sous
forme cérébrale. En voici quelques exemples : « tiraillements
musculaires dans les mollets, le dos et les épaules, les yeux gros ;
mais nulle pesanteur à la tête » ; « sensation de relâchement, de
fardeau, localisée dans les épaules, parce que, à l'état normal, il
m'est très pénible de me baisser » ; « lenteur aux mouvements,
avec sentiment de poids dans la tête » ; « lassitude générale, état
diffus ; surtout pesanteur dans la tête et fatigue de l'esprit » ; « douleurs articulaires et pesanteur cérébrale ». Quoique tous mes sujets
se représentent la fatigue, 3 ou 4 n'y parviennent que « difficilement et faiblement ».

Mêmes résultats pour la représentation du dégoût. Je ne trouve
que 3 réponses négatives avec cette remarque : « J'ai un bon
estomac ». L'un de ces cas est d'autant plus singulier que le sujet
a eu le mal de mer. Sous sa forme vive, la représentation est
décrite « comme un commencement de nausée ». Pour d'autres,
c'est « un mal au cœur, avec mouvement de retrait lié à l'idée
d'huile de foie de morue ou de viande gâtée ». Parmi ceux qui ont
éprouvé le mal de mer, je n'en rencontre aucun qui ne se le représente avec facilité (vertige, sensation de balancement qui les invite
à ne pas persister dans leur reviviscence). — M. X. (très compétent
sur les questions psychologiques) me dit : « Je suis assez bon
visuel, je n'ai aucune mémoire auditive ni pour la musique ni pour
les langues ; je ne puis parler une langue étrangère. Sauf la mémoire
musculaire, qui est nulle chez moi — aussi je n'ai jamais pu réussir
dans aucun exercice du corps ni jouer d'aucun instrument, — je
ravive toutes les sensations internes : faim, soif, dégoût, fatigue,
vertige, dyspnée : j'aime mieux ne pas insister sur ce dernier état ;
en y pensant plus longtemps ; je me la donnerais [1]. »

3° *Douleurs et plaisirs.* — A la question : « Pouvez-vous ressusciter en vous le souvenir d'une douleur physique ou d'un chagrin,

---

1. Un grand nageur a eu des suffocations qu'il se représente très bien.

d'un plaisir ou d'une joie? » la réponse est presque toujours affirmative; mais sous cette forme sèche, elle ne nous apprend rien. Il
faut des renseignements plus précis. Nous revenons ici au point
capital de notre sujet et je suis obligé d'anticiper un peu sur mes
conclusions. Les observations, prises avec soin, montrent qu'il y a
deux formes distinctes de mémoire affective, l'une *abstraite*, l'autre
concrète. J'insisterai plus tard sur leurs différences : pour l'instant,
je continue à relater les faits.

États pénibles. Le mal de dent, très commun, m'a fourni beaucoup de réponses. Je note dans presque toutes la prédominance des
éléments moteurs : élancements, battements, contorsion des mâ-
choires. Lorsqu'on se rappelle l'extraction de la dent : ébranlement
de la tête, sensation de torsion, craquements, bruits. Pour beaucoup, l'élément douloureux paraît peu ou point ravivé; il l'est nettement chez d'autres.

> Obs. III. « Je vous envoie une observation personnelle que j'ai faite
> ces jours derniers. J'avais subi des douleurs de dents très vives et
> certainement plus intenses que le sentiment désagréable qu'on éprouve,
> lorsque le dentiste vous nettoie les dents avec sa machine tournante.
> Cependant, lorsque maintenant j'y pense et que je cherche à me
> représenter d'une part la douleur, d'autre part le frottement de dents
> avec la machine, ce dernier est dans ma représentation bien plus
> désagréable. Je m'explique ce fait parce que ce frottement est accom-
> pagné d'un bruit que je me représente très vivement, et cette repré-
> sentation auditive à elle seule suffit déjà pour évoquer un sentiment
> désagréable; la douleur de dents est aussi liée à différents acces-
> soires : inclinaison de la tête, fermeture de l'œil correspondant, mou-
> vement de la main pour tenir la joue correspondante, etc., mais ces
> accessoires n'ont pas grande influence sur moi; ils ne caractérisent
> pas autant la douleur de dents que le bruit particulier du nettoyage
> avec la machine. Cette dernière représentation est très vive; quand j'y
> pense beaucoup, j'ai froid dans le dos et j'ai un léger tremblement des
> bras. La représentation de la douleur des dents est chez moi bien plus
> vague, elle est diffuse, je dois l'aider de descriptions avec des mots
> et elle n'agit pas aussi désagréablement sur moi que la première. »

On se rappelle assez bien les coupures, brûlures, etc. « J'ai
reçu dans ma jeunesse un coup de pistolet; je me rappelle très bien
le choc qui a produit d'abord une sensation tactile s'irradiant et
après la douleur, mais je me remémore mal l'élément douloureux. »

Un autre se rappelle bien les contractions vésicales d'une cystite ; mais il a besoin d'éléments moteurs pour ce cas et pour les maux de dents. M. B..., qui paraît appartenir au type affectif (j'explique plus loin ce que j'entends par là), sent à l'état naissant une névralgie lancinante sur l'œil, une crampe d'estomac, une cuisson à l'anus, une morsure à la langue. — Un autre (même type) me dit : « Si j'insistais, je ressentirais une névralgie, mais je ne me représente pas les douleurs d'un furoncle ». — Un autre : « Il y a des douleurs que je peux me donner à volonté : ou rien ne se produit ou la représentation est si vive qu'elle est presque actuelle : cela est vrai surtout pour les douleurs cardiaques ».

J'avais projeté d'interroger ceux qui ont subi de grandes opérations ; mais comme on pratique d'ordinaire l'anesthésie, il y avait peu à espérer de ce côté. Restait un cas bien fréquent : les douleurs de l'enfantement. Les réponses sont contradictoires. En voici une qui a accouché cinq fois et qui déclare « qu'aussitôt après, il n'en reste rien ». C'est une femme d'une santé inaltérable et d'un optimisme inébranlable. Une autre : « Dès que la douleur est passée, j'ai la faculté de l'oublier tout de suite ».

Le médecin d'une maison d'accouchement me disait : « Presque toutes, pendant l'accouchement, s'écrient qu'on ne les y reprendra plus et presque toutes recommencent ». D'autres disent avoir « un sentiment très net et très précis des douleurs de l'enfantement ». Si contradictoires que soient ces réponses, nous verrons plus tard comment elles se concilient.

OBS. IV. Cas de mémoire affective nulle pour les douleurs de l'enfantement. — Femme nerveuse. Mémoire visuelle bonne ; mémoire auditive nulle, ne peut se représenter ni une saveur ni une odeur ; s'est étudiée elle-même en vue du sujet qui nous occupe et m'a fait transmettre l'observation qui suit :

« Les premières douleurs très vives ont commencé à paraître toutes les 15-20 minutes ; pendant ces intervalles de repos tout disparaissait, il ne restait aucune trace de douleur. Cette dame cherchait pendant les intervalles entre deux crises à se représenter la douleur qui venait d'avoir lieu, ce qui lui était absolument impossible ; elle pouvait bien décrire la douleur avec des mots, c'étaient des douleurs dans le dos, les côtés, etc., et c'est cette description avec les mots qui revenait toujours, lorsqu'elle cherchait à se représenter la douleur. Ensuite les douleurs commencèrent à devenir de plus en plus fréquentes et elle n'a plus fait d'observation. Quand elles étaient excessivement vives, elle criait et parlait tout le temps. Il est curieux de noter qu'elle ne prononçait pas comme ordinairement les mots, chaque syllabe était énoncée plusieurs fois, par exemple : « ça, ça, ça, ça fait, fait, fait, fait, très, très, maaaaal ». Elle suppliait son mari de la tuer, de la couper en petits morceaux, de la déchirer en parties, etc., pourvu que tout fût fini. Après cinq heures de souffrances, le médecin déclara que toutes les douleurs n'avaient en rien avancé la situation, que tout était comme au commencement. Cette déclaration provoqua un vif sentiment de désespoir qui s'ajouta aux douleurs. Cinq heures après, tout était fini. Le lendemain, lorsqu'elle cherche à se représenter les douleurs, il lui vient à l'esprit seulement la description avec les mots, puis le sens des choses qu'elle disait pendant l'enfantement; elle se rappelle qu'elle ne pouvait absolument pas se contenir, qu'elle comprenait que ce qu'elle disait à son mari était absurde, mais qu'en même temps elle pensait : « On fait quelquefois des choses absurdes, pourquoi ne ferait-il pas ce dont je le prie? » Elle se rappelle très bien qu'après la déclaration du médecin, elle avait un sentiment de désespoir, mais elle se le rappelle en mots, non comme sentiment ».

Je cite enfin, au sujet de la douleur physique, une intéressante observation de Fouillée faite sur lui-même.

« Pour me souvenir de tel mal de dents, il faut que je me représente les dents où j'ai jadis localisé la douleur, puis le mot douleur qui sert de signe; mais comment arriver à me représenter ce mal *en lui-même*? Il est des philosophes qui déclarent la chose impossible et qui prétendent que l'on reproduit seulement les perceptions et les états intellectuels ainsi que les mots. C'est, en effet, ce qui a lieu d'ordinaire; mais on peut aussi, selon nous, reproduire incomplètement dans la conscience l'élément *pénible* du mal de dents. Pour cela, il faut employer un procédé indirect et ce procédé consiste à évoquer d'abord les images et réactions motrices qui accompagnent ou qui suivent le mal de dents. Je fais l'expérience : je fixe fortement ma pensée sur une des molaires de droite, je localise d'avance la douleur que je vais essayer d'évoquer, puis j'attends. Ce qui se renouvelle d'abord, c'est un état vague et général, commun à toutes les sensations pénibles. Puis cette réaction se précise, à mesure que je fixe mon attention sur ma dent. A la longue, je sens un afflux plus grand du sang dans la gencive et même des battements. Puis, je me représente un certain mouvement qui s'accomplit d'un point à l'autre de la dent ou de la gencive; c'est le trajet de la douleur. Je me représente aussi la réaction motrice causée par le mal, convulsion de la mâchoire, etc. Enfin, si je pense fortement à toutes ces circonstances, je finis par sentir d'une manière plus ou moins sourde le rudiment de l'élancement. Dans une expérience que je viens de faire, j'ai provoqué un mal réel de dents dans une molaire qui y est d'ailleurs sujette... Je retire de l'expérience un agacement général des dents et une impulsion à passer ma langue sur ma gencive [1]. »

Sauf quelques observations très nettes que je donnerai plus loin, je n'ai que des réponses vagues sur la reviviscence du chagrin, ou de la douleur morale, élimination faite des conditions ou circonstances dans lesquelles elle s'est produite. L'un se représente « une inertie générale et un état fébrile ». Un autre qui, pendant sa période de service militaire, a traversé des périodes de dépression et d'ennui, « un an après, quand le souvenir de cette vie lui revient, voit tout avec un ton gris ». Nous verrons ci-après qu'il y a des gens chez qui la reviviscence de la douleur morale est aussi vive que l'état initial.

États agréables. — Mêmes résultats que pour le groupe qui précède, *mutatis mutandis*. Je note une prédominance très nette des éléments moteurs. Les plaisirs cités le plus fréquemment sont ceux du patinage, de la natation, du trot ou du galop à cheval et des divers exercices du corps. Ceux qui ravivent *réellement* les souvenirs agréables accusent : un état général d'excitation, une dilatation de la poitrine, un épanouissement du visage, une tendance à faire des gestes d'enfant. L'un, en pensant à ses courses à cheval, sent le plaisir de la vitesse, le vent qui caresse ses joues, etc. Les musiciens ravivent aisément leur plaisir par la seule audition intérieure. L'un d'eux ne peut penser à la *Chevauchée des Walkyries* sans se sentir comme soulevé par des impulsions motrices.

4° *Émotions.* — Les phénomènes de ce groupe, quoique plus complexes, ne sont en fait qu'un prolongement de notre troisième groupe. Mais, pour être fixé sur la nature de leur reviviscence, il ne faut pas procéder par généralités. Demander à quelqu'un s'il est capable de raviver ses émotions passées, serait une question sans portée. J'ai toujours prié de se rappeler un cas *particulier* d'une émotion particulière (peur, colère, amour, etc.). Les réponses sont réductibles à trois catégories que j'expose dans leur ordre de fréquence.

1. Fouillée, *ouvr. cité*, t. I, p. 200-201.

Les plus nombreux ne se rappellent que les conditions, circonstances et accessoires de l'émotion ; ils n'ont qu'une mémoire *intellectuelle*. L'événement passé leur revient avec un certain ton émotionnel (souvent même il est absent), une marque affective vague de ce qui a été, mais qui ne ressuscite plus. Dans l'ordre affectif, ils sont les analogues des visuels et auditifs médiocres, dans l'ordre intellectuel. — C..., qui a failli être enveloppé sur un rocher par la marée, revoit les flots qui montent, sa course désordonnée vers la falaise où il se trouve en sûreté, mais l'émotion comme telle ne revient pas. — A Constantine, j'ai manqué, il y a quelques années, de tomber dans les gorges du Rummel : quand j'y pense, je revois très nettement le paysage, l'état du ciel, les détails ; la seule réminiscence affective est un léger frisson dans le dos et les jambes.

Les autres (bien moins nombreux) se rappellent les circonstances, *plus* l'état affectif lui-même qui est ravivé. Ceux-ci ont la mémoire *affective* vraie : ils correspondent aux bons visuels et aux bons auditifs. Elle se rencontre dans la plupart des tempéraments émotionnels. Comme nous touchons ici au point obscur et contesté de notre sujet, il convient de donner des exemples.

Les gens irascibles, au seul nom, à la seule pensée de leur ennemi, ressentent la colère à l'état naissant. Le peureux frissonne et pâlit au seul souvenir du danger couru. L'amoureux qui pense à sa maîtresse, ravive l'état complet de l'amour. Que l'on compare le souvenir d'une passion éteinte au souvenir d'une passion actuelle, on saisira clairement la différence entre la mémoire intellectuelle et la mémoire affective, entre le simple souvenir des circonstances et le souvenir de l'émotion comme telle. C'est une grande erreur de prétendre que l'on ne peut se rappeler que les conditions de l'émotion et non l'état émotionnel lui-même. Je ne fais qu'effleurer cette question en ce moment ; j'y reviendrai.

Plusieurs personnes m'affirment que le souvenir d'une émotion les secoue aussi vivement que l'émotion primitive et je n'ai nulle peine à le croire. Est-ce que le seul souvenir d'une sottise ne fait pas rougir ? L'une d'elles prétend « que sa représentation des émotions est plus vive que l'émotion elle-même et qu'elle se les rappelle bien mieux que les sensations visuelles, auditives et autres ».

Mais quelques observations détaillées feront mieux comprendre la nature de la mémoire affective vraie.

Littré raconte qu'il perdit, à l'âge de dix ans, une jeune sœur dans des circonstances très pénibles, et qu'il en ressentit une vive douleur ; « mais le chagrin d'un garçon ne dure pas beaucoup ». A un âge fort avancé, cette douleur lui revint brusquement, sans cause extérieure : « Tout à coup, sans le vouloir ni le chercher, par un phénomène d'automnésie affective, ce même événement s'est reproduit avec une peine non moindre, certes, que celle que j'éprouvai au moment même et qui alla jusqu'à mouiller mes yeux de larmes ». Elle se répéta plusieurs fois dans le cours des jours suivants, puis cessa et fit place au souvenir habituel [1] (c'est-à-dire sous sa forme purement intellectuelle).

Il était naturel de supposer que, chez les poètes et les artistes, la reviviscence affective doit être fréquente. M. Sully-Prudhomme, dont les aptitudes philosophiques sont connues, a bien voulu me remettre, sur notre sujet, une communication écrite dont j'extrais quelques passages avec son autorisation :

« ... J'ai l'habitude de me séparer des vers que je viens de faire avant de les achever, de les laisser quelque temps dans mes tiroirs. Je les y oublie même parfois quand la pièce m'a paru manquée et il m'arrive de les retrouver plusieurs années après. Je les recompose alors et *j'ai la faculté d'évoquer avec une grande netteté le sentiment qui les avait suggérés.* Ce sentiment, je le fais poser pour ainsi dire dans mon for intérieur, comme un modèle que je copie avec la palette et le pinceau du langage. C'est exactement le contraire de l'improvisation. Il me semble que je travaille alors sur le souvenir d'un état affectif.

« Quand je me rappelle l'émotion que m'a causée l'entrée des Allemands dans Paris, après nos dernières défaites, il m'est impossible de ne pas en même temps et indivisément *éprouver de nouveau cette émotion même* ; tandis que l'image mnémonique du Paris d'alors demeure dans ma mémoire très distincte de toute perception actuelle. Quand je me rappelle l'espèce d'affection que j'éprouvais dans mon enfance pour ma mère, il m'est impossible de ne pas redevenir en quelque sorte enfant dans le moment même où j'évoque ce souvenir ; de ne pas laisser mon cœur d'aujourd'hui participer à ma tendresse ancienne due au souvenir. J'en viens presque à me demander *si tout souvenir de sentiment ne revêt pas un caractère d'hallucination.*

1. *Revue positive*, 1877, p. 660.

« Quand j'étais étudiant, j'ai eu une liaison dans laquelle j'ai été trompé : phénomène trop banal pour que l'observation n'en puisse être contrôlée, par mes semblables, sur eux-mêmes. Mon amour n'avait rien de profond, l'imagination en faisait presque tous les frais et j'ai pardonné l'injure qui n'intéressait guère que ma vanité. La rancœur et l'affection ont depuis bien longtemps disparu. Dans ces conditions, si j'en évoque les souvenirs, tout d'abord je me reconnais aujourd'hui étranger aux sentiments dont je me souviens ; mais je remarque bientôt que je n'y demeure étranger qu'autant que ces souvenirs demeurent vagues, confus. Dès que, par un effort de réminiscence, je les précise, ils cessent par cela même de n'être que des souvenirs *et je suis tout surpris de sentir en moi se renouveler les mouvements de la passion juvénile et de la jalousie courroucée.* C'est même cette reviviscence qui seule me permettrait de retoucher les vers que cette petite aventure, si ancienne, m'a fait commettre et de faire bénéficier de l'expérience que j'ai acquise dans mon art l'expression de mes sentiments d'autrefois. »

Obs. V. H... (20 ans). Sur la *mémoire* du sentiment d'ennui éprouvé le premier jour d'arrivée à la caserne.

« Pour bien me *représenter* ce sentiment d'ennui qui a été très intense et a duré tout un après-midi, je ferme les yeux et je m'absorbe. J'éprouve d'abord un léger frisson dans le dos, un certain malaise, un sentiment de quelque chose de désagréable qu'on ne voudrait pas ressentir de nouveau. Après ce premier moment, survient un certain état pénible, une légère oppression de la gorge : ce sentiment pénible est lié à certaines représentations vagues qui ne restent pas fixes ; dans l'expérience qui est décrite ici, je me représente d'abord la cour de la caserne, où je me promenais, puis cette représentation de la cour est remplacée par celle de la chambrée au troisième, je me représente assis devant une fenêtre regardant la campagne — cette campagne, je la vois avec beaucoup de détails ; mais ceci ne dure pas longtemps : bientôt cette représentation disparaît, il ne reste qu'une représentation très vague que je suis assis devant la fenêtre et puis un sentiment d'oppression, de fatigue, d'abattement, une certaine lourdeur dans les épaules ; c'est à ce moment que j'interromps l'expérience, j'ouvre les yeux, j'ai encore un sentiment de malaise général qui disparaît assez vite. »

L'expérience totale a duré un peu plus de dix minutes.

En résumé : d'abord sentiment de lourdeur et d'oppression, frisson dans le dos, mais sans représentation nette des objets environnants, puis un sentiment pénible qui devient de plus en plus intense ; représentations visuelles qui changent soit de nature, soit d'intensité, enfin disparition presque totale de ces représentations visuelles, le sentiment d'ennui persistant toujours.

OBS. VI. Une femme (28 ans). « Il y a trois ans, je faisais dans un établissement des environs de P... des visites à l'un des miens qui s'y trouvait en traitement. Ces visites, très fréquentes, débutaient toujours par une longue attente dans un salon donnant sur un jardin. Si je veux repasser par toutes les impressions de cette attente qui m'était extrêmement pénible, je n'ai qu'à m'asseoir dans un fauteuil, comme j'étais assise, à fermer les yeux et à me mettre dans la même disposition d'esprit où j'étais, ce qui m'est facile. Il ne se passe pas une demi-minute entre l'évocation et la reconstitution nette, absolue, de la scène. C'est d'abord les tapis que je *sens* sous mes pieds, puis que je *vois* avec son semis de roses rouges et havane, puis la table devant moi avec les livres qui sont dessus, leur cartonnage et leur couleur; puis, les fenêtres, avec les branches d'arbre derrière dont *j'entends* le frémissement contre les vitres; puis enfin l'atmosphère particulière de la pièce, son odeur à laquelle je ne me tromperais pas; puis tous les énervements de l'attente je les ressens comme autrefois, se compliquant d'une appréhension intense de l'arrivée du médecin, appréhension qui se termine par un violent battement de cœur : le battement de cœur, il m'est impossible de l'éviter. Quand je suis entrée dans cette voie, il *faut* que j'aille jusqu'au bout, en repassant par la série complète des états par lesquels j'ai passé. Je voudrais en éliminer que je ne le pourrais pas, j'en suis sûre; comme, dans un rêve, on essaie d'éviter une chute désagréable qu'on prévoit, sans jamais y parvenir. »

Ici rien ne manque, ni les circonstances ni la répétition de l'émotion elle-même et elle nous montre que la reviviscence complète d'une émotion, c'est l'émotion qui commence.

Reste enfin une troisième catégorie de réponses dont je n'ai que 4 cas et que je mentionne à titre de curiosité et pour ne rien omettre. Ceux-ci se représentent l'émotion *objectivement* et en la plaçant dans un autre. L'un ne se représente la colère que sous la forme d'un homme déterminé qui est en colère. Un autre incarne la peur et la haine dans un certain personnage dont la physionomie et l'attitude expriment la peur ou la haine. L'état affectif ne se représente pour eux que sous la forme de son expression corporelle.

Est-ce parce qu'ils ont peu éprouvé pour leur part ces diverses émotions?

III

Cet exposé de faits, à manifestations multiples et souvent contradictoires, laisse peut-être le lecteur dans la perplexité. Elle serait plus grande encore, si je les énumérais tous. Essayons d'y mettre de l'ordre et d'en comprendre la signification.

Si, nous plaçant au point de vue de la question posée ci-dessus — la possibilité d'une reviviscence non provoquée par un événement actuel, — nous nous proposons de classer toutes les images quelles qu'elles soient, nous voyons qu'elles se répartissent en trois groupes :

Celles à reviviscence directe et facile (visuelles, auditives, tactiles-motrices, avec des réserves pour ces dernières);

Celles à reviviscence indirecte et relativement facile : plaisirs et douleurs, émotions. Elles sont indirectes, parce que l'état affectif n'est évoqué que par l'intermédiaire des états intellectuels auxquels il est associé [1];

Celles à reviviscence difficile, tantôt directe, tantôt indirecte. Ce groupe hétérogène et réfractaire comprend les saveurs, odeurs et sensations internes.

Quelles sont les raisons de ces différences? Je les réduis à deux principales que je résume ainsi :

La reviviscence d'une représentation est en raison directe de sa complexité et par conséquent en raison inverse de sa simplicité;

La reviviscence d'une représentation est en raison directe des éléments moteurs qu'elle renferme (sauf des réserves qui seront motivées ci-après).

---

1. Un caractère propre à la reviviscence affective, c'est la lenteur avec laquelle elle se produit et le temps qu'elle exige. Tandis que l'image visuelle ou auditive peut être évoquée immédiatement et au commandement, la représentation affective se constitue lentement. C'est parce qu'elle parcourt deux moments. Le premier moment (intellectuel) consiste dans l'évocation des conditions et circonstances : d'un mal de dents, d'une brûlure, d'une passion. Beaucoup ne le dépassent pas, aussi le ton affectif concomitant est faible, ou nul. Le deuxième moment (affectif) ajoute des états naissants d'excitation, d'exaltation ou d'abattement et de diminution de vie. Celui-ci requiert des conditions organiques, une diffusion dans l'organisme, une excitation des centres moteurs, vasculaires, respiratoires, sécrétoires, etc.

1° C'est un fait incontestable qu'un état de conscience isolé, sans rapports avec ce qui le précède, l'accompagne ou le suit, a peu de chances de se fixer dans la mémoire. J'entends un mot d'une langue inconnue, il s'évanouit aussitôt; mais si je le lis et l'écris, si je l'associe à un objet et à diverses circonstances : il est fixé. Il est plus facile de se rappeler un groupe ou une série, qu'un terme isolé et sans rapports. Or, par leur nature même, les images visuelles s'ordonnent en agrégats complexes; les images auditives en successions (même en simultanéités, dans l'harmonie), les images motrices s'associent en séries dont chaque terme suscite et entraîne les autres. Elles remplissent donc les conditions de la reviviscence immédiate et aisée. Il en est de même pour les plaisirs, douleurs, émotions. Toujours liés à des états intellectuels (perceptions, représentations ou idées), ils font partie d'un agrégat et sont entraînés dans son mouvement de résurrection.

Il en est tout autrement pour les images de notre troisième groupe. Celles-ci ne s'associent pas entre elles; elles ont un caractère d'isolement et d'individualisme; elles ne contractent pas de rapport entre elles, ni dans l'espace ni dans le temps.

Prenons les odeurs. L'une exclut l'autre; elles ne s'associent pas dans l'imagination comme les images visuelles dans le souvenir d'un paysage. Une des personnes que j'ai interrogées ressuscite à volonté l'odeur d'œillet qu'elle aime beaucoup; elle a essayé de la raviver en se promenant dans un bois plein des feuilles flétries de l'automne et de leur odeur : sans succès, une odeur excluait l'autre. Elles ne s'ordonnent pas davantage en séries. Je n'ignore pas qu'un chimiste anglais, Piesse, a prétendu classer les odeurs en série continue, comme les sons, « le patchouli répondant à l'*ut* d'en bas de la clef de *fa* et la civette au *fa* d'en haut de la clef de *sol* », le tout avec tons et demi-tons; mais personne, que je sache, n'a pris au sérieux cette fantaisie.

De même pour les saveurs. Elles peuvent s'associer à d'autres images, par exemple la faim (j'en ai recueilli plusieurs cas), ce qui rend leur reviviscence moins difficile. Entre elles, elles forment non des associations, mais des combinaisons; ou si quelques associations se rencontrent, elles sont extrêmement restreintes et rares.

La faim et la soif sont des états spéciaux, indécomposables. Le dégoût et la fatigue sont assez facilement ravivés et, comme nous l'avons vu, par presque tout le monde ; mais il faut remarquer que ces états sont composés d'éléments assez hétérogènes, — sensoriels et moteurs, — et qu'ils se rapprochent des agrégats.

Cette antithèse entre les deux premiers groupes et celui des saveurs, odeurs et sensations internes, dépend sans doute de certaines conditions physiologiques. Comme on ne pourrait hasarder sur ce point que des hypothèses, mieux vaut s'abstenir.

2° La deuxième thèse énoncée plus haut — que la reviviscence est en raison des éléments moteurs inclus dans l'image — est plus contestable. Je ne la donne que comme une explication *partielle*, secondaire, subsidiaire, convenant à beaucoup de cas, non à tous, et comportant beaucoup d'exceptions. Puisqu'il s'agit d'une loi empirique, d'une pure généralisation de l'expérience, il faut l'essayer sur les faits, pour en fixer la portée et la valeur. Cet examen rapide justifiera mes restrictions et mes réserves.

Entre toutes nos représentations, celles de la vue et de l'ouïe sont les plus faciles à raviver. Or si la vision dispose d'un appareil moteur très riche, très varié, très délicat, il n'en est pas de même de l'audition. Pour un sens supérieur, il est très pauvre en éléments moteurs (mouvements de la tête, d'accommodation de la membrane du tympan, à la rigueur mouvements des organes vocaux et, d'après les dernières hypothèses, un certain rôle des canaux semi-circulaires). Entre les deux sens, la différence est frappante sous le rapport moteur.

L'odorat est plus varié et plus étendu que le goût, il lui est très supérieur comme moyen d'information et cependant il lui est inférieur, quant à la somme de mouvements dont il dispose pour s'exercer.

Les plaisirs, douleurs, émotions, agréables ou pénibles, renferment tous des éléments moteurs. Cela est évident, toutefois remarquons ce qui suit : si nous établissons dans les états affectifs une division grossière, mais suffisante à notre dessein, en deux groupes : d'une part, les douleurs et émotions pénibles ; d'autre part, les plaisirs et émotions agréables, une difficulté se présente. Le premier groupe, celui des états « asthéniques », se manifeste par une diminution des mouvements, de la circulation, de la respiration, etc.

Le deuxième groupe, celui des états « sthéniques », se manifeste par des phénomènes inverses : augmentation des mouvements, de la circulation, etc. Dira-t-on que le second groupe — qui contient plus d'éléments moteurs — se ravive plus facilement et plus fréquemment que le premier ? La conclusion serait conforme à la logique, mais contraire à l'expérience. On trouverait même, je crois, plus de partisans de l'opinion contraire [1].

Les sensations organiques paraissent dépendre principalement des actions chimiques qui se passent dans l'organisme : ainsi, la faim, la soif, le besoin de sommeil, la suffocation, le dégoût, la fatigue, etc. Ici le rôle de l'élément moteur est faible. Comme leur reviviscence est vague, ce groupe paraît se conformer à la loi énoncée ci-dessus.

En somme, examinée dans le détail, notre formule n'est qu'une explication partielle, une généralisation à portée restreinte.

IV

Arrivons maintenant à la question principale ; tout ce qui précède n'avait pour but que d'y préparer : Y a-t-il une mémoire affective réelle ? Quoique la plupart des psychologues ne posent pas cette question ou ne la traitent qu'en passant, la majorité est certainement pour la négative. Ils soutiennent que nous rappelons les conditions et circonstances d'un événement d'ordre affectif, mais non l'état affectif lui-même.

Je rejette complètement cette thèse et elle n'aurait pas été soutenue, si ce sujet n'avait été traité *a priori*, à la légère, sans observations suffisantes. Une étude plus serrée, appuyée sur les faits que j'ai cités et sur d'autres qui vont suivre, montre qu'il y a deux cas bien distincts. Les uns ont une mémoire affective *fausse* ou *abstraite* ; les autres, une mémoire affective *vraie* ou *concrète*. Chez les uns, l'image affective se ravive peu ou point ; chez les autres, elle se ravive en grande partie ou totalement. Pour faire comprendre la différence de ces deux formes de mémoires, examinons séparément les éléments constitutifs et le mécanisme de chacune d'elles.

1. Cette opinion sera examinée plus loin.

1° La mémoire affective fausse ou abstraite consiste dans la représentation d'un événement, plus une *marque* affective — je ne dis pas un *état* affectif. Elle est certainement la plus fréquente. Que reste-t-il des petits accidents d'un long voyage? le souvenir des lieux où ils se sont produits, des détails et, de plus, que cela *a été* désagréable. Que reste-t-il d'un amour éteint, sinon l'image d'une personne, d'assiduités auprès d'elle, d'aventures et, de plus, que cela *a été* de la joie? Que reste-t-il à l'adulte du souvenir de ses jeux d'enfance? Que reste-t-il de ses croyances politiques ou religieuses d'autrefois à celui qui est devenu totalement indifférent? Dans tous les cas de ce genre, et il y en a des milliers, la marque affective remémorée est *connue*, non sentie ni éprouvée : ce n'est qu'un caractère intellectuel de plus. Elle s'ajoute au reste comme un accessoire; à peu près de même qu'en nous représentant une ville, un monument, un paysage que nous avons visités autrefois, nous y ajoutons le souvenir d'un ciel lumineux ou gris, d'une pluie ou d'un brouillard qui l'enveloppait.

Je l'appelle une mémoire affective « abstraite » et je justifie ce terme. Les états affectifs sont susceptibles d'abstraction et de généralisation tout comme les états intellectuels. Celui qui a vu beaucoup d'hommes, qui a entendu aboyer beaucoup de chiens et coasser beaucoup de grenouilles, se forme une image générique de la forme humaine, de l'aboiement du chien et du coassement de la grenouille. C'est une représentation schématique, semi-abstraite, semi-concrète, formée par l'accumulation de ressemblances grossières et élimination des différences. De même celui qui a eu plusieurs fois mal aux dents, la colique ou la migraine, qui a eu des accès de colère ou de peur, de haine ou d'amour, se forme une image générique, une représentation schématique de ces divers états, par le même procédé. Voilà le premier pas. Il serait hors de propos de suivre ici en détail la marche ascendante de l'esprit vers des généralisations de plus en plus hautes. A leur degré le plus élevé, des concepts, tels que force, mouvement, quantité, etc., supposent deux choses : un mot qui les fixe et les représente, un savoir potentiel, latent, caché sous le mot et qui l'empêche d'être un pur « flatus vocis ». Celui qui ne possède pas ce savoir potentiel, qui est incapable de résoudre les abstractions supérieures en moyennes, puis en inférieures, puis en données concrètes, ne possède qu'un concept vide. De même pour les états affectifs : les termes émotion, passion, sensibilité, etc., ne sont que des abstractions, et pour vivifier ces termes, leur donner une signification réelle, il faut des expériences de l'ordre affectif, des données concrètes. Les gens qui parlent d'un état affectif qu'ils n'ont jamais éprouvé, qu'ils ne connaissent que par ouï-dire, ont un concept vide. Les états affectifs sont une matière qui peut subir tous les degrés d'abstraction, comme la matière sensorielle.

Le souvenir affectif, faux ou abstrait, n'est qu'un signe, un simulacre, un substitut de l'événement réel, un état intellectualisé qui se surajoute aux éléments purement intellectuels de la représentation, et rien de plus.

2° La mémoire affective, vraie ou concrète, consiste dans la reproduction *actuelle* d'un état affectif antérieur avec tous ses caractères. Cela est nécessaire, du moins théoriquement, pour qu'elle soit complète. Plus elle se rapproche de la totalité, plus elle se rapproche de l'exactitude. Ici, le souvenir ne consiste pas seulement dans la représentation des conditions, circonstances, bref des états intellectuels ; mais dans la reviviscence de l'état affectif lui-même, comme tel, c'est-à-dire *ressenti*. J'en ai rapporté des cas plus haut : l'expérience de Fouillée, les cas de Littré, de Sully-Prudhomme, les observations III et IV, si nettes, si claires, montrent que la mémoire affective vraie, indépendante de son accompagnement intellectuel, n'est pas une chimère.

Bain nous dit : « Les émotions, dans leur caractère strict d'émotion proprement dite, ont le minimum de reviviscence ; mais comme elles font toujours corps avec les sensations supérieures, elles participent à la reviviscence des perceptions visuelles et auditives ». Sur quoi, W. James fait la réflexion suivante : « Mais il oublie de montrer que les visions et sons ravivés peuvent être des images sans cesser d'être distincts, tandis que l'émotion pour être distincte doit devenir de nouveau réelle. Bain semble oublier qu'une émotion idéale et une émotion réelle causée par un objet idéal sont deux choses très distinctes [1]. »

---

1. *Psychology*, II, 474.

Je soutiens au contraire que nous n'avons là que deux degrés de la même chose, deux phases : la première fruste et avortée, la seconde complète, d'un même événement ; et il faut que le sujet qui nous occupe soit bien confus ou ait été traité bien négligemment, pour qu'un esprit aussi pespicace que W. James n'ait pas vu que les souvenirs affectifs, comme les autres, ont pour idéal de redevenir actuels. On ne devrait pourtant pas oublier ce fait incontestable que notre conscience ne vit que dans le présent. Pour qu'un souvenir, si lointain qu'il soit, existe pour moi, il faut qu'il rentre dans le champ étroit de la conscience *actuelle* ; sinon, il est enseveli dans le gouffre de l'inconscience et identique au néant. Nous avons ainsi (sans parler du présent-futur) un présent-présent et un présent-passé, celui de la mémoire, et celui-ci ne se distingue de l'autre que par certaines marques additionnelles qu'il n'importe pas d'énumérer, mais qui consistent surtout en ce qu'il apparaît comme une répétition d'un état initial et, généralement, avec une intensité moindre. Or, ces conditions indispensables de la mémoire sont les mêmes pour les états intellectuels et pour les états affectifs. Si, les yeux fermés, je me représente Saint-Pierre de Rome (si j'étais architecte et très bon visuel, j'en reverrais tous les détails), ma représentation est actuelle et ne devient souvenir que par l'addition de marques secondaires, entre autres la répétition et la moindre intensité. Si, au souvenir d'une agonie dont j'ai été témoin, le chagrin m'envahit, si mes larmes coulent (le cas de Littré cité plus haut n'est rien moins que rare), ma représentation est *actuelle* et ne devient souvenir que par l'addition de marques secondaires, entre autres la répétition et la moindre intensité. Les deux cas sont semblables ; pour l'un comme pour l'autre, la représentation, suivant la loi formulée par Dugald Stewart et Taine, est accompagnée d'une croyance momentanée qui la pose comme réalité actuelle. Mais le souvenir affectif, dira-t-on, a ce caractère propre qu'il s'accompagne d'états organiques et physiologiques qui en font une émotion réelle. Je réponds qu'il *doit* en être ainsi, car une émotion sans sa résonance dans tout le corps n'est plus qu'un état intellectuel. Demander qu'on se représente réellement un état affectif sans que ses conditions organiques renaissent aussi, c'est demander l'impossible ; c'est poser le problème en termes contradictoires. Ce qui se produira alors, c'est tout simplement son substitut, son abstrait, c'est-à-dire la mémoire affective fausse qui est une variété de la mémoire intellectuelle ; l'émotion sera *reconnue* non *ressentie*.

Enfin, l'idéal de tout souvenir c'est, en gardant sa marque de déjà éprouvé, d'être adéquat, dans la mesure possible à l'impression originale. La représentation est une opération intérieure dont la limite extrême est l'hallucination. Pour les deux formes du souvenir — intellectuel, affectif — l'idéal est le même ; seulement chacune a son mécanisme spécial pour y arriver.

Il y a tous les degrés possibles de transition de la simple représentation sèche du mot plaisir ou douleur, amour ou peur, à la représentation vive, pleine et entière, sentie, de ces états. Dans une masse d'hommes pris au hasard, on pourrait, avec des informations suffisantes, fixer tous ces degrés de l'abstrait au concret. Il y a plus ; ils peuvent se rencontrer dans le même individu. Quand le poète dit que :

> Sur les ailes du temps la tristesse s'envole,

cela signifie en langage psychologique que peu à peu la mémoire affective s'est transformée en mémoire intellectuelle. On sait que certains artistes, pour se débarrasser du souvenir d'un chagrin ou d'une passion, les fixent dans une œuvre d'art. C'était le procédé de Gœthe : tout le monde connaît l'histoire de *Werther*, pour ne citer que celle-là. Une des personnes que j'ai interrogées, emploie le même moyen et il lui réussit ; c'est-à-dire qu'il s'agit, dans le cas qui nous occupe, de transférer l'émotion dans le domaine de l'imagination objective et par suite de l'intellectualiser.

Nous avons dit que, chez certaines personnes, la reviviscence de l'état affectif paraît complète. En fait, l'est-elle ? Il me paraît impossible de répondre rigoureusement à cette question et voici un point par où la mémoire affective diffère de la mémoire intellectuelle.

Tel souvenir est tenu pour exact ; mais ce n'est le plus souvent qu'une illusion. Presque toujours dans la reviviscence, il y a des déchets et des pertes, quelquefois des additions ; tantôt du *plus*, tantôt du *moins*. Toutefois, dans l'ordre intellectuel, il y a certains cas où l'on peut dire qu'elle est parfaite, impeccable, sans la moindre lacune et l'affirmation est légitime, parce qu'elle est vérifiable. Il suffit de comparer la copie à l'original. Si j'entre, les yeux fermés, dans une salle de l'Alhambra, je puis constater si la vision intérieure que j'ai gardée d'une première visite est adéquate à la réalité. Je peux comparer mon souvenir d'un passage musical avec son audition effective. Le peintre de Wigan qui faisait ses portraits de mémoire, Mozart reconstituant le *Miserere* d'Allegri sont des exemples classiques de cas parfaits, où la représentation est d'une exactitude irréprochable.

Mais, dans l'ordre affectif, cette comparaison est impossible, parce que deux états subjectifs, dont l'un est l'original et l'autre la copie, ne peuvent pas coexister dans le même individu et qu'ici l'impression première ne peut être objectivée. Je ne vois qu'un moyen de tourner la difficulté pour arriver à une réponse approximative. Il consisterait à comparer l'état affectif ravivé à un document écrit au moment même de la première impression et encore ce procédé est d'une sûreté douteuse. J.-J. Rousseau, à propos de l'enthousiasme excité par les lettres d'amour de sa *Nouvelle Héloïse*, nous apprend qu'elles étaient inspirées par son propre amour pour Mme d'Houdetot, et il ajoute : « Qu'aurait-on dit, si l'on avait lu les originaux eux-mêmes ! » Il se peut que Rousseau se trompe en plus ou en moins ; mais c'est une confrontation de ce genre que je propose. Une personne très apte aux observations de psychologie et qui note jour par jour ses impressions depuis plusieurs années, m'avait promis de tenter cette comparaison entre le souvenir actuel et le document écrit : des raisons multiples l'en ont empêchée. On pourrait sans grande peine, mais par hasard, retrouver une lettre écrite sous l'impression du moment et la comparer avec le souvenir affectif actuel que, à tort ou à raison, on considère comme bien conservé. Pour ma part, j'incline à douter qu'il y ait jamais conformité complète entre l'original et la copie, lorsqu'il s'agit des sentiments ; mais ce n'est qu'une hypothèse.

Il me reste à dire quelques mots de l'oubli dans l'ordre affectif. L'amnésie affective se produit sous deux formes : l'une pathologique, l'autre normale.

Je passe sous silence les manifestations morbides. Leur étude serait longue et curieuse, mais elle me détournerait de mon but principal qui est *pratique* : on trouve de nombreux exemples de la perte des sentiments altruistes, moraux, religieux ; d'indifférence partielle et totale pour le passé, d'insensibilité complète : le *Gemüthslösigkeit* des aliénistes allemands.

Je m'en tiens à l'amnésie affective sous sa forme simple, courante, vulgaire. Rien de plus fréquent. D'abord, ce seul fait que la plupart des psychologues négligent la mémoire affective ou la nient, est une présomption qu'elle n'a le plus souvent qu'un rôle effacé. De plus cette mémoire affective que j'ai appelée fausse ou abstraite peut, sans préjudice, être considérée comme une forme mitigée de l'oubli. Enfin, en éliminant les tempéraments non émotionnels qui ne sont pas appropriés à notre étude, il se trouve que même parmi les émotionnels, beaucoup ressentent vivement, mais ne conservent pas. Tout le monde connaît des gens qui sont secoués de fond en comble par le chagrin, la joie, l'amour, l'indignation ; ils en semblent possédés pour longtemps ; quelques semaines plus tard, il n'en reste plus de trace. Les émotions glissent sur eux comme une pluie d'orage sur les toits. Or, cette amnésie affective a une grande influence sur la conduite.

Voici, en effet, deux vérités générales, dérivées de l'expérience et qui me paraissent incontestables :

D'une part, l'agréable et le désagréable sont les plus puissants mobiles de l'activité humaine, s'ils ne sont pas les seuls ;

D'autre part, il y a des gens chez qui la reviviscence affective est forte, faible ou nulle.

La conclusion c'est que cette portion de l'expérience individuelle qui résulte des plaisirs et peines éprouvés sera, quant à son efficacité, forte, faible ou nulle suivant les individus. Le prodigue qui s'est ruiné et qu'un hasard inespéré remet dans l'opulence, s'il n'a pas conservé un souvenir vif de ses privations, recommencera sa vie de gaspillage ; si ses reviviscences pénibles sont stables, elles agiront sur ses tendances naturelles comme un frein, comme un pouvoir d'inhibition. L'ivrogne et le gourmand ne réitéreront pas, tant que durera la représentation vivace des lendemains de crapule et d'indigestion. L'enfant insensible au souvenir des récompenses et des punitions n'offre, tout le monde le sait, aucune prise à l'éducateur. J'ai rapporté précédemment les réflexions qui suivent souvent les accouchements dangereux, c'est encore un cas d'amnésie affective. Le manque de sympathie, chez beaucoup d'hommes, n'est souvent que l'impossibilité de raviver les souvenirs des maux dont ils ont souffert eux-mêmes et par suite de les ressentir en autrui. Voilà des faits bien connus dont il est inutile d'étendre la liste; mais quelle que soit leur banalité, il me semble qu'on n'en saisit pas toujours la raison psychologique, parce que l'importance de la mémoire affective a été méconnue.

L'amnésie affective joue donc, dans la vie humaine, un rôle bien plus important qu'on ne le pense; elle donne souvent le secret de modes de conduite étranges, bien que je ne veuille pas soutenir que partout et toujours elle les explique seule.

V

L'étude qui vient d'être faite me paraît conduire aux conclusions suivantes.

1° Il existe un TYPE AFFECTIF aussi net, aussi tranché que le type visuel, le type auditif et le type moteur. Il consiste dans la reviviscence aisée, complète et prépondérante des représentations affectives.

Je n'ai fait qu'appliquer à une partie à peu près inexplorée de la mémoire, les procédés de recherche inaugurés pour les sensations objectives par Taine et Galton, continués par beaucoup d'autres et qui ont réussi en leurs mains. On m'objectera peut-être que le type affectif complet est rare; mais il n'est pas sûr non plus que les types visuel, auditif, moteur, à l'état pur, sont très fréquents. Ceci d'ailleurs importe peu; l'essentiel était de le dégager. Ceux qui appartiennent à ce type le reconnaîtront bien. Je prévois que ceux qui sont au pôle opposé refuseront de l'admettre : mais les savants de la Société royale et de l'Académie des Sciences interrogés par Galton — non visuels pour la plupart — ne comprenaient rien à ses questions et rejetteraient probablement ses conclusions. C'est une tendance incurable chez beaucoup d'hommes de vouloir que tout le monde soit fait comme eux et de ne pas admettre ce qui s'en écarte; et pourtant, en psychologie plus qu'ailleurs, il faut se méfier des généralisations trop étendues.

2° Il n'existe pas seulement un type affectif général; il comporte des variétés et même il est probable que les types *partiels* sont les plus fréquents. Ici je note une ressemblance entre mes recherches et celles qui ont été faites sur les représentations d'origine objective. On sait que tel a une excellente mémoire des figures, des formes, des choses concrètes; non des couleurs ni des signes visuels (imprimerie, écriture). Tel a une mémoire excellente pour les langues et nulle pour la musique ou inversement. D'ailleurs, de nombreux faits pathologiques n'ont-ils pas démontré que, dans une catégorie déterminée d'images, tout un groupe peut disparaître, sans préjudice notable pour les autres?

Je n'ai pas présentement assez de documents pour entrer dans l'étude des variétés du type affectif; mais il est certain qu'ils existent; que, pour l'un, la reviviscence nette et fréquente n'a lieu que pour les représentations joyeuses, chez un autre pour les images tristes ou érotiques. J'ai obtenu des déclarations très affirmatives sur ce point; je transcris d'ailleurs une observation relative à la crainte seule :

Obs. VII. « Je ne suis pas ce que l'on pourrait appeler un type général affectif, j'ai une mémoire affective spéciale, celle de la crainte qui est très prononcée chez moi... J'ai eu, dans ma vie, beaucoup de moments de joie — comme tout le monde; je vous dirai franchement que lorsque je me rappelle des incidents de ma vie qui m'ont causé une grande joie, je n'en ressens pas du tout. De plus, il m'est très difficile de me rappeler les moments dans lesquels j'ai été joyeux — les incidents même qui ont produit ma joie, — probablement parce que la mémoire représentative n'a pas été renforcée par la mémoire affective. Je n'en sais rien. De mon cas, je ne veux rien induire, et je ne parle que de moi.

« J'ai essayé de me rappeler l'un des moments de ma vie où j'ai ressenti la joie la plus vive : c'était en avril 1888. [Suit une très longue description de l'événement où l'auteur a obtenu un succès et des applaudissements inattendus pour son âge (vingt ans) devant un public imposant.] Je me rappelle bien les incidents que je viens de décrire, qui sont très exacts; je peux me rappeler la cause à laquelle, à tort ou à raison, j'ai attribué mon succès; je pourrais répéter presque tout ce que j'ai dit; je me rappellerais plus difficilement la salle et les figures; mais aujourd'hui je ne ressens aucune joie en pensant à tout cela.

« En ce qui concerne la tristesse, mes dispositions sont analogues à la joie, quant à la mémoire affective.

« Revenons à la crainte. J'ai deux cas très concluants de ma mémoire affective spéciale. Lorsque j'étais interne au lycée S... à Bucharest, je redoutais tout le personnel de l'internat à cause d'une punition qu'ils m'infligeaient souvent : la consigne à l'école les jours de fêtes. Je me rappelle que je craignais tellement d'être enfermé, que lorsque j'étais sorti, très difficilement j'aurais passé devant la porte du lycée, tant j'avais peur d'être retenu. Plus tard, ayant fini mes études, et ayant conservé des relations amicales avec tout le monde, je retournais au lycée : mais jamais sans ressentir une sorte de frisson de crainte en y entrant.

De plus, je suis resté trois ans à Paris, sans rentrer dans mon pays. Et retournant à Bucharest, j'allai voir un nouveau proviseur avec qui j'étais en très bons termes. Même alors, en approchant de la porte de l'internat, j'ai senti une sorte de malaise qui n'était autre que mon ancienne crainte atténuée.

« La première année de mon arrivée à Paris, je me fis inscrire pour suivre les cours supérieurs du lycée L... Je n'y suis resté qu'une semaine. Dans la salle d'étude, je sentais un malaise; je craignais quelque chose, sans savoir quoi; j'avais le personnel en horreur, quoiqu'il fût plein d'égards pour mon âge (vingt-deux ans). Peur de quoi, puisque je pouvais partir à mon gré? Quoique habitué à travailler de longues heures dans les bibliothèques, je ne pouvais rien faire dans cette salle d'étude. Je crois que cet état était une réminiscence de l'ancienne crainte, celle du lycée de Bucharest... Longtemps après, fréquentant la Faculté de droit comme étudiant, mon chemin me conduisant devant le lycée L... je me sauvais vite, éprouvant la même crainte qu'au temps où je passais devant la porte du lycée de Bucharest.

« Je suis très moteur, pas du tout visuel et très peu auditif. »

On pourra dire que, dans cette observation, la reviviscence est souvent provoquée et associée à des circonstances particulières; mais elle m'a paru tellement nette que j'ai cru devoir la rapporter.

Je n'ai pas besoin de faire remarquer que ces différences individuelles dans la reviviscence des états affectifs joue certainement un rôle dans la constitution des diverses formes de caractère. De plus l'existence des variétés du type affectif coupe court à une question discutée avec acharnement par certains auteurs : « Si l'on se rappelle plus aisément les douleurs que les plaisirs? » Optimistes et pessimistes se sont livré bataille autour de ce fantôme de problème : mais c'est là une question factice et vaine, autant qu'on suppose qu'elle ne comporte qu'une seule réponse. Il n'y a pas, il ne peut pas y avoir une réponse générale.

Certaines personnes ravivent les images joyeuses avec une étonnante facilité; les souvenirs tristes, quand ils surgissent, sont refoulés aussitôt et aisément. Je connais un optimiste renforcé, à qui tout réussit et qui a bien de la peine à se représenter les rares chagrins qu'il a éprouvés. « Je me rappelle beaucoup mieux les joies que les états pénibles », est une réponse que je relève plusieurs fois dans mes notes.

Par contre, beaucoup disent : « Je me rappelle plus vivement les chagrins que les états agréables ». Dans mon enquête, je constate qu'ils sont les plus nombreux, mais je ne vois rien à en conclure. L'un d'eux me dit : « Je ravive bien plus facilement les émotions désagréables, d'où ma tendance au pessimisme. Les impressions de joie sont fugitives. Un souvenir pénible me rend triste dans un moment joyeux; un souvenir joyeux ne me rend pas gai dans un moment pénible. »

Voilà les cas francs. En dehors d'eux, la question posée ci-dessus ne peut être tranchée qu'au hasard et d'après une simple vue de l'esprit.

3° La reviviscence dépend des conditions cérébrales et internes (quelles qu'elles soient, connues ou inconnues) bien plus que de l'impression primitive elle-même. Ressentir vivement les émotions et les raviver vivement sont deux opérations différentes; l'une n'implique pas l'autre. Nous avons vu que, chez beaucoup, la reviviscence paraît même en raison inverse de l'intensité du phénomène initial. Ceci nous ramène à la question des caractères. Il ne suffit pas que l'impression soit vive; il faut qu'elle se fixe. Souvent elle se renforce par un travail d'incubation latente qui dépend du tempérament individuel. Chateaubriand, parlant d'un garde-chasse auquel il était très attaché et qui fut tué par un braconnier, nous dit : « Mon imagination (il avait alors 16 ans) me représentait Raulx tenant ses entrailles dans ses mains et se traînait à la chaumière où il expira. Je conçus l'idée de la vengeance; j'aurais voulu me battre contre l'assassin. Sous ce rapport, je suis singulièrement né : dans le premier moment d'une offense, *je la sens à peine;*

mais elle se grave dans ma mémoire ; *son souvenir au lieu de décroître s'augmente avec le temps ;* il dort dans mon cœur des années entières, puis il se réveille à la moindre circonstance avec une force nouvelle et ma blessure devient plus vive que le premier jour [1]. » — Encore une analogie avec ce qui se passe dans l'ordre des représentations objectives. Il ne suffit pas d'avoir de bons yeux pour posséder une bonne mémoire visuelle et je connais des myopes chez qui la vision intérieure est excellente.

Je termine cette exploration qui n'est qu'une ébauche plutôt qu'une étude du sujet, en rappelant que ce qui a été établi pour l'autre partie de la mémoire — la mémoire intellectuelle — n'a été l'œuvre ni d'un homme ni d'un jour [2].

1. *Mémoires*, t. I, p. 77. Les italiques ne sont pas dans le texte.

2. Ce chapitre a été publié d'abord dans la « Revue philosophique » en octobre 1894. Il m'a valu de nouvelles communications. Parmi elles, je n'en ai choisi que deux qui ont été ajoutées au texte primitif. L'affirmation d'un type de mémoire affective a soulevé, comme je m'y attendais, des critiques et des dénégations. Mon principal contradicteur, Titchener, a publié, sur ce sujet, un article assez étendu dans la *Philosophical Review* (1895, t. IV, p. 65-77), où il me reproche de ne pas citer un seul exemple de mémoire affective pure, c'est-à-dire dont tout élément de sensation et d'idée soit absent, où il y ait une reviviscence du sentiment comme tel (*as such*). Un exemple de ce genre, bien probant, me paraît à peu près impossible à produire. Un plaisir, une peine, une émotion sont toujours associés à une sensation, une représentation ou un acte ; la reviviscence ramène nécessairement l'état intellectuel qui fait partie du complexus et en est le support. Mais la question est ailleurs : la reviviscence, du moins chez certaines personnes, est-elle une notation sèche ou un état *senti* ? Dans ce dernier cas (et il se rencontre), il y a souvenir de l'état affectif comme tel.

Autre objection : Peut-on dire qu'une émotion est la reproduction d'une émotion antécédente et non une nouvelle émotion ? La reproduction d'une émotion ne peut être qu'une émotion, mais qui porte la marque d'une répétition. Sans revenir sur ce qui a été dit plus haut, je remarque que les psychologues contemporains qui étudient avec une patience admirable le mécanisme de la mémoire, négligent celle de ses conditions les plus générales. Or, la principale c'est que tout souvenir doit être une *réversion* par laquelle le passé redevenant présent, nous vivons présentement dans le passé. Le souvenir d'une émotion comme telle n'échappe pas à cette loi ; il faut qu'elle redevienne actuelle, qu'elle *soit* une émotion réelle, vive ou faible.

Après les critiques et les documents nouveaux qui m'ont été livrés, je résume encore une fois mon enquête. 1° La mémoire affective est nulle chez la plupart des gens. 2° Chez d'autres, il y a une mémoire demi-intellectuelle, demi-affective, c'est-à-dire que les éléments émotionnels ne sont ravivés qu'avec peine, partiellement, à l'aide des états intellectuels auxquels ils sont associés. 3° D'autres, les moins nombreux, ont la mémoire affective vraie, c'est-à-dire complète ; l'élément intellectuel n'est qu'un moyen de reviviscence qui s'efface rapidement.

CHAPITRE XII

LES SENTIMENTS ET L'ASSOCIATION DES IDÉES

Il s'agit encore dans ce chapitre du rapport des sentiments avec la mémoire, mais sous une forme tout autre; nous avons à les étudier comme *cause*. Au lieu d'établir, comme ci-devant, qu'il y a une mémoire affective réelle, notre but actuel est de déterminer le rôle des états affectifs dans le rappel des souvenirs et l'association des idées. Leur importance comme facteur caché de la reviviscence a été reconnue par plusieurs auteurs contemporains[1]; quelques-uns même ont une propension à l'exagérer.

On sait que l'association des idées a été réduite à deux lois fondamentales : celle de contiguïté, celle de ressemblance. Je rappelle, sans insister, qu'elles ne sont pas de même nature; la première purement mécanique est le résultat des expériences; la seconde suppose en outre un certain travail de l'esprit, car une ressemblance complète entre deux états se rencontre rarement et elle ne peut être saisie que par suite d'une dissociation ou abstraction opérée sur les matériaux bruts. Ces deux lois sont purement intellectuelles; elles sont des principes régulateurs extraits des faits, rien de plus. Elles sont plutôt descriptives que explicatives. Elles révèlent le mécanisme, non le moteur. Elles supposent quelque chose en sus, à moins d'admettre que les idées sont des atomes psychiques doués d'une attraction ou affinité mystérieuse. Elles sont muettes sur les

1. Particulièrement : Horwicz, *Psychologische Analysen* , t. I, 160 sq.; 265-331, 369 sq.; Fouillée, *Psychologie des idées-forces*, t. I, 221 suiv.; J. Sully, *The Human Mind*, t. II, 76-80; Shadworth Hodgson, *Time and Space*, 266 ; W. James, *Psychology*, I, 571; Höffding. Psychologie (2e éd.), 331.

raisons déterminantes. Or, on ne peut douter que dans beaucoup de cas (non toujours) la cause de l'association se trouve dans une disposition affective, permanente ou momentanée.

Les auteurs qui ont signalé cette influence souvent latente mais efficace, ont conçu cette loi supérieure qu'on pourrait appeler *loi affective*, de deux manières : les uns comme universelle et absolue ; les autres comme partielle. Je me range parmi ces derniers.

1° Fouillée (et à ce qu'il semble Horwicz) a soutenu la première thèse. « L'association des idées présuppose celle des émotions et sous celle des émotions celle des impulsions. L'impulsion dominante éveille par association les impulsions secondaires dirigées dans le même sens. Le lien qui les relie est l'unité d'un but par rapport auquel les impulsions sont moyens, l'unité d'un effet par rapport auquel elles sont forces coopérantes... Ce qui domine l'association des sentiments, ce sont les lois d'analogie et de contraste. » (*Loc. cit.*, 221.) On ne me soupçonnera pas d'être hostile à l'esprit fondamental de cette thèse, puisque le présent livre n'est qu'une longue revendication en faveur de la primordialité des tendances. Mais, à moins de se laisser décevoir par le mirage de l'unité à tout prix, il m'est impossible d'admettre que *toute* association suppose un facteur affectif comme raison déterminante. Sans parler de celles qui résultent de la contiguïté (elles sont nombreuses) où le rôle des sentiments est bien douteux ; je trouve une catégorie importante d'associations purement intellectuelles, où l'intervention des sentiments me paraît impossible à établir. Le mathématicien et le métaphysicien qui enchaînent une longue série d'abstractions, ont-ils un état émotionnel pour soutien et véhicule de leur pensée, discursive ou constructive ? Je ne vois, en théorie et en fait, aucune raison pour l'admettre, à moins qu'on ne veuille invoquer l'amour de la vérité : et, en tout cas, ce ne serait qu'un *primum movens*, non la cause directe et immédiate des associations.

2° L'influence des états affectifs doit être posée comme cause principale, mais non exclusive. Elle se résume dans ce que Shadworth Hodgson a nommé « la loi de l'intérêt ». Dans un événement passé, tout n'est pas également intéressant ; dans sa reviviscence, tous les éléments ne sont pas également actifs, les plus émotionnels entraînent les autres. « Deux processus sont constamment en jeu dans toute réintégration : l'un est un processus de corrosion, de dissolution; l'autre un processus de rénovation, de retour..... Les parties de l'objet qui offrent quelque intérêt, résistent à cette tendance graduelle vers la dissolution de l'objet total. « Coleridge disait avec raison « que la loi générale pratique de l'association est celle-ci : tout ce qui rend certaines parties d'une impression totale plus vives ou plus distinctes que le reste, déterminera leur rappel dans l'esprit, de préférence avx autres qui leur sont également associées, par la condition commune de coexistence dans l'espace ou le temps. Mais la volonté elle même en renforçant et limitant l'attention, peut arbitrairement conférer à un objet quelconque l'activité et la netteté [1]. » Le pouvoir que Coleridge attribue à l'attention et à la volonté, se résout finalement en un état affectif comme cause dernière : c'est de lui seul que peut provenir un accroissement d'intensité.

Je n'insisterai pas davantage sur ces généralités. Il sera plus instructif de fixer par quelques détails l'influence de la vie affective sur la mémoire. Pour cela, je divise notre étude en deux parties : rôle du sentir inconscient, rôle des sentiments conscients.

I

Il n'est pas toujours facile de déterminer positivement en quelle mesure le sentir inconscient influe sur la mémoire, pour la susciter, pour enchaîner les idées. J'emploie à dessein ce terme vague « sentir inconscient » parce qu'il ne préjuge rien quant à sa nature. On peut s'en faire telle conception qu'on voudra : le considérer comme purement physiologique ou lui assigner un caractère psychologique, celui d'une conscience indéfiniment décroissante; ces deux hypothèses ont leurs partisans : cela est sans importance pour ce qui suit. Dans cet inconscient, je distingue trois couches, en allant de la profondeur à la superficie, du plus obscur au moins obscur.

1° *L'inconscient héréditaire ou ancestral.* Je le mentionne pour ne rien omettre. Il consisterait dans l'influence de certaines façons

---

1. *Biographia Litteraria*, ap. James, I, 572.

de sentir héritées et fixées dans une race, qui exerceraient une
maîtrise sur nos associations à notre insu. Elle me paraît, sous
cette forme du moins, très hypothétique. L'un des fondateurs de la
physiologie de l'inconscient, Laycock (1844) a prétendu expliquer
par là certains goûts nationaux ou individuels : les plaines plairaient
aux Hongrois parce qu'elles évoquent le souvenir ancestral des
steppes de la Mongolie, leur patrie primitive (?). H. Spencer, qui
ne s'est pourtant guère préoccupé de l'influence des sentiments
sur l'association des idées, dit incidemment que dans l'impression
causée par un paysage, outre les sensations immédiatement reçues,
« il y a les myriades de sensations causées dans les temps passés
par des objets semblables à ceux qu'on a sous les yeux... enfin, il
s'éveille aussi probablement certaines combinaisons d'états plus
profonds, mais maintenant vagues, qui existaient à l'état organique
dans l'espèce humaine aux temps barbares, quand son activité
pour le plaisir se déployait surtout au milieu des bois et des eaux » [1].
Schneider suppose cette reviviscence ancestrale dans toute perception esthétique ; nous y reviendrons à ce sujet (2e partie). Les goûts
déprédateurs de l'homme primitif expliqueraient certaines associations agréables (par exemple, le plaisir de construire un drame
sanglant) qui contrastent avec les habitudes de l'homme civilisé, etc.

Ces faits me paraissent réductibles à une explication unique. Il y
a dans chaque homme des tendances latentes ; elles peuvent dormir
pendant toute la vie, mais aussi un événement fortuit peut les
réveiller et les révéler. On peut les appeler héréditaires, puisqu'elles
sont dans un organisme hérité ; il serait tout aussi juste de les
appeler innées. En tout cas, il est bien difficile d'établir qu'elles
sont une survivance et surtout une résurrection de tendances qui
ont existé au lointain des âges.

2° *L'inconscient personnel venant de la cénesthésie*, c'est-à-dire
de l'ensemble des sensations internes : ceci nous rapproche insensiblement de la conscience, du moment où l'état affectif peut se
constater sans induction. Une certaine disposition, une certaine
manière de sentir est la cause directe et immédiate des associa-

1. Laycock, *A Chapter on some organic Laws of personal and ancestral
Memory*, 1875. — H. Spencer, *Psychology*, I, § 214.

tions. Elle est permanente ou transitoire. — Permanente, elle répond au tempérament ou au caractère : suivant que l'on est gai, mélancolique, érotique, ambitieux, il se produit une sélection inconsciente parmi les idées qui surgissent dans la conscience ; un artiste et un homme pratique, en face du même objet, ont deux modes totalement distincts d'association. — Transitoire, elle répond chez le même individu aux états de santé ou de maladie, aux changements de l'âge : chacun de ces états distincts produit une sélection distincte. L'unité de certains rêves, malgré l'apparence disparate des associations, a sa cause (qui se découvre facilement) dans une disposition organique ou affective : fatigue, dépression, oppression, troubles de la circulation, de la digestion, excitation sexuelle. La simplicité et la fréquence de ces faits dispensent d'insister.

3° *L'inconscient personnel, résidu d'états affectifs liés à des perceptions antérieures ou à des événements de notre vie.* Ce résidu émotionnel, quoiqu'il reste latent, n'en agit pas moins et peut être retrouvé par l'analyse. Ce cas, l'un des plus importants de notre sujet, a été récemment étudié par Lehmann [1] sous le nom de déplacement (*Verschiebung*) des sentiments et par J. Sully sous le nom de *transfert* des sentiments : cette seconde dénomination me paraît plus claire et plus exacte.

Sous sa forme la plus générale — car son mécanisme n'est pas toujours le même — la loi de transfert consiste à attribuer *directement* un sentiment à un objet qui ne le cause pas lui-même. Il n'y a pas transfert, en ce sens que le sentiment serait détaché de l'événement primitif pour être accollé à un autre ; mais il y a un mouvement de généralisation ou d'extension du sentiment qui s'étend comme une tache d'huile. Ce transfert peut être figuré symboliquement. Représentons par A un état intellectuel et par s l'état affectif qui l'accompagne ; A par association suscite B, C, D, E, etc., s est transféré successivement à B, C, D, E, etc. ; nous avons : en

$$\underset{s}{\underline{A}}. \text{B C. D. E. etc.} \qquad \text{puis} \qquad \frac{A\ B\ C\ D\ E}{s}, \text{etc.}$$

sorte que C ou D ou E, etc., peuvent susciter s directement tout

1. Lehmann, *Hauptgesetze*, etc., p. 268, et 250 à 357. — J. Sully, *ouvrage cité*, II, 76.

comme A et sans A. « Le sentiment est évoqué sans l'intermédiaire de la représentation à laquelle il était lié à l'origine » (Sully). Cette loi de transfert mérite de nous arrêter un peu, parce qu'elle a un rôle assez important dans la formation des émotions complexes et que nous aurons besoin de la rappeler plus d'une fois. D'ailleurs, elle n'opère pas toujours de la même manière : je distingue deux cas principaux, selon que le transfert se fait par contiguïté ou par ressemblance.

Transfert par contiguïté. — Lorsque des états intellectuels ont coexisté, ont formé un complexus par contiguïté et que l'un d'eux a été accompagné d'un sentiment particulier, l'un quelconque de ces états tend à susciter le même sentiment.

La vie courante en fournit des exemples très nombreux et très simples. L'amant transfère le sentiment causé d'abord par la personne de sa maîtresse, à ses vêtements, ses meubles, sa maison. Pour la même raison, la jalousie, la haine exercent leur rage sur les objets inanimés qui appartiennent à l'ennemi. Dans les monarchies absolues, le culte pour la personne du roi se transfère au trône, aux emblèmes de sa puissance, à tout ce qui tient à sa personne de près ou de loin. Le joli passage suivant de Herbert Spencer se rapporte à un cas moins simple, mais de même nature : « Le cri des corbeaux n'est pas en lui-même un son agréable ; musicalement il est même tout à fait le contraire. Cependant ce croassement produit ordinairement des impressions agréables, impressions que beaucoup attribuent à la nature du son lui-même. Seules les rares personnes qui se sont livrées à l'analyse de leur propre conscience, savent que ce cri leur plaît, parce qu'il a été lié jadis avec une multitude sans nombre de leurs meilleurs plaisirs : avec la cueillette des fleurs sauvages dans l'enfance, avec les excursions des soirs de congé, avec les parties de campagne en plein été, quand on laissait les livres et qu'on remplaçait les leçons par les jeux et les aventures à travers champs, avec les matinées fraîches et ensoleillées de l'âge mûr, quand une promenade les reposait délicieusement de leur tâche. Et maintenant ce son, bien qu'il ne soit pas lié comme une cause à tous ces plaisirs passés si nombreux et si divers — simplement parce qu'il leur a été associé, réveille une conscience obscure de ces plaisirs, comme la voix d'un vieil ami apparaissant chez nous à l'improviste, réveille soudain un flot d'émotions résultant des plaisirs de notre camaraderie passée [1]. » — On doit remarquer que dans le transfert par contiguïté, qui de sa nature est automatique, les états intellectuels agissent comme *causes*, puisque l'extension des sentiments leur est subordonnée.

Transfert par ressemblance. — Lorsqu'un état intellectuel a été accompagné d'un sentiment vif, tout état semblable ou analogue tend à susciter le même sentiment.

C'est dans ce fait psychologique qu'est le secret du sentiment d'amour, de tendresse, d'antipathie, de respect, que l'on éprouve pour une personne, à première vue, sans raison apparente et que l'on inscrit au compte de l'instinct. Mais ceux « qui se livrent à l'analyse de leur propre conscience » découvriront dans bien des cas une ressemblance plus ou moins proche avec une personne connue qui nous inspire ou nous a inspiré amour, tendresse, antipathie, respect. Une mère peut ressentir une brusque sympathie pour un jeune homme qui ressemble à son fils mort ou qui simplement est du même âge. L'explication de beaucoup de ces cas est dans un état inconscient qui ne se laisse pas facilement saisir, mais qui, s'il redevient conscient (la volonté n'y aide que très indirectement), éclaire tout. Il y a aussi des peurs dites instinctives, sans motifs conscients, qu'une observation un peu pénétrante peut ramener à la même explication [2].

Ce transfert peut s'opérer de deux manières, l'une étroite, l'autre large. La manière étroite repose sur la ressemblance pure : B ressemble à A dont la perception ou la représentation est ou était autrefois accompagnée de tel sentiment ; le transfert ne s'étend pas plus loin. La manière large repose sur l'analogie et a une portée bien plus haute : elle passe d'un individu à plusieurs, à une classe, à des classes. L'un de mes amis, dit Lehmann, haïssait les chiens ; les circonstances le contraignirent à en avoir un ; il s'y attacha et peu à peu son sentiment de sympathie s'est étendu à toute l'espèce canine (*loc. cit.*). Cette possibilité d'un transfert illimité a été un facteur social et moral de premier ordre : il a permis l'extension des sentiments sympathiques du petit clan fermé à des groupes de plus en

---

1. *Psychologie*, II, § 519.
2. Ce point a été très bien traité dans Lehmann (*ouv. cité*, p. 244).

plus distants : tribu, nation, humanité. Le transfert large a été le
grand agent de passage du particularisme à l'universalisme [1].

II

Des états inconscients aux états affectifs dont on a la pleine
conscience, la transition se fait par degrés et par des formes
ambiguës ; mais obscure, demi-obscure ou claire, leur influence
demeure la même. Parmi les cas nombreux où l'association des
idées dépend d'une disposition affective consciente, on peut établir
trois groupes :

1° Les cas individuels, accidentels, éphémères. Ils sont réductibles à une seule formule : Lorsque deux ou plusieurs états de
conscience ont été accompagnés d'un même état affectif, ils tendent
à s'associer. La ressemblance affective réunit et enchaîne des
représentations disparates. C'est un cas de l'association par ressemblance, *mais non intellectuelle* : les représentations s'associent
parce qu'elles se ressemblent par un ton émotionnel commun, non
en tant que représentations. On en peut donner des exemples
abondants. L. Ferri (dans sa *Psychologie de l'association* et sans
noter d'ailleurs cette loi émotionnelle) nous dit que, un jour, piqué
par une mouche, il se rappela brusquement un enfant, que jadis,
très jeune lui-même, il avait vu couché sur son lit de mort. Pourquoi
cette vision subite? « D'abord j'étais couché sur mon lit en ce
moment, puis j'étais piqué par une mouche, enfin la vue du cadavre m'avait causé une profonde tristesse et en ce moment aussi
j'étais fort triste. » L'association par identité ou ressemblance émotionnelle est très fréquente dans les rêves, comme on l'a dit plus
haut. Je me rappelle, entre plusieurs autres, un rêve dont l'unité,
malgré l'incohérence apparente des associations, était due à un sentiment général de fatigue : Une route sans bornes s'étendait devant
moi avant d'arriver à ma dernière étape, les montagnes abruptes
surgissaient sans cesse, mes yeux se fatiguaient à découvrir la

---

1. Le mécanisme de la suppression des intermédiaires entre A, état
initial, et les états lointains G, H, I. etc., a été étudié par J. Sully (II. 76).
Je n'insiste pas sur ce point qui appartient plutôt à la psychologie de
l'association qu'à celle des sentiments.

ville désirée à l'horizon ; enfin à chaque instant pour me rensei-
gner, il me fallait parler une langue étrangère que je possède très
mal et dans laquelle il m'est très pénible de m'exprimer : je me
réveillai dans un état de courbature intense et générale. J. Sully
rapporte un rêve dont l'unité est dans un état d'anxiété et de dépit.
Il est appelé à l'improviste à faire une leçon sur Herder ; il commence en balbutiant des généralités ; puis il est apostrophé par une
personne de son auditoire qui lui pose des difficultés ; puis, l'auditoire entier devient tumultueux, etc. L'un de ses enfants qui voit
pour la première fois, à deux jours de distance, l'horloge de la
cathédrale de Strasbourg et les glaciers de la Suisse, rêve la nuit
suivante que les personnages de l'horloge se promènent sur la neige :
le fond du rêve est dans un état d'admiration ou d'étonnement.

2° Cas permanents, stables, qui se rencontrent partout parce
qu'ils tiennent à la constitution de l'esprit humain. Ils sont fixés
dans les langues. Dans un chapitre précédent sur l'expression des
émotions (ch. ix), nous avons rencontré « le principe d'association des sensations analogues » formulé par Wundt. En l'adap-
tant à notre sujet actuel nous pouvons dire : Les sensations douées
d'un ton affectif semblable s'associent facilement et se renforcent.
Rien de plus différent par nature que nos sensations externes
(sauf le goût et l'odorat) et les qualités qu'il nous faut connaître :
les données de la vue et de l'ouïe ne se ressemblent aucunement,
en tant que connaissance du monde extérieur, et cependant nous
parlons de voix sombres, de voix claires, de couleurs criardes, de
musique colorée. Nous associons la vue aux sensations thermiques :
couleurs froides, couleurs chaudes. Le goût joue son rôle : reproches amers, critique aigre-douce. Enfin, le toucher — comme l'a fait
remarquer Sully-Prudhomme — est peut-être la source la plus abondante des associations entre l'idée de la sensation physique et un
état émotionnel : touchant, dur, tendre, pesant, ferme, solide, âpre,
pénétrant, poignant, piquant, etc. Au fond de toutes ces associations, il y a un ton affectif commun qui en est la cause et le support. Peut-être serait-il plus juste de les classer parmi les cas
d'influence affective semi-consciente ; mais nous avons dit plus haut
que notre division en facteurs inconscients et facteurs conscients
est superficielle et sans grande importance.

3° Cas exceptionnels, rares. Flournoy, dans son important ouvrage sur l'audition colorée, explique avec raison cette anomalie par une « association affective ». On sait que plusieurs hypothèses ont été faites sur l'origine et la cause de ce phénomène : — embryologique, il serait le résultat d'une différenciation incomplète entre le sens de la vue et celui de l'ouïe et la survivance, dit-on, d'une époque primitive où cet état aurait été la règle; — anatomique, supposant des anastomoses entre les centres cérébraux des sensations visuelles et auditives; — physiologique ou de l'irradiation nerveuse — psychologique ou de l'association. Je n'examine pas si tous les cas sont réductibles à une seule et unique explication; mais le plus grand nombre paraît certainement réductible à l'association. Toutefois, il ne s'agit pas d'une forme quelconque d'association : elle doit être affective, comme Flournoy, le premier l'a remarqué. « Par association affective, j'entends celle qui s'effectue entre deux représentations non pas à cause d'une ressemblance qualitative (elles peuvent être disparates comme un son et une couleur) ni en vertu de leur rencontre régulière ou fréquente dans la conscience, mais par suite d'une analogie de leur caractère émotionnel. Chaque sensation ou perception possède en effet, à côté de sa qualité objective ou de son contenu intellectuel, une sorte de coefficient subjectif, provenant des racines qu'elle plonge dans notre être et de la façon toute particulière dont elle nous impressionne, nous plaît ou nous déplaît, nous excite ou nous apaise, en un mot nous fait vibrer tout entier... On conçoit que deux sensations absolument hétérogènes et incomparables par leur contenu objectif, telles que la couleur et le son *i*, puissent être comparables et se ressembler plus ou moins par ce retentissement qu'elles ont dans l'organisme; et l'on conçoit du même coup que ce facteur émotionnel puisse devenir entre elles un trait d'union, un lien d'association par lequel l'une réveillera l'autre [1]. »

Ajoutons que l'on rencontre — bien plus rarement — des cas d'olfaction et de gustation colorée et même, paraît-il, de douleur colorée [2]. Cette association anormale entre des couleurs déter-

---

1. Th. Flournoy, *Des phénomènes de Synopsie* (1893), p. 20.
2. Suarez de Mendoza, *L'audition colorée* (1890), p. 52-50.

minées et des saveurs, odeurs, douleurs déterminées, peut s'expliquer de la même manière.

Faut-il attribuer à la même cause un fait constaté par exception d'ailleurs, chez quelques hystériques en état d'hypnotisme (quelquefois éveillées) et qui consiste en ceci? L'excitation de régions circonscrites du corps fait surgir immédiatement dans l'esprit soit des idées, soit des sentiments qui s'imposent impérieusement à la conscience et durent autant que l'excitation qui les a provoqués. Pitres, qui a assez longuement étudié ces « zones idéogènes » [1], en a relevé jusqu'à une vingtaine éparses sur diverses parties du corps, chez le même sujet. L'effet de leur excitation (par frottement ou compression) est toujours le même chez le même individu, mais varie d'un individu à un autre : ce qui exclut l'hypothèse d'un mécanisme préalable. Parmi les sentiments suscités par ce procédé, je note : la tristesse, la gaieté, la colère, la peur, l'érotisme, la piété, l'extase.

On s'est borné à constater le fait, sans essai d'explication. Seul, Pitres propose celle d'une auto-suggestion, ce qui n'est pas loin d'une association d'idées. Faut-il admettre à l'origine une coïncidence fortuite entre une modification corporelle locale et un certain état émotionnel (ou une idée), d'où une association par contiguïté qui se serait fixée et renforcée par sa répétition même, pour devenir indissoluble? Ou bien la friction, la compression produiraient-elles chez certains sujets des réactions organiques particulières qui susciteraient un état affectif particulier? On ne peut hasarder que des conjectures.

Pour conclure, l'influence des dispositions affectives sur la mémoire est grande et de tous les instants; elle contribue à ressusciter les idées et à les associer. Or, les états affectifs ne sont pas des entités, mais des modes de la conscience, l'équivalent psychique de certaines réactions organiques, viscérales, vaso-motrices, musculaires : en sorte que l'influence affective se réduit à tout cela. Et tout cela se réduit-il à des mouvements? C'est une tendance assez marquée de plusieurs contemporains d'incliner dans ce sens.

---

[1]. *Leçons cliniques sur l'hystérie et l'hypnotisme*, t. II, 59° leçon. On y trouvera l'historique de ce sujet (Braid, Chambard, Féré) et les observations personnelles de l'auteur.

Fouillée ramenait plus haut toute association à celle des impulsions, Horwicz de même sous une autre forme (*loc. cit.*). Il met dans les sentiments la base de toute mémoire de conservation et dans le mouvement la base de tout sentiment. « Nous nous rappelons un état affectif dans la mesure où nous pouvons reproduire les mouvements qu'il implique. » Par une autre voie, celle de l'expérimentation, Münsterberg s'est efforcé de montrer que l'association dite successive se réduit à une simultanéité rapide et que si l'on supprime l'exercice des mouvements, pendant que les impressions sont reçues, la mémoire est fort diminuée et la reproduction difficile[1]. Il est vrai que ses expériences ont été limitées aux mouvements d'articulation.

J'indique en passant cette hypothèse générale. Qu'on l'admette ou non, le rapport entre les sentiments et l'association des idées (quoiqu'on l'ait souvent méconnu) reste établi d'après une masse de faits qui, malgré leur nature hétérogène, conduisent tous à la même conclusion.

---

1. Sommer (*Zeitschrift für Psychologie*, t. II) rapporte une observation d'aphasique qui comporte une interprétation analogue.

DEUXIÈME PARTIE

PSYCHOLOGIE SPÉCIALE

INTRODUCTION

I

L'étude spéciale des diverses manifestations de la vie affective nous fait pénétrer dans sa psychologie bien plus que les généralités qui précèdent. Elle n'est pas un simple complément ou éclaircissement qu'on puisse écourter, traiter en courant ou même omettre, comme le font quelques représentants de la théorie intellectualiste. Tant qu'on n'a pas considéré, l'un après l'autre, en détail, chaque sentiment simple ou composé, on n'a aucune idée de cette richesse, de cette multiplicité d'aspects dont les formules générales ne sont que de maigres abrégés.

Quelques-uns disent ou laissent entendre, dédaigneusement, que c'est une étude purement descriptive. Mais, tant qu'on n'aura pas trouvé d'autre méthode pour traiter la question, cela vaudra toujours mieux que le silence. Jusqu'ici l'expérimentation appliquée aux sentiments s'est tenue dans des limites très étroites et n'a guère fait que corroborer les données de l'observation. Il faut donc modifier notre orientation et chercher ailleurs : l'anthropologie, l'histoire des mœurs, des arts, des religions, des sciences, nous seront souvent plus utiles que les apports de la physiologie. Les expériences de laboratoire inspirent à certains une foi inébranlable ; mais l'évolution des sentiments dans le temps et l'espace, à travers les siècles et les races, est un laboratoire qui opère, depuis des milliers d'années, sur des millions d'hommes et dont la valeur documentaire n'est pas médiocre. Ce serait pour la psychologie une grande perte de négliger ces documents. Longtemps renfermée dans l'observation intérieure, elle s'est isolée des sciences biologiques, de propos délibéré, les jugeant étrangères ou inutiles à son œuvre. Il ne faudrait pas qu'elle tombât dans une semblable erreur en ce qui concerne le développement concret de la vie humaine et que, après s'être mutilée par en bas, elle se mutilât par en haut. Si la vie de l'esprit a ses racines dans la biologie, elle ne se développe que dans les faits sociaux. Une science ne gagne jamais à trop restreindre son domaine, l'excès contraire vaut encore mieux [1].

Puisque nous avons donc à passer en revue toutes les formes du sentiment, inférieures et supérieures, primitives et dérivées, à noter les moments successifs de leur développement, à les suivre dans leurs transformations, une question domine tout notre sujet : Quelles sont les causes de l'évolution des sentiments?

Pour donner à cette question une forme claire et concrète, prenons l'homme primitif, tel que les anthropologistes l'ont restitué, non sans beaucoup d'hypothèses et de conjectures. Qu'il ait été la bête féroce décrite par les uns, ou un être faible, chétif, nu, taillant ses premières armes dans les silex roulés d'une rivière, soutenant à peine au jour le jour son existence famélique et ne trouvant dans le creux des rochers qu'un refuge insuffisant contre des dangers incessants, — il reste toujours certain qu'il faisait pauvre figure à l'origine sur la surface du globe. Comment de l'anthropophagie primitive en est-il venu à la culture morale et sociale actuelle? comment de l'acte sexuel bestial à l'amour chevaleresque? du fétichisme grossier aux subtilités de la métaphysique religieuse ou au mysticisme? des des-

1. Parmi les causes qui ont donné quelque impulsion à la psychologie des sentiments pendant la dernière moitié de ce siècle, Ladd (*Psychology : descriptive and explanatory*, p. 163-164) mentionne : 1° la théorie de l'évolution; parce que les phénomènes affectifs sont fondamentaux et permanents et que les hommes diffèrent bien moins les uns des autres par leurs appétits, émotions et passions, que; par leurs pensées et leurs idées; et parce que cette doctrine soutient que, sous les formes les plus élevées du sentiment, il y a toujours quelque tendance instinctive; 2° le mouvement littéraire et artistique qui commence à J.-J. Rousseau et « s'est affirmé de plus en plus avec le roman moderne et la musique wagnérienne » et qui devait inviter les psychologues à l'analyse. — Il conviendrait d'ajouter les études sociologiques contemporaines qui ont montré le rôle considérable d'éléments émotionnels, simples ou raffinés, que les économistes avaient délibérément retranché de leurs théories sur l'organisation sociale.

sins de l'âge néolithique aux raffinements du sentiment esthétique ?
d'une curiosité étroite et bornée à l'enthousiasme désintéressé pour
la science ? Comment le passage s'est-il produit d'un extrême à l'autre ?
Il est clair qu'une forme nouvelle de sentiment ne peut surgir par
génération spontanée ; elle ne peut être que l'œuvre d'une transformation, d'un développement psychologique. Comment cela s'est-il
fait ? Quelles causes ont opéré cette métamorphose ?

La cause principale, essentielle, fondamentale, c'est le développement intellectuel.

Une autre cause, invoquée par beaucoup d'auteurs, mais plus
douteuse et plus limitée dans son action, c'est la transmission
héréditaire.

1° Malgré son importance, la première cause ne nous retiendra
pas longtemps, parce qu'elle ne peut être présentée, pour le
moment, que sous la forme de généralités vagues. Son action consiste en ce que la marche ascendante qui des formes inférieures de
la connaissance (sensations et perceptions) monte à la représentation concrète, puis abstraite (images génériques), puis aux formes
moyennes et supérieures de l'abstraction, entraîne dans son mouvement des modifications concomitantes de la vie affective, produites
par contre-coup. L'homme primitif, comme l'animal et l'enfant,
n'est d'abord qu'un faisceau de besoins, de tendances, d'instincts
qui, lorsqu'ils ne sont pas simplement inconscients, ne sont liés
qu'à des impressions externes ou internes. L'instinct de la conservation, formule synthétique qui exprime un groupe d'instincts subordonnés et convergents, s'oriente différemment suivant les cas,
tantôt défensif, tantôt offensif. Il n'est déterminé que par les fins
successives qu'il doit atteindre, tout comme la force musculaire de
mon bras peut être employée indifféremment à soulever un poids,
à tirer un coup de fusil, à battre, à caresser. L'élément intellectuel,
quel qu'il soit, est toujours le principe de détermination, jamais tout
seul et par lui-même, le principe d'action. Le processus suit toujours la même marche et reste identique de bas en haut : il va du
simple au complexe ; nous en aurons la preuve à propos de chaque
émotion. L'enfant qui sent vivement la possession ou la privation
d'un jouet, reste insensible devant un grand paysage, par raison de
son exiguïté intellectuelle. On sait que (malgré l'opinion commune)

un sauvage, même un barbare, n'est pas ému par les splendeurs de la vie civilisée, mais seulement par ses côtés mesquins et puérils. Ses grands aspects ne lui inspirent ni désir, ni admiration, ni jalousie, parce qu'il ne les comprend pas. Déjà au siècle dernier, Bougainville en faisait la remarque, maintes fois confirmée depuis. Parlant de la profonde indifférence des Océaniens pour la construction savante de ses navires et de leurs instruments : « Ils traitent, dit-il, les chefs-d'œuvre de l'industrie humaine comme ils traitent les lois de la nature et ses phénomènes ».

2° Faut-il admettre l'hérédité comme une cause spéciale et indépendante de l'évolution affective? C'est un problème très discuté. Darwin, Spencer et beaucoup d'autres à leur suite admettent que certaines variations ou modifications acquises dans l'ordre affectif peuvent être transmises par voie héréditaire, puis fixées et organisées dans une race. Ils donnent comme exemples la peur, les sentiments bienveillants, l'amour de la nature, le sentiment musical, etc.; le retour brusque de soi-disant civilisés à la vie sauvage ou nomade, faute de transmission héréditaire s'exerçant sur plusieurs générations; les tendances déprédatrices coexistant avec la plus haute culture sont pour eux des cas d'atavisme ou de réversion [1]. — D'un autre côté, l'opinion dominante depuis une vingtaine d'années (ne commence-t-elle pas à décliner?) est radicalement hostile à l'hérédité des modifications acquises. Weismann et Wallace, qui ont touché, plus que les autres, aux parties psychologiques de ce sujet, sont décidément pour la négative. — La question est donc ouverte et je l'accepte comme telle, afin qu'on ne m'accuse pas de faire la part trop belle à l'hérédité. Mais, même en admettant qu'il n'y ait aucun fait rigoureusement probant en faveur de la transmission des particularités psychiques, il reste pourtant que quelques-uns sont vraisemblables, surtout dans l'ordre pathologique, et ils appartiennent à la catégorie des appétits, tendances et passions, bien plus qu'au groupe des états intellectuels. C'était à prévoir; l'hérédité physiologique est plus stable que l'hérédité psychologique et les

---

1. Pour plus de détails, nous renvoyons à notre *Hérédité psychologique*, liv. I, ch. v, et liv. III, ch. iii. Bain a discuté assez longuement la question du point de vue strictement psychologique (*The Emotions*, ch. ii); il incline à la « probabilité » d'une transmission dans certains cas.

conditions physiologiques régissent la vie affective plus étroitement que la vie intellectuelle.

Si donc, par une réserve peut-être excessive, on élimine l'hérédité comme facteur de l'évolution des sentiments, le rôle de conservation et de consolidation qu'on lui attribue d'ordinaire doit être assigné à d'autres causes ; ce sont les influences de milieu, l'imitation, la tradition, l'éducation sous ses formes multiples. Il est clair qu'un mode nouveau d'émotion, surgissant dans une conscience humaine isolée, ne peut durer, s'accroître, devenir contagieuse, dans un milieu totalement différent et réfractaire. Le mysticisme religieux était inconciliable avec le culte sanglant des Aztèques ; qu'aurait pu un saint Vincent de Paul indigène chez des cannibales et un Mozart chez les Fuégiens ?

Mais ces influences de milieu nous ramènent indirectement à notre première cause ; car les mœurs, coutumes, traditions, institutions, ce sont des *idées* qui, avec les sentiments concomitants, se sont fixées et incarnées dans certaines manières d'agir, qui servent de point de départ à une nouvelle étape de l'évolution.

Toutefois, ce qui précède ne doit pas être admis sans restriction. Nous avons posé en loi que le développement intellectuel entraîne l'évolution affective ; mais cette règle n'est pas absolue et comporte de fortes réserves. 1° Ces deux formes de l'évolution vont rarement *pari passu*. Sans parler des cas où les idées restent complètement inefficaces, avortent, ne produisent aucun mouvement ; généralement leur action ne se fait sentir qu'à la longue ; l'évolution affective retarde. 2° Dans certains cas, l'évolution des sentiments est *directe* et précède celle des idées.

Un historien philosophe, Buckle, étudiant les facteurs de la civilisation, en trouve deux essentiels : le progrès intellectuel, le progrès moral ; puis il se pose « une question très grave » : lequel est le plus important et tient l'autre sous sa dépendance ? Il choisit nettement le premier. La question de Buckle est en grande partie la nôtre ; car, si elle ne s'étend pas à toutes les manifestations de la vie affective, le groupe des sentiments moraux en forme du moins une très importante fraction. Sa réponse me paraît légitime ; mais il est trop imbu de ce préjugé qu'il suffit qu'une idée soit vraie et clairement conçue pour qu'elle fasse agir et il ne semble pas se douter qu'une idée ne supplante un sentiment qu'à la condition d'être devenue elle-même un sentiment [1].

L'intelligence peut en un instant trouver une vérité nouvelle, reconnaître une idée comme juste, conforme à la nature des choses ; mais tout cela reste théorique, c'est-à-dire sans ton émotionnel, sans tendance à se réaliser. Ce que la logique découvre si rapidement, exige des années, même des siècles, pour devenir un motif d'action. « Si les Grecs ne pouvaient pas étendre aux Barbares leurs sentiments d'humanité, la cause était non dans une insuffisance intellectuelle, mais dans le pouvoir d'arrêt du sentiment national. Le christianisme renversa ces barrières, non par réflexion intellectuelle, mais par l'effet d'un sentiment vif et profond. Puis, dans le christianisme, l'intolérance a élevé de nouvelles barrières et entravé le développement naturel de la religion [2]. » On trouverait dans l'histoire des exemples abondants de cette inertie des sentiments (histoire de l'esclavage, etc.). On se les figure toujours en état de mobilité et d'instabilité perpétuelles, tandis qu'une manière de sentir habituelle possède, en fait, une puissance d'arrêt formidable. Elle ne la perd que peu à peu, avec le temps. On dit communément qu'une discussion n'a jamais changé une conviction ; mais c'est ne voir que le présent ; elle peut agir par incubation et à long terme.

Une autre raison du désaccord entre les deux modes de développement — intellectuel, affectif — peut s'exprimer sous une forme un peu pédantesque, mais claire et précise. L'évolution intellectuelle est soumise au principe de contradiction ; l'évolution affective ne l'est pas ; elle est soumise elle aussi à un principe logique que nous déterminerons plus tard, mais qui est autre. Supposons un être purement intellectuel ; l'affirmation et la négation sur un même objet ne peuvent coexister dans son cerveau ; l'une élimine l'autre.

---

1. Pour la discussion, voir sa *Civilisation in England*, t. I, ch. IV : elle se résume dans la pensée suivante qu'il a empruntée à Cuvier et qui est très contestable : « Le bien que l'on fait aux hommes, quelque grand qu'il soit, est toujours passager ; les vérités qu'on leur laisse sont éternelles ». Les institutions nées d'un effort original, d'une poussée nouvelle des sentiments moraux, il les compte donc pour rien. C'est un aphorisme de pur savant.

2. Höffding, *Psychologie*, 4e éd., trad. all., 1893, p. 411-412. Ce point est brièvement, mais très bien traité.

Supposons un être purement affectif; deux tendances contraires peuvent agir en lui, chacune allant vers sa fin, pourvu qu'elles n'entraînent pas la destruction de l'individu. Dans tout individu qui se contredit, il y a au moment où il se contredit un élément affectif en jeu. Nous verrons plus tard que là est la clef des caractères contradictoires, très naturels du point de vue affectif, quoiqu'ils soient le scandale de la raison.

Enfin, dans certains cas, le développement affectif est complètement émancipé de l'autre et même le devance; c'est une évolution directe. Le sentiment, a-t-on dit, est le pionnier de la connaissance, c'est-à-dire qu'il enveloppe quelquefois une connaissance confuse, il est l'anticipation d'un idéal. Alors ce n'est pas une idée qui suscite un sentiment, mais l'éclosion d'un sentiment qui finit par se concréter dans une idée; sa source est dans le tempérament et le caractère. Le transformisme nous a familiarisés avec la notion des variations spontanées dans les animaux et les plantes. Ce phénomène n'est pas plus rare en psychologie : dans l'ordre intellectuel, dans l'ordre affectif, dans l'ordre de l'action. On est trop porté à croire que les inventeurs, révélateurs, initiateurs, n'existent que dans le domaine de la connaissance ou de l'activité; mais il y a aussi dans le domaine des sentiments des variations spontanées, utiles ou nuisibles. S'il y a des façons de penser originales, il y a des manières de sentir originales qui s'imposent, créent une contagion. Nous en trouverons de nombreux exemples; ces « variations » ont joué un grand rôle, notamment dans l'évolution du sentiment moral.

Ces remarques trop générales se compléteront dans la suite, en étudiant chaque forme d'émotion l'une après l'autre. Tel est l'objet de cette deuxième partie. Elle consistera en une série de monographies brèves ou longues. Sauf une vue d'ensemble sur la loi qui paraît régir la dissolution des sentiments, leur pathologie ne sera pas traitée sous un titre spécial, mais à l'état disséminé; elle terminera l'étude de chaque forme normale, seulement dans la mesure où elle en fait mieux saisir la nature et relève de la psychologie.

II

Avant de nous mettre en marche, il faut tracer notre itinéraire. Au début de cet ouvrage, on a présenté au lecteur un tableau général de la vie affective; il est nécessaire de revenir sur ce sujet, sous une forme plus brève, plus précise et plus limitée. Puisque les émotions complexes dérivent des émotions simples, celles-ci de besoins et instincts, satisfaits ou entravés — de tendances qui sont l'expression directe et immédiate de notre constitution physique et mentale; — puisque l'élément irréductible est un phénomène moteur, actuel ou virtuel, réalisé ou à l'état naissant, il est indispensable de dresser la liste de ces tendances ou instincts primitifs qui sont les racines des émotions.

Sur ce point, on est bien peu éclairé. Les uns ne s'en occupent pas, les autres se contentent d'une énumération quelconque. W. James, qui s'est occupé sérieusement de la question, pose en principe qu'il y a chez l'homme autant et même plus d'instincts que chez les animaux, ce qui me paraît incontestable. Mais sa liste, qu'il termine en disant que les uns la trouveront trop longue et les autres trop courte, contient des éléments très hétérogènes : instincts certainement primitifs, instincts dérivés (ex. : l'amour de la possession), instincts contestés comme tels (ex. : l'imitation), instincts pathologiques (ex. : phobies, kleptomanie, etc.), qui ne peuvent être considérés que comme des anomalies et, à ce titre, très différents des instincts simples et irréductibles [1].

Quoiqu'il soit téméraire de s'engager dans une campagne où les uns ont fui et les autres échoué, il faut pourtant essayer de dresser une liste des instincts (ou tendances) primitifs, puisqu'ils sont les sources d'où jaillissent tous les plaisirs, toutes les douleurs, toutes les émotions, toutes les passions. Pour cela, je ne vois qu'une méthode à suivre, employée depuis longtemps dans la psychologie animale : n'admettre dans la liste des instincts humains que ceux qui présentent franchement les caractères qui suivent : 1° Innéité. Cela ne veut pas dire qu'ils apparaissent à l'heure même de la nais-

1. *Psychology*, t. II, p. 403-440.

sance, mais qu'ils sont antérieurs à l'expérience, non appris ; qu'ils surgissent tout faits, dès que leurs conditions d'existence se rencontrent. Les instincts qu'on appelle *différés*, qui apparaissent tard, comme l'instinct sexuel chez l'homme et beaucoup d'animaux, n'en sont pas moins innés. 2° Spécificité. Ils existent dans l'espèce entière, sauf quelques individus qui, de ce fait et sur ce point, sont des anormaux : ainsi divers instincts manquent chez l'idiot. 3° Fixité, entendue au sens relatif ; car personne ne soutient plus la thèse de l'invariabilité absolue de l'instinct et, chez l'homme, sa plasticité est extrême, parce qu'un pouvoir supérieur, l'intelligence, le pétrit et l'adapte à ses desseins.

Ces caractères fixés, reste à les appliquer en suivant l'ordre chronologique : partir de la naissance, dresser l'inventaire des instincts actuels, innés au sens étroit ; puis suivre le cours des années, en notant l'apparition de chaque instinct nouveau, irréductible et continuer ainsi jusqu'à ce que la liste soit épuisée.

Je propose de les répartir en trois groupes : le premier en date relève surtout de la physiologie, le second est psycho-physiologique, le troisième surtout psychologique. Nous n'aurons pas à les étudier tous, parce que les uns sont étrangers à la psychologie en général, les autres à la psychologie des émotions. Leur énumération sera faite, pour le moment, sous une forme très sèche, comme une table des matières.

1er groupe. — Ils appartiennent à la vie que les biologistes appellent organique ou végétative et qu'ils opposent à la vie de relation. Tous convergent vers une seule et même fin, vers l'acte fondamental de la vie : la nutrition. Pour simplifier autant que possible, divisons cet acte en trois moments : recevoir, transformer, restituer.

1° Le premier seul a un intérêt psychologique, parce qu'il se traduit dans la conscience par deux besoins extrêmement énergiques, la faim et la soif. Il est presque superflu de dire que ces instincts dépassent le domaine de la psychologie, pour pénétrer dans celui de la sociologie et y jouer un rôle capital (disette, famine, vol, crimes, anthropophagie, lutte à mort pour se disputer un peu d'eau, etc.). Leur pathologie est aussi plus instructive qu'on ne le croirait, parce qu'elle pose et résout, comme nous le verrons, sous une forme simple, le problème de l'antériorité de la tendance sur le plaisir et la douleur.

2° Le moment de la transformation est purement physiologique. Il se traduit aussi par des besoins dont le plus impérieux est celui de la respiration, condition indispensable de la combustion des matériaux et des échanges interstitiels qui s'ensuivent. Si l'air devait être acquis et conquis, comme les aliments, cet instinct se traduirait dans la conscience comme la faim et la soif : ce qui arrive rarement (dyspnée, asphyxie). Sa pathologie n'instruit pas et ne comporte guère que des singularités individuelles (respirer toujours de l'air chaud ou froid, dormir les fenêtres ouvertes, etc.).

3° Le moment de la restitution au dehors (sécrétions, excrétions, etc.), bien qu'il se traduise par des mouvements instinctifs, n'a que des rapports bien indirects avec notre sujet ; et quoique, en fait, *rien* de ce qui se passe dans l'organisme ne soit totalement étranger à la psychologie, nous pouvons le passer sous silence.

2° groupe. — Ces instincts appartiennent à la vie dite de relation et ils répondent à deux moments : recevoir, restituer. Le premier moment est représenté par toutes les formes de la perception externe et il comprend les tendances liées à l'exercice de chacun de nos sens, la tendance de chaque organe sensoriel à remplir sa fonction : l'œil tend à voir, la main à prendre et à palper. Ces tendances satisfaites sont agréables ; entravées, pénibles. Il en résulte du plaisir et de la douleur, non des émotions proprement dites. Le second moment est représenté par toutes les formes de mouvement musculaire, tendances à agir, à produire des bruits comme certains animaux, cris, vocalisation, gestes et attitudes du corps. Nous avons vu que tout cela exprime les émotions, suivant l'opinion courante, en est partie intégrante suivant nous.

Le *3° groupe* de tendances a pour fin non plus de recevoir ou de restituer, mais de conserver et de développer l'individu en tant qu'être conscient. Elles expriment non plus sa constitution physique, mais sa constitution psychique, son organisation mentale sous ses divers aspects ; elles traduisent ses besoins comme être spirituel, ainsi que la respiration, la faim, la soif, etc., traduisent ses besoins comme être vivant. Elles ont donc toutes un caractère psychologique et sont la source de ce complexus de mouvements et d'états agréables, pénibles ou mixtes, qu'on nomme émotions.

Rappelons l'ordre chronologique de leur apparition déjà indiqué ailleurs : 1° l'instinct de la conservation sous sa forme défensive qui s'exprime par la peur, avec ses variétés et ses formes morbides (les phobies); — 2° l'instinct de la conservation sous sa forme offensive, c'est-à-dire la colère et ses dérivés, et, sous la forme morbide, les impulsions destructives; — 3° la tendance sympathique et les émotions tendres (non sexuelles). Il est pourtant très discutable que la sympathie puisse être assimilée à une tendance au sens rigoureux : elle me paraît plutôt une propriété générale de l'être sentant; ce point sera examiné plus tard. Même remarque pour l'instinct d'imitation ou tendance à imiter qui ne paraît pas irréductible.

Ces trois tendances et émotions primitives avec leurs dérivés forment la première assise de l'édifice. La peur et la colère surtout ont un caractère d'extrême généralité; on peut descendre très bas dans l'échelle animale, sans qu'elles manquent. Les émotions tendres, appuyées sur la sympathie (source des émotions sociales et morales), couvrent un champ beaucoup moins large; elles pénètrent pourtant dans l'animalité, sous la forme de rapprochements temporaires ou permanents.

Les autres tendances sont d'apparition plus tardive et leur cercle est plus restreint : 4° l'instinct du jeu, en désignant par ce mot la tendance à dépenser un superflu d'activité. C'est un tronc d'où sortent plusieurs rameaux : (*a*) le besoin d'exercices physiques, (*b*) le goût pour la vie d'aventure, (*c*) la passion des jeux de hasard qui devient si rapidement morbide, (*d*) et l'activité esthétique. — 5° La tendance à connaître (la curiosité) n'apparaît qu'avec un certain développement de l'intelligence et de l'attention : liée d'abord à l'exercice des sens (considérer un objet, le toucher), elle est rigoureusement pratique, quoiqu'elle doive engendrer plus tard les variétés du sentiment intellectuel. — 6° A une époque plus tardive, et peut-être chez l'homme seul, se manifestent les tendances égotistes (*self-feeling, selbstgefühl, amor proprius*) qui expriment le moi, la personne comme ayant conscience d'elle-même et se traduisent dans l'émotion de l'orgueil ou son contraire et leurs variétés. — 7° Reste enfin le dernier en date (du moins chez l'homme), l'instinct sexuel, dont le caractère d'extrême généralité est bien connu.

Telles sont les tendances qui, à notre avis, sont les racines de toutes les émotions simples ou composées; actuelles, passées ou futures. Cette assertion sera justifiée ou infirmée par les études qui vont suivre.

CHAPITRE I

L'INSTINCT DE LA CONSERVATION SOUS SA FORME
PHYSIOLOGIQUE

Le titre ci-dessus peut sembler assez étranger à la psychologie ou de nature à peu éclairer notre sujet. Il n'en est rien. Ce groupe de tendances — car nous avons vu que l'instinct de la conservation est une somme, un total — représente les facteurs principaux de la cénesthésie, qui est elle-même le terrain sur lequel la vie affective pousse et prolifère. De plus, les instincts nutritifs ont leur pathologie : celle-ci nous fait assister non à la genèse (ce qui est impossible) de nouvelles tendances, mais à une transformation radicale, à un changement complet d'orientation dont les effets sont facilement observables et instructifs. A l'état normal, les instincts nous sont donnés comme tout faits, agissants ; nous ne pouvons, ni en nous-mêmes ni dans les autres, remonter à cette époque lointaine et obscure où la poussée inconsciente, la tendance aveugle s'est produite pour la première fois, sans expérience antérieure de l'agrément ou du désagrément qui doit s'ensuivre. Aussi, l'affirmation de l'antériorité de la tendance sur le plaisir et la douleur peut être qualifiée de théorique, tant qu'on n'a pu fournir des faits clairs qui la démontrent; nous allons les fournir.

I

Les actes nutritifs se passent dans la profondeur intime des tissus et des organes. Par quelles voies sont-ils en connexion avec l'écorce corticale, soit pour en subir l'influence, soit pour y transmettre le retentissement de leur ralentissement, de leur accélération, de leurs modifications diverses? Sur ce point, les physiologistes savent peu de chose. D'après quelques-uns (Schiff, Brown-Séquard), il y aurait des rapports entre le tube digestif et la couche optique, le corps strié, les pédoncules cérébraux ; les actions psychiques qui modifient la respiration seraient transmises par le troisième ventricule et les tubercules quadrijumeaux antérieurs. Les expériences de Pitres et François-Franck sur la zone sensori-motrice de l'écorce montrent que l'excitation, sur un point quelconque, a pour résultats : une augmentation, un ralentissement ou même un arrêt de la respiration, une accélération du rythme cardiaque et, si elle est forte, une inhibition ou même une syncope ; des effets vaso-moteurs, une contraction ou un relâchement des nerfs de la vessie ; une influence sur les contractions utérines ; sur la sécrétion de la salive et du suc pancréatique, sur les actions trophiques en général. D'après Goltz, la destruction des lobes antérieurs produit l'amaigrissement, celle des lobes antérieurs l'effet contraire. Ces désaccords et incertitudes sont pour nous peu importants : il reste toujours que les fonctions nutritives sont sous la dépendance spéciale du pneumogastrique et du grand sympathique, qu'elles sont représentées d'une manière quelconque dans l'écorce cérébrale et forment le contenu principal de la cénesthésie. Si elles ne jouent, chez l'adulte, qu'un rôle latent et intermittent, par la prépondérance des sensations externes, des images et des idées, il est probable que chez les animaux, surtout chez les voraces, les rôles sont intervertis et que la cénesthésie, comme synthèse des fonctions organiques, passe au premier plan. On l'a même soutenu pour ce qui concerne les enfants et les sauvages, en s'appuyant sur ce fait, qu'ils ont proportionnellement l'estomac plus large, les intestins plus longs et sur divers autres caractères[1]. Quoi qu'il en soit, lorsque des troubles profonds se passent dans l'organisme, la cénesthésie se modifie, par suite les tendances se modifient et *par suite* la position du plaisir et de la peine.

Les faits qui vont suivre n'ont rapport qu'aux besoins nutritifs ; mais nous trouverons leurs équivalents ou analogues dans les autres

1. Brugia, *Patologia della cenestesia* (1893).

manifestations de la vie affective. Nous pouvons donc, dès maintenant, généraliser et dire :

Lorsqu'il se forme des tendances anormales ou morbides, quelque absurdes ou violentes qu'elles soient, leur satisfaction entraîne le plaisir, leur non-satisfaction, la douleur. Là où l'homme normal, à tendances normales, met le plaisir ; l'homme anormal, à tendances anormales, met la douleur. Inversement, ce que l'homme à tendances normales sent comme agréable, l'homme à tendances anormales le sent comme désagréable. *Le plaisir et la douleur suivent les changements de la tendance, comme l'ombre suit les mouvements du corps.*

Voyons les faits. Il ne s'agit en ce moment que de la perversion des instincts relatifs à la nutrition.

La grossesse produit dans les premiers mois des troubles digestifs, circulatoires, sécrétoires, une nutrition incomplète et simultanément ces bizarreries d'appétit, ces goûts dépravés que tout le monde connaît et dont la liste serait sans fin. Pour ne pas sortir du sujet de ce chapitre, je ne dis rien des tendances morbides d'une autre nature qui se produisent en même temps, chez quelques femmes : tendances à l'homicide, au suicide, à « l'horreur du mari », au vol, etc.

Chez des anémiques, chlorotiques, hystériques et autres sujets dont la nutrition est mauvaise, on note un vif plaisir à manger de la terre, de la paille, du tabac, de la craie, du sable, du charbon, etc., et la répulsion pour les substances alimentaires les plus savoureuses [1].

1. Je dois rapporter la remarque de Briquet sur ce point : « Tout bizarres que paraissent ces appétits, on trouve assez fréquemment leur raison d'être. Ainsi une jeune femme qui mangeait avec délices la braise de sa chaufferette, m'a raconté que, dès l'abord, elle aimait la croûte de pain ; de là elle en vint à la croûte de pain grillée, puis à la croûte à l'état de charbon, puis graduellement au menu charbon. Je suppose que si l'on cherchait l'origine de beaucoup de ces goûts bizarres, on en trouverait une aussi simple. » Pierre Janet (*État mental des hystériques*, II, p. 71), après avoir transcrit ce passage ajoute : « J'ai assez souvent suivi ce conseil et j'ai pu en apprécier la valeur ». Cette enquête psychologique est fort ingénieuse, mais elle ne fait que reculer la difficulté. Elle nous apprend par quelle série d'associations d'idées le résultat final est atteint ; mais pour y arriver et surtout pour s'y fixer, l'association ne suffit pas. Elle n'est que le mécanisme extérieur qui, à la rigueur, explique pourquoi la déviation s'est orientée dans ce sens. Beaucoup aiment la croûte, même brûlée, et n'auront jamais d'appétit pour le charbon. Beaucoup ont croqué du charbon par curiosité ou par mégarde, mais sans y prendre goût. C'est une cause plus profonde et plus puissante que l'association qui se trouve à l'origine et agit.

Il y a beaucoup d'exemples d'hypocondriaques qui recherchent et mangent avec délices des vers, des crapauds, des araignées, des chenilles, etc. ; et le commencement de la folie est souvent marqué par un régime alimentaire excentrique et désordonné.

Enfin, encore plus bas, il y a la coprophagie et la scatophagie (avaler les excréments, l'urine, le contenu des crachoirs, etc.) : elles ne se rencontrent guère que chez les idiots et déments, c'est-à-dire chez des êtres dont les instincts les plus simples sont abolis ou pervertis. La voracité insatiable de certains idiots a été attribuée à une paralysie de la branche gastrique du nerf vague [1].

On pourrait en dire tout autant de l'odorat, si intimement associé au sens du goût et qu'on a appelé justement une gustation à distance. (Il ne faut pas oublier d'ailleurs sa relation étroite avec l'instinct sexuel.) Certaines personnes, qui ne peuvent supporter les aromes les plus délicats, savourent l'odeur de la valériane, de l'assa-fœtida et pis encore.

En résumé, on peut dire que, dans une race donnée, à un moment donné de son développement, il y a une certaine moyenne de goûts alimentaires dont la satisfaction est agréable : qu'il survienne des troubles profonds dans l'organisme, tout change ; les tendances, désirs et aversions deviennent autres ; les états agréables et désagréables *qui ne sont que des effets*, varient avec leur cause et comme elle.

Les actes physiologiques dont le but est le maintien de la nutrition, n'entrent guère dans la conscience que sous la forme de la faim et de la soif, dont nous n'avons pas à étudier ici la psychologie, parce qu'elle fait partie d'un autre département, celui des sensations. Tout ce qui précède est réductible à des anomalies ou déviations de la faim. La pathologie de la soif est plus simple, car elle se résume dans la *dipsomanie*, dont les modalités et variétés cliniques n'ont pas d'intérêt pour la psychologie des instincts ; mais, en ce qui concerne ce besoin, la transformation de la tendance nor-

1. Pour les détails, voir Campbell, *On the appetite in Insanity*, dans « Journal of mental science », juillet 1886, p. 193 sq. ; Belmondo, *Pervertimenti dell'istinto di nutrizione*, dans la *Rivista* de Tamburini, 1888, p. 1 sq., qui cite le cas d'un aliéné qui avait dans l'estomac 1841 objets (clous, plombs, etc.), pesant en tout 11 livres anglaises et 10 onces.

male, naturelle, en tendance morbide ne diffère pas, quant à son mécanisme et à ses résultats, de ce qui a été dit précédemment pour la faim.

Il existe, dans les traités généraux et spéciaux, beaucoup de descriptions de la dipsomanie auxquelles nous renvoyons le lecteur. Laissons de côté les hallucinations, les troubles moteurs, la déchéance intellectuelle et morale, pour ne considérer que la genèse, le développement et la consolidation de cette tendance morbide.

« N'est pas dipsomane qui veut. » Trop boire volontairement ou par hasard peut arriver à tout le monde; mais il n'y a pas dans ce fait le caractère fatal et inexorable d'un instinct inassouvi. La période d'incubation, c'est-à-dire d'actions lentes qui acheminent vers la métamorphose complète, présente des caractères psychologiques fort nets; ils traduisent l'état troublé de la cénesthésie et sont d'ordre affectif : malaise, tristesse, manque d'énergie et de courage, apathie, insensibilité morale, pressentiment vague du danger. Puis l'éruption se produit sous la forme d'une soif intense, dévorante. Beaucoup essaient de réagir et de se tromper eux-mêmes à l'aide de l'eau, de substances mucilagineuses : ce qui montre, comme l'ont fait remarquer quelques auteurs, que l'alcoolisme proprement dit n'est qu'un paroxysme : sous la pression d'un besoin à énergie croissante, le pas décisif est franchi. On trouvera dans les très nombreuses observations publiées sur ce sujet bien des variétés : lutte au début seulement, lutte avant chaque accès, indignation du malade contre lui-même, il s'injurie, il s'inflige des boissons étranges ou répugnantes; tout y passe. En résumé, incubation, constitution d'une idée fixe, obsession, chute finale; telle est, en bref, l'histoire de cette métamorphose pathologique.

Est-il besoin de faire remarquer encore une fois que le fait primitif, c'est la transformation d'une tendance naturelle, par suite de changements dans l'organisme, et que la satisfaction, l'apaisement ne viennent qu'*après*.

II

La nutrition, c'est-à-dire l'acte essentiel de la vie physiologique, est sauvegardée par deux espèces distinctes de tendances. (Nous ne parlons toujours que de celles qui entrent dans la conscience et ont ainsi un caractère psychologique.)

D'une part, les tendances à forme positive, qui consistent en une attraction, une attaque sur le monde extérieur (aliments et liquides) : la faim et la soif.

D'autre part, les tendances à forme négative qui consistent en une aversion, une défense, une fuite et qui se résument dans l'état connu sous le nom de dégoût.

Le dégoût est dû à une excitation du pneumogastrique qui produit le vomissement, la nausée ou un simple malaise. Cet instinct répulsif est lié : 1° directement et immédiatement au goût et à l'odorat — deux sens qui ne s'isolent guère et qui sont préposés à la surveillance de ce qui entre dans l'organisme ; 2° indirectement et par association d'idées aux sensations visuelles et aux sensations tactiles (corps gluants, visqueux, etc.), par analogie et par métaphore à certains objets qui n'ont plus rien de commun avec les fonctions nutritives : le laid, l'immoral. En vertu de cette loi de transfert ou « d'association des sensations analogues » dont nous avons parlé, la tendance s'éloigne de plus en plus de sa forme primitive ; mais, dans tous les cas, il y a un fond commun de répulsion, de défense, de désir d'éloignement.

Le dégoût sous sa forme primitive (la seule qui nous occupe) a été peu étudié. On se contente de la classer parmi les sensations organiques, en négligeant le côté affectif, c'est-à-dire son rôle dans la conservation de l'individu. Je ne connais sur ce point que la bonne monographie de Ch. Richet [1], que je résume.

Le dégoût est lié à la conservation ; « c'est un sentiment instinctif de protection ». Pour justifier cette thèse, l'auteur passe en revue les divers objets de la nature, notant ceux qui nous inspirent du dégoût et en cherchant la cause. — Le règne inorganique nous laisse en général indifférents ; cependant l'hydrogène sulfuré, l'ammoniaque et divers autres gaz nous causent une répulsion bien marquée : c'est l'effet d'une association d'idées, cela sent et rappelle la décomposition, le cadavre. — Pour le règne végétal, les herbivores, en raison de leur régime, sont les meilleurs sujets à

1. « Des causes du dégoût », dans *L'Homme et l'Intelligence*, p. 44-84.

observer; sur le choix des aliments leur instinct ne les trompe guère. Rappelons qu'à leur entrée dans le Nouveau-Monde, les Espagnols, hésitants en face d'une flore inconnue dont ils ne connaissaient pas les propriétés, se fiaient à la décision de leurs chevaux. Chez l'homme, Richet attribue la répulsion pour les aromes amers à ce qu'ils coexistent fréquemment avec des propriétés toxiques : il prend comme types les alcaloïdes végétaux (quinine, nicotine, etc.), dont la puissance comme poisons est en quelque sorte proportionnée à l'amertume. En sorte qu'il y a toujours, au fond, « l'amour de la vie et l'horreur de la mort ». — Dans le règne animal, le dégoût s'adresse aux matières putréfiées qui sentent ou rappellent la décomposition cadavérique et les substances toxiques, aux parasites, aux animaux venimeux ou réputés tels; car l'instinct qui voit tout en bloc, confond dans la même aversion le crapaud et la grenouille, le serpent et l'inoffensive couleuvre.

Dans sa teneur générale, la thèse de la finalité du dégoût est incontestable. Il y a sans doute beaucoup d'exceptions, de faits difficiles à expliquer (Richet en a signalé); mais si l'on tient compte de la complexité de la question, les objections tombent.

Une banalité répétée à satiété depuis des siècles, c'est qu'il ne faut pas discuter sur les goûts. Prise à la lettre, elle réduirait le dégoût à une manifestation purement individuelle, sans portée biologique, elle le dépouillerait de tout caractère spécifique et le ferait évanouir comme instinct. C'est une position superficielle. Les contradictions du goût sont à rapprocher de celles de la morale. Les variations de mœurs et de coutume, suivant les races, les temps, les pays et même les castes, n'excluent pas la présence d'une règle qui a ce caractère commun à tous les cas, de dériver des conditions d'existence de chaque groupe et de s'imposer à ce titre. De même le dégoût existe partout, sous une forme ou une autre comme instinct de protection. Ce qui complique la question, chez l'homme, c'est que, par suite du développement intellectuel, cet instinct a été modifié, transformé et même supprimé : entre la connaissance raisonnée et la tendance instinctive, il s'est livré un combat où tantôt l'un, tantôt l'autre a triomphé. On sait combien les animaux ont de répugnance pour un changement d'alimentation. Cela se voit aussi chez les enfants et les races inférieures, quand elles ne sont pas pressées par le besoin. La plasticité croit avec la civilisation. Ajoutons-y la nécessité d'adaptations nouvelles : ainsi dans une ville assiégée, on se repaît de choses immondes ; l'instinct de la conservation physiologique est une « maison divisée » où la forme positive lutte contre la forme négative, avec des résultats variables suivant les individus. A cet antagonisme entre l'instinct primitif et des motifs rationnels plus complexes, ajoutons l'influence de l'imitation, de la mode, et il ne restera guère d'exceptions inexpliquées.

Quant à l'*origine* de cet instinct, si l'on accepte l'hypothèse des modifications acquises, on dira que les animaux et les hommes les mieux doués pour s'abstenir des substances nuisibles, ont eu par là même des chances de survie, qu'ils ont pu transmettre cette qualité à leurs descendants, chez qui elle s'est fixée et organisée en tendance innée. Qu'on admette ou non cette hypothèse, cela n'importe pas ; notre seul but était de rappeler que le dégoût n'est pas un phénomène capricieux, sans portée ; mais qu'il a sa racine dans les profondeurs inconscientes de notre organisation.

CHAPITRE II

L'INSTINCT DE LA CONSERVATION SOUS SA FORME DÉFENSIVE
LA PEUR

L'instinct de la conservation individuelle, sous sa forme défensive, est l'origine de l'émotion qu'on nomme la peur et de ses variétés. Nous avons déjà dit plusieurs fois qu'elle apparaît la première dans l'ordre chronologique (23 jours d'après Preyer, à deux mois d'après Perez; Darwin la recule à quatre mois); avec elle, l'émotion proprement dite, comme complexus psychophysiologique, se manifeste pour la première fois dans la conscience. Suivant la méthode qui sera appliquée invariablement à chaque émotion, simple ou composée, nous examinerons tour à tour sa psychologie et sa pathologie.

I

Elle a été définie « la réaction émotionnelle causée par la représentation vive et persistante d'une douleur ou d'un mal possible ». Bonne pour la majorité des cas, cette formule ne paraît pas applicable au premier moment de la peur, comme on le verra ci-après [1].

1. J. Sully, *Psychology*, II, p. 91. Consulter aussi la monographie très connue de Mosso, *La Paura*, et Bain, *Émotions*, ch. VIII. La peur a été assez étudiée. L'absence de monographies pour ce qui concerne les autres émotions est une nouvelle preuve de l'état d'enfance de la psychologie affective; pour la mémoire, les perceptions, les images, etc., on trouve, au contraire, un grand nombre d'études spéciales sur des points spéciaux.

Sa physiologie a été faite par Darwin, Mantegazza, Mosso, Lange. Je préfère la description de ce dernier, parce qu'elle est plus systématique; elle n'est pas faite de traits épars, mais compose un tableau logiquement ordonné. On sait d'ailleurs l'importance qu'il attribue aux conditions physiologiques de chaque émotion. Les marques caractéristiques de la peur sont :

1° Pour l'innervation des muscles de la volonté : affaiblissement plus fort que pour le chagrin, tremblement convulsif; dans les cas extrêmes, suppression de tout mouvement, on est cloué sur place; voix rauque et brisée ou mutisme complet : en somme, paralysie plus ou moins accentuée de l'appareil moteur volontaire.

2° Pour les muscles de la vie organique : arrêt de la sécrétion lactée, de la menstruation, de la sécrétion salivaire, la bouche devient sèche et la langue adhère au palais, sueur froide, chair de poule, hérissement des poils, arrêt de la respiration, oppression, resserrement de la gorge. La peur a aussi une influence bien connue sur les sécrétions intestinales.

3° Pour l'appareil vaso-moteur, constriction spasmodique des vaisseaux, frisson, choc violent au cœur et, si l'impression est violente, paralysie qui peut causer la mort, pâleur et anémie périphérique.

L'ensemble de ces manifestations exprime un abaissement du ton vital qui n'est aussi complet et aussi net dans aucune autre émotion. On a pu soutenir avec raison que la peur a un caractère téléologique, qu'elle est adaptée à une fin, se resserrer, se dérober, offrir le moins de prise possible aux attaques et, en prévision d'un mal possible, se tenir sur la défensive. Toutefois le cas n'est pas si simple. Les formes faibles ou modérées de la peur, par le sentiment de faiblesse qu'elles produisent dans la conscience, sont une arme contre les actions nocives, en déterminant l'éloignement ou la fuite. Mais les formes graves, telles que la terreur et l'épouvante, accompagnées de tremblement et d'anéantissement moteur, nous mettent en face d'une grosse difficulté. Quand l'existence est menacée, dans les moments les plus décisifs, quand l'attaque, la défense ou la fuite sont impérieusement commandées, nous voyons les animaux ou l'homme, paralysés par le tremblement, succomber, sans pouvoir tirer parti de leurs forces. Darwin se borne à dire que le problème est très obscur (ch. xiii). Mantegazza (*ouv. cité*, ch. vii) prétend que le tremblement est extrêmement utile, parce qu'il tend à produire de la chaleur et réchauffe le sang qui, sous l'influence de la terreur, ne tarderait pas à se refroidir. Mosso combat par de très bonnes raisons la thèse de son compatriote. Il considère la « cataplexie » qui accompagne les formes extrêmes de la peur comme une grave imperfection de l'organisme. « On dirait que la nature, pour faire le cerveau et la moelle, n'ait pu combiner une substance qui fût très excitable et qui, en même temps, sous l'influence de stimulus exceptionnellement forts, fût capable de ne jamais dépasser dans ses réactions les limites utiles à la conservation de l'animal. » En somme, la terreur et l'épouvante lui paraissent des phénomènes morbides. — Au point de vue naturaliste, cette position extra-téléologique est parfaitement acceptable. Une conception finaliste du monde ne souffre pas d'exceptions et doit tout expliquer selon son principe; mais si l'on se contente de dire que les conditions d'existence d'un être vivant, tantôt sont données, tantôt sont absentes, il n'y a plus qu'à constater les cas où elles manquent et les accidents qui s'ensuivent logiquement.

La psychologie de la peur comprend deux moments bien distincts à étudier. Il y a une peur primitive, instinctive, inconsciente, antérieure à toute expérience individuelle; et une peur secondaire, consciente, raisonnée, postérieure à l'expérience. On les confond généralement et comme la seconde est de beaucoup la plus fréquente, elle sert de type aux descriptions.

Premier moment. — Les observations les plus nombreuses établissent l'existence d'une crainte innée, qui ne peut être attribuée à aucune expérience individuelle. Chez les enfants, Preyer [1] soutient l'existence d'une « peur héréditaire qui se manifeste quand l'occasion se présente ». Beaucoup ont peur des chiens et des chats, sans avoir été mordus ni égratignés; le tonnerre les fait crier, pourquoi? La crainte de tomber, dit le même auteur, pendant les premières tentatives de la marche, est tout aussi singulière que la peur à l'égard des animaux. A quatorze mois, son fils n'osait

1. *Die Seele des Kindes*, ch. vii.

faire un pas sans être tenu et était plein d'angoisse, si on le lâchait;
il n'avait pourtant aucune expérience d'une chute. Il conclut très
justement « qu'il est tout à fait erroné de croire que l'enfant à qui
on n'a pas appris la peur, ne la connaît pas. Le courage ou la peur
de la mère exercent certainement une grande influence; mais il y
a, chez les enfants, tant de cas de peur non motivée que l'on doit
admettre quelque influence héréditaire. » — Le même fait a été
observé chez les jeunes animaux : on connaît les expériences de
Spalding sur des poussins nouveau-nés et sur leur terreur instinctive
du faucon. Preyer a répété cette expérience avec les mêmes résultats. Gratiolet, comme nous l'avons dit plus haut, rapporte qu'un
petit chien qui n'avait jamais vu de loup, en flairant un débris de
peau de cet animal, tomba dans une indescriptible épouvante. —
L'homme adulte, quoique sa peur repose sur l'expérience, manifeste
quelquefois (au moins les ignorants et les primitifs) des craintes
vagues, inconscientes, de l'inconnu, des ténèbres, des puissances
mystérieuses, des maléfices, de la sorcellerie, de la magie, etc.
L'ignorance est une grande source de terreur et Bain n'a pas dit
sans raison « que le grand remède contre la peur, c'est la science ».

Comment expliquer l'appréhension d'un mal non éprouvé? Même
en admettant que la peur puisse reposer quelquefois, et dès le
début de la vie, sur des analogies, ressemblances, associations
d'idées, il reste un grand nombre de cas irréductibles. Nous avons
vu Preyer, à la suite de Darwin, Spencer et des autres évolutionnistes, admettre l'influence de l'hérédité. C'est un fait bien connu
que les oiseaux des îles inhabitées ne montrent aucune crainte
quand ils voient l'homme pour la première fois [1], puis ils gagnent
la défiance à leurs dépens et cette peur acquise se transmettrait à
leurs descendants. Dans cette hypothèse, la peur serait partout et
toujours le résultat d'une expérience soit individuelle, soit ancestrale; ce que nous avons appelé le second moment deviendrait le
premier et même le moment unique.

Cette explication est rejetée naturellement par ceux qui n'accep-
tent pas la transmission héréditaire des qualités acquises, sans

---

1. Pour des détails curieux sur ce point, voir Darwin, *Voyage d'un naturaliste*, ch. xvii, où il rapporte ce qui a été vu par lui et avant lui par
d'autres voyageurs. Voir aussi H. Spencer, *Essays*, I, 135.

qu'ils aient rien proposé de satisfaisant à sa place. D'ailleurs, ceci est une question d'origine sur laquelle la psychologie expérimentale peut se récuser comme incompétente. Pour ne pas demeurer sur un terrain contesté et l'expérience individuelle ne pouvant être invoquée, il reste à admettre que les bases de la peur existent dans l'organisme, qu'elles font partie de la constitution de l'animal et de l'homme et l'aident à vivre par une adaptation défensive, utile dans la plupart des cas. Quant au mécanisme obscur de cette peur instinctive, on peut supposer que certaines sensations produisent un choc douloureux qui suscite les réactions organiques, motrices, vaso-motrices constituant l'émotion, que l'instinct de la conservation pour se dérober à la douleur *actuelle* réagit aveuglément, avec ou sans profit, ce qui rend certaines peurs innées inexplicables pour la raison.

Pour ma part, je considère l'hypothèse d'une disposition transmise à certaines peurs comme très vraisemblable.

Deuxième moment. — A la peur consciente, raisonnée, postérieure à l'expérience, la définition donnée plus haut s'applique sans restriction. Elle a pour base la mémoire, non intellectuelle, mais affective. Les efforts des premiers associationnistes pour expliquer la peur par l'association seule (comme James Mill qui la définissait l'idée d'une sensation pénible associée à l'idée de sa reproduction future) ont été vaines, parce qu'ils éliminaient le facteur essentiel, l'élément affectif, l'ébranlement organique [1]. Pour que j'aie peur de l'extraction d'une dent, il faut que le souvenir d'une opération antérieure renaisse avec son ton douloureux, au moins sous une forme faible; si je n'ai qu'un souvenir tout sec, sans résonance physiologique, la peur ne naîtra pas. Il est inutile d'insister sur un point longuement traité dans la première partie.

Il en résulte que l'on est accessible à la crainte dans la mesure où la représentation du mal futur est intense, c'est-à-dire affective et non intellectuelle, sentie et non conçue. Chez beaucoup de gens l'absence de peur n'est qu'une absence d'imagination. C'est ce qui explique comment toute dépression vitale, permanente ou temporaire, prédispose à cette émotion; les conditions physiologiques qui

1. J. Sully, *ouv. cité*, II, 91.

l'engendrent (ou l'accompagnent) sont toutes prêtes : dans un organisme affaibli, la peur est toujours à l'état naissant.

L'émotion qui nous occupe est susceptible de tous les degrés, depuis les formes très faibles comme le soupçon, l'appréhension, jusqu'aux formes extrêmes de l'épouvante et de la terreur. Ces nuances, fixées par la langue, ne comportent pas une description psychologique distincte pour chacune d'elles. Cependant Bain a essayé d'énumérer les diverses espèces de crainte et quelques expériences de Féré indiquent des effets physiologiques différents, suivant le degré de la peur [1]. En faisant apparaître par suggestion un hibou, un serpent, un spectre, la réaction musculaire du sujet, traduite par des tracés graphiques, n'est pas la même dans chaque cas.

II

Établir une séparation entre les formes normales et morbides de la peur est une tâche qui, de prime abord, peut paraître assez difficile. Cependant nous avons un critérium qui peut nous guider. Est pathologique toute forme de la peur qui au lieu d'être utile devient nuisible, qui cesse d'être un moyen de protection pour devenir une cause de destruction. Précédemment (1re partie, ch. iv), nous avons indiqué les marques qui permettent de distinguer le sain du maladif; je les rappelle encore une fois.

L'émotion morbide présente un ou plusieurs des caractères suivants : elle est en disproportion (apparente) avec sa cause; elle est chronique; ses concomitants physiques ont une intensité extraordinaire.

Sur la question des peurs morbides, actuellement désignées sous le nom de *phobies*, il existe un très grand nombre d'observations, notes, mémoires qui ne font que s'accroître chaque jour et qui contiennent bien plus d'énumérations et de descriptions que de tentatives pour expliquer. J. Falret et Westphal (dans son travail sur l'agoraphobie, 1872) paraissent les premiers qui soient entrés

1. Féré, *Dégénérescence et criminalité*, p. 28 et suiv., avec les figures à l'appui.

dans cette voie. A la peur des espaces de Westphal et à la crainte du contact de Falret, s'en ajoutent bientôt d'autres et l'on traverse une première période, où se produit une véritable inondation de phobies, ayant chacune son nom spécial : l'un craint les aiguilles, un autre le verre, un autre les lieux bas, un autre les lieux hauts, un autre l'eau, un autre le feu, etc. Toute manifestation morbide de la crainte est aussitôt dénommée par un vocable grec ou réputé tel et nous avons l'aïcmophobie, la bélénophobie, la thalasso-phobie, la potamophobie, etc., et jusqu'à la sidérodromophobie (peur des chemins de fer) et la triakaidekaphobie (peur du nombre treize!). La liste de ces phobies remplirait des pages; il est clair qu'elle n'a pas de raisons pour s'arrêter; tous les objets de la créa-tion peuvent y passer sous un vêtement pseudo-grec.

Aussi une réaction s'est produite. Au lieu de considérer, comme on le faisait d'abord, isolément chaque phobie, de la dénommer d'après son objet et de se perdre dans des variétés sans fin, on n'y voit plus que des cas particuliers d'une disposition morbide, géné-rale, dont les caractères psychologiques essentiels sont : une idée fixe, obsédante; les symptômes de la peur poussée parfois jusqu'au paroxysme et pouvant se traduire par des convulsions et des crises.

On a proposé aussi diverses classifications pour mettre un peu d'ordre dans cette multiplicité. Les uns procèdent subjectivement et classent d'après les sensations, perceptions, images, idées ou sentiments qui servent de base à la phobie; ainsi la crainte des contacts est rapporté au toucher, l'agoraphobie à la vue, et ainsi de suite. D'autres procèdent objectivement : Régis [1] propose cinq groupes : 1° crainte des objets inanimés; 2° des êtres vivants (peur des foules, de la solitude, des animaux inoffensifs); 3° des espaces (agoraphobie, claustrophobie, etc.); 4° des phénomènes météorolo-giques; 5° des maladies (nosophobie avec ses très nombreuses variétés). A vrai dire, ces classifications, qui peuvent être utiles au clinicien, n'ont qu'une utilité médiocre pour la psychologie de la peur; le problème intéressant est ailleurs.

Avant d'y arriver, rappelons que, en outre de toutes les phobies particulières, il existe quelques observations d'un état vague, mais

---

1. Régis, *Manuel pratique de médecine mentale*, p. 275 et suiv.

permanent d'anxiété ou de terreur qu'on a nommé panophobie ou pantophobie (Beard) ; c'est un état où l'on a peur de tout et de rien, où l'anxiété, au lieu d'être rivée à un objet toujours le même, flotte comme dans un rêve et ne se fixe que pour un instant, au hasard des circonstances, passant d'un objet à un autre.

Si, négligeant l'énumération interminable des phobies et leur description, nous cherchons — car cette tâche incombe à la psychologie — à déterminer leur dérivation de la crainte normale et les causes qui les suscitent, nous entrons dans une région peu explorée et nous passons de la richesse à l'indigence.

En ce qui concerne leur origine psychologique, c'est-à-dire la détermination du type normal dont elles sont des déviations, je propose de les réduire à deux groupes.

Le premier se rattache directement à la peur et comprend toutes les manifestations qui impliquent à un degré quelconque la crainte de la douleur, depuis celle d'une piqûre d'aiguille ou d'une chute jusqu'à celle de la maladie et de la mort.

Le second se rattache directement au dégoût et me paraît comprendre les formes qu'on a appelées quelquefois *pseudophobies* (Gélineau). Telles sont la crainte des contacts, l'horreur du sang, d'animaux non nuisibles et beaucoup d'aversions bizarres, non justifiées.

Remarquons de plus que la peur et le dégoût ont un fond commun, étant l'un et l'autre des instruments de protection, de défense. La première est l'instinct de conservation défensive de la vie de relation ; le second est l'instinct de conservation défensive de la vie organique. Comme il y a, au fond des deux, un mouvement d'aversion, ils se traduisent d'une manière équivalente : la peur par le recul, l'éloignement, la fuite ; le dégoût par le vomissement ou la nausée. Les réflexes du dégoût sont des succédanés de la fuite ; comme l'organisme ne peut se soustraire par un mouvement dans l'espace à ce qu'il a ingéré et qui lui répugne, il y substitue un mouvement d'expulsion.

Après avoir réduit les craintes morbides à deux sources originelles qui sont même réductibles à une seule, nous avons à rechercher leurs causes. Il y en a une très générale dont la plupart des auteurs se contentent : la dégénérescence. Nous en parlerons ailleurs (voir Conclusion) ; mais comme c'est une cause qu'on invoque à chaque instant pour les manifestations les plus dissemblables, elle devient une explication tellement générale qu'il est indispensable de la compléter. Posons donc, si l'on y tient, la dégénérescence comme le terrain sur lequel vont germer et pulluler les craintes morbides ; puis cherchons des causes complémentaires, moins vagues, plus proches des faits. J'en propose trois :

1° La cause est dans quelque événement de la vie antérieure *dont on a gardé le souvenir*. Exemples : Un homme se promenant sur une terrasse surplombant la maison, ne s'est pas aperçu que la balustrade fait défaut dans un endroit ; il marchait à reculons et allait rouler dans le vide, s'il n'avait été arrêté brusquement : il devient et reste agoraphobe [1]. La crainte maladive des chemins de fer se rencontre fréquemment chez les mécaniciens surmenés, surtout chez des gens qui ont failli être victimes d'une catastrophe. Le cas si connu de Pascal voyant un abîme à son côté gauche, « ce qui l'empêchait d'avancer à moins qu'il ne donnât la main à quelqu'un ou qu'on plaçât une chaise pour s'appuyer », fut une suite de son accident au pont de Neuilly. On a dit aussi que Pierre le Grand ayant failli se noyer dans son enfance, éprouvait à passer un pont une crainte difficile à surmonter.

On voit facilement que beaucoup de phobies rentrent dans cette classe. Or, la cause ici n'est que l'exagération d'un fait normal. Tout accident grave laisse un souvenir, qui est pour les uns une simple notation sèche de l'événement et des circonstances (mémoire intellectuelle), pour les autres une reviviscence à quelque degré de la peur éprouvée jadis (mémoire affective) : pour les phobiques, c'est un état permanent au moins en puissance, prêt à surgir dès qu'une association le réveille [2].

2° Quelques phobies ont leur cause dans les événements de l'enfance *dont on n'a pas gardé le souvenir*. En faisant appel à la mémoire inconsciente, on se place fatalement dans une position défavorable ; on entre dans l'obscur, l'hypothétique, on prête aux

---

1. Gélineau, *Des peurs maladives*, p. 54 ; voir aussi p. 18, 69, 126, 169, etc.
2. Beaucoup de phobies me paraissent de nouvelles preuves de fait en faveur de l'existence d'une mémoire affective vraie.

critiques de toute sorte, d'autant plus que certains auteurs font un
grand abus des explications par l'inconscient. Il faudrait une enquête
minutieuse sur chaque cas particulier. Si cependant cette hypothèse
est malaisée à justifier par des preuves positives, le rôle de l'inconscient dans la vie psychique et particulièrement dans la mémoire
est tellement incontestable, qu'il est légitime d'admettre que son
influence agit sûrement quoique sourdement. Peut-être des gens
atteints de peurs étranges, en s'interrogeant, en trouveraient la
cause dans leur passé. Voici du moins un cas que je donne comme
type de ce groupe. Mosso demandait à un soldat de soixante-dix
ans quelle avait été sa plus grande peur. Il répondit : « J'ai vu la
mort en face dans bien des batailles ; mais je n'ai jamais tant de peur
que lorsque je rencontre une chapelle solitaire sur une montagne
déserte ; parce que tout enfant, dans les mêmes circonstances, j'y ai
vu le cadavre d'un homme assassiné et qu'une servante voulait
m'enfermer avec lui pour me punir [1]. » Supposons que le souvenir
conscient se soit effacé peu à peu avec les années, l'impression pouvait demeurer indélébile quoique occulte et agir dans des circonstances déterminées. Est-il téméraire de dire qu'il y a beaucoup de
cas de ce genre, avec cette différence que les traces qui condui-
raient à la cause première sont effacées ?

On a noté chez des hommes célèbres des peurs ou des dégoûts
singuliers et insurmontables : Scaliger tremblait à la vue du
cresson, Bacon s'évanouissait pendant les éclipses, Bayle en entendant couler l'eau, Jacques II en voyant une épée nue (Morel). Il y
a beaucoup de faits de ce genre chez le commun des hommes ; on
les ignore, parce qu'ils n'ont pas de biographes. J'incline à penser
qu'il y a, au fond, quelque impression de la première enfance,
incrustée dans la constitution de l'individu, origine d'une tendance
répulsive qui agit comme si elle était naturelle.

3º La crainte maladive peut être le résultat de la transformation
occasionnelle d'un état vague, indéterminé, en une forme précise.
La panophobie, mentionnée plus haut, serait un stade préparatoire,
une période d'indifférenciation ; le hasard, un choc brusque, lui
donne une orientation et la fixe (peur d'une épidémie, des microbes,

1. *La Paura*, ch. XI, p. 222-223.

de la rage, etc.). C'est le passage de l'état affectif diffus à l'état intellectualisé, c'est-à-dire concentré et incarné dans une idée fixe : travail analogue à celui du délire des persécutions, où la suspicion d'abord vague s'attache à un homme et ne le lâche plus. Les cas, bien moins fréquents que les autres, où plusieurs phobies coexistent me paraissent ressortir à ce groupe. En résumé, la vraie cause c'est un état général (émotif-peureux), mais le hasard joue ici un très grand rôle.

Je ne prétends pas que ces trois ordres de causes suffisent à tout expliquer. Quand on se place devant la légion des peurs morbides, on est souvent fort embarrassé et l'on trouve bien des cas réfractaires. En voici un bien connu, bien banal : la vue du sang produisant un malaise ou la syncope. Rationnellement, c'est inexplicable, car le sang c'est la vie ; mais la raison n'a rien à voir dans l'occurrence. Cherchons ailleurs. On peut dire que le sang rappelle la douleur violente, la destruction, le carnage ; mais sa vue affecte des enfants qui ne peuvent avoir de tels souvenirs. On a invoqué la faiblesse constitutionnelle, la nervosité ; mais la syncope se produit quelquefois chez des gens très vigoureux [1], tandis que des névropathes restent froids. On a fait intervenir l'hérédité ; je ne vois pas ce qu'elle explique ; car en remontant le cours des générations, il faudrait en arriver aux hommes primitifs, batailleurs qui ne devaient pas avoir peur du sang. On pourrait proposer bien d'autres explications, qui encourraient bien d'autres critiques.

J'ai cité ce cas unique pour montrer que dès qu'on dépasse l'énumération et la description des peurs morbides, pour essayer d'en retracer la genèse, on entre dans un sujet presque intact.

1. Voir un cas curieux dans Gélineau, *ouv. cité*, p. 99.

CHAPITRE III

L'INSTINCT DE LA CONSERVATION SOUS SA FORME OFFENSIVE
LA COLÈRE

I

L'instinct de la conservation individuelle, sous sa forme offensive, est l'origine de la colère, type des tendances violentes et destructives. Cette émotion apparaît la seconde dans l'ordre chronologique (deux mois, d'après Perez; nettement à dix mois, d'après Darwin et Preyer).

Bain la définit : « Une impulsion consciente qui pousse à infliger une souffrance et à tirer de ce fait une jouissance positive ». Cette définition ne me paraît pas rigoureusement applicable aux formes inférieures ou animales de la colère, comme on le verra ci-après.

Considérée objectivement ou du dehors, la colère se présente avec des caractères très nets, quant à sa physiologie et à son mode d'expression [1].

1° Dilatation des vaisseaux sanguins, augmentation de la circulation cutanée, rougeur, gonflement. Ceci se rencontre aussi dans la joie; mais, remarque Lange, avec beaucoup moins d'intensité. De plus, la colère a une manifestation qui lui est propre, c'est la dilatation des grosses veines, surtout sur le visage et au front. Poussée à sa forme extrême (rage), elle peut produire des hémorragies, nasale, pulmonaire, la rupture des vaisseaux, la mort.

---

1. Pour la description détaillée, voir Darwin, ch. x; Lange, *ouv. cité*; Mantegazza, *ouv. cité*, ch. xiii; il transcrit le tableau tracé par Sénèque dans son *De Ira* et le trouve, avec raison, fait de main de maître.

2° L'innervation des muscles volontaires est augmentée, mais sous une forme incoordonnée et spasmodique; la voix est saccadée et rauque, le corps se porte en avant dans l'attitude de l'agression, les mouvements sont violents et destructeurs; « on frappe en aveugle » : respiration haletante avec le fait bien connu de la dilatation des narines qui a pour but, d'après Piderit, de respirer amplement, la bouche étant fermée et les dents serrées; qui serait due, d'après Ch. Bell, à la synergie des muscles respiratoires, les narines se dilatant, même quand la bouche est ouverte.

3° D'après Lange et malgré l'opinion populaire, il n'y aurait pas augmentation de la sécrétion biliaire; il n'en est pas de même de la salive, comme le prouve la locution « écumer de colère ». Il importe de noter que la colère donne quelquefois aux sécrétions un caractère toxique. Van Swieten, Bichat, Trousseau et d'autres l'ont constaté pour la salive, où la quantité de ptomaïne est augmentée : on sait depuis longtemps que la morsure des animaux furieux est dangereuse et l'on a constaté des faits analogues chez l'homme mordu par l'un de ses semblables, dans un accès de fureur. La sécrétion lactée peut aussi devenir toxique et produire sur le nourrisson un effet d'empoisonnement. Ces faits montrent encore une fois les rapports étroits de l'émotion avec les phénomènes physiologiques et même chimiques.

En somme, excitation de l'organisme en général et des organes actifs en particulier, et on peut dire avec Spencer : « Ce que nous appelons le langage naturel de la colère est dû à une constriction partielle des muscles que le combat *actuel* mettrait en pleine activité; tous les signes d'irritation, en partant de l'ombre rapide qui passe sur le front et acccompagne une simple contrariété, sont les degrés variés des mêmes contractions ».

La colère et la peur forment une antithèse; mais la première a un caractère plus complexe, comme physiologie et comme psychologie. En effet, la peur, à tous ses degrés et pendant toute sa durée, reste invariablement dans la catégorie des émotions pénibles; la colère parcourt deux moments. Le premier (asthénique) répond à la cause, à l'événement extérieur, au choc immédiat et consiste en une courte dépression, état totalement pénible. Le second (asthénique) répond à la réaction offensive et par ses symptômes se rapproche bien plus du plaisir que de la douleur : rappelons le rire sardonique qui accompagne non l'éruption de la colère, mais quelques-unes de ses formes mitigées et exprime la joie de voir souffrir. La colère est donc une émotion mixte ; elle n'appartient pas tout entière à la catégorie des états de conscience pénibles, quoique ceux-ci prédominent.

Considérée comme fait intérieur, purement psychique, elle échappe à la description, ainsi que tout état irréductible et, dans ses formes vives, l'observation interne ne peut la saisir. A peine admet-elle un examen rétrospectif. Sa psychologie est l'histoire de son évolution, qui comprend trois périodes principales :

1° La forme *animale* ou de l'agression réelle. Elle est primitive et générale. Chez les animaux, elle se voit à l'état pur, parce qu'il n'y a pas de tendances antagonistes qui l'altèrent et la réfrènent. Ceux qui vivent de proie, les carnassiers, les voraces, représentent le type complet. Outre les phénomènes physiologiques ci-dessus décrits, il y a l'attaque réelle ; chacun use de ses instruments naturels : les dents, les griffes, les liquides venimeux. Elle a la violence d'un ouragan, d'une force de la nature déchaînée. C'est qu'elle est liée à des instincts très puissants : la nutrition qui exige sa proie ; la lutte pour la vie sous sa forme implacable, celle de l'attaque : détruire ou être détruit. A cette période, l'élément de plaisir est nul ou très faible, parce que la destruction a un caractère inconscient et aveugle. Bain pense « que les singes sont presque capables de jouir de l'agonie de leurs victimes » et peut-être aussi les éléphants. Si le fait est réel, il ne se rencontre que chez les représentants supérieurs de l'animalité. — Il est inutile d'ajouter que cette forme animale de la colère se voit chez les hommes non seulement sauvages, mais civilisés.

2° La forme *affective* proprement dite ou de l'agression simulée. Bien moins générale que la précédente, elle est surtout humaine. Par la prépondérance de l'élément psychique, ou, du moins, par l'effacement relatif des mouvements destructeurs, elle me paraît le moment typique de la colère, comme émotion. On la voit fréquemment chez les animaux supérieurs : le chien qui, rencontrant son ennemi, s'arrête, grogne, hérisse son poil, offre tous les symptômes de l'agression à l'état naissant. L'homme le plus souvent s'en tient à la menace, avec quelque violence sans destruction. — L'affinité de cette forme avec la première est évidente ; aussi les évolutionnistes en ont tiré un argument psychologique en faveur de la descendance animale : ceux qui sont le plus près de la nature, c'est-à-dire le plus bas dans l'évolution, exercent incessamment leur colère : les enfants sur les bêtes et les faibles ; les primitifs, les gens grossiers, les idiots, les imbéciles sur quiconque ne résiste pas.

Mais le fait important à noter, en ce moment de l'évolution, c'est la nette apparition d'un élément nouveau : le plaisir de voir souffrir. Avec lui la colère commence à se raffiner. « Il n'est guère douteux, dit Bain, que le fait primitif dans le plaisir de la colère est la fascination produite par la vue de l'affliction et de la souffrance physique. Ce fait est aussi singulier que horrible, mais l'évidence en est incontestable. » L'auteur en donne beaucoup d'exemples qu'il est inutile de rapporter. — A mon avis, le fait n'est pas si « singulier », il s'explique si l'on remarque qu'en ce moment *un autre instinct* entre en scène (que nous n'avons pas encore étudié), celui de la domination. Nous trouvons ici le premier germe d'une émotion dont l'évolution est plus tardive, l'émotion de la puissance triomphante, de la force, de la supériorité, de l'orgueil. Pour l'analyse psychologique, la colère n'est plus dès lors à l'état parfaitement pur. Il y a l'instinct destructeur, plus, à une dose variable, l'instinct satisfait de la domination.

3° La forme *intellectualisée* ou de l'agression différée. On peut dire aussi que c'est la forme civilisée de la colère. Les principaux représentants de ce groupe sont la haine, l'envie, le ressentiment, la rancune, etc. Il y a ici en présence deux forces antagonistes : d'une part, l'instinct agressif qui pousse en avant ; d'autre part la raison, le calcul qui enrayent et réfrènent la tendance à l'attaque. Le résultat est un *arrêt de développement*. Je ne veux pas insister sur un point qui sera traité longuement plus tard, quand nous étudierons le passage des émotions simples aux émotions composées; quelques brèves remarques suffiront. En biologie, l'arrêt de développement modifie l'organe dans sa fonction et sa structure et souvent agit par contrecoup sur d'autres organes; en psychologie de même et plus encore, l'arrêt de développement d'une tendance en modifie la nature et le retentissement sur les phénomènes connexes. Mantegazza (*ouvr. cité*, ch. xiii) a donné un bon tableau synoptique de la mimique de la haine. Ceux qui prendront la peine de l'étudier en détail, en le comparant à l'expression de la colère franche, comprendront, mieux que par une dissertation, en quoi consiste un arrêt de développement dans l'ordre psychologique et les modifications qu'il entraîne. Je note entre autres ce point bien observé : — souffrance qu'on s'inflige à soi-même, telle que se mordre le poing ou se ronger les ongles ; — la tendance destructive refrénée se dépense intérieurement aux dépens de l'envieux.

Avec cette forme intellectualisée de la colère, le sentiment de plaisir de la destruction, réalisée ou seulement imaginée, devient plus vif, comme le prouvent les expressions : savourer sa haine, jouir de sa vengeance, etc.

Tels sont les trois moments de cette évolution ascendante et ce qui montre clairement leur identité de nature et leur fond commun, c'est que la haine, si le pouvoir d'arrêt cesse, devient la colère franche, et celle-ci, si elle augmente, prend la forme de l'agression réelle, revenant ainsi au type primitif.

II

Les anciens définissaient la colère une courte folie, ce qui la placerait d'emblée et intégralement dans la pathologie. Sans restriction, cette formule est inacceptable. Tant que la colère n'est un mal ni pour l'individu ni pour les autres, elle est normale, elle est même utile ; car l'animal ou l'homme dénué de tout instinct de défense active et de représailles serait bien pauvrement armé. Toutefois, il faut reconnaître que le champ de la colère normale est bien restreint et qu'aucune émotion ne devient plus rapidement morbide. Des trois moyens qui nous permettent de la qualifier telle, l'une — celle du retentissement violent dans l'organisme — est de nul usage, parce qu'elle prête trop à l'appréciation personnelle et à la conjecture. Restent les deux autres : l'absence de motifs rationnels et la chronicité, la durée excessive, la colère normale n'étant qu'un accès. Or, nous trouvons parmi les maladies mentales, deux dérivés de la colère, deux grossissements de cet état sous la forme paroxystique et nous devons établir entre elles une différence psychologique qui est la répétition de l'état normal.

A la forme aveugle, animale, souvent bestiale de la colère, faite tout entière de mouvements violents et de sentiments pénibles, correspond la folie épileptique.

A la forme violente et consciente de la colère, mélangée d'un élément de plaisir, correspond l'état maniaque.

1° Je n'ai rien à dire des variétés nombreuses de l'épilepsie, des hallucinations qui l'accompagnent, de ses conséquences intellectuelles et morales; je m'en tiens à ce qui l'assimile à la colère.

Même dans les périodes de calme, les traits psychologiques universellement notés révèlent une disposition sombre, morose, irritable, mais surtout irascible; c'est le caractère « colérique » par excellence. Dans la période d'attaque, nous trouvons les symptômes de la colère poussée à l'extrême : « Le malade (j'emprunte la description de Schüle) se précipite sur son entourage avec une rage aveugle, une fureur bestiale; il crache, frappe, mord, brise tout ce qu'il peut atteindre, crie, tempête. Son visage est congestionné, ses pupilles sont tantôt contractées, tantôt et plus souvent dilatées, les conjonctives sont très injectées, le regard est fixe; salivation abondante, battement carotidien, accélération du pouls. » Où est le point de départ de ces décharges furieuses et par quel mécanisme se produisent-elles? Les auteurs ne s'accordent pas sur cette question : les uns attribuent le principal rôle au bulbe, les autres au cerveau, récemment on a admis une auto-intoxication des centres nerveux; d'ailleurs, ceci ne touche qu'indirectement la psychologie. Dans la période de stupeur qui suit, les actes de violence aveugle ne laissent ordinairement aucune trace dans la mémoire; car, c'est une sorte de loi psychologique que l'intensité de la conscience soit en raison inverse de l'intensité des mouvements produits.

2° La manie présente beaucoup de variétés. Prenons la forme typique — la manie aiguë — la plus proche de la colère. Après une période d'incubation mélancolique, une réaction violente se produit, par accès brusque. L'état maniaque peut parcourir tous les degrés de la simple excitation à la fureur. Extérieurement, il se traduit, sous sa forme faible, par de continuelles allées et venues, un besoin incessant de remuer, une possibilité de produire des mouvements sans ressentir aucune fatigue ; sous sa forme intense, ce sont les symptômes de la rage déjà décrits : congestion des vaso-moteurs, face rouge, palpitations de cœur violentes, flux de salive, impulsions furieuses, destruction, etc. — Intérieurement, l'état est analogue ; c'est « le chaos en mouvement » (Esquirol) : et de même que le symptôme extérieur principal consiste en troubles de la motilité, le symptôme intérieur principal consiste en une exubérance intellectuelle, un flux d'idées si désordonné et si rapide qu'elles semblent se succéder sans règle et que les lois de l'association paraissent suspendues ; la parole dans son cours impétueux traduit la vitesse et la discontinuité de la pensée. Mais il y a en outre (pas toujours) une humeur expansive, un état de satisfaction, un sentiment de plaisir qui ne s'accorde guère avec le reste. Beaucoup, après leur guérison, déclarent qu'ils ne se sont jamais sentis si heureux que pendant leur maladie.

La cause de cette disposition inattendue à la joie a été discutée. Les uns l'attribuent à la surabondance des idées et par conséquent lui assignent une origine intellectuelle. C'est un nouvel exemple du préjugé intellectualiste qui, dans les modifications de la vie affective, ne voit toujours qu'un effet. D'ailleurs, remarque Krafft-Ebing (t. II, sect. I, ch. II), chez les délirants et fébricitants, il y a flux d'idées sans joie concomitante et inversement, l'alcool peut produire la gaieté, sans accélérer le cours de la pensée. Aussi cet auteur admet-il, avec raison selon nous, que ces deux phénomènes — la surabondance intellectuelle et le sentiment du plaisir — sont subordonnés à une cause plus profonde : ils ont leur base fonctionnelle dans une dépense plus facile, dans une sensation trompeuse de force et de puissance, dépendant d'une suractivité pathologique.

Ces deux formes morbides qui ont leur prototype psychologique dans la colère, suggèrent une remarque. Elles ne sont pas suscitées par une excitation extérieure (vue d'un ennemi, injure, désobéissance). Leur cause, quelle qu'elle soit, est intérieure ; elle met en jeu un mécanisme préétabli qui est celui de la colère (mouvements violents et désordonnés, phénomènes vaso-moteurs, etc.), et l'état psychique qui s'ensuit est la colère ou une forme émotionnelle très analogue, avec ou sans état de plaisir concomitant. Ceci me paraît un nouvel argument en faveur de la thèse de James-Lange.

La rage épileptique et maniaque n'est pas seule à inscrire sous la rubrique de la colère; il y a encore un groupe d'impulsions irrésistibles à caractère destructeur qui, psychologiquement, doivent être rangées sous le même titre. Toutefois avec une différence : chez l'épileptique et le maniaque, les symptômes physiques et psychiques constituent un complexus semblable ou analogue à la forme normale et qui n'est pathologique que par défaut d'adaptation et de motifs rationnels; tandis que les impulsions irrésistibles ne sont que des manifestations partielles, des formes *désagrégées* de la colère.

Parmi les tendances obsédantes, nous ne devons examiner actuellement que celles qui concernent l'instinct offensif. J'élimine donc celles qui sont greffées sur un autre tronc (dipsomanie, érotomanie, kleptomanie), celles qui, de leur nature, sont inoffensives, ridicules, puériles (besoin incessant de voyager, de compter, de rechercher le nom des hommes ou des choses, etc.), je me tiens à celles qui ont le caractère violent et destructeur de la colère : telles sont les impulsions à blesser, à tuer, à détruire ou incendier (pyromanie); l'impulsion fatale au suicide sera étudiée sous un autre titre (ch. v).

Il est inutile de les décrire une à une ces impulsions violentes ou de rapporter des observations qui se trouvent partout; une esquisse des caractères communs à toutes suffira. 1° Elles traversent une période physiologique d'incubation : palpitations et troubles vaso-moteurs, bouffées de chaleur à la tête, céphalalgie, anxiété précordiale, insomnie, agitation, fatigue, malaises et souffrances vagues. 2° L'entrée dans la période psychologique est marquée par l'apparition d'une idée fixe. Pourquoi l'une plutôt qu'une autre? cette question sera examinée ci-après. L'idée fixe régnant en tyran dans la conscience, pose un but à la tendance, détermine son orientation. D'après les uns, il y a des idées fixes purement intellectuelles, sans aucun accompagnement affectif. D'après les autres, l'idée fixe enveloppe toujours à quelque degré un état émotionnel : je partage cette seconde opinion, toute idée fixe étant un commencement d'impulsion. 3° La troisième période est celle du passage à l'acte, quelquefois brusque, le plus souvent précédé d'une lutte violente entre l'impulsion obsédante et le pouvoir d'arrêt de la volonté[1]. Il y a des cas où l'idée fixe ne franchit pas le second stade; c'est une forme avortée et à développement incomplet. La règle est le passage à l'acte; car c'est une loi psychologique que toute représentation intense d'un mouvement ou d'un acte, est un mouvement qui commence. L'acte accompli, quel qu'il soit, il en résulte un sentiment de satisfaction, de paix, de libération.

Pour ces tendances destructives qui sont à la colère ce que les phobies sont à la peur, un problème se pose — le seul qui soit psychologique, — celui de leur origine, de leur cause. Cette question, je la scinde en deux : Comment naissent-elles? Comment prennent-elles une direction déterminée?

1re question. — Pour expliquer l'origine et l'apparition des impulsions irrésistibles, on se contente en général d'invoquer la dégénérescence. Comme on prétend aussi expliquer par elle le fait inverse des phobies, il est nécessaire de préciser. Sans entrer, pour le moment, dans la discussion des interprétations diverses qu'on a données de ce mot vague — dégénérescence, — prenons-le comme synonyme de dissolution, régression.

L'idéal de l'hérédité, principe de conservation, c'est de transmettre sous forme saine une organisation saine, c'est-à-dire (en ce qui concerne notre sujet) à tendances harmoniques et convergentes. Si la dissolution est totale, nous avons l'idiot, le dément. Si elle est partielle, nous avons une rupture d'équilibre, en faveur d'une ou de plusieurs tendances. Cette désagrégation n'est pas quelconque; elle a un caractère *régressif*, elle est un retour aux réflexes. Elle rapproche des animaux, des enfants, des imbéciles; elle fait redescendre jusqu'à ce moment de la vie psychique où la volonté sous sa forme supérieure — le pouvoir d'arrêt — n'était pas encore constituée.

2e question. — Toutefois reste la question principale : Pourquoi

---

1. Tamburini distingue trois espèces d'idées fixes : simples, émotives, impulsives, suivant que l'obsession détermine une attention forcée, ou un état d'angoisse ou une action.

telle tendance a-t-elle prédominé? Quelles causes ont déterminé la régression dans un sens particulier : homicide chez l'un, suicide ou érotomanie chez un autre? — On a cru l'expliquer, en prétendant que toute impulsion irrésistible résulte de l'irritation excessive d'un groupe *isolé* de cellules cérébrales. Outre que c'est une pure hypothèse, elle est, avec sa précision apparente, parfaitement vague. Y a-t-il un groupe isolé de cellules homicides ou de cellules kleptomaniaques? c'est vraiment trop simple.

Autant qu'on peut pénétrer dans la genèse psychologique, très obscure, des mouvements impulsifs destructeurs (et ceci peut être étendu au groupe entier des tendances irrésistibles), on trouve à l'œuvre deux sortes de causes : essentielles, accidentelles.

1° La cause essentielle, principale, fondamentale qui, après la période d'incubation physiologique, oriente la tendance dans une direction déterminée, c'est la constitution, le tempérament, le caractère. On peut admettre, au moins théoriquement, que *toutes* les tendances sont en chacun de nous, actuelles ou virtuelles. Ordinairement, une ou plusieurs prédominent. On est familiarisé par les recherches contemporaines avec le fait des variétés de la mémoire. Excellente chez tel homme pour les chiffres ou la musique ou les couleurs ou les formes, elle est médiocre pour tout le reste. C'est une disposition naturelle que l'exercice peut singulièrement développer. Ce fait a son équivalent dans l'ordre moteur ou des tendances : il existe des dispositions naturelles qui ne demandent qu'à prévaloir et les conditions morbides sont un « bouillon de culture » qui favorise leur développement. La tendance la plus violente a sa source dans la vie normale. « Il y a, disait Gall, une inclination qui va par degrés, depuis le plaisir de voir tuer, jusqu'au désir le plus impérieux de tuer. » Ce n'est pas assez dire; on peut, par gradations insensibles, passer du cas extrême à l'état normal dans l'ordre suivant : le plaisir de tuer, le désir impérieux de tuer, le plaisir de voir tuer (spectacle d'un assassinat, combats de gladiateurs), le plaisir de voir couler le sang des animaux (combats de taureaux, de coqs, etc.), le plaisir dû à la représentation des mélodrames violents et sanglants (ce n'est plus qu'un simulacre; mais le théâtre produit toujours l'illusion momentanée de la réalité); enfin, le plaisir de lire des romans sanguinaires ou d'entendre des récits d'assassinats, qui n'est plus qu'une chose d'imagination. Nous passons ainsi de l'acte à la perception, au simulacre, à la simple image suggérée par des signes lus ou entendus. Je ne prétends pas, assurément, que les spectateurs de drames ou liseurs de romans soient tous des candidats à l'assassinat; mais, comme il y a d'autres hommes à qui ces spectacles et lectures répugnent, il faut bien reconnaître des différences dans les dispositions naturelles. Or, le propre de la régression (ou dégénérescence) est d'agir dans le sens de la plus forte attraction ou de la moindre résistance : ce qui est un caractère de l'activité réflexe et l'opposé de la volonté inhibitoire qui agit dans le sens de la plus faible attraction et de la plus forte résistance.

2° Les causes accidentelles qui déterminent l'orientation d'une tendance ne peuvent être énumérées, parce qu'elles varient pour chaque cas particulier : notons le sexe, la position sociale, le degré de culture, les diverses maladies, etc. Sur un fond mélancolique, naissent les tendances à l'homicide et au suicide; l'alcoolisme favorise l'impulsion incendiaire (pyromanie); l'épileptique et le paralytique général sont plus enclins au vol et ainsi de suite. Il y a plus; la même impulsion se modifie suivant le terrain où elle germe : « l'épileptique tue autrement que l'hypocondriaque, celui-ci autrement que l'alcoolique ou le paralytique » (Schüle).

Ceci montre le rôle des causes accidentelles, par conséquent inassignables, et il se voit mieux encore dans la substitution brusque d'une tendance irrésistible à une autre chez le même individu. Ordinairement, chacun a sa marque propre : l'un répète incessamment ses tentatives de suicide, un autre de vol. Mais dans les cas de dissolution profonde, l'orientation est instable. L'auteur de la théorie de la dégénérescence en donne un bel exemple [1] : celui d'un hypocondriaque possédé tour à tour par des impulsions irrésistibles au suicide, à l'homicide, aux excès sexuels; à la dipsomanie, à la pyromanie, et qui finalement se remet aux mains de la justice, « heureux, parce que ses souffrances vont finir ». On peut dire de toutes ces impulsions obsédantes que *in radice conveniunt*; aussi l'étude de celles qui poussent à la destruction nous a induits plus d'une fois à parler des autres.

---

1. Morel, *Maladies mentales*, p. 120 et suiv.

CHAPITRE IV

LA SYMPATHIE ET LES ÉMOTIONS TENDRES

La sympathie n'est pas un instinct ou une tendance, c'est-à-dire un groupe de mouvements coordonnés, adapté à une fin particulière et se traduisant dans la conscience par une émotion, comme la peur, la colère, l'attrait sexuel : c'est, au contraire, une propriété psychophysiologique très générale. Au caractère spécialisé de chaque émotion, elle oppose un caractère de plasticité presque sans limites. Nous n'avons pas à la considérer sous tous ses aspects, mais comme l'une des manifestations les plus importantes de la vie affective, comme la base des émotions tendres et comme l'un des fondements de la vie sociale et morale.

I

La sympathie au sens étymologique (σύν, πάθος), qui est aussi le sens complet, consiste dans l'existence de dispositions identiques chez deux ou plusieurs individus de la même espèce ou d'espèce différente; ou, comme le dit Bain, « On entend par sympathie la tendance d'un individu à s'accorder avec les états actifs ou émotionnels des autres, ces états étant révélés par certains moyens d'expression ». Sous sa forme générale et originelle, elle est cela et rien autre chose. Il faut donc tout d'abord se débarrasser d'un pré-jugé, consacré par les langues, qui identifient la sympathie avec la pitié, la tendresse, la bienveillance et les sentiments qui établissent entre deux êtres un lien d'accord et une réciprocité. Ainsi entendu, au sens restreint, le terme sympathie n'est ni exact ni suffisant ; car, dans toutes les dispositions bienveillantes, il y a, en outre du fait général de la sympathie, d'autres éléments affectifs qui seront déterminés en leur lieu.

Avant d'être morale, avant même d'être psychologique, elle est biologique. Dans son fond, elle est une propriété de la vie et son étude complète serait un chapitre de psychologie générale. Si, nous bornant au nécessaire, nous essayons de suivre l'évolution de la sympathie, de ses formes les plus élémentaires aux plus hautes, nous distinguons trois stades principaux : le premier, physiologique, consiste en un accord de tendances motrices, c'est une *synergie* ; le second, psychologique, consiste en un accord des états affectifs, c'est une *synesthésie* ; le troisième, intellectuel, résulte d'une communauté de représentations ou d'idées, liées à des sentiments et à des mouvements.

1er stade. Sous sa forme primitive, la sympathie est réflexe, automatique, inconsciente ou très faiblement consciente : c'est « la tendance à produire en nous-même une attitude, un état, un mouvement du *corps* que nous percevons dans une autre personne » (Bain). C'est l'imitation à son plus bas degré : Entre la sympathie et l'imitation, au moins à cette époque primitive, je ne vois qu'une différence d'aspect ; la sympathie désignant surtout le côté passif, réceptif, du phénomène, l'imitation son côté actif et moteur [1].

Elle se manifeste chez les animaux qui forment des agrégats (non des sociétés), comme un troupeau de moutons, une meute de chiens qui courent, fuient, s'arrêtent, aboient tous en même temps,

---

1. La psychologie de l'imitation ne fait pas partie de notre sujet. Baldwin, *Mental developpement in the child and race*, p. 263-366, en a fait une bonne étude. Il la définit : « une réaction sensori-motrice, ayant ce caractère particulier que c'est une activité circulaire, la réaction musculaire reproduisant son stimulus ». L'imitation apparaît de bonne heure chez l'enfant, à quinze semaines (Preyer), quatre mois (Darwin). Faut-il la considérer comme un instinct ? L'opinion populaire incline dans ce sens et avec elle divers psychologues, Stricker, James, etc. La négative est soutenue par Preyer, Bain, Sully, Baldwin et je me range à cette opinion. L'imitation ne présente pas les vrais caractères d'un instinct ; elle n'est pas adaptée du premier coup ; elle tâtonne, elle s'essaie, elle échoue après avoir réussi, elle rétrograde ou ne progresse que lentement. C'est un réflexe idéo-moteur ; il se place au-dessus de l'instinct, tendance innée et aveugle et au-dessous de l'activité volontaire qu'il prépare, parce qu'il est le premier effort de convergence vers un but.

par imitation purement physique : chez l'homme, rire et bâiller par imitation, marcher au pas, reproduire les mouvements d'un funambule qu'on regarde, sentir dans les jambes une secousse quand on voit un homme qui tombe et cent autres faits de ce genre sont des cas de sympathie physiologique. Elle joue un grand rôle dans la psychologie des foules avec ses brusques attaques et ses paniques soudaines. Dans les maladies nerveuses, les exemples surabondent : épidémie de crises hystériques, de convulsions, d'aboiement, de hoquets, etc. J'élimine les maladies mentales (épidémies de suicide, folie à deux, à trois), puisque nous en sommes au stade purement physiologique.

En résumé, la sympathie à l'origine est une propriété de la matière vivante : comme il y a une mémoire organique et une sensibilité organique, celles des tissus et des éléments derniers qui les composent, il y a une sympathie organique, faite de réceptivité et de mouvements imitateurs.

Le *2e stade* est celui de la sympathie au sens psychologique, nécessairement accompagnée de conscience; elle crée chez deux ou plusieurs individus des dispositions affectives analogues. Tels sont les cas où l'on dit que la peur, l'indignation, la joie, le chagrin sont communiqués. Elle consiste à subir une affection qui existe chez un autre et qui nous est révélée par son expression physiologique. Ce stade comprend deux moments.

1o Le premier moment pourrait être défini : un unisson psychologique. Si, pendant cette période d'unisson, on pouvait lire dans l'âme de ceux qui sympathisent, on percevrait un fait affectif unique, réfléchi dans plusieurs consciences. L. Noiré, dans son livre, *Ursprung der Sprache*, a émis l'hypothèse que l'origine du langage s'explique par l'action en commun des premiers hommes. Pendant qu'ils travaillaient, marchaient, dansaient, ramaient, ils émettaient, d'après cet auteur, des sons qui devinrent les appellatifs de ces divers actes ou de divers objets et ces sons, étant émis par tous, devaient être compris de tous. Que cette hypothèse soit vraie ou fausse, il n'importe (elle a été acceptée par Max Müller); je la donne comme illustration. Mais cet état de sympathie ne constitue pas, par lui-même, un lien d'affection, de tendresse, entre ceux qui l'éprouvent: il ne fait qu'y préparer. Il peut être la base d'une certaine solidarité sociale, parce que les mêmes états internes suscitent les mêmes actes — d'une solidarité mécanique, extérieure, non morale.

2° Le second moment est celui de la sympathie, au sens restreint et populaire du mot : elle est un unisson psychologique *plus* un élément nouveau ; il y a addition d'une autre manifestation affective, l'émotion tendre (bienveillance, compassion, pitié, etc.). Ce n'est plus la sympathie pure et simple, c'est un composé *binaire*. L'habitude commune de ne considérer les phénomènes que sous leur forme complète, supérieure, en masque souvent l'origine et la composition. Pour comprendre d'ailleurs qu'il y a ici dualité, fusion de deux éléments distincts et que ce n'est pas une analyse factice, il suffit de remarquer que la sympathie (au sens étymologique) peut exister sans aucune émotion tendre ; bien plus, qu'elle peut l'exclure au lieu de la susciter. D'après Lubbock, tandis que les fourmis relèvent leurs blessés, les abeilles qui forment pourtant un corps social, sont indifférentes l'une pour l'autre. On sait que les animaux qui vivent en troupes, s'éloignent presque toujours d'un blessé et le délaissent. Chez les hommes, que de gens qui, en voyant souffrir, ont hâte de se soustraire à ce spectacle, pour supprimer la douleur qui s'éveille en eux par sympathie! Cela peut aller jusqu'à l'aversion : le mauvais riche de l'Évangile en est le type. C'est donc une complète erreur psychologique que de considérer la sympathie comme capable, à elle seule, de faire sortir de l'égoïsme ; elle ne fait que le premier pas et non toujours.

3° stade. Sous sa forme intellectuelle, la sympathie est un accord des sentiments et des actes, fondé sur une unité de représentation. La loi de son développement est résumée dans cette formule de Spencer : « L'étendue et la clarté de la sympathie sont en raison de l'étendue et de la clarté des représentations ». J'ajouterai pourtant à condition qu'elle s'appuie sur un tempérament émotionnel. Celui-ci est la source par excellence de la sympathie, parce qu'il vibre comme un écho ; le tempérament actif s'y prête moins, parce qu'il a tant à se manifester lui-même qu'il ne peut guère manifester les autres ; enfin le tempérament flegmatique moins encore, parce qu'il présente un minimum de vie affective ; comme les monades de Leibnitz, il n'a pas de fenêtres.

En passant de la phase affective à la phase intellectuelle, la sympathie gagne en étendue et en stabilité. En effet, la sympathie affective exige une analogie de tempérament ou de nature : elle ne s'établit guère entre le timide et l'audacieux, entre le joyeux et le mélancolique; elle peut s'étendre à tous nos semblables, à quelques animaux proches de nous, pas au delà. Au contraire, c'est le propre de l'intelligence de chercher partout des ressemblances ou des analogies, d'unifier; elle embrasse la nature entière. Par la loi de transfert (précédemment étudiée) la sympathie suit cette marche envahissante et comprend jusqu'aux objets inanimés; comme le poète qui se sent en communion avec la mer, les bois, les lacs, les montagnes. De plus, la sympathie intellectuelle participe à la fixité relative de la représentation : on en trouve un exemple simple dans les sociétés animales, comme celle des abeilles, où l'unité, la sympathie entre les membres n'est maintenue que par la perception ou représentation commune de la reine.

II

L'émotion tendre marque un moment important dans l'évolution de la vie affective; avec elle, nous dépassons la période des émotions purement égoïstes. La date de son apparition, comme nous l'avons dit, n'est pas bien fixée : peut-être à deux mois, selon Darwin, qui a noté à cette époque l'un de ses modes caractéristiques d'expression, le sourire; plus probablement vers neuf mois (Darwin), douze mois (Perez) d'après des observations nettes.

L'expression physiologique de la tendresse, en ce qui concerne les mouvements, est réductible à une seule formule : l'attraction. Elle se traduit ou par des mouvements élémentaires de rapprochement, ou par les contacts, ou par l'embrassement qui est sa fin dernière, dont le reste n'est qu'une forme mitigée et arrêtée. Elle a donc un rapport direct avec le sens primordial, le toucher; comme le dit Bain, « le contact est l'alpha et l'oméga de l'affection tendre [1] ». Les mouvements ont un caractère général de relâchement qui fait contraste avec ceux de la colère. — Un mode d'expression qui lui est propre,

---

1. Ce point a été bien traité par cet auteur, *Émotions*, ch. vii. Voir aussi Mantegazza, ch. xi. Lange n'en parle pas.

sinon exclusif, est le sourire. Celui-ci est-il forme initiale du rire ou au contraire n'en est-il qu'une forme affaiblie, un arrêt de développement? On a discuté ce point sans grand profit. Darwin adopte la première thèse, ce qui paraît assez peu conciliable avec la loi générale de l'évolution : l'enfant sourit avant de rire; c'est l'ordre inverse qui devrait se rencontrer.

L'émotion tendre se rapproche de la joie; aussi les modifications de la circulation, de la respiration, sont analogues. Il y a augmentation comme dans le plaisir, à un degré moindre; la tendresse s'accommode mieux des sensations modérées et reposantes.

Elle s'accompagne aussi d'un accroissement des sécrétions, notamment celle des glandes mammaires chez la femme. Celle des glandes lacrymales est plus embarrassante. On sait que la tendresse humecte souvent les yeux; mais les larmes se produisent dans des conditions si variées, quelquefois si contraires, que, même après les travaux contemporains sur l'expression des émotions, cette question des causes me paraît loin d'être vidée. La pression sanguine a une influence directe sur cette sécrétion qui est toujours liée à un accroissement de la circulation; mais la simplicité du mécanisme n'empêche pas la diversité des causes. Les larmes peuvent être provoquées par des actions mécaniques ou physiologiques (irritation de la conjonctive, toux, effort, vomissement); par des états psychiques totalement distincts : le chagrin, la joie, la tendresse. En fait, tous les essais d'explication ne se rapportent qu'aux états pénibles : cas de beaucoup le plus fréquent, mais non unique. Darwin admet que les cris chez l'enfant produisent un engorgement des vaisseaux de l'œil, puis une contraction des muscles orbiculaires comme moyen de protection, d'où une action réflexe sur les glandes lacrymales : ensuite l'effusion des larmes subsisterait même quand les cris sont supprimés. Wundt qui rejette cette explication, voit dans les glandes lacrymales des organes *dérivatifs*, calmant la douleur : cette sécrétion, qui est permanente, purge l'œil des corps étrangers (poussière, insectes, etc.); comme les images visuelles sont les plus importantes de toutes, l'effusion des larmes serait un effort inconscient pour chasser les représentations tristes; elle aurait pour fondement une analogie entre les sensations pénibles et les images. Quoi qu'on pense de ces hypothèses, elles considèrent les larmes comme traduisant exclusivement la douleur.

L'augmentation de la sécrétion lacrymale dépend de l'accroissement de la pression sanguine; or, la circulation augmente dans la joie et la tendresse, comme le prouve l'éclat des yeux. L'apparition de larmes, peu abondantes d'ailleurs en pareil cas, en serait la conséquence naturelle. Le chagrin, au contraire, s'accompagne d'un abaissement de la circulation et souvent les pleurs font défaut au premier moment. L'effusion des larmes procure un soulagement, c'est une soupape de sûreté; elle répondrait à un second moment — de détente — où le retour de la vitalité a commencé. En d'autres termes, les pleurs de la joie et de la tendresse correspondraient au moment de l'action; les pleurs de la tristesse, au moment de la réaction.

La psychologie de l'émotion tendre me paraît réductible à une question unique, celle d'origine. La description de ses variétés est sans intérêt ou se trouvera ailleurs. Nous l'avons posée comme simple et primitive. Étant la source de toutes les manifestations altruistes, sociales et morales, il vaut la peine d'en considérer la nature au moment de son apparition.

Chez l'enfant et les animaux les plus élevés, la première manifestation de tendresse est pour la mère ou la nourrice. « Le seul fait que l'enfant est porté par sa mère constitue entre les deux un rapport qui est seulement d'un degré plus lâche que celui du fœtus à l'organisme maternel; il constitue la source principale du sentiment tendre. Ajoutons que l'enfant continue à recevoir la nourriture, la chaleur, l'appui comme à l'état fœtal. Ce premier attachement instinctif ou sensoriel, devient tendresse par l'addition de nombreux sentiments dérivés de sensations agréables diverses, entre autres celles des yeux et des oreilles, dont sa mère est la source [1]. » La tendance primitive s'adresse donc, chez les enfants et les animaux, à qui leur a été agréable, à qui leur a fait du bien et dont ils en espèrent encore. C'est une émotion qui, dans la nomenclature de H. Spencer, serait légitimement nommée égo-altruiste et même avec prédominance marquée de l'égoïsme. Il doit en être ainsi, car l'altruisme ne peut être inné.

[1]. J. Sully, *The Human Mind*, II, 104-105.

La faculté de connaître débute par une période indifférenciée où il n'y a ni sujet ni objet, mais seulement la conscience de quelque chose sans qualification. La séparation du moi et du non-moi dans l'ordre de la connaissance est le moment auquel répond, dans l'ordre affectif, la scission entre l'égoïsme conscient et l'altruisme. Comment se fait cette aliénation partielle de nous-même? Comment peut-elle naître et se consolider? On répondra plus tard à cette interrogation, en traitant de l'émotion morale (ch. viii). Pour le moment, je me borne à une seule question : sommes-nous en face d'un véritable instinct, d'une tendance innée, irréductible qui se traduit dans la conscience par l'émotion tendre ou ses variétés?

On sait tous les efforts tentés (surtout au xviii° siècle) pour ramener par l'analyse l'altruisme à un égoïsme très raffiné, à un calcul; ainsi la tendresse des parents pour les enfants s'expliquait par la présomption des services qu'ils rendront plus tard. Je crois inutile d'insister.

En faveur de l'innéité, les meilleures raisons qu'on puisse alléguer, parce que ce sont des raisons de fait, c'est que l'affection, l'attachement, se rencontrent même chez les animaux à qui on ne peut attribuer un calcul ou des prévisions intéressées. Sans parler de l'amour maternel qui se manifeste énergiquement à des degrés très inférieurs du règne animal, on trouve des exemples de sympathie bienveillante et active entre des animaux de la même espèce et, quoique plus rarement, d'espèces différentes [1], en dehors de tout attrait sexuel. Les singes, en défendant leurs compagnons, sont quelquefois dévoués jusqu'à l'héroïsme. — Ajoutons chez l'homme, si cela est nécessaire : « les impulsions de pitié instantanées, irréfléchies pour les malheureux, que ce soient des étrangers, des ennemis, des criminels, des bêtes même; l'absence de toute balance entre une perte immédiate et un gain futur... L'égoïsme le mieux étendu ne saurait expliquer la conduite du bon Samaritain. Les hommes qui, dans tous les âges, ont volontairement donné leur vie pour leur patrie, ne pouvaient être influencés par des considérations égoïstes. Beaucoup sans doute avaient l'espoir d'une vie future; mais cette croyance n'est nullement universelle et pour la

1. Pour ces faits, voir Romanes : *Mental Evolution*, ch. xx ; Lloyd Morgan, *Animal Life*, 397-398.

masse, il n'est pas absolument certain que celui qui abandonne cette vie, recevra une pleine compensation dans une autre [1]. »

L'innéité de l'instinct altruiste me paraît donc établie sans réplique. Il peut être très énergique chez les uns, très faible chez les autres; en cela il ressemble à toutes les tendances instinctives. Comme genre, cet instinct comprend des variétés : à caractère général (la bienveillance, l'affection, la pitié, etc.); enfin, il entre à titre d'élément dans plusieurs émotions composées (la vénération, l'admiration, l'amour sexuel, etc.).

Resterait à chercher sous quelle forme il a fait son entrée dans le monde, quelle a été sa première manifestation. A cet égard, il n'y a que trois hypothèses possibles : l'amour maternel, l'état grégaire ou (ce qui est bien peu vraisemblable) l'instinct sexuel. La valeur de ces hypothèses sera discutée plus tard, dans le chapitre sur l'émotion morale, complément naturel de celui-ci [2].

---

1. Bain, *Émotions*, ch. v.

2. La pathologie de l'émotion tendre ne présente pas assez d'intérêt pour nous arrêter. La tendance altruiste peut faire totalement défaut chez certains hypocondriaques et déments qui, retranchés dans un égoïsme inexpugnable, ont subi une véritable « ossification morale ». La tendresse peut devenir *sensiblerie* pour les personnes, les animaux (zoophilie), les choses (nostalgie, etc.). Morel, *Études cliniques*, t. II, § 4, cite le cas d'un homme d'une haute capacité intellectuelle chez qui les causes les plus futiles, les plus ridicules suscitaient « des accès de sensibilité » absurdes. « La perte des animaux domestiques qu'il élevait, le jetait dans des états perplexes et des crises de larmes, comme la mort de ses meilleurs amis. Je l'ai vu un jour en proie à une douleur délirante à propos de la mort d'une des nombreuses grenouilles qu'il élevait dans son jardin. » Cette émotivité morbide qui coïncide avec une faiblesse congénitale ou acquise, la convalescence et autres états adynamiques, met en relief, par son exagération, ce caractère de relâchement qui est, nous l'avons vu, l'une des principales marques de l'émotion tendre.

CHAPITRE V

LE MOI ET SES MANIFESTATIONS AFFECTIVES

I

Les Anglais désignent par *self-feelings* et les Allemands par *Selbst-gefühl* un groupe de sentiments qui dérivent directement du moi. Je ne sais comment les nommer : personnels serait trop vague, égoïstes trop équivoque (égotistes vaudrait mieux) ; les identifier à l'orgueil et à son contraire serait trop les restreindre, car ils ont d'autres formes. On pourrait, à la rigueur, les comprendre sous le terme amour-propre (au sens étymologique, *amor proprius*), c'est-à-dire la satisfaction ou le mécontentement de soi-même, avec leurs divers modes.

Quelque nom qu'on leur décerne, ces formes émotionnelles sont réductibles à un fait primitif dont elles sont la traduction dans la conscience : c'est le sentiment, fondé ou non, de la force ou de la faiblesse personnelles, avec la tendance à l'action ou à l'arrêt qui en est la manifestation motrice. On peut, mais d'une manière moins directe, les rattacher à l'instinct de la conservation et dire avec Höffding qu'elles résultent de cet instinct « parvenu à la pleine conscience de lui-même et incarné dans l'idée du moi ».

Ce groupe a des caractères propres. Il est humain exclusivement ou à peu près, tandis que les émotions étudiées jusqu'ici sont animales autant que humaines. Il est tardif (vers trois ans), il apparaît le dernier dans l'ordre chronologique, sauf l'instinct sexuel. C'est qu'il prend vite le caractère de la réflexion, qu'il suppose que le moi est constitué et que l'individu a conscience de lui-même comme tel.

Le *self-feeling* a deux formes : l'une positive, l'autre négative,
dont l'orgueil et l'humilité peuvent être pris comme types.

Sous sa forme positive, il a une expression physiologique bien
connue [1] : elle consiste en un ensemble de mouvements qui tendent à
deux fins : 1° *Agrandir*, la respiration est ample, le thorax large-
ment dilaté, la mimique est excentrique et comme envahissante;
de là les expressions populaires gonflé, bouffi d'orgueil; 2° *Élever*,
le corps et la tête se redressent, la démarche est assurée, la bouche
ferme, les dents serrées; chez les mégalomaniaques qui sont la
caricature de l'orgueil, ces traits s'accentuent encore. Quelques
auteurs notent en outre, comme caractère spécifique, le jeu du
musculus superbus qui avance la lèvre inférieure.

Psychologiquement, le sentiment de la force est *sui generis* et
irréductible. Il est apparenté d'une part à la joie, étant l'émotion
sthénique par excellence; d'autre part à la colère, parce que le
sentiment de la supériorité conduit vite au mépris, à l'insolence, à
la brutalité, à l'exercice de la force sous sa forme agressive. Rappelons que précédemment nous avons ramené à ce sentiment le
plaisir qui accompagne assez souvent la colère satisfaite. Comme
il dépend de la réflexion plus qu'aucune autre émotion primitive,
son développement est déterminé par les conditions intellectuelles.

A-t-il quelque équivalent chez les animaux? Certains faits permettent de le supposer. Les luttes courtoises de combats simulés,
de chants, de danses auxquels les mâles se livrent pour captiver
les femelles, le triomphe des uns et la défaite des autres doivent
produire quelque état analogue à l'orgueil et à l'humiliation. L'attitude arrogante du coq et du dindon, l'étalage prétentieux du paon
sont pris comme symboles de l'orgueil naïf; et si l'expression
d'une émotion est cette émotion objectivée, on peut bien supposer
que celle-ci existe en quelque manière. — Chez l'enfant, le sentiment personnel est lié d'abord à l'exercice de la force physique
dépensée dans la lutte ou dans les jeux; plus tard à la forme même
de sa personne, à ses vêtements, à sa parure (surtout chez les
filles). Par l'effet d'une irradiation toujours croissante, le *self-feeling*
enveloppe tout ce qui entre dans sa sphère d'action et peut con-

1. Voir Darwin, xi, et Mantegazza, xiv.

tribuer à le dilater : les meubles, la maison, les proches. Plus tard vient la conscience de la force intellectuelle et des avantages qu'elle procure : renommée, pouvoir, richesse, etc.

Comme dérivés ou aspects divers de l'émotion égotiste, sous sa forme positive, nous trouvons l'orgueil, la vanité, le mépris, l'amour de la gloire, l'ambition, l'émulation, le courage, l'audace, la hardiesse, etc. L'étude spéciale de chacun de ces sentiments appartient plutôt au moraliste qu'au psychologue[1].

Sous sa forme négative, l'émotion personnelle ne peut nous retenir longtemps, parce qu'elle ne serait qu'une répétition de ce qui précède sous aspect inverse. Elle a pour base un sentiment de faiblesse, d'impuissance. Elle se traduit par une diminution ou un arrêt de mouvements; sa mimique est concentrique et elle consiste à diminuer au lieu d'agrandir, à abaisser au lieu d'élever. Elle est apparentée d'une part à la tristesse et d'autre part à la peur : bref, elle est la complète antithèse de la forme positive.

De cette source découlent, avec des adaptations diverses : l'humilité, la timidité, la modestie, la résignation, la patience, la bassesse, la lâcheté, le défaut de confiance en soi, etc. La plupart de ces manifestations ne sont pas simples, mais résultent de l'action combinée de plusieurs causes, comme il sera dit plus tard.

II

Le sentiment positif ou négatif de la force personnelle est une émotion normale, saine, quand elle reste dans les limites de l'adaptation; car elle a une utilité individuelle et même sociale.

Pour l'individu, elle est l'instinct réfléchi de la conservation et par la conscience de sa force ou de sa faiblesse, elle lui permet de mesurer ses prétentions à son degré de puissance.

Socialement, elle nous met, en une certaine mesure, sous la dépendance des autres. Quoique rigoureusement égoïste dans sa source, le *self-feeling* ne peut se développer qu'en devenant égoaltruiste ou semi-social. D'après Bain, l'estime de nous-même

1. Consulter : W. James, *Psychology*. t. 1, 305, 339; Bain, *ouv. cité*, ch. x et xi; J. Sully, *Psychology*. ii, 97 et suiv.

serait « un sentiment réfléchi qui consiste à nous juger comme nous jugeons les autres ». Cette opinion a été critiquée et paraît peu soutenable, autant du moins qu'elle ôte à l'amour-propre son caractère instinctif et autogène et qu'elle le considère comme une action en retour. Toutefois il est certain que le désir de l'approbation et la crainte du blâme sont des éléments *extérieurs* qui comptent dans la constitution et la consolidation du sentiment de complaisance pour nous-même : la louange lui donne de l'extension ; la critique l'entame et le mutile ; et ceci ne suppose pas beaucoup de réflexion ni de culture. L'enfant est extrêmement sensible au jugement de ses pairs. L'homme primitif est emprisonné dans un réseau de coutumes, traditions, préjugés, qu'il ne peut rompre sans être excommunié ; aussi ils sont très rares ceux qui se contentent de leur seule et unique satisfaction.

Mais, de semi-social, l'amour de nous-même devient facilement anti-social. Il n'est aucune émotion où le passage soit aussi simple et aussi clair de la forme normale à la passion, de la passion à la folie. Au fond de la tendance du moi à s'affirmer, il y a une virtualité d'expansion sans limites et de rayonnement indéfini. L'homme dont le *self-feeling* est vigoureux, ressemble à ces espèces végétales et animales, prolifiques et vivaces, qui à elles seules couvriraient toute la surface du globe ; son expansion n'est tenue en échec que par celle des autres.

La voie qui conduit à la pathologie est tout indiquée. Il y a d'abord les formes semi-morbides qu'on a nommées la folie du pouvoir. Placez un homme dans des conditions où cette tendance à l'expansion sans bornes ne trouve rien qui l'arrête et elle ira jusqu'au bout ; c'est le cas du pouvoir absolu. Sans doute cette position unique et pour ainsi dire surhumaine ne suffit pas. La *folie du pouvoir* est le résultat de deux facteurs : avant tout le caractère, c'est-à-dire la violence des appétits égoïstes ; satisfaits toujours, ils augmentent toujours et la volonté, force antagoniste d'arrêt, diminue toujours ; puis les circonstances extérieures, l'absence de tout frein, d'un pouvoir égal qui se dresse comme une menace. La crainte d'une catastrophe politique ou d'une sanction religieuse a retenu plus d'un ; elle a limité cette tendance effrénée qui n'est que le sentiment que le moi a de sa puissance, poussé à l'état aigu. Il est inutile de donner des exemples pris dans l'histoire, car il n'est personne qui n'en connaisse [1].

Le *self-feeling*, sous sa forme positive, a sa dernière incarnation dans une manifestation pathologique bien connue : le délire des grandeurs ou mégalomanie. Peut-être même est-ce le cas où le grossissement produit par la maladie se montre le plus net et sans altérer l'original.

La mégalomanie se rencontre dans la paralysie générale des aliénés, comme moment passager; mais surtout dans le délire systématisé chronique (*paranoia*). Négligeons la période d'incubation qui est souvent mélancolique : ainsi dans le délire des persécutions, le malade est tourmenté d'abord de soupçons vagues, il n'accuse personne en particulier; il n'a pas encore d'ennemi attitré; mais un jour il le découvre et alors il n'en démord plus. Puis dans quelques cas, la maladie subissant une évolution, il arrive à cette conclusion par déduction logique : c'est mon grand mérite, ma haute situation qui excitent la jalousie. Dès lors la mégalomanie est constituée, le sujet se croit millionnaire, génie méconnu, grand inventeur, roi, pape, Dieu.

Rien de caractéristique comme son portrait qui a été fait souvent et qui montre, une fois encore, que l'émotion, son expression et ses bases physiologiques ne font qu'un. « Il marche la tête haute, avec assurance; sa parole est brève et impérieuse, il recherche l'isolement et dédaigne la société qui l'entoure. Sa manière de se vêtir s'accorde avec son genre d'aberration. Comme le maniaque, il se meut et s'agite, mais aucun mouvement chez lui n'est fortuit, n'a lieu sans motifs; sa volonté est toujours en jeu; ses actes ont un but déterminé; s'il est violent, c'est pour faire exécuter ses ordres, pour montrer sa force capable de tout anéantir; ce n'est pas l'esprit de destruction qui l'anime, mais le besoin de manifester son pouvoir. — Les fonctions de la vie d'assimilation ne sont pas altérées; elles s'accomplissent d'habitude avec une parfaite régularité. Il semble que la forme expansive de leur affection, le contentement

---

1. Pour les détails sur ce point, on peut consulter Ireland, *The Blot upon Brain*, p. 88 (on y trouvera une étude sur les Césars romains, les Sultans hindous, Yvan le Terrible, etc.), et Jacoby, *Études sur la sélection et l'hérédité*.

d'eux-mêmes, l'extrême satisfaction dans laquelle ils ne cessent de vivre impriment aux appareils de la vie organique un surcroît d'activité, d'où résulte en quelque sorte un excès de santé. » On a noté la longévité fréquente des gens atteints de folie des grandeurs. Enfin, l'observation suivante a son prix, par le changement à la fois organique et psychique qui s'y rencontre : « Nous avons observé un malade qui, après avoir souffert pendant plusieurs années de mélancolie, est devenu presque tout à coup mégalomane. Sa constitution était profondément altérée et sa santé très affaiblie, tant qu'il est resté lypémaniaque ; ses forces ne tardèrent pas à prendre une nouvelle vigueur, dès que son affection mentale se transforma en mégalomanie [1]. »

On pourrait ajouter que les hommes vont plutôt dans le sens de l'orgueil, les femmes dans le sens de la vanité ; ce qui est en faveur de ceux qui soutiennent que la folie n'est souvent que l'exagération du caractère : il suffit d'avoir montré que le sentiment, même illusoire, de la force personnelle poussé à l'extrême n'est que l'état normal amplifié, non changé.

III

Il peut sembler étrange de clore ce chapitre par quelques remarques sur un fait qui, par ses caractères intérieurs et extérieurs, appartient au groupe des tendances irrésistibles — l'impulsion fatale au suicide. Son affinité avec l'obsession homicide est indéniable, comme le prouvent les cas où l'on est tourmenté tour à tour du besoin de tuer ou de se tuer. Cependant, si l'amour de soi, sous sa forme positive, atteint son point culminant dans la mégalomanie, il me paraît légitime de soutenir que le *self-feeling*, sous sa forme négative, atteint sa négation suprême dans le suicide.

Sans insister sur un point accessoire, il est certain que le suicide, comme manifestation de la vie affective, nous met en face d'un problème psychologique qu'on n'a pas assez remarqué. S'il est un fait incontestable, banal dès l'antiquité, c'est que, dans tout animal, l'instinct fondamental, inébranlable est celui de la conservation :

1. Dagonet, *Traité des maladies mentales*, p. 360 et suiv.

être et persévérer dans son être; or, le suicide volontaire ou irréfléchi, délibéré ou impulsif, est la négation de la tendance fondamentale — négation non théorique, partielle et en paroles; mais de fait et absolue. Et le sacrifice de la vie n'est pas subordonné à une autre fin qui agit par un attrait supérieur, comme le dévouement à une croyance, aux siens, à ses semblables, à la patrie; c'est une suppression pure et simple, une libération désirée en elle-même et pour elle-même.

L'étude ethnologique, morale et sociale du suicide n'entre pas dans notre sujet; elle a été faite à satiété [1]. Nous n'avons pour but que le problème psychologique qu'il faut préciser davantage.

L'acte du suicide résulte de deux dispositions mentales très différentes : l'état de réflexion, l'état d'impulsion.

Dans le suicide délibéré, réfléchi, volontaire, il y a lutte entre deux facteurs : l'instinct de la conservation et l'état insupportable causé par la douleur (maladie incurable, ruine, misère, chagrins, ambition frustrée, déshonneur). La réflexion décide; et comme la douleur est toujours un commencement de destruction, elle préfère la destruction totale et brusque à la destruction partielle et lente. L'acte est rationnel, puisqu'il va dans le sens du moins mauvais ou du moins de ce qui est jugé tel.

Le suicide impulsif est plus énigmatique. Tel se jette brusquement à l'eau, par une fenêtre, s'empoisonne, se coupe la gorge. Chez quelques-uns, il y a une préalable méditation de la mort, mais qui apparaît toujours comme forcée, inévitable, réclamant sans trève sa victime; l'épithète irrésistible dit tout. Du dehors pour le spectateur, l'acte paraît sans motifs, sans raison, sans cause. Il surprend d'autant plus que la lutte, dans ce cas, n'est plus entre un instinct et la réflexion, mais entre deux instincts — conservation, destruction, — que l'un, d'ordinaire le plus fort, succombe et que l'individu détourne

---

1. Dans la très abondante littérature qui existe sur le suicide, il convient de mentionner la monographie de Morselli : *Il Suicidio*, où sont étudiées en grand détail les causes cosmiques, ethniques, sociales, biologiques, psychologiques. Il en a tiré des conclusions théoriques dont les principales sont : 1° chez tous les peuples civilisés, le suicide augmente plus rapidement que l'accroissement géométrique de la population et de la mortalité générale; 2° les suicides sont en raison inverse des homicides, dans un temps et un pays donnés. Cette dernière « loi » a été fortement contestée par Tarde et d'autres.

contre lui-même la tendance destructive destinée aux autres.

Cependant, la psychologie du suicide volontaire donne la clef du suicide impulsif. Ce qui dans le premier cas résulte de motifs conscients, clairs, raisonnés; dans le second cas, résulte d'états inconscients, obscurs, aveugles : c'est un acte de la vie organique et la cause est dans la cénesthésie. Le suicide impulsif est l'expression du travail de destruction, lent, permanent, obscurément senti, qui s'opère dans les profondeurs de l'organisme. Celui qui presse avec rage une dent malade, qui se roule à terre, se frappe la tête au mur, se mutile, — tente une réaction instinctive (quoique absurde) pour se débarrasser de sa douleur. Ce sont des formes mitigées, mais qui font comprendre que l'impulsif obsédé qui s'étrangle ou se noie, cherche une libération du même genre.

Laissons de côté la dégénérescence perpétuellement invoquée ; l'observation montre que, entre les deux suicides, la différence se réduit à celle des causes psychiques et des causes purement organiques. Le suicide impulsif a pour terrain d'élection la mélancolie, la lypémanie, l'hypocondrie, c'est-à-dire des états qui résument un abaissement profond, une désorganisation des actions vitales. Remarquons de plus le rôle depuis longtemps signalé de l'hérédité : les descendants se suicident souvent au même âge et par le même procédé que leurs ascendants [1] ; or, l'hérédité psychologique repose sur l'hérédité organique. Enfin, le caractère automatique de ces impulsions les rapproche de la classe des réflexes : les tentatives de suicide se répètent sous la même forme, dans les mêmes circonstances, telles que le somnambulisme, l'ivresse, la période menstruelle, etc. Tous ces caractères assignent au suicide irrésistible une origine organique, ce qui équivaut à dire que la cause dernière est dans le tempérament. L'instinct de la conservation existe chez tous les hommes, mais il peut avoir tous les degrés. Chez les uns, il y a un bonheur de vivre inné qui résiste à tous les désastres; chez les autres, une mélancolie constitutionnelle ou, ce qui revient au même, *un instinct très faible de la conservation* qui cède au moindre choc. Le suicide impulsif représente le *self-feeling* au dernier degré de sa régression ou au terme extrême de sa forme négative.

---

1. Pour plus de détails, nous renvoyons à notre *Hérédité psychologique*, part. I, ch. VIII.

CHAPITRE VI

L'INSTINCT SEXUEL

I

L'instinct sexuel, le dernier dans l'ordre chronologique chez l'homme et les animaux supérieurs, donne naissance à l'émotion de l'amour avec ses nombreuses variétés individuelles. La plupart des psychologues ont été très sobres de détails à son endroit et l'on pourrait citer tels volumineux traités qui n'en font pas même mention. Est-ce par pudeur exagérée? Est-ce parce qu'ils pensent que les romanciers, obstinément confinés dans l'étude de cette passion, ont pris leur place? mais ceux-ci ont un mode d'analyse différent de la psychologie et qui ne l'exclut pas.

L'amour sexuel étant une émotion à évolution complète, il est impossible de déterminer des marques physiologiques et psychiques qui conviennent à tous les cas, depuis l'instinct aveugle jusqu'aux formes raffinées et intellectualisées. Cependant, il a certains caractères spécifiques qu'il conserve toujours, une marque propre qui ne s'efface jamais à travers ses métamorphoses et qui est celle de son *origine*. Pour le moment, prenons comme type les formes communes et moyennes qui, nous le verrons plus tard, se rencontrent à moitié route, quand on suit l'évolution de l'amour sexuel de bas en haut.

1° Quoique ni James ni Lange ne l'aient cité parmi leurs cas typiques, l'amour est certainement l'une des émotions qui expriment le plus clairement l'état de l'organisme et qui prouvent le plus clairement en faveur de leur thèse. Que le lecteur supprime par la pensée, l'une après l'autre, toutes les manifestations physiologiques qui l'accompagnent, que reste-t-il? pas même la conscience d'une attraction vague, car elle suppose un mouvement réel ou naissant.

L'amour, comme émotion sthénique, présente des caractères corporels qui la rapprochent d'une part de la joie, d'autre part de la tendresse — déjà décrites. Augmentation, parfois extrême, de la circulation, de la respiration, retentissement sur les fonctions organiques. (Nous avons vu précédemment que, chez beaucoup d'animaux, le moment des amours correspond à de profondes modifications chimiques, ordinairement toxiques, de l'organisme.) Mouvements centrifuges ou de rapprochement, rôle dominant du toucher résumé dans son organe essentiel, la main; caresses, embrassement, fusion : les mouvements d'attraction étant d'autant plus bruyants et violents que l'instinct prédomine. Enfin, comme marque spécifique, un état particulier des organes sexuels, variant de l'excitation légère au paroxysme, mais dont l'ébranlement, fort ou faible, même quand il n'a pas son écho dans la conscience, influe sur l'activité inconsciente [1].

Si des manifestations organiques, vaso-motrices et motrices, nous passons aux centres nerveux, récepteurs des impressions et initiateurs des mouvements, on ne trouve guère que des hypothèses. Un seul point est fixé depuis Budge : c'est l'existence, dans la moelle épinière, d'un centre ou d'une région au niveau de la quatrième vertèbre lombaire, qui tient sous sa dépendance les mouvements de l'acte sexuel. Son rôle psychologique est faible ou nul ; il est proprement un centre instinctif, dont l'action n'est pas entravée par l'ablation des hémisphères cérébraux et du cervelet, chez les vertébrés inférieurs et même chez le chien, comme le prouvent les expériences de Goltz et autres. — Quelques auteurs admettent, sans localisation précise, un deuxième centre, situé vers les ganglions

---

1. M. Pierre Janet rapporte le cas d'une femme chez qui « les sentiments de famille, les émotions affectives, la pudeur et la sensibilité des parties génitales paraissent et disparaissent simultanément ». Il ajoute : « Lequel de ces phénomènes amène les autres à sa suite? La sensibilité génitale est-elle un centre autour duquel les autres synthèses psychologiques se construisent? Je ne veux tirer aucune conclusion. » (*État mental des hystériques*, I, p. 217, 218.)

de la base de l'encéphale, qui serait le siège des sensations brutes et des mouvements correspondants; il serait en rapport avec les centres de la sensation olfactive et de la sensation visuelle : celui-ci aurait une valeur psychologique. — Enfin, un troisième et dernier centre dans la couche corticale, organe de la perception proprement dite et de la reviviscence des images. Rien de précis sur sa position : est-il localisé dans une région ou disséminé? On ne trouve sur ce point que des hypothèses, quand on en trouve : (lobe occipital (??), voisinage du centre olfactif?). On se contente d'admettre que, des organes génitaux, les impressions sont transmises d'abord au centre inférieur (spinal), qui agit par réflexion sur les systèmes correspondants d'innervation vasculaire, motrice, sécrétoire; que de là (qu'il y ait ou non un centre intermédiaire) elles parviennent à l'écorce cérébrale, pour produire un état de conscience plus ou moins clair, suivant les cas.

L'anatomie et la physiologie ne sont pas seules intéressées dans cette question; car si l'existence de trois centres superposés, reliés entre eux quoique distincts par leurs fonctions, était bien établie, cela donnerait des points de repère et poserait des conditions fixes, des moments, dans le développement de l'émotion sexuelle, qui peut résulter d'un état des organes (forme instinctive) ou d'une perception extérieure, ou d'une pure représentation (amour d'imagination). En l'absence d'une base anatomique qui servirait à la psychologie normale et plus encore peut-être à la compréhension des faits pathologiques, suivons l'évolution de l'amour sexuel tel que l'observation nous la donne. Elle a été esquissée déjà dans l'Introduction, mais trop brièvement.

2° Nous avons distingué dans cette évolution psychologique trois périodes principales : instinctive, émotionnelle, intellectualisée.

Prenant la question à sa plus lointaine origine, quelques naturalistes et philosophes admettent chez les vivants, dépourvus de système nerveux — micro-organismes animaux ou végétaux — des équivalents de l'attraction sexuelle. « Il est curieux, dit Balbiani, de rencontrer, chez des êtres que leur petitesse et l'extrême simplicité de leur organisation ont fait placer par tous les zoologistes à la limite la plus reculée du monde animal, des actes qui dénotent l'existence de phénomènes analogues à ceux par lesquels l'instinct sexuel se manifeste chez un grand nombre de métazoaires... Ainsi chez les paramécies au moment de la propagation... un instinct supérieur semble dominer ces petits êtres; ils se recherchent, se poursuivent, vont de l'un à l'autre en se palpant à l'aide de leurs cils, s'agglutinent pendant quelques instants dans l'attitude du rapprochement sexuel, puis se quittent pour se reprendre de nouveau. Ces jeux singuliers par lesquels ces animalcules semblent se provoquer mutuellement à l'accouplement, durent souvent plusieurs jours avant que celui-ci devienne définitif. » On a cité d'autres faits du même genre. Enfin, a-t-on dit, « l'accouplement des deux éléments sexuels n'est pas sans analogie avec l'accouplement des deux animaux dont ces éléments dérivent : le spermatozoïde et l'ovule font en petit ce que les deux individus font en grand; l'élément spermatique en se dirigeant vers l'ovule qu'il doit féconder est animé par le même instinct sexuel qui dirige l'être complet vers sa femelle [1]. »

Pour nous en tenir aux micro-organismes, ces faits d'attraction sexuelle ont été interprétés de deux manières comme nous l'avons vu antérieurement : l'une psychologique, l'autre chimique. Les uns — nous venons de les entendre — admettent un désir, une action élective, un choix, en s'appuyant non seulement sur les phénomènes de la génération, mais sur plusieurs autres : ainsi, l'habitat, l'emploi d'une certaine matière pour la construction des carapaces, les mouvements de certains micro-organismes pour rechercher et saisir une proie déterminée. Les autres rejettent cette psychologie qu'ils qualifient d'anthropomorphisme et soutiennent que les actions chimiques suffisent à tout expliquer. Déjà Pfeffer avait montré, en ce qui concerne la génération, que les spermatozoïdes des cryptogames sont attirés par certaines substances chimiques qui varient suivant les

---

1. Cette thèse psychologique a été soutenue dans toute sa rigueur par Delbœuf : « Cette jeune fille et ce jeune homme [en tendant l'un vers l'autre] obéissent à la volonté, chez l'un et l'autre obscure, d'un spermatozoïde, d'un ovule. Mais tenez-le pour certain, cette volonté n'est obscure ni dans le spermatozoïde ni dans l'ovule; ils savent tous deux ce qui leur manque et ils le cherchent. A cet effet, ils donnent des ordres à leur cerveau respectif par l'intermédiaire du cœur et le cerveau obéit sans savoir pourquoi. Quelquefois, il se figure avoir raisonné, il s'explique à lui-même son choix. Au fond, il n'a été qu'un instrument *inconscient* dans la main d'un imperceptible ouvrier qui savait ce qu'il voulait et ce qu'il faisait. » (*Revue philosophique*, mars 1891, p. 257.)

végétaux. Plus récemment, Maupas et Verworn, étudiant l'un après l'autre les cas de prétendu choix, éliminent tout élément psychique, pour les réduire au pur mécanisme. Je me range à la seconde opinion, tout en reconnaissant que, pour les problèmes d'origine, on se décide d'après des probabilités plutôt que d'après des preuves.

Au-dessus de cette attraction chimique ou organique, nous trouvons l'instinct sexuel proprement dit qui, avec des adaptations sans nombre, embrasse toute l'animalité. Il est inutile d'établir qu'il est fatal, aveugle, non appris, antérieur à l'expérience; mais comme par sa nature il consiste essentiellement en manifestations motrices, sa psychologie est assez pauvre. Quelques remarques sur ce point ne seront pas inutiles. Il s'est produit, en effet, sur le problème de l'instinct, un changement de position.

Pendant la première moitié de ce siècle, l'innéité de l'instinct est placée dans l'ordre de la connaissance, tandis que la psychologie contemporaine le place dans l'ordre des mouvements ou, plus exactement, dans un rapport fixe entre certains états de connaissance et certains mouvements. Dans la première hypothèse, bien exposée par F. Cuvier, l'instinct consiste en images ou sensations innées et constantes qui déterminent à agir comme les sensations ordinaires; c'est « une sorte de vision, de rêve, analogue au somnambulisme ». Dans la seconde hypothèse, les sensations, perceptions et images suscitent des mouvements déterminés par l'organisation (le caneton qui voit l'eau, le jeune chat qui flaire une souris, l'écureuil qui fait ses provisions d'hiver). Il n'y a point de représentations innées ni même de mouvements innés, mais un rapport préétabli, entre des impressions fortuites et un groupe de mouvements : l'instinct est la *réaction motrice innée* à une excitation externe ou interne; il résulte de la nature de l'animal. L'impression ne fait que lâcher la détente et le coup part. Comme tout autre, l'instinct sexuel consiste en un *rapport* fixe entre des sensations internes venant des organes génitaux ou des perceptions tactiles, visuelles, olfactives d'une part, et des mouvements adaptés au but d'autre part. En tant qu'instinct, il est cela et rien que cela. Chez l'immense majorité des animaux et souvent chez l'homme, il ne dépasse pas ce niveau : en termes plus clairs, il n'est accompagné d'aucune émotion tendre. L'acte accompli, il y a séparation et oubli.

Bien mieux, dans certains cas, il y a plus que de l'indifférence, il y a hostilité : les mâles de la reine-abeille sont mis à mort comme inutiles et l'on sait que le mari de l'araignée court souvent le risque d'être dévoré.

L'*amour* sexuel correspond à une forme plus haute de l'évolution. Outre l'instinct, il suppose l'adjonction à un degré quelconque de sentiments tendres. Ce n'est donc pas une émotion simple, même dans les espèces animales assez nombreuses qui nous en offrent des échantillons. Chez l'homme, surtout civilisé, sa complexité devient extrême. L'analyse que Herbert Spencer en a faite est connue et un peu longue ; cependant je n'hésite pas à la transcrire, parce que je n'en trouve aucune qui l'égale et que je ne vois rien à ajouter ni à retrancher.

« D'ordinaire, quoique bien à tort, on parle de la passion qui unit les sexes comme d'un sentiment simple, tandis qu'en fait c'est le plus composé et par conséquent le plus puissant de tous les sentiments. Aux éléments purement physiques qu'il renferme, il faut ajouter d'abord ces impressions très complexes produites par la beauté d'une personne, et autour desquelles sont groupées un grand nombre d'idées agréables qui, en elles-mêmes, ne constituent pas le sentiment de l'amour, mais qui ont une relation organique avec ce sentiment. A cela s'ajoute le sentiment complexe que nous nommons *affection* — sentiment qui, pouvant exister entre des personnes du même sexe, doit être regardé en lui-même comme un sentiment indépendant, mais qui atteint sa plus haute activité entre des amants. Il y a aussi le sentiment d'*admiration*, respect ou vénération qui, en lui-même, a un pouvoir considérable et qui, dans le cas actuel, devient actif à un très haut degré. A cela il faut ajouter le sentiment appelé *amour de l'approbation*. Quand on se voit préféré à tout le monde, et cela par quelqu'un qu'on admire plus que tous les autres, l'amour de l'approbation est satisfait à un degré qui dépasse toutes les expériences antérieures : spécialement, lorsqu'à cette satisfaction directe, il faut joindre la satisfaction indirecte qui résulte de ce que cette préférence est attestée par des indifférents. De plus, il y a aussi un sentiment voisin du précédent, celui de l'*estime de soi*. Avoir réussi à gagner un tel attachement de la part d'un autre, le dominer, c'est une preuve pratique de

puissance, de supériorité, qui ne peut manquer d'exciter agréablement l'amour-propre. De plus, le sentiment de la possession a
sa part dans l'activité générale; il y a un plaisir de possession; les
deux amants s'appartiennent l'un à l'autre, — se réclament
mutuellement, comme une espèce de propriété. En sus, dans le
sentiment de l'amour est impliquée une grande liberté d'action. A
l'égard des autres personnes, notre conduite doit être contenue,
car autour de chacun il y a certaines limites délicates qu'on ne
peut dépasser; — il y a une individualité dans laquelle nul ne peut
pénétrer. Mais dans le cas actuel, les barrières sont renversées, le
libre usage de l'individualité d'un autre nous est concédé, et ainsi
est satisfait l'amour d'une activité sans limites. Finalement il y a
une exaltation de la sympathie : le plaisir purement personnel est
doublé, en étant partagé avec un autre; et les plaisirs d'un autre
sont ajoutés à nos plaisirs purement personnels. Ainsi, autour du
sentiment physique qui forme le noyau du tout, sont rassemblés les
sentiments produits par la beauté personnelle, ceux qui constituent
le simple attachement, le respect, l'amour de l'approbation,
l'amour-propre, l'amour de la possession, l'amour de la liberté, la
sympathie. Tous ces sentiments excités chacun au plus haut degré
et tendant, chacun en particulier, à réfléchir son excitation sur
chaque autre, forment l'état psychique composé que nous appelons
amour. Et comme chacun de ces sentiments est en lui-même très
complexe, vu qu'il réunit une grande quantité d'états de conscience,
nous pouvons dire que cette passion fond en un agrégat immense
presque toutes les excitations élémentaires dont nous sommes)
capables; et que de là résulte son pouvoir irrésistible [1]. »

Ce moment de l'évolution donne le type complet de l'amour. En
poursuivant, une rupture d'équilibre se produit aux dépens des éléments physiologiques et de l'instinct qui s'effacent graduellement
devant une image qui s'intellectualise de plus en plus.

Certes, au fond de tout amour, il y a la recherche inconsciente
d'un idéal, mais saisi sous une forme concrète, personnelle, incarnée
pour un moment dans un individu. Par un travail d'abstraction de
l'esprit, semblable à celui qui des perceptions fait sortir les idées les

---

1. Herbert Spencer, *Psychology*, § 215.

plus générales, l'image concrète se transforme en un schéma vague, en un concept, un idéal absolu et nous avons l'amour pur, intellectuel, platonique, mystique : l'émotion s'est totalement intellectualisée. Remarquons que cette dernière période de l'évolution n'est pas si rare. Outre qu'elle se rencontre à l'état sporadique, elle s'est fixée et exprimée, à certains moments de l'histoire, dans des institutions : l'amour chevaleresque dont Geoffroy Rudel cherchant la comtesse de Tripoli est le plus parfait exemple ; les Troubadours, les Cours d'amour provençales décidant que l'amour *vrai* ne peut exister dans le mariage et exclut toute cohabitation, etc. — Toutefois, il ne faudrait pas se laisser trop prendre aux apparences. Les amants platoniques et mystiques ont toujours soutenu que leur sentiment est parfaitement pur, n'a rien de commun avec les sens et l'opinion contraire leur semble une profanation et un sacrilège. Pourtant, comment l'amour existerait-il sans conditions physiques si atténuées qu'on les suppose? Si elles font défaut, nous n'avons et ne pouvons avoir qu'un état tout intellectuel, la représentation d'un idéal conçu, non senti. D'ailleurs, il y a mieux à faire que de supposer et de raisonner : des faits assez fréquents montrent combien on peut rapidement déchoir de la sphère idéale et la chute n'est si facile que parce que tout est prêt pour la favoriser [1].

Dans cette évolution ascendante de l'instinct à la forme idéaliste, il y a un moment décisif : l'apparition du choix individuel ; c'est la marque propre qui différencie l'instinct de l'émotion. L'instinct sexuel se contente d'une satisfaction spécifique ; l'amour sexuel, non : et comme le choix se manifeste chez les représentants supérieurs de l'animalité, non seulement par les combats sanglants entre les mâles ou par les tournois plus pacifiques qui précèdent la sélection sexuelle ; mais en l'absence de toute rivalité et de toute concurrence, par la préférence exclusive d'un mâle pour une femelle élue entre beaucoup d'autres qu'il pourrait posséder ; on peut admettre à plus forte raison que l'humanité primitive a dû sortir très tôt de la *venus volgivaga*. On sait que Schopenhauer et après lui Hartmann ont essayé de déterminer les raisons du choix ; mais cette

1. Pour des observations curieuses sur ce point, voir en particulier Moreau (de Tours), *Psychologie morbide*, p. 264 à 278.

tentative reste toujours incomplète, parce qu'on n'est jamais sûr de découvrir tous les facteurs inconscients.

Au reste, la psychologie de l'amour cache bien d'autres mystères. Sa violence aveugle qui frappe d'étonnement et quelquefois d'épouvante le spectateur de sang-froid, d'où vient-elle ? Bain croit l'expliquer par une « concentration de l'attention sur un individu » et parce que « l'intensité et l'unité dans l'objet sont associées dans l'amour » ; mais il en est de même pour d'autres passions telles que l'ambition et la haine. Herbert Spencer, dans l'analyse précitée, l'attribue à sa complexité ; l'amour est un agrégat de tendances hétérogènes, mais qui toutes convergent au même but et entraînent dans le même sens. Au fond, l'irrésistibilité est dans l'instinct sexuel et n'existe que par lui ; l'activité instinctive seule a cette puissance. C'est ce que Schopenhauer appelle, en termes métaphysiques, le Génie de l'espèce qui se sert de l'individu pour arriver à ses fins. On pourrait dire aussi en termes biologiques, selon l'hypothèse en vogue de Weissmann : la continuité du plasma germinatif qui se manifeste et s'affirme énergiquement, en sauvegardant les droits de l'espèce contre les fantaisies individuelles. Mais toutes ces métaphores n'expliquent rien, n'ajoutent rien à la simple constatation de fait. L'instinct sexuel reste le centre autour duquel tout gravite ; rien n'est que par lui ; le caractère, l'imagination, la vanité, l'imitation, la mode, le temps, les lieux et bien d'autres circonstances individuelles ou influences sociales, donnent à l'amour, comme émotion ou passion, une plasticité sans limites : c'est aux romanciers de décrire toutes ces formes et ils n'ont pas failli à leur tâche.

II

Quoique l'amour, même dans ses manifestations moyennes, soit inséparable de l'obsession et de l'impulsion, je ne vois dans ces deux caractères aucun motif légitime pour le placer, sans restriction, comme il plaît à quelques auteurs, dans la pathologie [1]. Il a son

---

1. Voir Danville, *Psychologie de l'amour*, ch. vi, pour une discussion détaillée de cette question que l'auteur résout aussi par la négative.

but naturel et il y tend par des moyens appropriés : que souvent il atteigne les limites de la folie, chacun le sait ; mais en cela il ne diffère pas de la plupart des émotions. Il y a les formes impulsives et irrésistibles de l'amour (érotomanie) ; elles restent dans la nature : sa vraie pathologie est ailleurs, elle est hors de la nature.

Sur les déviations et interversions de l'instinct sexuel, on a publié — surtout de nos jours — tant d'observations, écrit tant de livres, discuté tant de thèses médico-légales qu'on pourrait croire que la psychologie du sujet s'en est trouvée éclaircie ; il n'en est rien : or, elle seule nous intéresse.

Réduit à sa plus simple expression, le problème psychologique est celui-ci : L'instinct sexuel a une fin très nette, très facile à établir ; comment peut-il s'en écarter ? D'autres instincts, celui de la conservation sous la forme offensive ou défensive, le *self-feeling*, n'ont pas un mécanisme qui leur soit exclusivement propre et sont susceptibles d'adaptations variables et multiples. Celui-ci est enfermé par la nature dans les limites strictes. Sans doute tout instinct a ses oscillations ; mais il ne varie que dans les moyens, le but reste le même. La fourmi, l'abeille, le castor, l'araignée, modifient leur façon d'agir suivant le milieu, parce qu'ils sont enfermés dans ce dilemme : s'adapter ou périr ; mais ils arrivent toujours à la même fin. L'instinct de la nutrition chez l'homme utilise les animaux et les végétaux, les chenilles crues du sauvage ou la cuisine savante du civilisé ; mais le même but est toujours posé et atteint. Dans les déviations, au moins extrêmes, de l'instinct sexuel, il en est autrement : tout change, moyens et fins. Le but normal — la génération et la perpétuité de l'espèce — est ignoré, mis à néant. Cet aspect de la question ne me paraît pas avoir été assez remarqué. Comment un instinct si solidement établi, ayant son mécanisme propre, peut-il défaillir ?

Ce sujet mériterait une monographie purement psychologique, très difficile, qui ne serait pas à sa place ici. Je voudrais seulement rechercher les principales causes d'altération de cet instinct. Je ne citerai aucun fait ; ils sont très connus ou se devinent d'eux-mêmes ; d'ailleurs il faut opter entre beaucoup ou rien. Je laisse de côté les cas extrêmes, comme la nécrophilie ou bien l'éréthisme sexuel accompagné du besoin de violence, de destruction, de sang : celui-ci est l'équivalent des manifestations animales, mentionnées plus haut, où l'état d'excitation générale, loin de susciter la tendresse, éveille de préférence les tendances agressives. Ce sont des impulsions folles. Je m'en tiens aux déviations et interversions, c'est-à-dire aux cas où le mécanisme naturel de l'instinct est faussé (excitations causées par des impressions étrangères à la sexualité, attraction vers le même sexe).

On peut passer sous silences les causes générales qui instruisent peu : la dégénérescence, invoquée ici comme d'habitude ; l'hérédité, qui n'explique rien, puisqu'elle est une répétition et qu'elle ramène au cas primitif qui, lui, pose la question. On ne peut chercher avec profit que dans l'ordre des causes particulières.

1º Une première, anatomique et physiologique, se rencontre dans la conformation des organes génitaux : arrêt de développement, sexualité incomplète, hermaphrodisme, malformations, etc. C'est la plus simple, la plus facile à constater et elle suffit pour divers cas : l'action de bas en haut, de l'organe et de son centre inférieur sur le cerveau, n'est plus normale ; les conditions d'existence de l'instinct sont absentes ou altérées.

2º Les autres causes sont plus difficilement assignables. En voici une d'ordre sociologique : on sait ce qui se passe dans les agglomérations fermées d'individus de même sexe : internats, couvents, prisons, casernes, navires accomplissant un long voyage.

Mais les plus nombreuses sont d'origine psychologique et il faut les diviser en inconscientes et conscientes :

3º Les causes inconscientes et par conséquent involontaires sont plutôt soupçonnées qu'établies. Elles consistent en associations d'idées bizarres qui se forment au moment de la puberté et dont la raison dernière nous échappe : on pourrait les assimiler à certains cas d'audition colorée, où se forme entre un son et une couleur une liaison, en apparence accidentelle et fortuite, mais qui repose sur un fond affectif commun. Il y a plus, des observations semblent montrer qu'à une époque bien antérieure (vers cinq ou six ans) il se produit « des poussées génitales inconscientes provoquant des associations d'idées qui servent fréquemment dans l'avenir de *substratum* à nos sentiments et à nos volitions. La plupart de ces associations sont instables et restent dans l'inconscient. Chez les dégénérés, elles prennent le caractère impulsif et obsédant qui distingue leur psychologie ; l'intensité exprime le degré de conscience qui les accompagne, le souvenir qui leur reste lié, l'importance même qu'elles prennent dans l'existence ultérieure. L'existence d'une sous-personnalité inconsciente, directrice de la personnalité consciente, se manifeste ici, plus que partout ailleurs, avec une netteté indéniable [1]. »

4° Restent les causes conscientes et volontaires qui sont l'inverse des causes physiques, représentant une action de haut en bas, des centres supérieurs, sur le centre inférieur et les organes. C'est ici que l'instinct se trouve aux prises avec son plus redoutable ennemi : l'image intense et persistante. Chez les prédisposés, le pouvoir créateur de l'imagination travaille à une construction sur un thème érotique, comme il produit chez d'autres une invention mécanique, une œuvre d'art, une découverte scientifique. Toute image vive tend à se réaliser ; dans le cas actuel elle peut détourner l'instinct de sa voie naturelle, si son pouvoir moteur est plus fort ; et l'instinct sexuel n'a pas chez tous les hommes une égale stabilité.

Je ne pense pas d'ailleurs que ces causes suffisent à tout expliquer, même en tenant compte de l'imitation qui se fixe dans les mœurs et de la contagion de l'exemple. Si les faits étaient pris en détail, sans rien omettre, on serait plus d'une fois embarrassé. Ainsi, des aberrations sexuelles se rencontrent chez des animaux, d'une intelligence médiocre et vivant sans contrainte ; peut-on incriminer l'imagination ? — chez des peuples primitifs : les Huns, disent les historiens anciens, avaient fait de l'amour contre nature une institution ; peut-on incriminer la civilisation ? Bien d'autres difficultés de ce genre pourraient être soulevées ; mais je rappelle que la pathologie n'est introduite dans cet ouvrage qu'à titre d'éclaircissement et il me semble que, dans notre sujet actuel, elle reçoit, de la psychologie normale, plus de lumière qu'elle ne lui en rend.

1. Dallemagne, *Dégénérés et Déséquilibrés*, p. 327.

CHAPITRE VII

PASSAGE DES ÉMOTIONS SIMPLES AUX ÉMOTIONS COMPOSÉES

Ayant étudié l'une après l'autre chacune des tendances que nous tenons pour irréductibles et l'émotion simple qui l'exprime, nous passons maintenant aux émotions composées. Il n'est pas besoin de faire remarquer qu'une émotion simple (la peur, la colère, etc.) est en elle-même un phénomène très complexe et que « simple » signifie irréductible par l'analyse à une autre émotion. Sont composées toutes celles qui ne présentent pas ce caractère. Le problème qui se pose est donc celui-ci : comment des émotions primitives ou principales sont sorties les émotions secondaires et dérivées? Étant admis qu'il y a des émotions types et, d'autre part, l'observation de la vie humaine nous montrant des états affectifs très nombreux, avec leurs variétés et nuances individuelles, leurs transformations au cours des âges, comment cette multiplicité s'est-elle produite?

C'est sous cette forme que les maîtres du xviie siècle avaient posé la question et je la reprends, parce que cette méthode me paraît bien préférable à celle des classifications, qui a prévalu depuis. On sait que Descartes n'admettait que six passions primitives : l'admiration, l'amour, la haine, le désir, la joie et la tristesse; « toutes les autres, dit-il, sont composées de quelques-unes de ces six ou bien sont des espèces et en tirent leur origine » [1], et il en décrit une quarantaine. Spinoza n'en admet que trois principales : le désir, la joie, la tristesse, et il en déduit les autres, qui, élimination faite de quelques répétitions, s'élèvent à quarante-six. Toutefois, on ne voit

1. Descartes, *Traité des passions*, § 69.

pas bien clairement par quel procédé ces philosophes déterminent leurs passions primitives; il semble que c'est d'après leur caractère d'extrême généralité (sauf pour l'admiration). Quant aux autres passions, elles sont *déduites* et pour le bien montrer Spinoza a toujours soin, dans ses définitions, de ramener la passion dérivée à la passion primitive. Ainsi : « la crainte est une *tristesse* mal assurée qui provient de l'idée d'une chose future ou passée dont l'événement nous laisse quelque doute » [1]. En somme, leur méthode est géométrique et déductive, surtout dans l'*Éthique*; mais on peut, avec des modifications légères, l'adapter aux exigences de la psychologie expérimentale. Ainsi, nous avons déterminé les émotions primitives par l'observation — d'après leur ordre d'apparition chronologique, — non par leur caractère de généralité. Quant aux émotions dérivées, nous allons nous efforcer d'établir les conditions très diverses de leur genèse, non par déduction, mais par analyse ou synthèse et d'après l'observation, c'est-à-dire, autant que possible, par une méthode génétique. Nous avons parlé ailleurs des classifications et des difficultés insurmontables qui leur sont inhérentes; aussi le but que nous nous proposons n'est pas : étant donnée une émotion composée quelconque, de déterminer son genre et son espèce; mais de savoir *de quelle émotion primitive elle dérive et par quel procédé.*

Ces procédés naturels de transformation du simple en composé me paraissent réductibles à trois : 1° par évolution; 2° par arrêt de développement; 3° par composition (mélange et combinaison). Ces trois procédés peuvent agir isolément ou conjointement; les émotions les plus complexes sont d'ordinaire le résultat de leur coopération. Nous allons les examiner successivement.

I

La transformation *par évolution*, complète ou incomplète, est le cas le plus simple et le plus général. Elle consiste, comme toute évolution, dans le passage du simple au complexe, de l'indifférencié au différencié, de l'inférieur au supérieur. Elle dépend du dévelop-

1. Spinoza, *Éthique*, III, *Appendice*.

pement intellectuel et s'appuie sur la loi de transfert déjà décrite (Première partie, chapitre xii), qui en est l'instrument actif et inconscient. Si faible que soit le développement des émotions dans une race ou un individu (l'idiot excepté), elle ne manque jamais, parce que les événements de la vie nationale et individuelle ont toujours quelque variété et quelques changements d'aspect, qui influent sur la vie affective.

Il convient de distinguer deux cas, suivant que l'évolution est à forme homogène ou à forme hétérogène.

1er cas. Évolution à forme homogène. — L'émotion primitive reste identique à elle-même, dans tout le cours de l'évolution; elle ne fait que croître en complexité. En voici quelques exemples [1].

L'émotion esthétique a pour origine un surplus d'activité qui se dépense dans une direction particulière, sous l'influence de l'imagination créatrice, et elle conserve ce caractère fondamental depuis les dessins sur silex taillés de l'homme quaternaire ou la danse symbolique des primitifs, à travers les âges classiques, jusqu'aux raffinements quintessenciés des décadents. Certes, tous ne sont pas disposés à l'admettre : un tempérament artistique très affiné, élevé dans un milieu très cultivé, jeté brusquement dans l'esthétique des sauvages nierait la communauté de nature, mais à tort. Les siècles auxquels a manqué le sens de l'évolution, de la continuité du développement (xviie et xviiie siècle) n'ont vu dans les origines de l'art que des grossièretés incompréhensibles dont il faut détourner les yeux. La transition s'est faite du simple au composé par l'accumulation des connaissances, des idées et de l'habileté technique, causes ou occasions de nouvelles manières de sentir : ainsi se sont formés des agrégats juxtaposés qui agissent par la qualité et la quantité. Cette marche du simple au complexe est plus visible que partout ailleurs dans le développement du sentiment de la musique, le plus émotionnel de tous les arts.

Le sentiment religieux n'est pas d'origine simple. Il résulte : 1° de la fusion de deux émotions primitives, la peur et l'amour au sens

---

1. Toutes les émotions qui seront citées dans ce chapitre, ayant été déjà étudiées ou devant l'être, ne sont mentionnées que sommairement, à titre d'exemples et d'éclaircissement du travail de l'esprit dans la création des formes composées.

large (émotion tendre), c'est un composé binaire; 2° d'un processus d'évolution que nous aurons à suivre en détail et qui dépend des conditions intellectuelles : prédominance des images, des concepts inférieurs, puis des concepts supérieurs. Ici encore la continuité échappe à beaucoup de gens qui ne voient pas le lien qui rattache le fétichisme aux religions les plus idéalistes. Combien de voyageurs et d'ethnographes, après avoir constaté dans une peuplade l'existence de la sorcellerie, des amulettes, des rites funéraires, affirment sérieusement qu'elle est dépourvue de tout sentiment religieux! C'est que pour eux les formes complexes et organisées comptent seules et qu'ils ne voient le sentiment religieux qu'à travers les grandes religions.

2° cas. Évolution à forme hétérogène. — Le sentiment primitif se transforme au point de devenir méconnaissable et ne peut être retrouvé que par une analyse souvent laborieuse. Ce cas ressemble au développement morphologique des animaux; les formes de l'adulte ne laissent pas soupçonner les formes de la vie embryonnaire et fœtale.

Le meilleur exemple qu'on en puisse produire est la genèse des émotions bienveillantes. Je la renvoie au chapitre suivant, où elle sera mieux à sa place. Mais nous pouvons examiner un autre cas.

L'instinct de la conservation est, comme nous l'avons vu, un terme collectif, une formule abrégée pour désigner l'ensemble des tendances particulières qui assurent la persistance de l'individu et dont l'une, le besoin de se nourrir, est fondamentale. Elle se manifeste dans toute sa simplicité chez la plupart des animaux et les peuplades les plus sauvages qui vivent strictement au jour le jour. Cependant les fourmis, les abeilles, les renards et bien d'autres animaux encore mettent en réserve des aliments pour leurs besoins. L'espèce humaine a acquis très vite la prévision et le souci du lendemain, même sans sortir de la vie sauvage, de chasse et de pêche. Avec la vie nomade et agricole, le besoin de posséder s'affirme de plus en plus. Le progrès social substituant à l'échange en nature l'usage des métaux précieux d'abord en lingots, puis en monnaie, plus tard la monnaie de papier, le sentiment suit la même marche, se transfère des choses aux valeurs qui les représentent et aux représentations de ces valeurs : chez beaucoup avec la ténacité qu'on connaît; et l'on voit finalement des gens qui préfèrent la maladie aux dépenses de la guérison, le risque d'être assassiné au déplaisir de livrer leur bourse : en sorte que ces valeurs et signes de valeurs, représentant la possibilité de satisfaire des besoins (nourriture, vêtements, logement, etc.) deviennent en elles-mêmes et pour elles-mêmes une cause de désir et de plaisir et que, amassées pour assurer la vie, elles restent inutiles, quand elles ne servent pas à causer la mort. L'avarice est une passion qui éclaircit convenablement cette évolution à forme hétérogène qui, malgré un développement strictement logique, subit tant de métamorphoses que son point extrême semble la négation de son point de départ.

Le sentiment de la force, le *self-feeling* sous sa forme positive, est d'abord, comme nous l'avons vu, la conscience de l'énergie physique; mais avec le développement intellectuel, il rayonne en divers sens, suivant le tempérament et le caractère. Nous pouvons noter au moins deux directions très différentes : 1° une évolution dans le sens théorique et purement individuel : aborder toutes les questions, tout scruter, tout critiquer, se faire sur tout une opinion indépendante, bref, avoir pour idéal une liberté absolue de penser, sans frein ni restriction d'aucune sorte; 2° une évolution dans le sens pratique et social; étendre sa puissance sur les choses et les hommes : l'enfant qui domine ses camarades, plus tard s'impose à un groupe d'hommes, à un peuple, à des peuples (César, Napoléon). La qualité des émotions ressenties dans les deux cas est fort différente; cependant la source première est commune, la divergence est l'effet du caractère et de l'évolution intellectuelle.

II

La transformation des émotions simples en émotions dérivées *par arrêt de développement* est plus rare. Tandis que, dans le cas précédent, il y a une marche en avant, rectiligne, l'évolution intellectuelle entraînant l'évolution affective selon la loi de transfert, ici le travail de l'esprit est plus compliqué : il suppose un antagonisme entre deux états de conscience, qui se résout en une transaction. Il y a, d'une part, des tendances affectives qui vont dans le sens de l'impulsion; d'autre part, des images, idées, états intellectuels quelconques qui agissent dans le sens de l'arrêt, en sorte que l'émotion résultante se compose à la fois de mouvements et d'inhibition de mouvements.

Sauf la peur, toutes les émotions primitives impliquent des tendances au mouvement, quelquefois violentes et aveugles comme les forces de la nature : cela se voit chez les enfants, les animaux, les primitifs, les Barbares des premiers siècles de notre ère, tels que les chroniqueurs contemporains les dépeignent; le passage à l'acte, bon ou mauvais, est instantané, rapide et fatal comme un réflexe.

La réflexion, elle, est par nature lente et inhibitoire. Comment une image ou une conception peut-elle produire un arrêt de mouvement? C'est une question très obscure et mal éclairée quant à son mécanisme psychologique et physiologique; il est inutile de la traiter ici en passant; il suffit que l'arrêt existe à titre de fait.

L'intervention de ce nouveau facteur — la réflexion — peut avoir deux résultats. Le premier, c'est d'enrayer, de faire disparaître; ainsi une passion tenue en échec, après des oscillations, des retours et des reculs, finit par s'éteindre. Le second est une transformation ou métamorphose par arrêt de développement; il y a non plus extinction, mais changement de nature.

Les sciences biologiques ont familiarisé avec la notion de l'arrêt de développement et les modifications morphologiques qui en résultent. On sait que les parties d'un être vivant sont tellement liées entre elles qu'aucune ne peut changer, sans que les autres ne changent aussi : telle est la formule de la loi dite des corrélations organiques et elle a son équivalent dans l'ordre fonctionnel. La « compensation de développement » existe à n'en pas douter en psychologie, quoiqu'on l'ait bien peu étudiée et qu'elle méritât de l'être : ainsi l'expérience semble nous montrer que l'hypertrophie de certaines facultés entraîne comme conséquences l'hypertrophie ou l'atrophie de certaines autres.

Nous avons donné précédemment (ch. iii) la haine comme une forme avortée de la colère, le résultat d'un arrêt de développement; je n'ai que quelques remarques complémentaires à ajouter sur les deux éléments antagonistes. L'un, primitif, tend à la destruction partielle ou totale de l'ennemi; à l'attaquer dans sa personne ou celle des siens, dans sa réputation, son honneur, ses intérêts. L'autre, fait de réflexion et de calcul, consiste dans la représentation des conséquences, dans la crainte des représailles, des lois divines ou humaines. D'où un état émotionnel assimilable à un mouvement qui tourne sur place, incapable de franchir certaines limites : et il faut admettre que le travail de métamorphose est ici assez profond, puisque beaucoup d'auteurs, loin de saisir les affinités de la haine avec la colère, la posent comme une émotion primitive, antithèse de l'amour. Pourtant, il est bien clair que la haine, par le caractère d'inhibition qui lui est propre, n'est pas, ne peut pas être une émotion primitive ; elle répond à un second moment : et si l'on m'objectait qu'on peut tout aussi bien dire : la colère est la forme développée de la haine (c'est-à-dire que celle-ci est primitive) et non la haine la forme avortée de la colère ; je répondrais que cette position est inadmissible, parce que, dans l'expérience, nous n'avons aucun exemple de la forme inhibitoire apparaissant *avant* la forme impulsive correspondante. Ce qui est primitif, c'est un mouvement instinctif, inconscient de retrait, d'aversion (au sens étymologique) ; mais ceci n'est pas plus l'émotion de la haine que le mouvement instinctif et inconscient d'attraction n'est l'émotion de l'amour.

La résignation, avec ses variétés et nuances, est une forme avortée du chagrin. Son mode d'expression a été décrit en détail par Darwin (ch. xi). Cet état est la résultante de deux courants : d'une part, la douleur morale, le chagrin qui, seul et sous sa forme complète, se traduirait par la prostration, les larmes, etc. ; d'autre part, une notion intellectuelle, celle de l'irréparable et de l'irrémédiable, de l'inanité de tout effort. L'intelligence a sa téléologie qui n'est pas celle du sentiment ; si elle prévaut et se maintient dans la conscience, nous aurons, après une période d'oscillations, un état fixe qui sera la perte acceptée et ressentie, sous une forme mitigée.

L'amour mystique, platonique, intellectuel (il n'est pas utile de distinguer les diverses nuances que ces épithètes expriment) est, comme nous l'avons vu, une forme avortée de l'amour sexuel. Prédominance de l'élément intellectuel, l'idéal conçu ; affaiblissement des manifestations physiologiques et affectives, de l'éréthisme organique, de la tendance des mouvements au contact et à l'embrassement et de tout ce qui constitue l'émotion dans sa plénitude : tels sont ses caractères. Ici plus qu'ailleurs le terme « arrêt de développement » est rigoureusement exact, parce que l'amour mystique résulte non d'une inhibition volontaire qui mutile ou enraie l'émotion, mais d'une impuissance de l'émotion à se produire sous sa forme complète.

L'expérience fournit la contre-épreuve : que l'action antagoniste de la réflexion ou de l'état intellectuel quel qu'il soit disparaisse, la haine redevient colère, la résignation, chagrin ou désespoir, l'amour mystique, amour sexuel ; la forme primitive reparaît sous les ruines de la forme dérivée.

En résumé, toutes les émotions de ce groupe dont la genèse dépend d'un arrêt de développement sont réductibles à une seule formule : *émotions intellectualisées*, parce que l'élément intellectuel devient dominateur. On peut dire encore émotions *atténuées*, parce qu'elles vont dans le sens d'un affaiblissement affectif. Les deux tendances contraires et réciproquement dépendantes qui sont propres à ce groupe, déterminent non une émotion moyenne, mais une forme nouvelle qui, par rapport à l'émotion primitive et à la quantité générale de vie affective, est une *perte*.

III

La transformation *par composition* est un terme général sous lequel nous comprenons deux cas : le mélange, la combinaison. Ce processus consiste en additions et peut se formuler ainsi : Lorsque deux ou plusieurs états intellectuels coexistent, ayant chacun son ton affectif particulier, il se produit un état affectif composé ; en d'autres termes, la composition intellectuelle entraîne la composition affective. Si nous comparons les émotions primitives aux perceptions les plus simples de la vue et de l'ouïe, les émotions complexes répondront à la perception d'un grand paysage ou d'une symphonie. Il se forme ainsi par addition ou fusion des composés binaires, tertiaires, quaternaires et ainsi de suite, en désignant par ces termes le nombre des émotions simples qui les constituent : la composition peut se produire de deux manières, que nous distinguons en les appelant mélange et combinaison, au sens où les chimistes emploient ces mots.

I. *Composition par mélange*. — Dans les émotions qui dérivent de ce procédé de l'esprit, les éléments constituants se retrouvent dans le composé; ils s'accollent sans se pénétrer et une analyse psychologique suffisamment conduite peut les déterminer et les énumérer. Pour plus de clarté, je distingue deux cas dans les mélanges de sentiments.

Premier cas. — Les éléments sont homogènes ou convergents. S'ils sont nombreux, comme ils tendent tous à la même fin, l'émotion résultante sera très intense. Nous en avons trouvé un exemple dans l'amour sexuel, agrégat composé (d'après l'analyse de Herbert Spencer) d'attraction physique, d'impressions esthétiques, de sympathie, de tendresse, d'admiration, d'amour-propre, d'amour de l'approbation, d'amour de la possession, de désir de la liberté.

Deuxième cas. — Les éléments sont hétérogènes ou divergents. Je prends comme exemple la jalousie que beaucoup d'auteurs considèrent comme primitive, peut-être parce qu'elle se manifeste chez les animaux et les jeunes enfants : cela prouve simplement qu'elle est précoce, ce qui est tout différent. Un contemporain croit la définir en disant : « C'est une crainte morbide allant de la stupidité inerte à la rage active ou passive ». Je préfère de beaucoup la définition de Descartes : « La jalousie est une espèce de crainte qui se rapporte au désir qu'on a de conserver quelque bien » (*Passions*, art. 167). Cette passion mériterait une monographie, qui sera certainement faite, quand les travaux de ce genre prévaudront dans la psychologie des sentiments. Il ne s'agit pas ici d'en étudier les degrés, depuis les cas bénins jusqu'à la folie et à l'homicide, mais d'en rechercher la composition : 1° il y a la représentation d'un bien possédé ou désiré, élément de plaisir qui agit dans le sens de l'excitation et de l'attraction; 2° l'idée de la dépossession ou de la privation (de l'amant envers sa maîtresse, du candidat évincé contre son heureux rival et en général de quiconque échoue contre tous ceux qui réussissent), élément de chagrin qui agit dans le sens de la dépression; 3° idée de la cause réelle ou imaginaire de cette dépossession ou privation qui éveille, à un degré variable, la tendance destructive (colère, haine). Dans les formes passives, inertes de la jalousie, ce troisième élément est très faible. — Cette émotion est donc un composé ternaire.

On pourrait citer encore le sentiment religieux (composé binaire), le sentiment du respect, composé de sympathie et de crainte à un faible degré; le sentiment moral dont l'analyse sera faite dans le prochain chapitre.

Il faut remarquer que ces émotions dérivées, en raison de leur complexité, doivent logiquement présenter des nuances d'autant plus nombreuses que leurs éléments constitutifs le sont aussi. Dans l'amour sexuel, où l'analyse découvre au moins une dizaine de tendances primitives ou non, la prédominance d'une seule ou de plusieurs change l'aspect de l'émotion suivant les moments et les hommes. L'instabilité des passions dont on parle tant, a l'une de ses causes dans leur composition.

II. *Composition par combinaison.* — L'émotion qui résulte de ce procédé de l'esprit diffère, par sa nature et ses caractères, de ses éléments constituants et apparaît dans la conscience comme un produit nouveau, une unité irréductible. Ici l'analyse, souvent problématique et aléatoire, ne peut pas donner tout ce qui est dans la synthèse; c'est un cas psychologique qui a, en chimie, des équivalents bien connus.

Un psychologue danois, Sibbern, qui me paraît avoir signalé le premier ce mode de composition des émotions, sous le nom de sentiments mixtes, les définit : « Ceux où le désagréable suscite l'agréable et *vice versa*, de telle sorte que l'un n'est pas l'antécédent de l'autre, mais qu'ils agissent simultanément et que la disparition de l'un entraîne celle de l'autre »[1]. En effet, il n'y a pas simplement coexistence, mais réciprocité d'action : supprimez un terme, l'émotion change de nature, comme on le voit dans les exemples qui suivent.

L'émotion qui accompagne toutes les formes de l'activité où l'on *recherche* de grandes difficultés à vaincre ou des dangers à courir : chasse aux bêtes fauves, ascensions périlleuses, voyages de découvertes, etc. Supprimez l'inconnu, les risques, le péril, il n'y a plus d'attrait. Supprimez l'attrait et le plaisir qui l'accompagne, il n'y a

[1]. La *Psychologie* de Sibbern (1856), ayant été publiée en danois, ne m'est connue que par des extraits de ses compatriotes : Höffding, *Psychologie*, 2ᵉ éd. all., p. 330, 331, et Lehmann, *Hauptgesetze*, 247 et suiv. Ces deux auteurs seront aussi consultés avec profit sur cette question.

plus que peur ou dégoût. Cette émotion particulière n'existe que par leur interdépendance. Elle peut se produire, sous une forme mitigée, mais sans changer de nature, chez celui qui contemple des combats de taureaux, des dompteurs, des luttes violentes, un drame poignant; plus faiblement encore par le simple récit et la lecture.

Nous avons mentionné précédemment la mélancolie (au sens ordinaire, non médical) comme une forme du plaisir de la douleur. Elle suppose l'évocation d'états agréables, lointains, disparus, plus un état de tristesse actuelle qui les enveloppe. Supprimez l'un ou l'autre et la mélancolie s'évanouit. Si l'élément agréable, si faible qu'il soit, disparaît, il ne reste plus que le chagrin pur et simple. Dans cette combinaison, tantôt l'un, tantôt l'autre prédomine et donne au sentiment résultant un timbre affectif spécial suivant les cas.

L'émotion du sublime est considérée d'ordinaire comme une forme du sentiment esthétique; nous aurons à y revenir. Quel qu'en soit l'objet, le spectacle de glaciers mornes, d'un désert sans fin ou d'un homme qui se jette, tête baissée, dans un grand dévouement, il se compose d'éléments discordants, fondus dans une synthèse : 1° un sentiment pénible d'angoisse, de diminution de vie, d'annihilation qui nous tire vers en bas, nous déprime; 2° la conscience d'un élan, d'une énergie déployée, d'un soulèvement intérieur qui nous tire vers en haut, d'une augmentation de vie qui nous exalte; 3° le sentiment conscient ou inconscient de notre sécurité en face d'une puissance formidable; sans lui, l'émotion change de nature et nous ressentons la peur. Ces trois éléments coexistants et en état de dépendance réciproque entrent comme masse dans la conscience qui le prend pour une unité irréductible.

Höffding (*loc. cit.*, p. 407) donne comme exemple de combinaison (qu'il appelle sentiment mixte), l'*humour*. Il le définit « le sentiment du risible ayant pour base la sympathie ». Cet état consiste à voir simultanément et indissolublement le petit côté des grands; événements et le grand côté des choses les plus triviales. Il est la synthèse de deux éléments antithétiques : le rire destructeur, méprisant qui nous érige en supérieurs; l'indulgence, la pitié, la compassion, qui nous met sur un pied d'égalité avec les autres. Cette manifestation émotionnelle peut être une simple boutade transitoire ou une disposition permanente du caractère, une manière propre de comprendre la nature et la vie humaine, tenant le milieu entre l'optimisme qui trouve tout beau et le pessimisme qui voit tout en laid. L'école de l'*ironie* qui, avec Solger, Schlegel et d'autres, a joué un rôle dans l'esthétique allemande au commencement de ce siècle, avait pour principe fondamental de l'interprétation des choses, l'*humour*, négatif et destructif dans sa forme, positif et constructif dans sa réalité.

J'incline à ranger dans ce groupe un état émotionnel qui a donné lieu à beaucoup de dissertations et de discussions — la pudeur. Je le considère comme un composé binaire résoluble en deux émotions primitives : le *self-feeling* et la peur. Quoi qu'on pense de cette explication, le sujet vaut la peine de nous arrêter un peu; il ne peut guère être omis dans une psychologie des sentiments.

Les documents ne manquent pas sur les manifestations de la pudeur chez les différents peuples; on en trouve dans les récits des voyageurs, dans les ouvrages d'anthropologie et d'ethnologie. La question psychologique de sa nature et de son origine a été traitée par Spencer, Sergi, James, Mantegazza, pour ne citer que les contemporains. Ce dernier même en donne une définition : « La pudeur est le respect physique de nous-mêmes ».

Elle a un mode d'expression physique qui lui est propre ou du moins qui ne se rencontre que dans les émotions apparentées à la pudeur (honte, timidité, modestie); c'est la rougeur subite du visage due à une paralysie momentanée de nerfs vaso-constricteurs. On connaît les explications ingénieuses de Darwin sur ce point : celui qui se croit l'objet des regards, dirige son attention vers son propre visage, d'où suit une augmentation de l'afflux sanguin vers cette partie du corps. Elles sont actuellement rejetées. Les expériences de Mosso et autres sur la circulation sanguine justifient plutôt la thèse de Wundt qui voit dans le relâchement momentané de l'innervation vaso-motrice — cause de la rougeur du visage — un phénomène compensateur de l'accélération des battements du cœur, produite par l'émotion.

Outre ce mode d'expression particulier, la pudeur se traduit par des mouvements concentriques, défensifs, par une tendance à couvrir, ou déguiser certaines parties du corps. Sur ce point, les moyens employés offrent la plus grande variété, suivant les races, les pays, les époques; cacher les parties sexuelles et le reste, ou seulement le visage ou le sein, peindre son corps ou sa figure, etc. Il est impossible d'établir quel rôle ont joué, dans cette diversité, les circonstances, les conditions climatériques, les associations d'idées, la contrainte, la mode, l'imitation et même le hasard.

En ce qui touche la psychologie, on a discuté surtout la question d'origine : La pudeur est-elle un instinct, est-elle innée ou acquise? primitive ou dérivée? quelques auteurs en font un instinct; un peu à la légère et sans autre appui que son caractère de quasi-universalité, qu'ils dégagent assez légitimement de ses manifestations multiples. La plupart adoptent l'opinion contraire, alléguant l'exemple des enfants et de certains peuples primitifs qui en paraissent totalement dépourvus. Cette seconde thèse paraît la plus soutenable, quoiqu'une réponse catégorique, inébranlable, soit difficile. La pudeur (de même la honte, la timidité), sentiment égo-altruiste, suppose quelque réflexion.

On s'entend peu sur les conditions de sa genèse. H. Spencer et après lui Sergi soutiennent qu'elle résulte de l'usage de porter des vêtements qui a commencé par l'homme (non par la femme) pour des raisons d'ostentation et de parure. Il y a des peuples où les deux sexes sont nus, d'autres où le vêtement est le privilège de l'homme : l'impudeur aurait été à l'origine un défaut d'esthétique. Exclusivement propre au sexe masculin d'abord, le sentiment de la pudeur se serait transmis ensuite à l'autre sexe. Cette explication paraît bien fragile, sans parler de l'hypothèse émise incidemment, que ce sentiment n'est pas plus fort chez la femme que chez l'homme [1].

W. James en propose une autre moins simple, mais plus acceptable [2]. On peut la résumer ainsi : L'état émotionnel qui est au fond de la pudeur, de la honte et autres manifestations analogues, résulte de deux moments. Le premier consiste dans un jugement que nous portons sur les autres : la vue de certaines parties du corps et les idées qu'elles suggèrent inspirent de la répulsion; il est difficile d'admettre que même chez le sauvage nu, le cynisme et l'indé-

1. Sergi, *Piacere e dolore*, p. 210 et suiv.
2. W. James, *Psychology*, II, p. 435-437.

cence ne choquent pas ses semblables. [Selon nous, cet état psychologique serait à rapprocher du dégoût, dont nous avons vu précédemment les causes et la signification.] Le second moment consiste en un jugement que nous portons sur nous-même, par un
choc en retour. Ce qui nous répugne chez les autres doit être
répugnant pour eux par rapport à nous : de là l'habitude de couvrir certaines parties, de cacher certaines fonctions corporelles.
« La pudeur ne peut être considérée comme un instinct au sens
rigoureux du mot, c'est-à-dire comme un phénomène excito-moteur. »
Sous l'influence de la coutume, de l'opinion publique, de la civilisation, elle subit une évolution qui conduit aux excès de purisme
de l'Angleterre actuelle : « dire estomac pour ventre, membre pour
jambe, se retirer pour aller au lit et ne pas devoir nommer une
chienne par son nom ».

Prise dans son ensemble, cette émotion se rapproche surtout de
la peur, par ses symptômes extérieurs. Elle contient aussi des
éléments dérivés de l'amour-propre (*self-feeling*). Faut-il y ajouter
d'autres éléments dérivés de l'instinct sexuel? Cela n'est admissible
que pour certains cas. En somme, elle varie dans sa composition.
Nous ne pouvons la considérer comme instinctive, primitive, innée ;
d'un autre côté, l'analyse ne réussissant pas à la résoudre clairement en ses constituants, nous inclinons à y voir un cas particulier
de synthèse mentale, une combinaison.

Pour conclure sur les émotions formées par combinaison :

Elles ont pour base une association d'états intellectuels qui est, le
plus souvent, par contraste;

Elles supposent une fusion, en proportions variables, d'états
agréables et désagréables, ce qui les a fait appeler à juste titre
émotions mixtes.

Le tout diffère de la somme de ses éléments constituants.

L'analyse trouve et isole ces éléments, mais sans pouvoir se
vanter de les avoir découverts tous.

CHAPITRE VIII

SENTIMENTS SOCIAUX ET MORAUX

Au moment de commencer l'étude des émotions composées qui ont fourni la plus brillante carrière et joué le rôle le plus important dans la vie humaine, il est bon d'indiquer la marche qui sera suivie, une fois pour toutes. Nous ne pouvons pas à propos des sentiments sociaux, moraux, religieux, esthétiques, intellectuels, agiter les nombreuses questions qui en dépendent et nous perdre dans des détails sans fin. La tâche de la psychologie me paraît bien marquée : prendre chacun de ces sentiments *à son origine*, s'efforcer d'en bien déterminer la nature et suivre son développement, dans ses grandes phases, à l'aide des documents qui nous sont fournis par l'ethnologie, l'histoire des mœurs, des religions, de la culture esthétique et scientifique : éviter le vague et l'*a priori*, sans nous égarer dans la masse inextricable des faits.

Conformément à ce plan, nous débuterons par les formes les plus simples de l'instinct social chez les animaux, pour passer de là à l'homme, puis au développement des tendances morales.

Même en admettant l'hypothèse transformiste, l'évolution zoologique n'a pas été rectiligne, c'est un point incontesté. Il convient pourtant de le rappeler d'autant plus que le développement de l'organisation et celui des instincts sociaux ne marchent pas toujours *pari passu*. Ainsi les aptitudes sociales des fourmis et des abeilles sont bien supérieures à celles de certains mammifères qui sont considérés comme leur étant très supérieurs par l'organisation. Donc, sans nous préoccuper de la non-concordance fréquente entre la taxinomie zoologique et la psychologie sociologique, nous suivrons la marche ascendante de l'instinct social, quels que soient l'ordre, la classe, le point de l'arbre généalogique où il se manifeste.

Nous trouvons, de la sorte, quatre formes principales de sociétés animales : au plus bas, les sociétés fondées sur la nutrition, puis celles qui reposent sur la reproduction, puis les sociétés grégaires instables, enfin les sociétés à organisation stable et complète [1]. Quelque question particulière se posera à propos de chacune d'elles et nous montrera l'instinct social sous un aspect particulier.

« L'idée d'une société, dit Espinas, est celle d'un concours permanent que se prêtent pour une même action des individus vivants, séparés » (*ouv. cité*, p. 157). Le caractère de permanence n'est pas même nécessaire pour les formes inférieures : il y a des sociétés temporaires qui diffèrent totalement de ces agrégats hétérogènes, fortuits, momentanés, qu'on nomme les foules. Réciprocité et solidarité, telles sont les deux conditions fondamentales : ce qui exclut des sociétés animales et humaines deux formes qui s'en rapprochent, le parasitisme où il n'y a pas de réciprocité et qui est une forme mitigée de la lutte pour la vie ; le commensalisme qui ne comporte aucune action nuisible, mais n'implique non plus aucun service.

I. Dans les sociétés animales fondées sur la nutrition, c'est cette fonction qui constitue le lien social ; les individus qui les composent sont attachés les uns aux autres d'une manière permanente, dès leur naissance, et le liquide nourricier circule de l'un à l'autre, établissant ainsi une communauté matérielle. Elles se rencontrent chez les polypes hydraires, les bryozoaires, les tuniciers. Comme exemples de leurs formes supérieures, on peut citer les hydractinies, composées d'individus dont chacun a sa fonction spéciale et exclusive : pour les uns nourrir, pour les autres explorer et toucher, pour d'autres défendre la colonie, pour d'autres enfin la reproduire,

---

1. Pour l'étude générale de cette question, voir Espinas, *Les Sociétés animales*, 2ᵉ éd. (1878), et Ed. Perrier, *Les Colonies animales*.

ceux-ci se divisant en mâles et en femelles. Les siphonophores présentent une division analogue du travail et la société, longue de plus d'un mètre, suspendue à un utricule flottant, exécute des mouvements d'ensemble bien coordonnés.

Y a-t-il, au moins dans les formes supérieures, de ces colonies un instinct social? La solidarité et la réciprocité se laissent bien saisir objectivement, matériellement, sous la forme de l'adhérence et de la communication vasculaire; mais rien ne prouve qu'il y ait plus qu'une solidarité et une réciprocité *organiques*. Peut-être, dans les circonstances telles que les manœuvres nautiques dont on vient de parler, où l'on constate une obéissance générale à l'individu directeur, se produit un consensus momentané, une certaine unité de représentation. A vrai dire, ici, les termes individus et société sont détournés de leur acception ordinaire et prennent un sens équivoque. Notre notion de l'individu est celle d'un tout organisé vivant par lui-même d'une manière indépendante; elle ne correspond plus au cas présent. Notre notion de la société est celle d'un ensemble d'individus et comme ceux-ci sont, dans le cas actuel, d'une nature particulière, l'ensemble doit être d'une nature particulière. Aussi peut-on également soutenir que ces agrégats méritent et ne méritent pas le nom de sociétés animales; c'est une affaire de point de vue. D'une part, on peut considérer l'hydractinie ou le sinophore comme un individu complexe dont les individus pêcheurs, pilotes, reproducteurs, etc., sont les organes. D'autre part, on peut dire que les individus nourriciers, pilotes, etc., sont de vrais individus dont l'ensemble est une société. En somme, c'est un état d'indifférenciation où individus et société se confondent et ne sont que deux aspects d'un même tout. L'instinct social, s'il existe, n'est pas non plus différencié de l'instinct de la conservation, sous ses formes les plus simples, recherche de l'aliment, défense, attaque : les deux coïncident.

Ce stade n'a rien de plus à nous apprendre. Montons maintenant vers des formes sociales dont la psychologie est plus claire.

II. Ce sont les sociétes fondées sur la reproduction, sociétés domestiques ou familles avec leurs diverses formes. Si je commence par elles (et non par l'état gréga.re) c'est en raison d'abord de leur universalité, ensuite parce qu'elles apparaissent les premières dans l'ordre chronologique. D'après l'opinion commune, on trouve en elles la première manifestation des sentiments sociaux, leur origine, leur source et leur moment d'entrée dans le monde. Je la rejette pour adopter la thèse qui rattache l'instinct social à l'état grégaire.

Si nous prenons l'une après l'autre les conditions de tout agrégat fondé sur la reproduction, nous trouvons trois moments : celui du rapprochement sexuel, celui de l'amour maternel, enfin, et à titre d'exception chez les animaux, celui de l'amour paternel. L'instinct social, c'est-à-dire la conscience plus ou moins vague d'une solidarité et d'une réciprocité, au moins temporaire, n'apparaît à aucun de ces moments, comme nous allons le voir.

1° Le rapprochement sexuel résulte d'un instinct particulier; il ne réunit que deux individus; est-ce pourtant l'embryon d'une société? « Autour de la sexualité se coordonnent les sentiments altruistes dont l'animal est capable. » Cette formule de Littré a besoin d'être précisée. D'abord dans l'immense majorité des cas, le rapprochement dure à peine, l'instinct aveugle se satisfait et tout est fini. Il y a au-dessus des formes plus stables, la polygamie et la polyandrie; mais ces petites sociétés fondées sur l'attrait sexuel sont fermées, sans puissance de rayonnement et d'extension, sans avenir. Plus haut, la monogamie (beaucoup d'oiseaux, les loups, etc.); mais l'agrégat monogame est encore plus fermé que l'autre. Notons en passant que ces deux formes, polygamie et monogamie, sont réparties dans le monde animal d'une manière en apparence fortuite et sans rapport avec le développement intellectuel; ainsi nous avons la monogamie de la cigogne et la polygamie du singe.

En somme, ce premier moment ne nous donne rien et il va bien plutôt dans le sens de la restriction que de l'extension sociale.

2° L'amour maternel a une bien plus grande importance. Dans les sociétés domestiques, il est l'élément universel, stable, le nœud vital. Cette émotion est si répandue, si connue, si banale, qu'elle ne semble cacher aucun mystère et cependant, si on descend dans la psychologie animale, rien de plus énigmatique. Le développement de la sympathie et de l'intelligence l'explique partiellement dans l'espèce humaine et les animaux les plus élevés; mais aux bas degrés de l'échelle zoologique, la difficulté devient extrême; et cependant il se manifeste chez les annélides, les crustacés, les mollusques et même les astéries qui transportent leurs œufs adhérents à leur corps : souvent il s'affirme non sous la forme d'un sentiment vague, mais tenace, dévoué, héroïque. Nous n'indiquons pas toutes les difficultés de la question, par exemple celle-ci : Comment l'insecte peut-il prendre un si grand soin de ses œufs, lui qui ne peut reconnaître sa propre forme dans un être dont la forme est toute différente de la sienne et qui n'a même aucune forme vivante [1]?

La plupart des naturalistes se bornent à constater, sans chercher l'origine. Darwin déclare « qu'il est infructueux de spéculer sur ce sujet ». D'autres rattachent l'affection maternelle au parasitisme : assimilation peu légitime, parce que le parasite est l'ennemi de son hôte et vit à ses dépens malgré lui. Romanes paraît invoquer le principe des variations utiles : un animal qui prend soin de ses œufs, ou les transporte avec lui, a plus de chance de les conserver ; et si cette manière d'agir se fixe chez ses descendants, un instinct s'est constitué : explication qui se réduit au hasard et à la transmission héréditaire — contestée — des modifications acquises.

Exclusion faite des insectes et cas analogues qui exigent, comme l'a montré Espinas (*ouv. cité*, 334-339), une explication particulière, il est préférable d'admettre, avec cet auteur et Bain, le rôle capital du contact. « Il me semble qu'on trouve à la base du sentiment maternel ce plaisir intense que donne l'étreinte du petit, étreinte qui caractérise complètement ce sentiment. L'origine de ce sentiment peut être purement physique comme celle de l'amour... Il y a dans l'étreinte animale une satisfaction initiale, augmentée par la réciprocité [2] ». « La femelle, au moment où elle met au jour ses petits semblables à elle-même, n'a aucune peine à reconnaître en eux la chair de sa chair ; le sentiment qu'elle éprouve pour eux est fait de sympathie et de pitié, mais on ne peut en exclure une idée de propriété qui est le plus solide soutien de la sympathie. Elle sent et comprend jusqu'à un certain point que ces jeunes qui sont elle-même sont en même temps à elle ; l'amour de soi étendu à ceux qui sortent de soi change l'égoïsme en sympathie et l'instinct

1. Pour une étude approfondie de cette question, voir Espinas, *Les Sociétés animales* (2ᵉ éd.), p. 334 et suiv., 411 et suiv., 444 et suiv.
2. Bain, *The Emotions*, ch. VII.

de propriété en impulsion affectueuse. De même que l'amour sexuel implique l'idée de propriété réciproque, de même l'amour maternel suppose celle de propriété subordonnée. C'est parce que cet autre soi est si débile que l'intérêt ressenti pour lui prend la forme de la pitié [1]. » Cette dernière remarque se rapporte à une manifestation affective que Spencer regarde comme la source de l'amour maternel : c'est la tendresse pour les *faibles*. Elle me paraît l'un de ses éléments plutôt que sa base unique. D'un autre côté, Bain soutient « que l'attraction qui entraîne vers les faibles n'est pas seulement inhérente à l'état grégaire, mais semble être la conséquence nécessaire de ses exigences variées... La sollicitude pour les membres faibles est presque le complément indispensable de tout système social » (*loc. cit.*). Ceci admis, l'amour maternel et l'instinct social auraient un élément commun, mais ils n'en restent pas moins distincts et indépendants l'un de l'autre.

Nous avons un peu insisté sur l'amour maternel, parce qu'il est une des manifestations les plus importantes de la vie affective. Il est clair qu'il appartient à la catégorie des émotions tendres, dont il est une forme bien déterminée et remarquable par son intensité; mais il n'est pas la source de l'instinct social, parce qu'il n'implique ni solidarité ni réciprocité. On peut soutenir qu'il est la porte par où le sentiment de la bienveillance a fait son entrée dans le monde, qu'il en est la première apparition en date : mais pour que l'instinct social se révèle, il faut d'autres conditions.

3° Le troisième moment marqué par l'entrée du père dans la société domestique ne change rien à notre conclusion. Dans l'animalité prise d'ensemble, l'amour paternel est rare et peu stable et chez les représentants inférieurs de l'humanité, c'est un sentiment bien faible et d'un lien bien lâche. Cependant il existe et en assigner l'origine est encore beaucoup plus difficile que pour l'amour maternel [2]. Si l'on a pu soutenir que chez l'homme il dérive de l'orgueil et du sentiment de la propriété (Bain), cette hypothèse est de nul usage, quant aux animaux; on ne peut dire, comme pour la mère, qu'il y a une relation matérielle et visible, telle que la progé-

---

1. Espinas, *Les Sociétés animales*, p. 444 et suiv.
2. Pour les hypothèses sur ce point, nous renvoyons encore à Espinas, p. 401 et suiv.

niture semble une portion aliénée du *parens*. Resterait à faire valoir la sympathie pour la faiblesse, comme cause première de ce sentiment. On peut y ajouter un autre élément, si l'on admet avec Spencer que la vie en commun du père et de la mère (l'amour paternel ne se rencontre que dans les unions stables) crée un courant d'affection qui est en raison des services rendus. Quelle que soit l'origine qu'on lui attribue, il n'introduit rien de nouveau dans notre question et n'a aucune efficacité pour susciter l'instinct social.

En résumé, ce que nous trouvons à la base des agrégats domestiques, c'est l'émotion tendre, la genèse de l'altruisme, mais restreint à un groupe fermé, sans force d'expansion, sans élasticité.

III. La vie grégaire, c'est-à-dire des animaux qui vivent en troupes ou hordes, est fondée sur l'attrait du semblable pour le semblable, sans acception de sexe, et manifeste pour la première fois les véritables tendances sociales par l'habitude d'agir en commun.

A son plus bas degré, elle consiste en réunions accidentelles et instables qui sont comme un essai de vie commune. Tout le monde sait que les animaux pélagiques forment des bandes énormes, déterminées par la température de l'eau ou la direction des courants. On sait aussi ce qui se passe dans les cas de migration des chenilles processionnaires, des criquets, surtout des oiseaux. De nombreuses espèces d'animaux se réunissent matin et soir pour chanter, crier, se poursuivre, s'ébattre et vivent dispersés le reste du temps. Ceci nous montre « un penchant social latent, dit Espinas, toujours prêt à se manifester quand nul autre penchant ne le combat ».

Plus haut sont les réunions, à durée variable, mais volontairement formées et maintenues en vue d'un but commun. Elles ont les caractères d'une société : communauté dans l'effort, synergie, réciprocité de services. Darwin[1] en a donné beaucoup d'exemples : les pélicans pêchent de concert et forment autour de leur proie un filet vivant où ils l'enferment; les loups et les chiens sauvages chassent en bandes et s'aident mutuellement pour attaquer leurs victimes, etc. Ces sociétés sont quelque peu accidentelles et insta-

1. Darwin, *The Descent of Man.* ch. III. Voir aussi Espinas, *ouv. cité*, section IV.

bles et peuvent finir par une compétition finale pour le partage du
butin. Bien plus stables sont celles qui ont pour but la défense
commune : les lapins s'avertissent du danger, beaucoup de mammifères et d'oiseaux placent des sentinelles (on sait comme il est
difficile d'approcher des animaux réunis en troupes); les singes se
débarrassent réciproquement de leur vermine, des épines adhé-
rentes à leur peau, forment une chaîne pour franchir le vide entre
deux arbres, s'unissent pour soulever une grosse pierre; enfin,
formés en bandes sous la direction d'un chef, ils se défendent avec
énergie et savent sauver leurs compagnons au risque de leur vie.
On pourrait citer des faits de ce genre à profusion. Sans doute, nous
ne trouvons pas encore ici l'organisation permanente, la division
stable du travail, la continuité qui sont propres aux sociétés animales supérieures; mais l'instabilité et l'intermittence de ces formes
sociales nous font mieux comprendre pourquoi elles existent et
d'où elles tirent leur origine.

Les tendances sociales dérivent de la sympathie; elles naissent
dans des conditions déterminées. A la question : comment naissent-
elles, où est leur source, leur origine? les faits ci-dessus ont
répondu. Elles naissent de la nature des choses, des conditions
d'existence de l'animal; elles ne reposent pas sur le plaisir, mais
sur l'affirmation inconsciente de la volonté de vivre; elles sont
l'auxiliaire de l'instinct de conservation. « La société, dit justement
Spencer, est fondée sur son propre désir, c'est-à-dire sur un
instinct. »

La vie grégaire, comme cet auteur l'a montré en détail, prédomine chez les herbivores et granivores, qui, en général mal armés
pour la lutte et trouvant leur pâture à profusion, ont avantage à
vivre en troupes.

Elle est rare chez les carnassiers : ils sont bien armés, ont besoin
de larges espaces pour courir à la recherche de leur proie; ils ont
tout avantage à vivre isolés, sauf les cas mentionnés plus haut où
ils s'associent pour une chasse difficile ou bien contre un ennemi
dangereux [1].

Ajoutons qu'il y a des animaux qui, suivant leur avantage,

1. Herbert Spencer, *Psychology*, t. II, § 503 et suiv.

vivent tour à tour en société ou isolés. « Certains oiseaux sociables
d'Australie édifient des berceaux de branchages, pour s'y réunir en
grand nombre pendant le jour. Dans le temps des amours, la société
est disloquée et chaque couple se retire à part, pour se construire un
nid solitaire. Tant que durent les familles temporaires, il n'y a plus
d'assemblée ni de vie en commun; celle-ci ne reprend que lorsque
les jeunes peuvent essayer leurs ailes. Ils nous offrent un des mille
exemples que l'on pourrait citer [1]. »

En somme, la vie grégaire dépend de la taille, de la force, des
moyens de défense, du genre d'alimentation, de la distribution de la
nourriture, du mode de propagation. Dérivée de la nécessité, cette
habitude de vivre en commun crée une solidarité non pas mécanique
et extérieure, mais psychologique : la vue, le contact, l'odeur de
ses compagnons constituent dans chaque individu une portion de sa
propre conscience dont il sent le déficit; on connaît l'état de détresse
et les lamentations d'un animal que le hasard a séparé de sa troupe.

Ici se pose une question litigieuse, tranchée implicitement dans
l'exposé qui précède, mais qui ne peut être traitée par prétérition et
en passant. Pour le moment, je me borne à l'indiquer. Si nous rap-
prochons les sociétés familiales et les sociétés grégaires, quel
rapport y a-t-il entre elles? Nous nous trouvons en présence de
deux opinions ou théories : l'une est pour l'unité, l'autre pour la
dualité.

La première, la plus ancienne et la plus répandue, fait sortir la
vie sociale de la vie domestique. La famille est la molécule sociale :
par son accroissement, il se forme des agrégats de plus en plus
complexes où la vie en commun crée une solidarité et un échange
de services, c'est-à-dire les conditions d'une société.

La seconde admet deux groupes de tendances et de sentiments
irréductibles, indépendants l'un de l'autre, quoiqu'ils aient des
points de contact. L'instinct social ne dérive pas des émotions
domestiques; celles-ci ne dérivent pas des émotions sociales. Ils
sont distincts par nature, chacun a sa source, l'un dans l'attraction
du semblable pour le semblable, sans acception de sexe, l'autre
dans l'appétit sexuel et le développement des émotions tendres.

1. Houssay, *Revue philosophique*, mai 1893, p. 487.

Il y a plus : quelques auteurs, surtout zoologistes, ont soutenu qu'il n'y a pas seulement dualité, mais *antagonisme*. Là où les sentiments de la vie domestique sont solides, la solidarité sociale est nulle ou lâche. Là où la solidarité sociale est étroite et rigoureuse, les tendances familiales sont nulles ou effacées et transitoires; exemples, les abeilles et les fourmis. Le cas des oiseaux d'Australie nous montre cet antagonisme sous la forme d'une alternance, la tendance sociale et la tendance familliale prédominent tour à tour. Sans doute cet antagonisme n'est pas irrémédiable, il comporte des transactions et compromissions; mais, en fait, il y a une dualité irréductible. Je reviendrai plus loin sur ce débat, en déclarant par avance que la thèse de la dualité me paraît seule admissible.

IV. Les sociétés supérieures sont celles où l'animalité a atteint son plus haut degré de développement social. On y trouve division du travail, solidarité, stabilité et continuité à travers les générations. Tels sont les abeilles, les guêpes, les fourmis, les termites, les castors, etc. Il n'entre pas dans notre sujet de les étudier, puisque notre seul but est de suivre les tendances sociales jusqu'à leur apogée; mais le problème indiqué plus haut revient ici : Sur quel fondement reposent ces sociétés supérieures? Espinas, qui admet la thèse de la famille considérée comme origine de la vie sociale, les classe parmi les sociétés qui ont pour but la reproduction. Pour notre part, nous les rapportons à l'état grégaire, dont elles marquent le moment extrême de perfection. Remarquons à ce propos les inconvénients d'une fausse position et les difficultés factices qui en découlent. L'auteur établit (p. 370 et suiv.) une comparaison détaillée entre les sociétés d'abeilles et les sociétés de fourmis; il montre la supériorité de celles-ci, qui, suivant les circonstances, creusent, sculptent, bâtissent, chassent, emmagasinent, moissonnent, ont des esclaves, du bétail, font la guerre, et quand elles luttent contre les guêpes (équivalents guerriers des abeilles), ont l'avantage; il montre aussi clairement que cette supériorité est due à leurs habitudes terrestres, où pas un contact, pas une marche qui ne laisse un enseignement précis. Mais cette supériorité l'embarrasse. En effet, une ruche est une société domestique parfaite, puisque la « reine », c'est-à-dire la mère commune, est l'âme visible de la vie sociale chez les abeilles. Une fourmilière est imparfaite, « inférieure » comme société domestique, parce qu'elle contient plusieurs femelles. — L'apparente contradiction s'évanouit, si l'on considère que dans les deux cas, surtout dans le second, l'élément essentiel est la solidarité entre les membres, l'attraction entre les semblables et que par suite on doit les rapporter au type de la vie grégaire, non au type de la vie domestique. Au reste, ni dans un cas ni dans l'autre, la famille, au vrai sens du mot, n'existe : il n'est pas besoin de s'attarder à le montrer; il suffit de noter l'absence d'amour maternel. Aussi certains auteurs s'en sont prévalus pour soutenir, comme nous l'avons dit, que ce haut développement des tendances sociales n'a été possible que par l'avortement des tendances familiales.

II

En passant de l'animalité à l'humanité, la situation reste la même et la tendance à la vie sociale, malgré ses adaptations multiples, ne change pas de nature; elle est toujours dans son fond une solidarité et une réciprocité de services, déterminées par les conditions de l'existence humaine et variables comme elles. Il n'y a pas lieu d'y revenir; mais la question indiquée précédemment — celle du rapport entre les manifestations affectives qui servent de base à la famille d'une part et celles qui sont le fondement de la vie sociale d'autre part — se présente de nouveau. On ne peut l'éluder, si l'on désire quelque éclaircissement sur l'origine des sentiments sociaux.

Si l'on pose la famille comme le fait primitif qui, par son accroissement, a produit le clan, puis des agrégats plus complexes comme les tribus, reliés entre eux par le souvenir d'un ancêtre commun et finalement soumis à l'autorité d'un roi-patriarche, le développement social n'est qu'une simple expansion de la famille naturelle. Dans cette hypothèse, les tendances domestiques (fondées sur la reproduction) sont primitives; les tendances sociales sont dérivées et de seconde ou troisième formation.

Si, au contraire, on considère les plus petits groupes sociaux (hordes, clans, de quelque nom qu'on les appelle) comme existant

par eux-mêmes, indépendamment du groupe domestique, la tendance à vivre en société est irréductible et autonome : il n'y a qu'un
seul phénomène affectif plus général dont elle doive être dérivée, la
sympathie.

Évidemment, ce débat ne peut être tranché *à priori*, mais par
l'interprétation des faits. Or, les documents ne manquent pas, fournis par l'ethnologie d'après les peuplades primitives actuellement
existantes et observables, par l'histoire des époques les plus recu-
lées, par les monuments littéraires des premiers âges, écho des
temps préhistoriques. Ils ne manquent pas non plus les ouvrages
autorisés sur ce sujet (Mac Lennan, Bachofen, Taylor, Sumner
Maine, Starcke, Westermarck, pour ne citer qu'au hasard). Quoiqu'il
y ait beaucoup de désaccords quant aux faits et quant à l'interprétation des faits, la probabilité est très faible en faveur de la priorité
de la famille, très grande en faveur de deux développements distincts, avec les points inévitables de contact et d'interférence.

Rappelons sommairement, sur l'évolution de la famille et sur le
développement social, les résultats le plus généralement admis.

1° L'évolution de la famille ne s'est certainement pas produite
partout d'une manière identique, ce qui permet toujours au critique
d'opposer des faits à la thèse qu'il combat. Par une maladie inhérente à l'esprit humain, chaque auteur, en général, tient à tout
ramener à *une* formule, à imposer aux faits l'unité parfaite qui, en
pareille matière, paraît peu vraisemblable. Ceux qui assignent à la
famille l'évolution la plus longue admettent trois périodes : promiscuité, matriarcat, patriarcat.

La période de promiscuité primitive (Bachofen, Mac Lennan,
Giraud-Teulon, etc.) est contestée et rejetée par beaucoup d'auteurs.
En tout cas, il ne semble pas qu'on puisse l'ériger en règle sans
exceptions. Cependant, sans parler d'institutions archaïques qui
ont été interprétées en ce sens et comme des survivances, maintenant encore certaines populations tartares s'en rapprochent. A
Hawaï, l'individu était parent de toute la horde, et l'âge seul réglait
les parentés : chacun appelait grand-père et grand'mère tous les
vieillards indistinctement, père et mère tous ceux qui par l'âge
pourraient être ses parents, frères et sœurs tous ceux de sa génération, et ainsi de suite pour fils et filles, petits-fils et petites-filles.

Ces cinq termes exprimaient tous les degrés de parenté connus. — Notons en passant que pour nier l'existence de cette période, on a fait valoir une raison psychologique bien faible : c'est que la jalousie naturelle à l'homme aurait rendu la promiscuité impossible ou du moins durable. Ceux qui ont hasardé cet argument ont trop imaginé l'homme primitif d'après l'homme civilisé. — Quoi qu'il en soit, cette masse, sans parenté individuelle, est plutôt société que famille ; pour mieux dire, c'est un état d'indifférenciation qu'on pourrait assimiler à la plus basse forme des sociétés animales (de nutrition), elle aussi indifférenciée.

Dans la période du matriarcat, qui paraît avoir été fort longue, la mère est le centre de famille. Cette forme domestique avec polygamie, polyandrie et même monogamie, a laissé tant de traces et se rencontre encore dans tant de races et de pays différents, depuis les Égyptiens anciens et les Étrusques jusqu'aux indigènes actuels de Sumatra et de certaines régions d'Afrique, qu'il n'y a aucune contestation à son sujet. La femme donne son nom aux enfants, la parenté suit les femmes, l'héritage des biens (pas toujours celui des dignités politiques) suit la ligne féminine ; le rôle prépondérant appartient au frère de la mère (à l'oncle), non au père. On a beaucoup disserté sur les causes du matriarcat : dérive-t-il de l'ignorance présumée du vrai père ou d'une opinion commune sur son insignifiance? Quelque opinion qu'on adopte, il me paraît assez naturel de rapprocher le matriarcat de la forme prédominante chez les animaux : les sociétés maternelles sans accession du mâle.

Le patriarcat (*agnatio*), qui fait du père le centre de la famille, nous conduit à l'époque historique et même l'a devancée sur certains points du globe. Son apparitition a été saluée en termes lyriques par Bachofen comme le triomphe de l'idée sur la matière : « Par le principe spirituel de la paternité sont rompues les chaînes du tellurisme » ; c'est une conquête de l'esprit sur la nature sensible, sur ce qui se touche et se voit [1]. On ne sait comment il s'est produit : par adoption, par un simulacre d'accouchement? En tout cas, il répond à l'accession du mâle dans les sociétés animales.

2° Tout autre est le développement de la vie sociale. Il serait

---

1. *Mutterrecht*, p. 17-19. Voir aussi son interprétation des mythes d'Orestès et de Bellérophon comme exprimant le triomphe du patriarcat, p. 85.

hors de propos d'en retracer les phases successives; bornons-nous à la question d'origine. Qu'était l'homme primitif? Sur ce point, on a beaucoup écrit, disserté, conjecturé. H. Spencer, dans sa *Sociologie* (tome Ier), en a fait une restitution complète d'après les documents de la préhistoire, les sépultures et surtout l'état des sauvages contemporains. Rien ne prouve que ce portrait convienne à tous les cas : il a existé non pas un homme primitif, mais des hommes primitifs, assez différents suivant les races et le milieu.

Si loin que l'on remonte, la première forme de vie en commun paraît être la horde, agrégat sans stabilité, sans organisation, sans acception de parenté, constituée instinctivement en vue de l'utilité et de la défense. — Mais la véritable unité sociale qui s'est produite de très bonne heure sur les divers points du globe, c'est le clan (et les institutions analogues), agrégat fixe, stable, cohérent, fermé, fondé sur une affiliation religieuse ou autre, mais non sur la descendance, indépendant des conditions familiales : un homme ne peut appartenir simultanément à deux clans et le plus souvent chacun de ces groupes est, à l'égard des autres, dans un rapport d'hostilité. Comment cette molécule sociale a-t-elle pu s'en agréger d'autres et cet organisme très fermé briser ses étroites limites, pour s'étendre par accroissement et fusion? C'est une question assez obscure : peut-être par l'exogamie, c'est-à-dire par la coutume impérative qui interdisait le mariage à l'intérieur du groupe (toutefois dans d'autres groupes, la règle était l'endogamie, c'est-à-dire l'interdiction du mariage au dehors); plus probablement le grand agent d'assimilation et de fusion a été la guerre suivie de l'assimilation des vaincus.

Ce simple rapprochement montre que la famille et le clan ne sont pas des institutions similaires : la première est un groupe autonome appartenant à un maître et ayant pour but la jouissance des biens; le second est un groupe d'une autre nature dont le but est la lutte en commun pour l'existence. « Partout où les intérêts défendus par la famille sont moins importants que ceux du clan, la famille subit l'influence des idées qui régissent l'organisation du clan; et ce fait se répète dans toutes les sociétés primitives où la défense contre l'ennemi extérieur est la nécessité dominante [1]. » Le

1. Starcke, *La famille primitive*, p. 116.

groupe familial et le groupe social sont issus chacun de tendances différentes, de besoins distincts; chacun a son origine psychologique spéciale et indépendante et il n'y a pas de dérivation possible de l'un à l'autre.

III

La vie en commun, même sous la forme grégaire, exige certaines manières d'agir et habitudes fondées sur la sympathie et déterminées par le but que tous poursuivent de concert. Pour qu'elle devienne stable et constitue une société, il faut qu'un élément de fixité s'y ajoute : la conscience claire ou vague d'une obligation, d'une règle, de ce qui doit être fait ou évité. C'est l'apparition du *sentiment moral*. Toutes les conceptions de la moralité, grossières ou raffinées, théoriques ou purement pratiques, s'accordent sur ce point; les divergences n'existent, pratiquement, que sur les caractères de l'acte réputé obligatoire; théoriquement que sur son origine.

Toute morale *réelle*, qui a vécu, c'est-à-dire régi une société d'hommes grande ou petite, qui a existé non pas dans les constructions savantes et abstraites des moralistes, mais dans le développement concret de l'histoire et qui a fourni sa pleine carrière, présente deux périodes principales.

L'une, instinctive, spontanée, inconsciente, irréfléchie, déterminée par les conditions d'existence d'un groupe donné, à un moment donné. Elle s'exprime par les mœurs, mélange hétérogène de croyances et d'actes que, du point de vue de la raison et d'une culture plus avancée, nous considérons tantôt comme moraux, tantôt comme immoraux, tantôt comme amoraux, c'est-à-dire puériles et futiles, mais qui tous étaient d'observance rigoureuse.

L'autre, consciente, réfléchie, à multiples aspects, complexe comme les formes supérieures de la vie sociale et morale. Elle s'exprime dans les institutions, les lois écrites, les codes religieux ou civils; plus encore dans les spéculations abstraites des moralistes, philosophes. Puis, l'apogée atteinte, de vagues aspirations se font jour vers un nouvel idéal entrevu et le cycle recommence.

La plupart des constructeurs de morale savante ont oublié ou dédaigné la première période : bien à tort, car elle est la source. De là vient aussi que, sur l'origine du développement moral, on trouve deux thèses contraires.

Les uns la cherchent dans l'ordre de la connaissance d'où ils font découler tout le reste : ils supposent des idées innées, ou une adaptation acquise à la longue et fixée par l'hérédité (Spencer), ou la conscience d'un impératif catégorique, ou la notion d'utilité : toutes solutions intellectualistes.

Les autres la cherchent dans l'ordre des instincts et des sentiments. Ils admettent des tendances, impulsions mises en nous par la nature, c'est-à-dire faisant partie de notre organisation comme la faim et la soif et dont la satisfaction produit le plaisir et la non-satisfaction la douleur : c'est la thèse affective.

Les deux ne sont pas inconciliables absolument ; elles répondent chacune à une période différente de l'évolution ; la thèse affective au moment instinctif et de chaos moral ; la thèse intellectualiste au moment réfléchi et d'organisation rationnelle ; mais il est clair qu'une seule a le droit de revendiquer la marque d'origine. — On peut dire sous une autre forme : il y a dans la conscience morale deux éléments, le jugement, le sentiment. Le jugement d'approbation ou de désapprobation sur notre conduite et celle d'autrui est le résultat d'un processus plus profond, — non intellectuel, — d'une manière de sentir : il n'en est que la traduction claire et intelligible dans la conscience. Supposer qu'une idée toute nue, toute sèche, qu'une conception abstraite sans accompagnement affectif, semblable à une notion géométrique, ait la moindre influence sur la conduite humaine, est une absurdité psychologique. Sans doute, on doit admettre que l'évolution est plutôt celle des idées morales que du sentiment moral, qui n'est en lui-même qu'une tendance à agir, une prédisposition ; mais une évolution d'idées *purement spéculatives*, sans aucun accompagnement affectif, ne donnera rien dans l'ordre pratique. — Remarquons que l'opposition de ces deux thèses se reflète constamment dans l'histoire des théories morales. En Angleterre, où la psychologie prédomine, la doctrine du sentiment a toujours eu de nombreux champions depuis Shaftesbury jusqu'à nos jours. En Allemagne, où la métaphysique prédomine, la doctrine intellectualiste tient le premier rôle depuis Kant (Schopenhauer et ses adhérents exceptés) : il est bien naturel que les métaphysiciens, intellectualistes par tempérament et par profession, adoptent cette position.

Au reste, il ne s'agit pour nous que du sentiment moral, et de lui seul ; les autres éléments de la moralité n'entrent pas dans notre étude. Il est, dans son fond, mouvement ou arrêt de mouvement, tendance à agir ou à ne pas agir ; il n'est pas, *à son origine*, dû à une idée ou à un jugement ; il est instinctif, ce qui fait sa force. Il est inné, non à la manière d'un prétendu archétype, infus en l'homme, invariable, éclairant partout et toujours, mais à la manière de la faim, de la soif, et des autres besoins constitutifs. Il est nécessaire, il force à agir comme la vue de l'eau force le caneton à s'y plonger (quand il n'est pas tenu en échec par des tendances contraires). Aussi doit-on dire que l'homme qui se lance brusquement dans le péril pour sauver un autre, est plus foncièrement moral que celui qui ne le fait qu'après réflexion ; il a fallu être aveuglé par les préjugés intellectualistes pour soutenir le contraire. La moralité *naturelle* est un don — les théologiens diraient une grâce, — c'est la moralité artificielle, acquise, qui se mesure à la quantité de résistance vaincue. Enfin, comme toute tendance, il aboutit à une satisfaction ou à une dissatisfaction (le remords)[1]. — En somme, son innéité et sa nécessité sont de l'ordre *moteur*, non de l'ordre intellectuel.

Ces caractères fixés, suivons la marche de son évolution. Elle présente deux aspects : 1° positif ; qui correspond à la genèse des sentiments de bienfaisance ou d'altruisme actif — évolution interne,

---

1. « Les Australiens attribuent la mort des leurs à un maléfice jeté par quelque tribu voisine ; aussi considèrent-ils comme une obligation sacrée de venger la mort de tout parent, en allant tuer un membre de cette tribu. Un indigène ayant perdu une de ses femmes annonça son intention d'aller en tuer une dans une tribu éloignée. Le magistrat lui répondit que s'il commettait cet acte, il le mettrait en prison pour toute sa vie. Il ne partit donc pas ; mais de mois en mois il dépérissait : le remords le rongeait, il ne pouvait ni manger ni dormir, l'esprit de sa femme le hantait, lui reprochait sa négligence. Un jour il disparut ; au bout d'une année, il reparut, il avait rempli son devoir. » (Guyau, *Esquisse d'une Morale*, etc., p. 109.) — Voilà un exemple de moralité instinctive et d'immoralité rationnelle. Remarquons que, dans cet ouvrage, Guyau est revenu à la thèse de l'instinct moral, qu'il a adoptée, après l'avoir critiquée précédemment dans sa *Morale anglaise* (III. ch. IV).

c'est-à-dire du sentiment primitif en lui-même et par lui-même;
2° négatif; qui correspond à la genèse des sentiments de justice —
évolution externe, c'est-à-dire produite sous la pression des conditions d'existence et des moyens coercitifs.

I. Nous comprenons sous le nom de bienfaisance ou d'altruisme actif les sentiments tels que la bienveillance, la générosité,
le dévouement, la charité, la pitié, etc.; bref ceux qui sont étrangers
ou contraires à l'instinct de la conservation individuelle. Ils ont
pour conditions fondamentales deux faits psychologiques déjà étudiés :

1° La sympathie, au sens étymologique, c'est-à-dire un unisson
affectif, la possibilité de sentir avec un autre et comme un autre.
Une société pourrait-elle reposer sur ce seul état? A la rigueur, mais
momentanée, précaire, instable; nous en avons trouvé des exemples
dans l'état grégaire, animal ou humain. La stabilité exige des liens
plus solides, les liens moraux.

2° La tendance altruiste ou émotion tendre qui existe chez tous
les hommes, sauf les exceptions mentionnées à la fin de ce chapitre,
et qui tient à notre constitution, comme d'avoir deux yeux et un
seul estomac.

Maintenant la question qui se pose est celle-ci : Comment l'altruisme actif se développe-t-il? Par quel mécanisme psychologique?
Comment de l'égoïsme primitif sortent les sentiments désintéressés?
— J'écarte les solutions métaphysiques comme celle de Schopenhauer sur la pitié universelle, la compassion (*Mitleid*) pour tous
les êtres, fondée sur la conscience vague d'une communauté de
nature et d'une identité d'origine : conception moniste. Je m'en
tiens à une explication strictement psychologique.

La genèse de la bienveillance résulte d'une forme particulière
d'activité accompagnée de plaisir : cette formule vague et téné-
breuse va se préciser.

La tendance fondamentale consiste d'abord à se conserver et
ensuite à s'étendre, à être et à mieux être, c'est-à-dire à dépenser
son activité. Cette dépense, l'homme peut la déverser sur les
choses : il coupe, taille, détruit, renverse; c'est une activité destructrice; il sème, plante, bâtit, c'est une activité conservatrice

ou créatrice. Il peut l'appliquer aux animaux ou aux hommes : il injurie, nuit, maltraite, détruit; ou bien il soigne, il aide, il sauve. — L'activité destructrice est accompagnée d'un plaisir, mais pathologique, parce qu'elle est la cause d'un mal. L'activité conservatrice ou créatrice est accompagnée d'un plaisir pur, qui ne laisse après lui aucun sentiment pénible — par suite il tend à se répéter et à s'accroître : l'objet ou la personne cause du plaisir devient un centre d'attraction, le point d'attache d'une association agréable. En résumé, nous avons : 1° une tendance à déployer notre activité créatrice ; 2° le plaisir d'y réussir ; 3° un objet ou un être vivant dont le rôle est réceptif ; 4° une association entre cet être ou cet objet et le plaisir ressenti ; d'où une attraction sans cesse augmentée vers cet être ou cet objet. La tendance à agir dans un sens conservateur et la loi de transfert (voir première partie, ch. xii) sont les agents essentiels de la genèse de l'altruisme.

Justifions ceci par quelques exemples. Si l'on réfléchit à ce qui précède, on comprendra que la bienveillance peut très bien être le résultat d'un hasard et n'avoir à son origine aucun caractère intentionnel. Un homme, sans y prendre garde, jette de l'eau sur une plante qui se desséchait à sa porte; le lendemain, il remarque par hasard qu'elle commence à reverdir; il réitère, avec intention cette fois; il s'y intéresse de plus en plus, s'y attache, ne voudrait plus en être privé [1]. Voilà un fait bien banal et il n'est personne qui n'ait fait quelque chose d'analogue : il n'en vaut que mieux, parce qu'il nous montre la genèse du sentiment dans toute sa simplicité. S'il en est ainsi pour une plante, combien plus facilement pour un animal intelligent ou un homme!

C'est un fait d'observation qu'un homme s'attache à un autre bien plus en raison des services qu'il lui rend que des services qu'il en reçoit. Il y a, en général, un plus fort courant de bienveillance du bienfaiteur vers son protégé que du protégé vers son bienfaiteur. L'opinion commune considère cela comme illogique : oui, du point de vue de la raison, non du point de vue du sentiment; et l'analyse précédente montre que cela *doit être* ainsi, parce que le bienfaiteur a mis plus de lui-même dans le protégé que le protégé n'en peut

---

1. Friedmann, *Genesis of desinterested Benevolence* dans *Mind*, t. III, 1878, p. 404.

mettre dans son bienfaiteur : aussi chez beaucoup la reconnais-
sance a besoin d'être soutenue par la réflexion.

Si l'on se sent mal disposé envers quelqu'un, le meilleur et le
plus sûr remède contre cette aversion qui commence, c'est de lui
rendre quelque service. Par contre, celui qui refuse tous nos bien-
faits et s'y dérobe obstinément, devient un objet d'indifférence ou
même de haine.

« Les moralistes anciens, dit Friedmann, avaient remarqué que
durant les proscriptions de la République romaine, il y a eu beaucoup d'exemples de fils ayant livré leur père, aucun de père ayant
livré son fils. Ils ne pouvaient s'expliquer ce fait : il tient à la constitution de la famille à Rome où le père pouvait faire beaucoup de
bien à son fils, tandis que celui-ci était toujours sous sa dépendance. »

Bien d'autres exemples pourraient être produits, justifiant
l'exactitude de l'analyse qui précède. Tel est le mécanisme par
lequel notre moi affectif en vient à s'extérioriser, à s'aliéner ; mais
rien ne se ferait s'il n'y avait à l'origine et pour point de départ une
tendance primitive que nous avons étudiée précédemment sous le
nom d'émotion tendre. Il est clair aussi que bienfaisance est un
terme générique qui désigne des formes variables suivant les circonstances : charité, générosité, dévouement, etc.

L'extension et l'accroissement du sentiment de la bienfaisance se
sont produites lentement et par l'œuvre de certains hommes qui
méritent d'être nommés des *inventeurs* en morale. Cette expression
peut sonner étrangement aux oreilles de quelques-uns, parce qu'ils
sont imbus de l'hypothèse d'une connaissance du bien et du mal,
innée, universelle, départie à tous les hommes et dans tous les
temps. Si l'on admet au contraire — comme l'observation l'impose
— non une morale toute faite, mais une morale qui se fait, il faut
bien qu'elle soit la création, la découverte d'un individu ou d'un
groupe. Tout le monde admet des inventeurs en géométrie, en
musique, dans les arts plastiques ou mécaniques ; mais il y a eu
aussi des hommes qui par leurs dispositions morales étaient bien
supérieurs à leurs contemporains et ont été des promoteurs, des
initiateurs. Remarquons (car ce point est de toute importance) que
la conception *théorique* d'un idéal moral plus élevé, d'une étape à
franchir ne suffit pas ; il faut une émotion puissante qui fasse agir

et, par contagion, communique aux autres son propre élan. La marche en avant se proportionne à ce qui est *senti*, non à ce qui est conçu.

L'espèce humaine, à l'origine, a-t-elle été anthropophage? Les uns l'affirment, les autres le nient. Ce qui est certain, c'est que la coutume de manger ses semblables a existé dans bien des lieux et existe encore. On l'a expliquée par la pénurie des aliments, par des croyances superstitieuses, par l'ivresse du triomphe qui anéantit le vaincu, par l'idée de s'assimiler sa force et son courage et par d'autres raisons encore ; mais on n'a pas assez remarqué que son extinction n'a pas été toujours due à l'intervention des races supérieures. Elle s'est quelquefois produite sur place. Aux îles Taïti, elle avait disparu un peu avant l'arrivée de Bougainville ; chez les Peaux-Rouges et même chez les Fidjiens, des partis s'étaient formés pour supprimer l'anthropophagie ; bien plus, les tortures infligées aux prisonniers de guerre. Les promoteurs de cette abolition — individus ou groupes — ont été des inventeurs. — On connaît l'universalité des sacrifices humains ; on les trouve subsistant encore à l'époque historique de la Chine à la Judée, de la Grèce à la Gaule, de Carthage à Rome. Comment ont-ils disparu? il n'y a sur ce point qu'ignorance ou légende ; mais ils n'ont disparu que par l'œuvre des hommes. Du Chaillu cite un cas où la réforme est prise sur le fait : c'est un chef africain qui ordonna le premier qu'aucun esclave ne fût tué sur son tombeau [1]. Chez les Aztèques à religion sanglante, une secte formée, avant l'arrivée des Espagnols s'était mise sous la protection d'un dieu ayant horreur du sang. — Tous les grands législateurs anciens, historiques ou légendaires, Manou, Confucius, Moïse, Bouddha ; on pourrait dire tous les fondateurs de religion ont été des inventeurs en morale : que l'invention vienne d'eux seuls ou d'une collectivité dont ils sont le résumé et l'incarnation, peu importe.

Continuer cette démonstration historique serait facile, ceci suffit à justifier le terme d'inventeurs. Par des causes que nous ignorons, analogues à celles qui produisent un grand poète ou un grand peintre, il surgit des hommes d'une supériorité morale indiscutable

---

1. Staniland Wake, *Evolution of Morality*, t. I, p. 427 et suiv. A consulter pour les faits de ce genre.

qui *ressentent* ce que d'autres ne sentent pas, tout comme fait un grand poète par rapport à la foule. Et pour un qui a réussi, combien ont échoué faute d'un milieu favorable! Un saint Vincent de Paul chez des Canaques est aussi impossible qu'un Mozart chez des Fuégiens.

Dans les sociétés primitives, il y a eu une longue lutte entre les tendances égoïstes les plus fortes, à action dissolvante et les tendances altruistes faibles, intermittentes, dont le progrès s'est fait par quelques révélateurs et aussi avec l'appui de la force dont il nous reste à parler.

II. Examinons maintenant le développement du sentiment moral sous son aspect négatif et restrictif, c'est-à-dire comme sentiment du juste. Ici l'élément intellectuel est évidemment prépondérant et c'est son évolution qui entraîne l'autre.

« La justice, dit Littré, a la même base que la science. » L'une s'appuie sur le principe d'identité qui régit le domaine de la spéculation; l'autre s'appuie sur le principe d'équivalence et régit le domaine de l'action. Justice, à l'origine, est compensation, dédommagement. Son évolution part d'une manifestation instinctive, semi-consciente, pour s'élever par une marche progressive à une conception universaliste. Marquons les principaux moments.

Le premier moment, très bas, n'est ni moral ni social, mais purement réflexe et animal : c'est « un réflexe défensif »[1]. L'individu qui subit une violence, qui se croit attaqué ou lésé, réagit aussitôt; c'est « l'instinct de la conservation exaspéré » ou, pour l'appeler par son nom, la vengeance. Tel le sauvage qui, sous les yeux de Darwin, brisa la tête de son fils, coupable d'avoir laissé tomber une provision de coquillages, fruit d'une pêche laborieuse. Ce réflexe défensif est un trait fréquent de la psychologie des foules, il est inutile d'en donner des exemples. Il peut sembler paradoxal de prendre la vengeance comme point de départ du sentiment de la justice; mais nous allons la voir se mitiger et se rationaliser.

En effet, un deuxième moment répond à la vengeance différée, par préméditation, réflexion ou cause analogue. Elle tend vers l'équivalence et elle y arrive sous la forme du talion, si fréquente

---

1. Letourneau, *L'évolution juridique chez les différents peuples.*

dans les sociétés primitives. L'idée de l'égalité, dent pour dent, œil pour œil, s'est fait jour ; l'instinct s'est intellectualisé.

Jusqu'ici la compensation réclamée paraît n'avoir qu'un caractère individuel ; mais, de très bonne heure, elle a dû prendre un caractère collectif, en raison de la solidarité étroite qui unit les membres du petit agrégat social, du clan ou de la famille. L'opinion toute-puissante force à poursuivre la vengeance, même quand la partie lésée ne le voudrait pas ; et quand la *vendetta* s'exerce de clan à clan, le moment de la responsabilité collective apparaît et la notion de la compensation due s'élargit.

Toutefois, la vengeance réintègre dans l'agrégat social un état de guerre qu'il faut éliminer ; de là une réaction de la communauté pour la supprimer ou l'atténuer. C'est le moment de l'arbitrage et de la composition. Bien des faits montrent que, à l'origine, la décision des arbitres est sans valeur obligatoire et n'est appuyée d'aucun moyen coercitif. Elle établit moins une culpabilité qu'une indemnité à fournir aux ayants droit ; le procès criminel est un procès civil.

A cet arbitrage temporaire et dénué de sanction, le développement social substitue logiquement un arbitrage permanent et avec garantie, exercé par un chef, ou une aristocratie ou par l'assemblée du peuple. La compensation devient obligatoire et est imposée par la force. Le condamné doit se soumettre ou sortir du groupe ; la communauté excommunie le réfractaire et, dans les sociétés primitives, la vie de l'*outlaw* est insoutenable ; nous en voyons des équivalents dans les grèves actuelles. Remarquons aussi l'usage assez répandu d'une division de l'indemnité imposée : une portion est attribuée à la partie lésée, l'autre portion à l'État, c'est-à-dire au chef. La notion de justice a pris un caractère nettement social.

Enfin, il lui reste à s'universaliser. Longtemps elle reste enfermée dans les limites du groupe social. Est bon tout ce qui contribue au bien matériel et moral du groupe et inversement : en dehors de lui, les actes sont *amoraux*. On trouve, dans l'histoire et même actuellement, beaucoup de preuves de ce dualisme ou dédoublement de l'individu, suivant qu'il agit dans son milieu social ou par rapport à des étrangers. Tels étaient les Germains [1] au temps de César. A leur

---

1. « Latrocinia nullam habent infamiam quæ extra fines cujusque *civitatis* fiunt. » (*Comment.*, VI, 21.)

première époque, les Grecs se considéraient comme moins obligés envers les Barbares et les Romains envers l'étranger (*hostis*). C'est surtout par l'œuvre des philosophes, Socrate, Platon, Aristote, les Stoïciens, que la justice a cessé d'être nationale pour devenir universelle. On pourrait ajouter qu'à cette époque, où la notion de justice reste nationale, elle varie encore à l'intérieur du groupe suivant les castes : elle n'est pas la même pour les prêtres et pour les hommes de guerre, pour les hommes libres et les esclaves, pour les aristocrates et les marchands. Au début, le particularisme a été la règle.

Il est évident que, du côté négatif, l'évolution de la vie morale a été due surtout au progrès de l'intelligence; l'élément affectif n'a fait que l'accompagner. Comparé au sentiment de la justice, le sentiment de la bienveillance active, s'il n'a pas évolué plus vite, a du moins apparu plus tôt, parce qu'il est plus près de l'instinct et moins dépendant de la raison. Un philosophe (Kant, je crois) s'est étonné qu'il y ait, parmi les hommes, tant de bienveillance et si peu de justice. Il n'observait pas en psychologue, ou le préjugé intellectualiste l'égarait. Cela doit être, parce que la tendresse est innée et spontanée, la justice acquise et réfléchie; parce que l'une sort directement d'un instinct et que l'autre doit subir des métamorphoses. Si l'homme est sociable et moral, c'est moins parce qu'il pense que parce qu'il sent et tend d'une certaine manière.

Pour conclure, l'émotion morale est un état très complexe. C'est une erreur des sentimentalistes du siècle dernier ou du nôtre qui ont soutenu l'hypothèse d'un « sens moral », de l'avoir assimilé à la vue ou au goût, de l'avoir considéré comme un sens spécial qui, avec un tact inné, distingue le bien du mal : ce n'est pas un acte simple, mais une somme de tendances. Éliminons les éléments intellectuels, pour énumérer seulement les éléments affectifs qui le constituent : 1° comme base la sympathie, c'est-à-dire une communauté de nature et de dispositions; 2° la tendance altruiste ou bienfaisante qui se manifeste sous des formes diverses (attraction du semblable vers le semblable, amour maternel, paternel), faible primitivement, mais à qui l'égoïsme en se restreignant permet plus d'expansion; 3° le sentiment de la justice avec son caractère obli-

gatoire dont nous avons retracé la genèse ; 4° le désir de l'approbation ou des récompenses divines ou humaines ; et la crainte de la
désapprobation et des peines. Comme tous les sentiments complexes, il doit varier dans sa composition suivant la prédominance
variable de ses éléments constitutifs : chez l'un, c'est l'obligation
(les Stoïciens), chez l'autre la charité, chez beaucoup la crainte de
l'opinion ou de la loi, de Dieu ou du Diable. Il est impossible qu'il
soit constant et identique chez tous les hommes.

IV

La pathologie du sentiment moral ne peut nous retenir longtemps ; son étude détaillée appartient à l'anthropologie criminelle.
On connaît les très nombreux travaux publiés sur ce sujet depuis
un demi-siècle ; il serait sans profit d'en présenter un sec résumé.
La thèse de Lombroso sur le « criminel-né » avec ses caractères
physiologiques, psychiques et sociaux a été violemment battue en
brèche. Plusieurs théories se sont succédé pour expliquer l'existence de cette anomalie morale : — l'atavisme ; le criminel-né serait
une survivance, un retour à l'homme primitif, supposé violent et
insociable, un « anachronisme ambulant » — l'infantilisme qui
n'invoque plus l'hérédité, mais l'arrêt de développement et prétend
que la perversion qui est permanente chez le criminel-né est normale, mais transitoire, chez l'enfant — la thèse pathologique qui
rattache le type criminel à l'épilepsie considérée comme le prototype des impulsions violentes et destructrices — la thèse sociologique (la plus récente) qui attribue aux conditions sociales un rôle
prépondérant et soutient que le criminel « est un microbe inséparable de son milieu ». Nous n'avons pas à entrer dans l'examen de
ces hypothèses qui ont donné lieu à des débats très passionnés :
une seule question tient à notre sujet, celle de l'insensibilité
morale, posée bien avant l'anthropologie criminelle sous les noms
de *moral insanity* (Pritchard, 1843), folie morale, folie impulsive,
monomanie instinctive, etc. [1], et qui est propre à montrer encore

1. D'après Krafft-Ebing, *Lehrbuch*, t. II, sect. II, ch. III, Regiomontanus
soutenait déjà (en 1513) que la perversité est indépendante de la connaissance exacte du bien et du mal ; il attribuait cette anomalie à l'influence
de la planète Vénus.

une fois l'indépendance et la prépondérance du sentiment dans la vie morale.

« La folie morale est un trouble de l'esprit qui affecte exclusivement les sentiments moraux, laissant l'intelligence parfaitement intacte. » Telle était la formule de Pritchard qu'on a peu modifiée depuis. Traduit dans le langage de la psychologie pure, cela signifie : absence complète ou perversion profonde des sentiments altruistes, insensibilité à la représentation du bien et du mal d'autrui, égoïsme absolu avec ses conséquences. Par une analogie qui se comprend d'elle-même, on a nommé cet état une cécité morale, et, comme la cécité physique, elle comporte des degrés. On l'a aussi rapproché de l'idiotie. Réduit à la vie végétative et sensitive, l'idiot sous le rapport intellectuel s'oppose aux grands génies ; « l'idiot moral, lui, s'oppose aux grands bienfaiteurs de l'humanité » (Schüle).

On trouvera de nombreux exemples de folie morale dans les ouvrages de pathologie mentale et d'anthropologie criminelle [1]. Elle se manifeste sous deux formes : 1° passive ou apathique, c'est-à-dire d'insensibilité pure ; si le tempérament est froid et les circonstances favorables, aucune violence n'est à craindre ; 2° active ou impulsive, où la violence des appétits est sans frein. Prise dans son ensemble, elle consiste en : insensibilité complète, absence de pitié, férocité froide, absence de remords après l'accomplissement de violences ou de meurtres. Sur ce dernier point, on a risqué des statistiques et des chiffres dont la précision me paraît suspecte [2], car il est bien difficile de pénétrer assez avant dans la conscience d'un criminel pour n'être dupe ni de l'hypocrisie qui simule le remords sans l'éprouver, ni de la forfanterie qui l'éprouve sans l'avouer. L'absence de tout sentiment maternel — chose rare — a été aussi observée.

L'insensibilité morale est le plus souvent innée et coexiste avec d'autres symptômes de dégénérescence. Entre plusieurs enfants d'une même famille, élevés dans le même milieu, ayant reçu les

---

1. En particulier Despine, *Psychologie naturelle*, t. II, p. 169 et suiv. ; Maudsley, *Pathology of Mind*.

2. *Dictionary of psychological Medecine*, art. *Criminal Anthropology*. On aurait constaté, à Elmira, que chez 34 p. 100 des meurtriers, le sentiment du remords fait défaut et qu'il n'existait que chez 6 femmes sur 130 (?).

mêmes soins, l'un d'eux, un seul, diffère de tous les autres, est également réfractaire à la douceur et à la force et manifeste une perversité précoce qui ne fera que grandir avec les années.

Elle peut être acquise et momentanée : l'épilepsie, l'hystérie, l'apoplexie, la démence paralytique, l'involution sénile, les chocs à la tête en sont les causes. Krafft-Ebing, outre une observation personnelle (*loc. cit.*), rapporte, d'après Wigan, le cas d'un jeune homme qui, blessé d'un coup de règle à la tête, fut atteint d'insensibilité morale complète ; l'opération du trépan ayant permis d'enlever une esquille osseuse qui comprimait le cerveau, il revint à son état primitif. Nous avons rencontré d'autres cas analogues au cours de cet ouvrage.

Le point délicat et débattu est de savoir si cette anomalie morale est d'origine rigoureusement instinctive et affective et si l'activité intellectuelle y reste complètement étrangère. La majorité des auteurs est pour l'affirmative ; d'autres le nient. Il y a entre les divers modes de l'activité mentale une telle dépendance et des relations si étroites qu'il est difficile de trancher nettement la question. On ne peut se refuser à admettre que l'intelligence subit plus ou moins un contre-coup ; mais l'observation montre que la plupart connaissent fort bien les prescriptions de la morale, ont la notion *abstraite* du bien, du mal, du devoir, inculqué en eux par l'éducation et que tout cela n'a pas la moindre influence sur leur conduite. Ils ont des *idées* morales, non des sentiments moraux, c'est-à-dire une disposition à sentir et à agir. La loi n'est pour eux qu'un règlement de police qu'ils ont conscience d'avoir enfreint. Leur intelligence, souvent ferme et lucide, n'est qu'un instrument pour ourdir des trames habiles ou se justifier par de subtiles sophismes.

La nature de l'insensibilité morale méritait d'être rappelée, au moins sommairement, pour montrer l'importance de l'élément affectif : elle fait un incomplet et le déficit vient, non de l'intelligence, mais du caractère.

CHAPITRE IX

LE SENTIMENT RELIGIEUX

Il faut avouer que l'étude du sentiment religieux n'a pas donné beaucoup de peine aux psychologues. Les uns l'omettent totalement. Les autres se contentent d'une mention sommaire, faite en courant; ils notent les deux éléments essentiels dont il dérive — la peur, l'émotion tendre (amour) — sans s'inquiéter des rapports variables de ces deux éléments ni des transformations multiples qu'ils ont subies, au cours des siècles, par l'annexion d'autres états affectifs. Comme on ne peut nier son importance, cette abstention ou cette négligence ne sont pas justifiables. Invoquer un respect malentendu, soutenir qu'une seule religion est vraie et toutes les autres fausses, prétendre que toutes sont également fausses : ces raisons et autres analogues ne sont, à aucun degré, acceptables pour la psychologie; car, même en poussant les choses à l'extrême, en admettant que toutes les manifestations du sentiment religieux ne soient qu'illusion et erreur, il n'en reste pas moins que l'illusion et l'erreur sont des états psychiques et à ce titre doivent être étudiés par la psychologie. Pour celle-ci, le sentiment religieux est un *fait* qu'elle a simplement à analyser et à suivre dans ses transformations, sans aucune compétence pour discuter sa valeur objective ou sa légitimité. Ainsi entendue, la question porte sur deux points principaux : les manifestations primitives, puis l'évolution, c'est-à-dire les divers éléments qui ont constitué le sentiment religieux aux diverses époques de son histoire.

Dans toute croyance religieuse, il y a nécessairement deux choses : un élément intellectuel, une connaissance qui constitue l'objet de la croyance; un état affectif, un sentiment qui l'accompagne et s'exprime par des actes. A qui le second élément fait défaut, le sentiment religieux est inconnu, inaccessible; il ne lui reste que des conceptions abstraites, métaphysiques. L'étude du sentiment religieux, dans son évolution, ne peut dissocier ces deux éléments et c'est même d'après le degré de la connaissance qu'une division précise est possible; je la ramène à trois périodes : 1° celle de la perception et de l'imagination concrète, où prédominent la peur et les tendances pratiques, utilitaires; 2° celle de l'abstraction et de la généralisation moyennes, caractérisée par l'adjonction d'éléments moraux; 3° celle des plus hauts concepts, où l'élément affectif se volatilisant de plus en plus, le sentiment religieux tend à se confondre avec les sentiments dits intellectuels.

I

Comme à l'ordinaire, sur la question d'origine, on n'est pas d'accord. Sous quelle forme le sentiment religieux a-t-il fait son apparition? Écartons d'abord deux réponses très systématiques qui, quoique différentes d'esprit, ont ce point commun qu'elles sont purement intellectualistes.

La première, fort ancienne, a trouvé son plus récent et son plus clair interprète dans Max Müller pour qui la notion du divin, surtout sous la forme de l'infini, aurait précédé celle des Dieux. Nos sens nous donnent le fini, mais « par-delà le fini, derrière le fini, au-dessous du fini, au-dessus du fini, au sein même du fini, l'infini est toujours présent à nos sens; il nous presse, nous déborde de toutes parts. Ce que nous appelons le fini, dans le temps et dans l'espace, n'est que le voile, le filet que nous jetons nous-mêmes sur l'infini.... Or, qu'est-ce que l'infini, sinon l'objet de toute religion? La religion de l'infini précède et comprend toutes les autres et comme l'infini est donné par les sens, il s'ensuit que la religion est un développement des perceptions sensorielles au même titre que la raison. » La religion première a consisté dans l'adoration de divers objets pris tour à tour et isolément comme une incarnation de la notion de l'infini; c'est ce que Max Müller appelle « l'hénothéisme ».

Pour lui, le polythéisme et même le fétichisme sont *postérieurs*; ils résultent du fractionnement de l'unité primitive et sont dus à une maladie du langage : chaque nom devient un dieu distinct; les mots sont érigés en êtres ayant leur vie, leurs attributs et leurs légendes : *Nomina numina* [1].

Cette dernière thèse, quoiqu'elle ait eu une certaine vogue parmi les linguistes, est nulle comme explication psychologique; car il est bien clair que le mot n'est qu'un point de départ ou un véhicule pour le travail de la pensée qui est le seul agent de la métamorphose. Si les *nomina* deviennent des *numina*, c'est par une maladie de l'imagination ou de la pensée bien plus que du langage [2].

Quant à la thèse principale — la prétendue notion primitive de l'infini d'où sortirait l'hénothéisme — c'est une hypothèse métaphysique bien peu vraisemblable. L'homme primitif, enfermé dans de dures conditions d'existence, est positif, peu rêveur : ce qui ne le conduit pas vers l'*au delà*. Mais une meilleure raison, toute psychologique, c'est qu'il est incapable d'atteindre un degré même moyen d'abstraction et de généralisation. Comment un sauvage qui ne peut compter jusqu'à quatre, se formerait-il une idée quelconque de l'infini : évidemment, cette notion de l'illimité le dépasse.

Il n'y aurait qu'un moyen de donner à la thèse de Max Müller une certaine vraisemblance psychologique; ce serait de la dépouiller de son caractère intellectualiste et d'admettre à l'origine un sentiment plutôt qu'une notion; un besoin, une tendance plutôt qu'une connaissance. De ces deux facteurs qui constituent toute croyance religieuse, l'un intellectuel, l'autre affectif, quel est celui qui a la priorité? Est-ce la notion qui a produit le sentiment, est-ce le sentiment qui a suscité la notion? Tel est le problème qui se trouve au fond des débats sur l'origine des manifestations religieuses. Les uns la placent dans le domaine des instincts; ainsi Renan quand il compare la religion dans l'humanité à la nidification chez l'oiseau. Les autres soutiennent que tout sentiment suppose préalablement un objet. « A première vue, cette dernière théorie semble avoir pour elle la logique. Il est clair que pour aimer ou craindre un être,

---

1. Max Müller, *Origine et développement de la religion.*
2. Pour une discussion sur ce point avec faits à l'appui, voir Goblet d'Alviella, *L'Idée de Dieu d'après l'anthropologie et l'histoire*, p. 60 et suiv.

il faut avoir conçu la notion de son existence. Cependant si indispensable qu'il soit de placer au début de la religion une opération intellectuelle, on doit reconnaître que les sentiments mis en jeu par cette opération, ont dû précéder de longtemps les plus anciennes formules de la théologie primitive [1]. » Pour ma part, j'incline vers la priorité du sentiment, sans pouvoir fournir des arguments de fait; la période des origines étant celle des conjectures.

La deuxième théorie, celle de Herbert Spencer, nous fait descendre de la notion de l'infini dans le terre à terre de la vie mentale des sauvages. On sait qu'il réduit toutes les religions primitives au culte des ancêtres, à la nécrolâtrie. Le fait primordial, c'est la conception d'un esprit ou plutôt d'un *double*. Le sauvage croit qu'il a un Sosie, ou pour parler notre langage, un moi principal et un moi secondaire. Il infère l'existence de ce « double » d'un grand nombre de faits pour lui inexplicables : son ombre, son image dans l'eau, l'écho, les apparitions dans les rêves, l'évanouissement, l'extase, l'épilepsie, etc. Le monde est ainsi pour lui plein d'esprits errants qu'il essaie de se rendre propices. D'après Spencer, le fétichisme et le polythéisme ne sont que des formes aberrantes du culte des ancêtres et il essaie de l'établir par une série de considérations où nous n'avons pas à le suivre. Imperturbable dans sa déduction systématique, il prétend même en faire dériver, par des raisons détournées et fragiles, l'adoration des animaux, des plantes, des objets inanimés [2]. — Il est incontestable qu'un grand nombre de croyances sortent de cette source; mais cette conception, qui est l'anthromorphisme poussé à outrance, se trouve bien trop étroite pour embrasser tous les faits. Taylor et d'autres en ont fait une vive critique et je ne crois pas qu'elle compte encore beaucoup de partisans.

Ces deux hypothèses systématiques écartées, rappelons comment le développement religieux *paraît* s'être produit pendant cette période primitive; car la marche de l'évolution n'a pas été la même partout et toujours, — difficulté déjà signalée à propos de l'instinct social. D'après les auteurs compétents, la forme la plus fréquente a été comme il suit.

1. Goblet d'Alviella, *ouvr. cité*, p. 50.
2. H. Spencer, *Principles of Sociology*, t. 1, p. 130-142.

Un premier moment est celui du fétichisme, polydémonisme, naturisme : termes qui, pour l'histoire des religions, ne sont pas tout à fait synonymes, mais qui répondent à un même état psychique : l'adoration d'un objet, vivant ou non, qui est *perçu*, c'est-à-dire appréhendé comme concret, à la fois corps et âme ou plutôt animé, jugé bienveillant ou malveillant, utile ou nuisible; car, c'est une opinion peu justifiée celle qui prétend que l'adorateur d'un morceau de bois ou d'une pierre n'y voit qu'un objet purement matériel.

Le second moment est celui de l'animisme ou spiritisme : « croyance à des esprits sans lien de substance ou sans connexion nécessaire avec des objets naturels déterminés. » L'esprit est conçu comme indépendant, séparable; il va, vient, entre, sort; il est attribué non seulement aux hommes, mais aux animaux : le sauvage s'efforce de désarmer le courroux du gibier qu'il a tué, le chef se fait enterrer avec ses chevaux et ses chiens, etc. Psychologiquement, ce moment répond à une prépondérance de l'imagination sur la perception simple.

Ces formes primitives de la croyance religieuse sont nées de la tendance du sauvage, de l'enfant et peut-être de l'animal supérieur à considérer tout comme animé, à attribuer des désirs, des passions, de la volonté à tout ce qui agit, à se représenter la nature d'après sa propre nature. Cet anthropomorphisme résulte de l'éveil de la pensée raisonnante sous sa forme la plus fruste : l'analogie, source première des mythes, du langage, des arts, des sciences même. Mais les analogies qui pour nous ne sont que des images, pour l'homme primitif étaient des réalités. Inutile d'insister sur un sujet si connu. Remarquons pourtant que cette opération primitive qui crée les dieux est une projection au dehors de notre activité plutôt que de notre intelligence; elle jaillit de l'homme *moteur* bien plus que de l'homme pensant.

Jusqu'ici nous n'avons considéré que l'objet de la croyance, perçu ou imaginé; mais le croyant que ressent-il? de quels éléments se compose le sentiment religieux pendant cette période? Voici ceux qu'on peut signaler.

1° Avant tout, l'émotion de la peur à ses divers degrés, depuis la terreur profonde jusqu'à l'inquiétude vague, due à la foi en une puissance inconnue, mystérieuse, insaisissable, pouvant beaucoup servir et surtout beaucoup nuire; car c'est une remarque des historiens que, à l'origine, on adore surtout les génies méchants ou terribles; les génies bons et cléments sont délaissés; dans les périodes suivantes ce sera l'inverse. Actuellement, l'attribut des dieux, c'est la force.

2° Un autre caractère bien moins marqué consiste en une certaine attraction ou sympathie, bien faible, du croyant pour son dieu. Le « Primus in orbe Deos fecit timor » n'est pas absolument vrai; car, dans la peur, il y a tendance à l'éloignement, à la fuite, à l'aversion, tandis que dans tout culte il y a au moins quelque espoir de fléchir la puissance la plus malfaisante et de la rendre pitoyable, et par suite un mouvement vers elle. Plus tard cette attraction embryonnaire deviendra l'essentiel.

3° Un troisième caractère qui découle des précédents, c'est que le sentiment religieux est rigoureusement pratique et utilitaire; il est l'expression directe d'un égoïsme étroit. Il se rattache à l'instinct de la conservation de l'individu ou de son groupe, et n'est nullement un indice pathologique, comme Sergi l'a soutenu. Tout au contraire, c'est une arme dans le combat pour la vie, car il n'est pas indifférent d'avoir pour soi ou contre soi ceux qui ont la force. Ce caractère très intéressé se traduit par le culte qui repose tout entier sur la règle pratique : *do ut des*. De là les offrandes et les sacrifices proportionnés au désir et à la demande et pour lesquels le dieu doit à son fidèle un large dédommagement. De là les incantations, la magie et la sorcellerie qui sont des procédés non seulement pour allécher et amorcer le dieu, mais pour s'emparer de lui par ruse et le tenir en sa puissance.

4° Enfin, dès cette époque, le sentiment religieux a un caractère *social* ou plutôt les tendances religieuses et les tendances sociales s'agglutinent et forment un tout. Il renforce le principe d'autorité, souvent au profit des penchants altruistes encore très faibles. Les chefs, prêtres, sorciers, parlent et agissent au nom d'une puissance supérieure et maintiennent le lien social. Le culte des morts, que Spencer a eu le tort de trop généraliser, établissant la continuité entre les générations, est un élément de stabilité. La communauté du culte et des rites est l'expression objective et visible de la solidarité sociale. Je ne considère pas comme propres à cette période

des institutions telles que le serment religieux, les épreuves judi-
ciaires (ordalies) ou autres qui supposent l'adjonction d'un élément
moral, encore absent. Mais il y a d'autres coutumes, locales ou
générales, par exemple celle du *tabou* qui a existé dans presque
toute l'Océanie et ailleurs sous diverses formes, où la religion remplit
un office social, non moral (du moins selon nos idées actuelles),
sauvegarde les institutions et conventions par la terreur, en restant
encore étrangère au règne de la moralité.

II

Sauf les sentiments intellectuels, aucune manifestation affective
ne dépend plus que le sentiment religieux du développement de
l'intelligence, parce que toute religion implique une conception
quelconque du monde, une cosmologie et une métaphysique. Avec
la première période, nous n'avons guère dépassé le moment de
l'imagination ; avec la seconde apparaissent la réflexion et la généralisation dont nous allons suivre le progrès et la marche ascendante.
L'évolution intellectuelle et l'évolution affective, pendant ce second
moment, doivent être étudiées tour à tour.

I. *Évolution intellectuelle.* — De plus, il est utile de scinder l'étude
de l'élément intellectuel en deux questions : 1° la conception d'un
ordre cosmique, d'abord physique, puis moral ; 2° la marche progressive de la généralisation, d'une multiplicité presque sans bornes, à
l'unité. Ces deux processus n'ont pas toujours coïncidé ni marché
de pair.

1° Nous avons vu que pour l'homme primitif, tout est animé, plein
de caprices arbitraires, de désirs, d'intentions et surtout de mystères,
parce que tout est imprévu : c'est le règne de la contingence universelle. La formule : « tout était animé » est pourtant trop absolue ;
elle ne convient qu'à ce qui était mouvant et changeant, c'est-à-dire
à la majorité non à la totalité des choses. Il semble que l'absence
de mouvement, la stabilité, la fixité, le défaut de réaction, a dû être
une sorte de révélation pour un esprit naïf. Peut-être est-ce par le
spectacle de la fixité matérielle que la notion d'ordre ou de loi a

fait sa très humble entrée dans le monde. Quoi qu'il en soit, il est certain que le travail de dépersonnification de la nature a commencé de bonne heure et marque le début de la science. Avec notre culture actuelle, nous nous représentons difficilement un état mental où l'idée de la fixité dans les phénomènes naturels est presque nulle : il a existé pourtant et les documents ne manquent pas pour l'établir. L'expression « nouvelle lune » n'était pas à l'origine une métaphore ; on se demandait si le soleil continuerait toujours sa course ; les Mexicains attendaient avec anxiété sa renaissance tous les cinquante ans ; les éclipses paraissaient livrées au hasard et jetaient la terreur, etc. [1]. Peu à peu l'esprit d'observation et de réflexion a dégagé des rapports constants et introduit dans la conception de la nature l'idée de l'ordre et de la régularité, diminuant d'autant le domaine attribué au hasard et à la contingence. Cette notion d'ordre cosmique a eu de l'influence sur les conceptions religieuses ; le gouvernement du monde physique a été attribué aux dieux ; ils sont des régulateurs ; chacun a son département où il est le maître. On a noté dans la religion de plusieurs peuples, à cette période de leur développement, la coexistence de deux principes antithétiques : la nécessité est personnifiée dans une divinité abstraite, mystérieuse, inaccessible (Rita chez les Aryens, Mâ chez les Egyptiens, Tao pour les Chinois, Moira ou Nomos chez les Grecs, etc.) [2] ; la contingence ou plutôt l'arbitraire limité se personnifie dans des dieux plus humains, ayant leurs légendes, agissant dans la sphère qui leur est propre, par exemple les dieux de la Grèce. Ceux-ci sont aussi quelquefois classés en deux catégories, ce qui est une première simplification : les uns qui dispensent les biens physiques, santé, prospérité, richesse ; les autres qui infligent aux hommes les maux physiques, maladies, famine, tempêtes, naufrages.

La notion d'ordre cosmique a conduit à celle d'ordre moral ; les dieux ont d'abord le gouvernement physique, plus tard le gouvernement éthique de l'univers. La conception de puissances supérieures, investies d'attributs moraux, a été, comme on le verra ci-après, un moment important dans l'évolution du sentiment religieux. L'opinion très ancienne et qui subsiste encore chez beaucoup de

1. Pour les faits, voir Goblet d'Alviella, *ouv. cité*, p. 178.
2. *Ibid.*, p. 176-198.

croyants, que les crimes des hommes suscitent des épidémies, déchaînent les éléments, causent des inondations et des tremblements de terre, montre que l'esprit humain, à tort ou à raison, a supposé une analogie entre toutes les formes de l'ordre dans l'univers. De là aussi la transformation du dualisme physique, mentionné plus haut, en un dualisme moral; les génies du jour et ceux des ténèbres deviennent des dieux moraux ou immoraux, bons ou mauvais conseillers, sauveurs ou tentateurs; et à cette période, la foi en la supériorité et le triomphe définitif des bons s'établit solidement. En résumé, les dieux ont eu pour attributs d'abord la force, puis l'intelligence, puis la moralité.

2° Voyons maintenant le rôle de la généralisation croissante dans la constitution des idées religieuses.

Quand on veut étudier les degrés ascendants de la généralisation non *in abstracto*, mais d'après les faits et les documents, on peut s'appuyer sur l'évolution des langues, ou mieux encore sur la marche de l'esprit scientifique (suivre par exemple les procédés de classification en zoologie, depuis l'antiquité jusqu'à nos jours) : on pourrait également recourir au développement des religions, car c'est le même procédé de l'esprit appliqué à une autre matière. Il suffit d'en marquer très sommairement les étapes.

C'est un fait connu que l'inégalité des races humaines quant à la puissance d'abstraire et de généraliser : les unes dépassent le concret à peine; les autres, vite et facilement, semblent se jouer dans l'abstrait. Cette inégalité d'aptitudes s'exprime dans leurs religions. Beaucoup de peuples n'ont pu dépasser le polydémonisme, c'est-à-dire le culte des génies individuels, c'est-à-dire le règne du concret; pour ne rien dire des sauvages, telle a été la religion de l'ancien empire chinois (Tiele); tels les innombrables génies de la primitive religion des Romains, peuple peu enclin aux abstractions.

Certaines tribus ont, actuellement encore, un mot pour désigner chaque cours d'eau de leur pays, mais aucun terme général pour désigner une rivière : le trouver est un progrès. De même dans l'ordre religieux : par un progrès analogue, le génie de chaque arbre se subordonne au dieu de la forêt, les divers génies d'un fleuve au dieu du fleuve, etc. Aux divinités particulières, se substitue une divinité spécifique qui a la supériorité.

A un degré plus haut, l'esprit saisit des ressemblances plus lointaines et constitue un seul dieu pour l'eau, un seul pour le feu, un seul pour la terre, et les génies des eaux, du ciel et de la terre se groupent sous la domination d'un seul qui sera, en Grèce, Zeus, Poseidòn, Hestia.

Ce travail de généralisation qui s'est opéré pour les phénomènes naturels se passe aussi dans l'ordre social. Il y a eu successivement des dieux de clans, de tribus, de nations. On sait combien longtemps les religions, même complexes et bien organisées, sont restées nationales : le dieu d'une nation est son gardien, son protecteur, veille sur elle et rien que sur elle; mais son existence n'exclut pas celle de dieux maîtres des autres nations. Le passage aux religions universelles, extra-nationales a été l'œuvre des conquêtes et annexions, mais surtout de la spéculation philosophique.

Au point où nous en sommes, il y a des hiérarchies divines analogues d'une part à la hiérarchie idéale des individus, espèces, genres; d'autre part à la hiérarchie des sociétés humaines : elles sont conçues et constituées d'après le type humain. L'anarchie de l'Inde védique se reflète dans la mythologie des Védas, la féodalité de l'Égypte dans sa religion, Zeus ressemble à Agamemnon, l'Inca péruvien descend du soleil et applique dans son empire le gouvernement du dieu solaire, etc., et « par une illusion d'optique, c'est la société humaine qui semble le décalque de l'État divin [1] ».

Dans son mouvement vers l'unité absolue, l'esprit a encore quelques stades à franchir avant d'arriver au terme. Il conçoit un dieu très supérieur aux autres, mais qui agissent sous lui (*Jupiter optimus maximus*) et qu'il ne supprime pas. Il y a « monolâtrie », non monothéisme. On trouve encore des acheminements et tempéraments dans la conception des triades (ou trinités), des dyades (divinités masculine et féminine associées). En fait, le monothéisme pur est une conquête de l'esprit métaphysique remontant la série des causes secondes pour chercher la cause première, bien plus qu'une intuition de la conscience populaire.

---

1. Consulter pour les détails Tiele, *Manuel de l'histoire des religions;* Goblet d'Alviella, p. 153-163. « La féodalité divine est le fait primordial de la religion égyptienne, comme la féodalité politique est le fait primordial de l'histoire d'Égypte. » (Maspero, *Histoire ancienne.*)

Ce tableau de la généralisation ascendante est un peu schématique et a été présenté sous la forme d'une restitution idéale, quoique tous les éléments soient pris de la réalité. Quelques peuples n'ont atteint que les premiers stades, d'autres les ont péniblement dépassés, d'autres d'un seul bond en ont franchi plusieurs. L'évolution des idées religieuses n'a peut-être pas été deux fois identique à elle-même.

II. *Évolution affective.* — On a dit justement que le sentiment religieux se compose de deux gammes. L'une, dans le ton de la peur, se compose d'états pénibles, dépressifs : la terreur, l'effroi, la crainte, la vénération, le respect, telles en sont les principales notes. L'autre, dans le ton de l'émotion tendre, se compose d'états agréables et expansifs : admiration, confiance, amour, extase. L'une exprime un sentiment de dépendance; l'autre un sentiment d'attraction jusqu'à l'union réciproque.

Un premier changement qui se produit, pendant cette période de l'évolution, c'est la prédominance de la seconde gamme; dans la combinaison des deux émotions élémentaires, le rapport proportionnel a changé, d'où un changement de nature dans l'émotion résultante. Nous l'avons vu dans l'effacement progressif du culte des dieux méchants; dans la suppression des sacrifices sanglants, d'abord pour les hommes, ensuite pour les bêtes; dans la tendance à leur substituer le simple hommage.

Un second changement, capital, consiste dans la coalescence du sentiment religieux et du sentiment moral qui contractent une union si étroite que, pour beaucoup de gens, elle paraît nécessaire et indissoluble. Nous avons vu qu'il n'en est rien et qu'il y a des religions sans morale. Primitivement, le sentiment religieux est une forme affective spéciale; le sentiment moral est une autre forme. Il y a d'abord les religions purement naturalistes, plus tard les religions morales. Une masse de faits démontrent que, à l'origine, le sentiment religieux est non seulement étranger à la morale, mais en contradiction avec elle. On connaît les critiques acerbes des philosophes grecs contre la religion régnante, toute empreinte de mythes issus d'un naturalisme primitif que ni les croyants ni les philosophes eux-mêmes ne comprenaient. Les criminologistes contemporains ont montré que les prostituées et même de féroces criminels n'omettent aucun acte de dévotion. C'est que le sentiment religieux, dans sa source et tout seul, est foncièrement égoïste[1] et n'est que la préoccupation du salut individuel. Cette superposition du sentiment moral s'est produite dans toutes les grandes religions, c'est-à-dire celles qui ont eu une évolution complète : dans le brahmanisme et surtout le bouddhisme par rapport à l'époque védique, chez les prophètes d'Israël, même chez les Grecs dans les Mystères, etc. On finit par croire que l'intention morale est la meilleure des offrandes.

Pour la plupart des religions, la question suprême est celle de la destinée humaine; son histoire qui a traversé deux périodes, l'une naturaliste, l'autre morale, montre encore une fois que le sentiment religieux et le sentiment moral sont à l'origine deux manifestations totalement distinctes.

Pendant la première période, on ne trouve aucune idée de la rétribution suivant les œuvres. La vie après la mort est une continuation ou une copie de la vie terrestre, quelquefois semblable, quelquefois meilleure, le plus souvent pire. On connaît les plaintes d'Achille dans l'*Odyssée* (xi) où Homère nous a laissé une vive peinture de cette croyance primitive : on reste esclave, maître, chef, roi, comme on l'était pendant la vie. Même quelques peuples, projetant dans l'autre monde leurs préjugés aristocratiques, n'accordaient l'immortalité qu'aux âmes des chefs.

Pendant la seconde période, il y a un jugement préalable suivant les œuvres qui décide de la destinée future. Les conceptions de cette vie sont diverses : peines et récompenses temporaires ou éternelles, transmigration par en haut ou par bas, libération totale (*nirvâna*), etc.; mais toutes reposent sur une idée morale. Cette notion paraît de bonne heure chez les Égyptiens (le jugement d'Osiris et la pesée des âmes). Dans le *Livre des Morts* dont chaque

---

1. La théorie du *do ut des* est exprimée avec une complète naïveté dans un hymne brahmanique. « Bien remplie, ô cuiller [du sacrifice] vole là bas, bien remplie, reviens. Comme à prix débattu, faisons échange de force et de vigueur. Donne-moi, je te donne; apporte-moi, je t'apporte. » Il y a mieux encore : « Veut-on faire du mal à quelqu'un qu'on dise à Sourya : Frappe un tel, ensuite je te ferai l'offrande; et Sourya pour obtenir l'offrande, le frappe ». (Barth, *Les Religions de l'Inde*, p. 25-26.)

momie avait un exemplaire dans son tombeau, le défunt adresse au dieu une très longue énumération [1] du bien qu'il a fait et des fautes qu'il n'a pas commises : il est remarquable qu'il ne parle pas de ses offrandes, mais de ses vertus.

III

Au point où nous en sommes, le sentiment religieux a atteint sa pleine floraison et ne peut plus que décliner; aussi la troisième période ne peut nous retenir longtemps. Elle se résume en cette formule : prédominance toujours croissante de l'élément intellectuel (rationnel); effacement progressif de l'élément affectif qui tend à se rapprocher des sentiments intellectuels et à rentrer dans ce groupe.

Lorsque la marche de la pensée vers l'unité est parvenue à son dernier terme dans le pur monothéisme, l'œuvre des théologiens et surtout des métaphysiciens tend à raffiner le concept divin, posé comme cause première ou idéal moral ou les deux à la fois, mais toujours à titre d'idéal inaccessible et seulement entrevu. La conséquence logique, nécessaire, inévitable, c'est l'affaiblissement de l'état affectif. En effet, on peut ériger en loi ce qui suit :

De la perception à l'image et de l'image au concept, l'élément émotionnel concomitant va toujours en diminuant — toutes choses égales d'ailleurs, c'est-à-dire en tenant compte des tempéraments et des variétés individuelles. Ceci n'est que le résumé de ce qui a été dit tant de fois dans notre première partie : que les états affectifs dépendent plus que tous les autres des conditions physiologiques (viscérales, motrices, vaso-motrices). Or, il est clair que percevoir est l'opération qui exige le plus impérieusement des conditions organiques complexes et nombreuses. Pour les images ou représentations, il y a deux catégories : l'imagination vive et intense se rapproche du percept par sa tendance hallucinatoire; l'imagination froide et terne, qui n'est qu'un simple schéma des choses, se rapproche du concept. Enfin, le concept pur, réduit presque entier à un signe, substitut de la réalité, est aussi détaché des conditions

1. On trouvera cette prière in extenso dans Maspero, ouv. cité (4° éd.), p. 38.

organiques que cela est possible à un état psychique; il requiert un *minimum* de physiologie. Par suite, l'émotion atteinte dans sa source ne coule plus qu'en mince filet; et, du sentiment religieux proprement dit, il ne survit que le respect vague de l'inconnaissable, d'un *x*, dernière survivance de la peur et une certaine attraction vers l'idéal, reste de l'amour dominant durant la seconde période.

On pourrait dire en termes plus clairs et plus simples, la religion tend à devenir une *philosophie religieuse*; ce qui est tout différent, car l'une et l'autre répondent à des conditions psychologiques distinctes : l'une est une construction théorique de la raison raisonnante; l'autre est l'œuvre vivante d'un groupe ou d'un grand inspiré, enveloppant l'homme tout entier, pensant et sentant. Cette distinction est très importante et met de la lumière dans notre sujet.

Il serait facile de montrer que les grandes religions, au terme de leur développement, se transmutent en une métaphysique subtile, accessible aux seuls philosophes. Pour être impartial et ne choquer personne, plaçons-nous loin dans le temps. Dans l'Inde, la religion qui débute par le naturalisme des Védas, s'organise, devient sociale et morale avec le brahmanisme et atteint l'idéalisme transcendant de la *Bhâgavad-Gita*. Le passage cité plus bas [1] est-il une religion ou une métaphysique ou plutôt une belle poésie philosophique qui agit par la splendeur des images? Pour qu'une pareille doctrine devienne une *vraie* religion, il faut qu'elle se concrète et s'épaississe. Au reste, pour ne pas paraître ergoter et discuter sur les mots, ni décider arbitrairement que ceci est une religion et cela une philosophie religieuse, on peut poser la question sous une forme objective. Dès que la pensée religieuse n'a ni culte ni rite et n'en comporte pas, c'est une doctrine philosophique; dépouillée de tout caractère extérieur et collectif, de toute forme sociale, elle cesse d'être une religion pour devenir une croyance individuelle et spé-

---

1. Je choisis ce passage entre cent : « Je suis [c'est Krishna qui parle] incompréhensible dans ma forme, plus subtil que le plus subtil des atomes. Je suis la lumière dans le soleil et la lune; bien au delà des ténèbres, je suis l'éclat de la flamme, le rayonnement de tout ce qui rayonne, le son dans l'éther, le parfum sur le sol, la semence éternelle de tout ce qui existe, la vie de tout. J'habite en tant que sagesse dans le cœur de tous. Je suis la bonté de bien, je suis le commencement, le milieu et la fin, le temps éternel, la naissance et la mort de tous. »

culative. Tels le déisme du xviii° siècle et les conceptions analogues :
le sentiment y joue un rôle très faible, presque nul.

Remarquons pourtant qu'à ces époques de raffinement intellectuel, le sentiment ne perd pas ses droits : le mysticisme est sa
revanche. Dans toutes les grandes religions parvenues à leur apogée, l'antagonisme entre les deux éléments de la croyance —
rationnel, sentimental — se traduit par l'opposition des dogmati-
ques et des mystiques. L'histoire est pleine de leur antipathie :
dans le christianisme, depuis les gnostiques, à travers les écoles du
moyen âge et de la Renaissance, jusqu'au pur amour du xviii° siècle
et au delà. Pour les autres religions, de même : l'islamisme,
malgré son monothéisme sec et la pauvreté de ses rites, n'a pas
échappé à la loi commune, il a eu et a encore ses sectes mystiques.
Quand on les étudie, on voit que, malgré la différence des temps,
des lieux, des races, des croyances, les mystiques, peu soucieux
du rigorisme dogmatique, ont tous un air de famille et se ressemblent singulièrement entre eux. Dans le cas actuel, c'est le raisonnement qui divise et le sentiment qui réunit.

Reste à examiner une dernière question relative à l'élément affectif seul : l'émotion religieuse est-elle une émotion *complète*? Il vaut
la peine de s'y arrêter, puisque beaucoup d'auteurs (sans parler de
ceux qui l'oublient) en font une variété des sentiments intellectuels, c'est-à-dire de la forme la plus froide de la vie affective.

Une émotion complète, nous le savons, comprend, outre l'état
purement psychique, une résonance somatique, un ébranlement de
l'organisme qui consiste : 1° en changements de la circulation, de
la respiration et des fonctions en général ; 2° en mouvements,
gestes et actes qui constituent son mode propre d'expression : sans
cela, il n'y a qu'un état intellectuel. Le sentiment religieux remplit-
il ces deux conditions?

1° Il a son accompagnement physiologique ; il plonge dans
l'organisme tout autant qu'un autre. Puisque, par sa nature, il contient toujours, quoique à doses variables, deux éléments, la dépression et l'exaltation, voyons très sommairement leurs relations physiologiques.

La dépression est apparentée à la peur et sous ses formes

vives se confond avec elle. Le croyant qui entre dans un sanc-
tuaire révéré n'a-t-il pas la pâleur, le tremblement, la sueur
froide, le mutisme, ce que les anciens nommaient si justement
sacer horror? La débilité physique et mentale rend religieux par
conscience de la faiblesse humaine. Les austérités, les macérations,
bref l'ascétisme qui, dans les religions dites pessimistes, est une
institution, bien qu'il tienne à des causes multiples que nous
n'avons pas à rechercher, prouve du moins que le facteur physiologique n'est pas tenu pour indifférent. Les ascètes hindous des
premiers âges pouvaient, par des mortifications insensées, détrôner
les dieux et prendre leur place, dieux à leur tour. La croyance si
répandue que les austérités servent au salut en est une forme très
mitigée.

L'exaltation est apparentée à l'amour et tend à l'union, à la possession. L'histoire de tous les temps abonde en procédés physiologiques employés pour produire artificiellement l'enthousiasme au
sens étymologique, c'est-à-dire avoir la divinité en soi.

Il y a les formes inférieures. L'ivresse mécanique produite par la
danse, par la musique rythmée des primitifs qui les excite et les
met en posture favorable pour être inspirés. L'ivresse toxique : le
soma, le vin, les Dionysiaques, les orgies des Ménades. Les moyens
sanglants si répandus dans les cultes de l'Asie Mineure : la Bonne
Déesse et Atys, les Corybantes, les Galles se mutilant et se déchi-
rant à coups de sabre; au moyen âge, les Flagellants; de nos jours
encore, les fakirs, les derviches, etc.

Il y a les formes supérieures, moins matérialistes : les excitations
collectives des pèlerinages, des *revivals* où l'émotion de chacun
s'augmente de celle des autres; les moyens artificiels, connus dès
la plus haute antiquité, pour arriver à l'extase, c'est-à-dire à la pleine
possession; la confusion fréquente entre le langage de l'amour
charnel et de celui de l'amour mystique, qui a si souvent excité le
courroux des dogmatistes.

Tous ces faits sont très connus, et il y en a des milliers d'autres
dans l'histoire. Il convenait de les rappeler pour montrer qu'ils
ont leurs raisons psychologiques; ce ne sont pas des aberrations,
comme il peut sembler au premier abord; mais les conditions
nécessaires de l'émotion intense. Si l'on objecte que quelques-uns

confinent à la folie, on répondra que toute passion violente fait de même, et quelquefois l'atteint.

2° Le sentiment religieux est encore lié à des conditions matérielles par son mode d'expression, qui est le rite. Les pratiques rituelles ne sont pas, comme beaucoup le pensent, purement extérieures et artificielles, accessoires et adventices; elles sont une création spontanée dérivant de la nature des choses. Toute religion, grande ou petite, est un organisme constitué par une croyance fondamentale qui s'attache à des perceptions, à des images ou à des concepts, plus des notions secondaires quelquefois contradictoires entre elles, plus un état émotionnel : tout cela forme un tout vivant qui évolue, végète ou rétrograde. Ce caractère organique distingue les religions positives des conceptions purement théoriques et métaphysiques qui ne vivent pas, qui n'ont jamais vécu, qui ne sont que spéculation pure. Or, de même que l'organisme animal, de l'infusoire à l'homme, a sa vie de relations, c'est-à-dire des rapports avec les agents extérieurs; de même la religion, comme organisme, a sa vie de relation avec les puissances surnaturelles et mystérieuses dont l'homme croit dépendre. Cette vie s'exprime par les rites qui sont des moyens d'action, des procédés pour établir un rapport.

L'histoire des rites est un chapitre de l'expression des émotions. Voici la seule différence : l'expression émotionnelle, au sens de Duchenne, de Darwin, de leurs successeurs et de tout le monde, a un caractère individualiste, traduit la peur, la colère, l'amour, etc.; l'expression rituelle a un caractère *social*, elle est l'œuvre spontanée d'une collectivité, d'un groupe, et elle est devenue fixe, permanente, a été érigée en institution par l'influence de la société; elle est sauvegardée par la tradition. Sur ce sujet, je ne peux entrer dans les détails; il suffisait de rappeler que les rites ont une origine psychique. Il y a eu dans leur développement deux phases principales.

Pendant la période primitive, les rites sont l'expression *immédiate* et *directe* du sentiment religieux et traduisent le génie de chaque peuple : chez les Grecs, élégants et joyeux comme il convient pour des divinités qui sont des hommes supérieurs et heureux; chez les premiers Romains, ils ont un caractère agricole et familial, formaliste et minutieux; l'omission du moindre détail

annule le sacrifice; chez les Mexicains, on immole des héca-
tombes humaines à des dieux « ivres de sang », etc. Les religions
rationalistes, parce qu'elles sont une demi-philosophie, ont peu de
rites et une liturgie sèche; elles ressemblent aux tempéraments
flegmatiques dont les gestes sont rares et sobres. Les religions de
l'imagination et du cœur se manifestent par l'exubérance et la
splendeur des cérémonies.

A la deuxième période, il y a passage du propre au figuré, le
rite devient *symbolique*. Puisqu'il est un moyen d'expression, un
langage, il est bien naturel qu'il en soit ainsi, cette phase répond à
celle des métaphores dans la langue parlée : ainsi l'offrande d'une
mèche de cheveux ou d'une statuette en pâte devient le substitut du
sacrifice humain. Parvenus à ce point, les rites ne se comprennent
plus que par leur histoire; mais les croyants en usent, sans savoir
au fond ce qu'ils signifient, tout comme ils usent des métaphores,
sans savoir d'où elles dérivent, sans pouvoir les ramener à leur
sens primitif. Enfin, il y en a qui sont de simples survivances, analogues au froncement du sourcil quand nous sommes perplexes,
vestige de certaines manières de sentir et d'agir qui ont été, mais
qui ont disparu depuis longtemps.

Le sentiment religieux est donc une émotion complète avec son
cortège de manifestations physiologiques et les auteurs qui l'ont
classé parmi les sentiments intellectuels, ne l'ont considéré que dans
ses formes supérieures, c'est-à-dire au moment où il s'éteint. A la
période de son plein épanouissement — rarement sous sa forme soit
primitive, soit intellectualisée — le sentiment religieux peut devenir
une passion qui en ténacité et en violence ne le cède à aucune autre
et qui a son nom : le fanatisme religieux. Elle confine à la folie sans
y entrer. Cette passion mériterait une monographie psychologique,
et les documents ne manquent pas. Il en ressortirait :

1° De nouvelles preuves de l'indépendance foncière du sentiment
religieux et du sentiment moral. Dans les guerres de religion, la
persécution, la torture infligée aux dissidents, l'assassinat du chef
sont tenus pour des actes méritoires : ce qui paraît inexplicable aux
gens de sens rassis. On s'en étonnerait moins, si l'on considérait
que l'émotion religieuse, parvenue au paroxysme de la passion,
devient aussi incoercible qu'un violent amour et qu'il faut qu'elle se

satisfasse ; — qu'il y a la ferme croyance en un droit, supérieur aux obligations humaines, parce qu'il vient de plus haut (croyance qui atteint son degré le plus élevé dans la théomanie dont on parlera ci-après) ; — que le sentiment religieux et le sentiment moral, quoiqu'ils aient de nombreux points de contact et des moments de fusion, sont cependant distincts par nature, essentiellement, parce qu'ils répondent à des tendances totalement distinctes de la nature humaine ;

2° Une preuve de la tendance du sentiment religieux à réunir, grouper, *socialiser*. L'unité de croyance crée la communauté religieuse, comme la communauté d'intérêts intérieurs et extérieurs crée la communauté civile. L'une et l'autre tendent à expulser les dissidents (ennemis intérieurs) et à conquérir les ennemis du dehors : dans ce cas-ci les infidèles. La conscience claire ou obscure des conditions d'existence d'une société, c'est-à-dire l'instinct de sa conservation, détermine sa morale, sa manière d'agir. Aussi dans les religions nationales qui ne font qu'un avec la société civile, le prosélytisme a été nul ou faible : les Grecs n'ont pas essayé de convertir les Perses ni les Romains les Gaulois. Les religions universelles (christianisme, islamisme, bouddhisme) formant une société autre, en dehors de la nationalité et qui la dépasse, ont visé à la conquête spirituelle, c'est-à-dire à leur extension sociale.

IV

On a beaucoup discuté pour savoir s'il existe des peuplades dépourvues de toute croyance religieuse. Cela reste assez douteux, si l'on tient compte, d'une part, du mystère dont le sauvage s'enveloppe devant l'étranger ; d'autre part de la psychologie assez pauvre des voyageurs pour qui religion est souvent synonyme de culte organisé et développé. Le fait fût-il établi, il serait d'une mince valeur, n'existant que dans les échantillons inférieurs de l'humanité [1]. Une question qu'on ne se pose guère est celle-ci : Y a-t-il des *individus* (non plus des groupes sociaux) dénués de tout

[1]. Pour cette discussion, consulter particulièrement, Taylor, *Primitive Culture*, t. I, ch. xi ; Réville, *Religions des peuples non civilisés*, t. I, p. 10 et suiv.

sentiment religieux? Éliminons les idiots, les imbéciles, les sourds-muets non éduqués; il s'agit d'un homme normal, vivant dans une société quelconque, qui toutes ont une religion. J'incline très nettement pour l'affirmative, quoique je ne trouve aucune observation décisive sur ce point. Le cas serait analogue à la cécité morale étudiée plus haut, à l'absence de tout sentiment esthétique, si elle se rencontre; il dénoterait une lacune dans la vie affective. Remarquons bien que la lacune ne peut venir que de là. Aucun homme normal, vivant dans une société, ne peut être fermé aux *idées* religieuses, en ignorer l'existence, l'objet, la signification; mais elles peuvent n'avoir sur lui aucune prise, rester dans son cerveau comme une chose étrangère; sans susciter aucune tendance, aucune émotion : elles peuvent être conçues, non senties.

Nous avons rappelé plus haut que le sentiment religieux peut devenir une passion impétueuse, il peut même dépasser cette limite, prendre une forme chronique et entrer dans la pathologie. Pour l'aliéniste, la folie religieuse n'est pas une entité morbide, mais un symptôme; elle existe quelquefois isolée, le plus souvent jointe à l'épilepsie, à l'hystérie, aux formes mélancoliques. Pour la psychologie, elle est à étudier en elle-même, à titre de complément de l'état normal. Considérée ainsi, du point de vue purement psychologique, ses manifestations, quoique très diverses, se laissent réduire à une classification simple : les formes dépressives ou asthéniques, les formes exaltées ou sthéniques.

I. Les formes dépressives germent et grandissent sur un terrain mélancolique. Elles ont comme marque physiologique les symptômes tant de fois décrits : abaissement des fonctions vitales, etc.; comme marque affective, la peur, depuis le simple scrupule jusqu'à la terreur; comme marque intellectuelle, l'idée fixe obsédante. La folie religieuse suit une direction qui dépend du caractère, de l'éducation, du milieu, de l'époque, de la forme de la croyance. Ainsi ceux qui croient à la prédestination sont torturés par l'idée qu'ils ont commis la faute « irrémissible ». Cette obsession, fréquente chez les protestants, est rare chez les catholiques [1], qui admettent la possibilité d'une absolution.

1. Hack Tuke dit ne l'avoir rencontré qu'une seule fois chez les catholiques. *Dictionnary*, etc. Art. RELIGIOUS INSANITY.

Une première forme que l'on pourrait nommer *subjective* consiste dans la mélancolie religieuse pure et simple : se croire incessamment coupable, réprouvé, damné. Forme anxieuse, scrupules sur tout, lamentations sur des fautes ou des crimes imaginaires. Cet état se rattache à deux émotions primitives qui ont l'une et l'autre un caractère dépressif : d'une part la peur, d'autre part le *self-feeling* sous sa forme négative, l'humilité, l'abaissement. Un raisonnement conscient ou inconscient conduit le sujet à un sentiment d'abjection, de mépris de soi-même; il cherche à s'affaiblir, à se rendre digne de pitié. L'ascétisme, quoiqu'il invoque en sa faveur, à tort ou à raison, des raisons morales, repose sur le désir fondamental de diminuer l'individu, au moins dans cette vie : ce qui apparaît dans ses formes simples et mitigées, plus clairement encore dans ses extravagances (le monachisme du v° siècle, Siméon le Stylite, etc.), dans les faits de castration, de mutilation, de destruction partielle; enfin dans le suicide religieux de l'Hindou se jetant sous le char de Djaganâtha.

Une deuxième forme qu'on peut appeler *objective*, faute d'un meilleur terme, est la mélancolie démoniaque, le délire d'obsession ou de possession qui, ayant surabondé dans toutes les religions, est devenu maintenant plus rare [1]. Dans l'obsession ou démonomanie *externe*, le malade n'est pas un vrai possédé : il entend, voit, touche, flaire les esprits malfaisants obstinés à sa perte, mais il ne les sent pas en lui. Dans la possession ou démonomanie *interne*, ils sont en lui. Il y a dédoublement de la personnalité avec des hallucinations sensorielles, viscérales et psycho-motrices; ces dernières consistant en voix intérieures que le possédé entend parler en lui, malgré lui.

II. L'exaltation morbide du sentiment religieux dérive de l'attraction et de l'amour, comme la dépression est issue de la crainte. Apparentée à la joie et quelquefois à la mégalomanie, elle s'accompagne d'une augmentation partielle ou totale de la vie physique et psychique.

Une forme transitoire et relativement passive est l'extase. Vue du dehors, elle ressemble à la catalepsie par l'insensibilité aux impres-

---

1. Pour quelques observations récentes, voir Krafft-Ebing, *ouv. cité*, t. II, section 1; Dagonet, *Maladies mentales*, p. 321 et suiv.

sions extérieures et la suspension de l'activité sensorielle. Elle en diffère par le côté moteur. L'extatique n'a pas la « flexibilité de cire » et l'immobilité complète ; il peut remuer, marcher, parler et sa figure prend une expression particulière. Vue du dedans, l'extase est un état de conscience intense dont le souvenir reste au réveil ; tandis que la catalepsie s'accompagne d'inconscience ou tout au moins d'oubli total. Sa psychologie est assez simple si, laissant les détails, on s'en tient aux conditions essentielles. Les confessions, assez nombreuses, d'extatiques s'accordent dans leurs principaux traits : 1° rétrécissement du champ de la conscience avec une représentation intense et maîtresse qui sert de pivot et de centre unique d'association ; 2° un état affectif — le ravissement — forme de l'amour à son plus haut degré, avec désir et plaisir de la possession et qui, comme l'amour profane, ne trouve sa fin que dans la fusion et l'unification complète (ἕνωσις des Alexandrins). Les déclarations des grands mystiques, de quelques métaphores qu'ils s'enveloppent, ne laissent pas de doute sur ce point [1], et leurs critiques, même des théologiens, leur ont reproché de prendre souvent le change sur la nature de leur amour.

Une forme d'exaltation religieuse plus stable et active est la théomanie, c'est-à-dire « un état mental où le patient se croit Dieu ou du moins inspiré par lui pour révéler sa volonté aux hommes ». Établir une démarcation entre les fondateurs de religions, les réformateurs, fondateurs d'ordres religieux et les purs théomanes est aussi difficile que d'indiquer le moment précis où un amour violent devient une folie. On pourrait invoquer un critérium pratique et dire que les uns ont réussi et que les autres ont échoué ; mais cette explication serait trop simple ; la réussite et le succès tiennent à des causes multiples. Au reste, cette discussion n'a rien à faire ici. Il suffit de noter que la théomanie est, par ses caractères psychiques, l'antithèse complète de la mélancolie démoniaque. A la douleur du possédé qui loge l'ennemi en lui-même s'oppose une joie inaltérable que n'entament ni les malheurs ni les persécutions

---

1. Pour plus de détails sur l'extase, nous renverrons à nos *Maladies de la volonté*, ch. v, et à Godfernaux, *Le sentiment et la pensée*, p. 49. Les ouvrages purement médicaux instruisent peu sur la psychologie de cet état ; la lecture des mystiques le fait bien davantage.

ni les supplices. Au sentiment d'abjection s'oppose la mégalomanie. Si modeste qu'on soit par nature ou par réflexion, ce n'est pas impunément que l'on se croit choisi par la divinité pour être son prophète, pour parler et agir en son nom.

L'esquisse qui précède, d'où nous avons volontairement éliminé les détails et les observations — on sait qu'elles ne manquent pas, — avait pour seul but de faire voir que la composition primitive du sentiment religieux sert de fil conducteur dans sa pathologie qui repose tout entière sur la peur ou sur l'amour. Ajoutons que parmi les émotions morbides aucune n'a — et surtout n'a eu — une tendance plus marquée à se propager rapidement sous la forme épidémique : ce qui est une nouvelle preuve que, de sa nature, il est moins individuel que social.

CHAPITRE X

LE SENTIMENT ESTHÉTIQUE

Tandis que toutes les émotions énumérées jusqu'ici ont leur origine et leur raison d'être dans la conservation de l'individu comme individu ou être social, l'émotion esthétique, on le sait, diffère des autres en ce que l'activité qui la produit a pour but non l'accomplissement d'une fonction vitale ou sociale, mais le plaisir même de s'exercer. Plus une tendance est liée directement à la vie, plus elle est nécessaire, exigeante, sérieuse; moins elle prête à l'émotion esthétique pour qui il faut un surplus à dépenser. Toutefois on a exagéré son inutilité qui n'est que relative; car elle a servi en quelque mesure à la conservation de l'individu et de l'espèce, étant et surtout ayant été un facteur *social*; à la vérité accidentel et de second ordre, comme on le verra ci-après.

Conformément au plan adopté, nous resterons strictement dans la psychologie, évitant toute excursion à travers l'histoire ou les théories de l'art, sinon pour y chercher des faits et des éclaircissements. Nous aurons ainsi à étudier l'origine de l'émotion esthétique, la loi de son développement, puis deux formes de la vie affective que l'on considère, à tort ou à raison, comme apparentées avec elle : le sentiment du sublime et celui du comique, et nous finirons par quelques remarques sur les manifestations morbides.

I

Sur l'origine de l'émotion esthétique, par conséquent sur la marque qui lui est propre entre toutes les émotions, il existe un accord bien rare parmi les auteurs, à quelque école philosophique qu'ils appartiennent : elle a sa source dans un superflu de vie, dans une activité de luxe; elle est une forme du jeu. Schiller passe pour en avoir donné le premier la formule : « L'art suprême, c'est celui où le jeu est à son plus haut degré, où nous en venons à jouer pour ainsi dire avec le fond de notre être. Telle est la poésie et surtout la poésie dramatique... De même que les dieux de l'Olympe, affranchis de tout besoin, ignorant le travail et le devoir, qui sont des limitations de l'être, s'occupaient à prendre des formes mortelles pour jouer aux passions humaines, ainsi dans le drame, nous jouons des exploits, des attentats, des vertus et des vices qui ne sont pas les nôtres [1]. » Kant ramenait le beau au libre jeu de l'intelligence et de l'imagination et ses disciples contemporains le suivent sur ce point. Schopenhauer dit la même chose en d'autres termes : « L'art est une libération momentanée. » Enfin, Herbert Spencer développe cette thèse, du point de vue expérimental, en la rattachant à des conditions biologiques.

L'activité primitive de nos facultés physiques et mentales se rapporte à des fins prochaines : la conservation de l'individu et son adaptation au milieu. L'activité secondaire est sa fin à elle-même, aussi paraît-elle assez tard dans le règne zoologique. Les animaux inférieurs sont enfermés dans un cercle étroit : se nourrir, se défendre, dormir et propager leur espèce. Plus haut apparaît « une activité sans but d'organes sans emploi » (Spencer, *loc. cit.*) : le rat dont les incisives poussent continuellement en raison de l'emploi continuel qu'il en fait; le chat qui exerce ses griffes sur l'écorce d'un arbre ou sur un tapis, etc. Plus haut encore, apparaît le vrai jeu : les chiens simulant la chasse et les combats, les chats courant après une balle qu'ils prennent, repoussent, reprennent, poursuivent en bondissant comme sur une proie, etc. Chez les enfants, on sait le rôle capital du jeu et comment il diffère suivant le sexe, le caractère, l'âge : il a une marque individuelle et est souvent une création.

---

[1]. Cette théorie du jeu paraît cependant, d'après des recherches récentes, être d'origine anglaise et due à Home (1696-1782), en sorte que reprise par Herbert Spencer. *Principles of Psychology*, t. II. dernier chapitre, elle n'aurait fait que retourner à son pays d'origine.

Toutefois, le jeu est un genre dont l'activité esthétique n'est qu'une espèce ; et dans la détermination des caractères propres à cette espèce, les auteurs sont assez vagues [1]. Le plus précis, Grant Allen, dans sa *Physiological Æsthetics*, a essayé d'y répondre. Pour lui, le jeu serait l'exercice désintéressé des fonctions *actives* (la course, la chasse, etc.) ; l'art, celui des fonctions *réceptives* (contemplation d'un tableau ou d'un monument, lecture d'une poésie, audition musicale). C'est net, mais tout à fait inacceptable ; car il est clair que l'émotion esthétique exige une activité de l'esprit chez le spectateur, sans parler du créateur [2].

1. Dans un livre récent et très riche en observations sur le jeu chez les animaux (*Die Spiele der Thiere*, 1896 ; la seule monographie qui existe sur le sujet), Groos substitue à la thèse d'une surabondance d'énergie celle d'un instinct primitif dont le jeu, sous toutes ses formes, serait l'expression. Je ne vois pas qu'une thèse exclue l'autre. Les uns s'en tiennent aux manifestations extérieures ; Groos les rattache à un instinct, c'est-à-dire à une disposition motrice *sui generis*. J'incline dans le sens de Groos, d'autant plus que l'idée fondamentale du présent ouvrage est de réduire finalement la vie affective à une somme de tendances fixées dans l'organisation.

Au reste, la psychologie du jeu attend encore un auteur qui la traite dans sa totalité. Ce mot désigne en effet des manifestations psychiques assez différentes. Au premier moment, il est inconscient dans son origine, spontané, il est une dépense pour le plaisir de dépenser ; mais si désintéressé qu'il soit dans sa source et sa fin, il est utile : chez l'enfant, le jeu est souvent une forme de l'imitation ; souvent une forme de l'expérimentation, un essai d'exploration aisée et non contrainte sur les choses et les êtres. — Au deuxième moment, il est devenu réfléchi ; le plaisir est cherché pour lui-même et en connaissance de cause : c'est un état complexe formé par la fusion d'éléments variables. Dans une étude spéciale qu'il ne donne d'ailleurs pas pour complète (*Die Reize des Spieles*, 1883), Lazarus adopte la classification suivante : jeux qui se rattachent à l'activité physique, attrait des spectacles de tout genre, jeu intellectuel, jeu de hasard. — Ce dernier à lui seul mériterait bien. de tenter un psychologue. Il a une forme demi-passive, assez terne, étant ce que Pascal appelait un divertissement (ce qui détourne, distrait), une façon de simuler le travail. de combler les vides de l'existence, de « tuer le temps ». Il a une forme active, le jeu-passion, dont le rôle tragique est vieux comme l'humanité et qui est fait d'attrait vers l'inconnu et le risque, d'audace, d'émulation, de désir de la victoire, d'amour du gain, de la fascination d'acquérir d'un bloc, sans peine, en un instant. Ces éléments et d'autres montrent que, dans le jeu comme dans l'amour, c'est la complexité qui produit l'intensité. L'absence de toute étude complète et faite d'après nature sur ce sujet montre encore une fois combien la psychologie des émotions est pauvre en monographies.

2. Pour une critique détaillée de cette thèse, voir les *Problèmes de l'esthétique contemporaine* de Guyau, p. 12. Cet auteur, par crainte du dilettantisme, substitue à la théorie du jeu celle de la vie, comme source de l'art. Je ne vois pas ce qu'on gagne à remplacer une formule précise par une

Le caractère propre de cette activité superflue, de cette forme du jeu, c'est qu'elle se dépense *en une combinaison d'images et aboutit à une création qui a son but en elle-même*; car l'imagination créatrice a quelquefois pour but l'utilité pratique. Elle ne diffère des autres formes du jeu que par les matériaux employés et la direction suivie. On peut dire plus brièvement : c'est le jeu de l'imagination créatrice sous sa forme désintéressée.

Ce n'est pas le lieu de disserter sur l'imagination créatrice que la psychologie contemporaine, prodigue en travaux sur ce qu'on appelait autrefois l'imagination passive (les images visuelles, auditives, motrices, etc.), semble avoir un peu oubliée. Je veux seulement indiquer — c'est notre sujet — ses rapports avec l'activité instinctive.

Quand on a dit que les images, leur association et leur dissociation, la réflexion et l'émotion sont les éléments constitutifs de l'imagination créatrice, il se trouve qu'on a oublié un facteur irréductible, le principal, le *proprium quid* de cette opération de l'esprit, celui qui donne l'impulsion première, qui est la cause du travail créateur et en fait l'unité. Cet x que, faute d'un meilleur terme, on peut appeler spontanéité, est de la nature des instincts. C'est un *besoin* de créer, équivalent dans l'ordre intellectuel au besoin de la génération dans l'ordre physiologique. Il se manifeste d'abord et modestement dans l'invention des jeux de l'enfance, plus tard et avec éclat, par l'éclosion des mythes, cette œuvre collective et anonyme de la primitive humanité; plus tard encore dans l'art proprement dit : restant toujours le besoin de superposer au monde des sens un autre monde sorti de l'homme, qui y croit au moins pendant un moment. S'il peut paraître erroné de rapprocher de l'instinct qui est fixité, l'activité esthétique qui passe pour liberté absolue, remarquons qu'il s'agit non de leur développement, mais de leur origine, et sur ce point ils coïncident. L'activité créatrice *vraie* a l'innéité de l'instinct : innéité devant être traduite ici par précocité. Cela est prouvé par des faits sans nombre; à un moment, l'étincelle jaillit, l'expérience n'y est pour presque rien. Elle a sa nécessité et sa fatalité; le créateur a sa tâche à remplir, il n'est apte

autre plus vague; d'ailleurs toutes les émotions ne se rattachent-elles pas à la vie?

qu'à une besogne; même quand il a quelque souplesse, il reste emprisonné dans sa manière et garde sa marque; s'il en sort, il avorte ou devient un mauvais imitateur. Elle a son impersonnalité : la création n'est pas fille de la volonté, mais de cette poussée inconsciente qu'on appelle l'inspiration; il semble au créateur qu'un autre agit en lui, par lui, déborde sa personnalité et n'en fait que son porte-voix. Que faut-il donc de plus pour présenter, dans son origine, les caractères de l'instinct? — Dans la création physiologique, l'ovule fécondé s'assimile suivant sa nature les matériaux de son milieu, et suivant un déterminisme inexorable aboutit à un individu sain ou à un monstre. Dans l'instinct, une excitation extérieure ou intérieure met en jeu un mécanisme préétabli et l'acte va directement à sa fin ou tourne en une grossière erreur. Dans la création esthétique, le processus est identique : on sait par d'assez nombreux documents biographiques, que je ne puis reproduire ici, que le moment créateur, chez les artistes, se présente sous l'une de ces deux formes : ou bien l'intuition rapide, l'idée génératrice apparaissant d'un bloc; ou bien un fragment, une vue partielle qui se complète peu à peu : l'unité d'avant ou l'unité d'après : l'intuition ou le fragment; c'est l'ovule intellectuel qui lui est aussi enfermé dans ce dilemme : révélation ou avortement.

Je n'insiste pas sur un sujet qui exigerait de longs développements et que je me propose de traiter dans un autre ouvrage où il sera mieux à sa place; mais il convenait de montrer que sous cette surabondance de force, cette activité de luxe vaguement décrite, il y a quelque chose de plus précis : une tendance à agir qui utilise ce superflu et l'oriente dans divers sens; entre autres, dans le sens de la création intellectuelle avec les images pour matériaux — instinct créateur qui a son type dans l'animisme primitif, source commune des mythes et des arts.

Qu'on n'objecte pas que tout ceci ne concerne que le créateur et qu'en lui seul est ce besoin, cette tendance, cette disposition à agir qui est la racine de l'émotion esthétique. Quiconque l'éprouve à quelque degré, grossièrement ou finement — spectateur, auditeur, dilettante — doit refaire dans la mesure de ses forces le travail du créateur. Sans une analogie de nature avec lui, si faible qu'elle soit, le spectateur ne sentira rien; il faut qu'il vive sa vie et joue son jeu, incapable de produire par lui-même, mais capable et contraint d'être un écho.

Maintenant laissons ces considérations théoriques pour une question de *fait*. Peut-on trouver la transition entre le jeu sous sa forme simple de mouvements dépensés pour le plaisir et l'activité esthétique, c'est-à-dire le jeu-création? Cette transition doit représenter la naissance de l'art et sa forme primitive. — Cet art primordial, présentement appauvri, desséché comme un vieil arbre qui a vidé sa sève dans ses rejetons, c'est la danse, ou plutôt la danse-pantomime formant autrefois un tout inséparable. Elle est à son origine « une expression de la force musculaire simulant les actes de la vie ». On voit, sans commentaires, qu'ici est la soudure entre l'activité motrice de luxe et la création esthétique : la danse est l'une et l'autre. Puisque nous sommes à la source, il convient d'insister, d'autant plus que l'importance de cet art primordial a été oubliée ou trop légèrement signalée en général [1] par la psychologie. Notons ses principaux caractères.

D'abord l'artiste trouve en lui-même sa propre matière : une possibilité de mouvements qui ne lui servent ni à chercher sa nourriture, ni à se défendre, ni à attaquer, ni à sa conservation sous aucune forme, ni à celle de l'espèce.

Cet art est primordial. On le trouve à l'origine de tous les peuples et peuplades, même les plus sauvages. Les documents recueillis par les ethnologistes ne laissent sur ce point aucun doute, sauf peut-être pour les Arabes et les Fuégiens : encore rien ne prouve que, pour eux, il n'y a pas insuffisance d'informations. On peut donc l'appeler l'art naturel par excellence.

Il est universel : ceci résulte de ce qui précède. Il se rencontre à toutes les latitudes, dans tous les temps, dans toutes les races, aussi bien chez le Chinois utilitaire et le grave Romain des premiers âges que chez les peuples réputés artistes ou frivoles.

Il est symbolique, il signifie quelque chose, il exprime un sentiment, un état d'âme, c'est-à-dire qu'il a le caractère fondamental, essentiel, de la création esthétique. A l'origine, la danse avait une

1. Il faut excepter Sergi, à qui j'ai emprunté la définition ci-dessus. Dans sa *Psychologie physiologique*, liv. IV, ch. VI, § 374, il donne des détails historiques intéressants.

signification sexuelle, guerrière, religieuse; elle était appropriée à tous les actes solennels de la vie publique et privée. Chez les indigènes de l'Amérique du Nord, il y avait des danses de guerre, de paix, de négociations diplomatiques, de chasse en commun; d'autres pour chaque dieu, pour les moissons, les morts, les naissances, les mariages. Les Nègres ont pour elle un amour poussé jusqu'au délire. Les anciens Chinois jugeaient des mœurs d'un peuple d'après sa danse; ils en avaient un grand nombre portant différents noms. On n'en finirait pas avec cette énumération; il est plus simple de dire que c'est une phase de symbolisme que toutes les races de l'humanité ont traversée.

Indubitablement, dans la genèse du sentiment esthétique, nous avons ici le premier moment, semi-physiologique, semi-artistique; le jeu devenant art. Remarquons de plus que la danse primitive est une manifestation composite qui renferme la forme embryonnaire de deux arts destinés à s'en séparer plus tard par voie d'évolution : la musique et la poésie. Pauvre musique, réduite parfois à trois notes, mais remarquable par la rigueur du rythme et de la mesure. Pauvre poésie, qui consiste en une courte phrase sans cesse répétée ou même en monosyllabes sans signification précise.

Telle est la forme originelle des arts dans le mouvement. Quant aux arts dans le repos, ils dérivent indirectement de la même source, l'architecture exceptée. La danse, étant une pantomime, a des qualités plastiques, elle est une plastique vivante. De plus, comme acte social et solennel, elle exige des ornements qui ont été d'abord appliqués au corps humain : dessins, tatouages ou simples barbouillages en couleurs. Plus tard la représentation des formes et des couleurs s'extériorise, passe de l'homme aux choses pour les façonner et les modifier, devient ornementation, sculpture, peinture.

Nous venons de voir comment l'activité esthétique est née et combien humbles ont été ses origines. Une autre question reste pendante : *Pourquoi* a-t-elle évolué? En effet, par sa nature, par sa définition, elle ne paraît pas avoir eu pour stimulant l'utilité, puisqu'elle est née d'un superflu d'activité, puisqu'elle n'est pas liée aux conditions d'existence de l'individu. La persistance et le développement des émotions individuelles, sociales, morales, reli-

gieuses s'expliquent d'eux-mêmes, par l'utilité. L'émotion intellectuelle ou scientifique, elle aussi, a été d'abord toute pratique, donc
utile : savoir, c'est pouvoir. Le cas de l'émotion esthétique est
unique. Comment dans le rude combat pour la vie qui enserrait
l'humanité primitive a-t-elle pu non seulement éclore, mais vivre et
prospérer? Dire qu'elle a résisté et grandi parce qu'elle avait un
instinct, un besoin pour base, n'est pas répondre; car cet instinct,
en raison de son inutilité biologique, aurait pu s'atrophier ou disparaître, comme les organes sans fonction, et c'est le cas contraire qui
s'est produit. L'explication très connue de Darwin, tirée de la
sélection sexuelle — de la préférence donnée par les femelles aux
mâles les plus adroits, les plus gracieux, les plus brillamment
colorés ou les meilleurs chanteurs, — n'est que partielle, valable
pour certaines espèces animales, non pour toutes. De plus, la tendance prédominante dans ces dernières années à nier absolument
l'hérédité des modifications acquises, ne permet pas d'invoquer la
transmission, la consolidation et l'accroissement de l'instinct esthétique à travers les générations. De là le grand embarras de Weissmann, Wallace et de tous ceux qui soutiennent cette thèse négative.
Ils admettent la variation et la sélection seulement, non la fixation
héréditaire des variations. Le premier facteur suffit pour expliquer
l'éclosion de l'activité esthétique, mais les deux autres, la sélection
et la transmission, n'ont rien à y voir; en sorte que si fréquente que
l'on suppose l'apparition de cet instinct créateur, ce serait toujours
à recommencer. Les deux auteurs précités ont beaucoup disserté
sur ce point. Comment les aptitudes mathématiques, musicales et
artistiques en général si rudimentaires chez l'homme primitif, ont-
elles pu prendre un merveilleux essor? « Dans la lutte pour la vie,
ces dons de l'esprit ont bien pu être utiles de temps à autre et ont
même pu avoir une importance décisive; mais dans la plupart des
cas, ils ne le sont pas et personne ne prétendra que le don de la
musique ou de la poésie augmentât, dans les temps reculés, les
chances de fonder une famille... Ce ne sont pas des qualités favo-
risant la conservation de l'espèce; elles n'ont donc pu se former
par sélection naturelle [1]. »

1. Weissmann. *Essais sur l'hérédité*, trad. franç., p. 475 : Wallace. *Darwi-
nism*, ch. xv. Avant eux. Schneider, *Freud und Leid*, p. 28-29. qui adhère à

Il n'y a qu'une réponse possible : c'est que l'activité esthétique, à son origine, avait quelque utilité indirecte pour la conservation ; c'est qu'elle s'appuyait sur des formes d'activité directement utiles dont elle était l'auxiliaire. D'ailleurs, rattacher l'art au jeu qui se rattache à un excès d'énergie nerveuse et musculaire, c'est le rattacher médiatement aux fonctions vitales. Reste à préciser la nature et la mesure de son utilité.

L'art dans le mouvement, à sa période de début, est tout entier dans la danse accompagnée de chant. Weissmann nous dit que le son musical est complémentaire du sens de l'ouïe, qui lui-même est lié à la sélection naturelle, parce qu'il n'est pas indifférent pour les animaux et les hommes de bien entendre et de bien distinguer les bruits de la nature inanimée ou vivante, pour agir en conséquence. Cela n'explique rien : entendre finement et entendre musicalement sont deux états mentaux parfaitement distincts, qui exigent chacun des conditions cérébrales et psychiques distinctes. — C'est dans la danse mimée et chantée qu'il faut chercher l'explication : elle a eu une utilité *sociale* ; elle favorise les mouvements d'ensemble, l'action en commun ; elle donne à un groupe d'hommes l'unité, la conscience et la perception visuelle de cette unité ; elle est une discipline, une préparation à l'attaque ou à la défense en corps, une école de guerre. De là l'importance capitale de la mesure. « Les Cafres, en très grand nombre, chantent et dansent avec une telle précision qu'on dirait une immense machine en mouvement. » Chez diverses

la théorie anglaise sur l'inutilité foncière de l'activité esthétique, a essayé de la rattacher à la conservation de l'individu et de l'espèce, par une hypothèse extrêmement problématique et aventureuse, appuyée sur l'hérédité. Si nous éprouvons des sentiments divers devant un paysage représentant une mer orageuse ou un lac bleu et calme couverts de barques, ou une plaine immense ou des montagnes couvertes de neige, « c'est que nos sentiments sont ceux de l'homme primitif, lorsqu'il vivait réellement au sein de la nature et devait lui arracher son pain quotidien. Depuis des générations sans nombre, nos ancêtres ont terminé le soir leur tâche journalière et ont pensé avec satisfaction au travail accompli : c'est dans ce sentiment qu'ils ont vu le soir et le coucher du soleil. Pourquoi un paysage qui le représente produit-il sur nous une impression de repos et de paix ? Nous n'avons d'autre réponse que celle-ci : depuis des générations sans nombre, le ciel du soir a été associé avec la conscience du travail achevé et avec un sentiment de repos et de satisfaction. » Sans parler de son excessive fragilité, cette hypothèse ne serait d'ailleurs pas applicable à tous les arts.

peuplades, le rythme doit être impeccable et quiconque commet une infraction est puni de mort [1].

Pour les arts dans le repos, l'explication est plus difficile. Nous avons vu que d'un groupe à l'autre, il y a une transition possible, la danse étant une peinture vivante ; mais quelle utilité à orner des ustensiles, à dessiner, à sculpter? Wallaschek (*ouv. cité*) suppose que les primitifs dessinaient ou sculptaient sur leurs armes des figures horribles pour effrayer l'ennemi, comme cela se voit encore chez les Dayaks. Je préfère l'explication de Grosse [2], qui me paraît à la fois plus positive et plus générale. D'abord les ornements sont des signes, et ils ont comme tels une valeur sociale. De plus et surtout, la plastique primitive suppose deux facteurs dont la lutte pour la vie doit favoriser le développement chez les sauvages : une bonne mémoire visuelle, une grande habileté manuelle. Ils sont, comme les enfants, des observateurs très affinés; ils ne sortent pas du cercle étroit des sensations; mais là ils savent voir, entendre, palper, flairer : leur existence en dépend. Ils ont (on en cite de nombreux exemples) une excellente mémoire des formes et des figures. Enfin, ils ont peu d'outils, mais ils savent les manier; ils sont adroits parce que leur existence dépend aussi de leur adresse. Entre la pratique des actes utiles à la vie et la pratique primitive de l'art, l'écart n'est donc pas si grand.

Au début, l'art est une dépendance et un auxiliaire de l'utile; l'activité esthétique est trop faible pour vivre de ses propres forces; plus tard elle s'émancipera. Nous reviendrons sur cette vieille question des « rapports du beau et de l'utile » qui ne s'éclaircit qu'à la condition de sortir des époques civilisées, où le divorce est accompli, pour remonter jusqu'à l'époque lointaine des origines.

II

Voyons maintenant comment, à partir de sa source, le sentiment esthétique est arrivé, au cours des âges, à se spécialiser et à se

---

1. Wallaschek, *Primitive Music*, ch. x, à consulter pour les détails.
2. Grosse, *Die Anfänge der Kunst* (1894). Ce livre, très lucide et très intéressant, plein de documents ethnographiques et de considérations générales, sera consulté avec beaucoup de fruit sur la question des commencements de l'art. Sur le point spécial qui nous occupe, voir p. 191 et suiv.

différencier. Son évolution présente deux aspects — l'un sociologique, l'autre anthropomorphique — qui sont inséparables dans la nature des choses; mais que, pour la clarté de l'exposition, nous devons étudier séparément.

1° Le sentiment esthétique, d'un caractère strictement social à l'origine, tend progressivement vers l'individualisme. Il se produit en lui une division du travail qui rend ses manifestations plus nombreuses et plus complexes.

2° Le sentiment esthétique, d'un caractère strictement humain à l'origine, s'en dépouille peu à peu pour embrasser la nature entière. Il va de la beauté humaine sous sa forme organique à la beauté abstraite et aimée pour elle-même.

Considérons la marche de son développement sous ce double aspect :

I. On s'est occupé dans ces derniers temps, surtout en France, des rapports du sentiment esthétique avec les conditions sociales. Il suffit de rappeler les noms de Taine, Hennequin, Guyau [1]; mais tous étudient la question sous sa forme contemporaine ou au moins civilisée; ils se placent à une époque où l'art a déjà perdu en grande partie sa valeur sociale. Pour Hennequin, une forme d'art exprime une nation, parce qu'elle l'a adoptée et s'y est reconnue comme dans un miroir. La fameuse théorie de l'œuvre d'art, produit nécessaire de la race, du milieu et du moment (Taine), est très contestée et vague. Plus vague encore est la thèse de Guyau : « L'art est, par le moyen du sentiment, une extension de la société à tous les êtres de la nature, même aux êtres conçus comme dépassant la nature ou enfin aux êtres fictifs, créés par l'imagination humaine ». Il est tout à fait abusif d'appeler cela une société : qui dit société dit solidarité; tout autre emploi du mot est arbitraire. La question est donc : L'art a-t-il été un facteur coopérant à la solidarité entre les hommes? C'est en ce sens seul qu'on peut affirmer qu'il a ou a eu un caractère social. Or, pour lui trouver ce caractère net, positif, incontestable, il faut remonter aux origines, à cette époque où les besoins esthétiques collaboraient à l'unité sociale, servaient à une fin sociale. Ce caractère est si évident, au moins en

---

1. Pour un historique de la question, voir Grosse. *Anfänge der Kunst*, p. 12 et suiv.

ce qui concerne les arts dans le mouvement, comme nous l'avons dit ci-dessus, qu'il est préférable de rappeler sommairement comment peu à peu la différenciation et l'individualisme se sont faits.

Nous avons vu que, au début, la danse est partout et toujours une manifestation collective, régie et sauvegardée par la tradition, plus tard par des lois (dans les républiques grecques) subissant plus tard l'influence de la fantaisie et du caprice individuel, au grand scandale des conservateurs. Mais l'évolution de cet art a été assez pauvre, en comparaison de ses deux acolytes, la poésie et la musique. — La poésie, lorsqu'elle s'est séparée de la danse, reste longtemps inséparable de la musique, elle est chantée et accompagnée par le jeu d'un instrument. Elle est d'abord anonyme, quel que soit l'auteur, elle tombe dans le domaine commun ; elle appartient au clan, au groupe, comme si elle était l'œuvre de tous. Plus tard — première différenciation sociale, — il se forme des corpora-tions de poètes chanteurs : les aèdes, rapsodes, jongleurs, ménes-trels, bardes ; chez les races nègres supérieures du haut Nil ces corporations sont tenus pour inviolables, même en temps de guerre [1]. Puis l'individualisme du poète, affranchi de son association avec la musique, s'accentue, s'affirme et devient la forme définitive chez les peuples civilisés. Il ne serait pas téméraire de dire que, de nos jours, la poésie va de plus en plus dans le sens de la subjectivité pure et de l'individualisme absolu. Stuart Mill a osé écrire : « All poetry is of the nature of soliloquy », et d'après lui ce qui caracté-rise le poète, c'est son inconscience absolue de l'auditeur [2] : ce qui prouve combien il avait peu sondé les origines. Je ne cherche pas si cet isolement en une tour d'ivoire est pour la poésie un gain ou une perte ; mais je constate sa fréquence croissante avec la civi-lisation ; antithèse complète du caractère collectif des premiers âges.

Indissolublement associée d'abord à la danse et à la poésie, la musique subit la destinée commune ; elle est soumise à des règles inflexibles, elle est une fonction de l'Etat, un moyen d'éducation

---

1. Letourneau, *L'évolution littéraire chez les différents peuples*, p. 66. Ouvrage à consulter pour les documents.

2. « The peculiarity of poetry appears to us to lie in the poet's utter unconsciousness of a listener. » Cité par Grosse (p. 48), qui en fait une très vive critique, disant avec raison qu'un art rigoureusement individuel « n'est ni pensable ni trouvable ».

et d'ordre. On connaît son rôle chez les Grecs, surtout les Doriens ; son importance pour les philosophes qui, comme Platon, veulent réformer ou construire la société. A deux autres bouts du monde, chez des peuples absolument différents, on trouve : en Chine, deux mille ans avant notre ère, un ministère de la musique dont l'importance est sans cesse exaltée par leurs philosophes ; au Mexique, avant la conquête, une académie officielle de musique qui la gouverne ainsi que la poésie. Elle est donc considérée comme ayant avant tout une utilité sociale. Puis elle parcourt une évolution semblable à celle qui a été décrite plus haut pour la poésie, s'en sépare tardivement et prend encore plus tardivement son grand essor, pour devenir le mode d'expression le moins imparfait des sentiments les plus raffinés et les plus intimes et n'admettre aucune règle hors d'elle-même. La séparation qui s'est produite à la Renaissance entre la musique religieuse, collective par essence, et la musique profane tendant vers l'individualisme fournirait au besoin d'autres preuves de fait à l'appui de la marche régulière de l'évolution esthétique.

Dans le groupe des arts plastiques, la relation de l'activité esthétique avec l'utilité individuelle ou sociale se montre moins clairement et plutôt sous la forme d'une superfétation parasite. Ici l'évolution est sortie de deux sources très distinctes : l'une, peu féconde, qui est l'ornementation du corps humain, ayant pourtant, comme nous l'avons vu, une valeur sociale à titre de signe ; l'autre, l'architecture, qui est pour ce groupe l'équivalent de la danse, c'est-à-dire la forme primordiale et synthétique d'où la différenciation est sortie. Dès que l'homme a pu dépasser la période des cavernes et de la vie de Troglodyte et celle des grossiers abris pour la bâtisse durable, il a travaillé d'abord pour les dieux et les rois, incarnation de l'ordre social et seuls dignes d'un si grand effort, ou pour les réunions et délibérations du clan, comme cela se constate encore actuellement chez beaucoup de sauvages qui ne manifestent leur architecture rudimentaire que dans la construction de la maison commune : l'œuvre est à la fois architecture, sculpture, peinture, formant un tout inséparable comme la danse, la poésie et la musique. Puis la dissociation s'est faite peu à peu, l'autonomie de chaque art s'est affirmée : et chacun de ces arts, d'abord réservé exclusivement aux rois ou à la communauté, a passé au service des grands, des riches, de tout le monde, s'individualisant ainsi de plus en plus.

En somme, le rapport entre le sentiment esthétique, désintéressé, et les manières de sentir pratiques, utilitaires, reste peu intelligible si l'on s'en tient aux périodes civilisées. Il a beaucoup varié et, dans ces variations, on peut distinguer trois principaux moments.

Le premier moment est celui du rapport étroit. Le plaisir esthétique, sous forme embryonnaire, coexiste avec l'utile, ou plutôt est enveloppé par lui dans un état de conscience commun, l'agréable. Il faut pour être senti qu'il possède quelque utilité individuelle ou sociale. Cet état mental est encore, à l'heure actuelle, celui de beaucoup d'hommes, et probablement de la majorité [1].

Le deuxième moment est celui du rapport lâche. « Ce que la nature a fait d'abord pour l'usage devient plus tard ornement » : ce mot d'Emerson est la formule qui résume cette période. Le sentiment esthétique n'a pas d'attache fixe avec la conservation individuelle; il est évoqué par des événements qui en donnent le retentissement lointain, désintéressé, pour le plaisir. Les légendes, les génies, les fées, les êtres mythologiques qui sont devenus matière de poésie, de peinture, d'opéra, ont été autrefois une croyance, une réalité, une terreur dont il ne nous reste plus que le simulacre sous la forme d'un jeu [2]. Pour bien des raisons, les châteaux gothiques, les ruines féodales, les donjons perchés sur des rocs n'inspiraient au serf du moyen âge aucune poésie. Peut-être un jour, avec une civilisation tout autre, nos manufactures et nos cheminées d'usine deviendront matière d'art, en évoquant un passé disparu.

Le troisième moment est celui de libération complète, qui a son expression dans la thèse de l'art pour l'art. Je n'ai ni à la défendre, ni à l'attaquer, ni à la juger, mais à constater simplement qu'elle

1. Grant Allen (*Mind*, XX. octobre 1880) fait remarquer que Homère qualifie les beaux endroits de « fertiles », « riches en blé », « qui nourrissent des chevaux », etc. Un paysan des environs de Hyères lui vantait la magnificence d'une plaine toute couverte de légumes, en montrant le plus profond dédain pour un bois pittoresque. Un Américain visitant l'Angleterre disait : « Rien de plus beau que certaines parties de ce pays; on y peut faire des milles sans rencontrer un seul arbre. » Quiconque a fréquenté les paysans pourrait citer par centaines des réflexions de ce genre.

2. Voir Spencer, *Essays*, I, 420.

existe en théorie et en pratique, qu'elle apparaît très tard et dans les civilisations très mûres.

En résumé, il n'y a pas plus de beau inné et infus que de bien infus et inné; mais une esthétique qui se fait comme une morale qui se fait, et l'histoire du sentiment esthétique est celle de ses fluctuations dans ce devenir.

II. Le second aspect de son évolution consiste dans le mouvement progressif qui l'affranchit de l'anthropomorphisme strict, l'éloigne peu à peu de ce qui est purement humain pour l'étendre à toutes choses et tout embrasser. Le meilleur moyen pour suivre ce mouvement d'extension, c'est de poser la question sous une forme concrète, comme l'a fait Grant Allen [1]. Quels sont les objets que l'homme a d'abord considérés comme beaux et dans quel ordre a-t-il étendu ce jugement? On a ainsi l'avantage de ne pas procéder *a priori* ni de courir le risque de tout confondre.

Ce qui pour l'homme a été beau tout d'abord, c'est son semblable : l'Australien pour l'Australienne et la Fuégienne pour le Fuégien. Son esthétique a un caractère rigoureusement *spécifique* et ses rapports avec l'instinct sexuel sont évidents. A ce degré, elle ne se distingue guère de l'esthétique animale; si toutefois (ce que l'on a contesté) les animaux ont une esthétique. En tout cas, leurs danses, leur musique, leurs tournois, leur parure ne s'adressent qu'à un individu de leur espèce et ont pour but la génération. Aucun fait ne laisse soupçonner que, pour une espèce quelconque, il y ait eu dans ce sens révolution, progrès.

L'homme, au contraire, est sorti immédiatement de cette impasse par les ornements ajoutés à sa personne. Cette addition peut sembler futile; en fait, elle a été le pas décisif pour dépasser la nature. On a cru pouvoir définir l'homme un animal raisonnable, un animal religieux; on pourrait tout aussi bien le définir un animal esthétique [2]. Dans les couleurs et dessins apposés directement sur le

1. Grant Allen, *Mind* (article cité), p. 445 et suiv.
2. On ne me saura pas mauvais gré de citer le passage qui suit, de Théophile Gautier, d'une psychologie si juste, sous sa forme humoristique : « L'idéal tourmente les natures même les plus grossières. Le sauvage qui se tatoue, se barbouille de rouge ou de bleu, se passe une arête de poisson dans le nez, obéit à un sentiment confus de la beauté. Il cherche quelque

corps, fixés plus tard par l'opération du tatouage, on note déjà un choix, une symétrie, une disposition artistique.

Puis, de la personne humaine, l'instinct esthétique s'étend à ce qui la touche de près; il s'extériorise; il s'applique aux armes offensives, aux boucliers, aux vêtements, aux vases, aux ustensiles. Dès l'âge de la pierre polie, il se trouve tout un arsenal de parure. Dans les cavernes et les tumulus antérieurs à la période des métaux, on a rencontré des colliers, des bracelets, des bagues, des anneaux, des épingles d'une forme agréable. On a de nombreuses représentations très correctes de divers animaux, dessinés ou sculptés par l'homme à l'époque du renne.

Laissons de côté l'architecture, utile dès le début, et dont nous avons parlé plus haut. On peut, à la rigueur, l'assimiler à une extension du vêtement. Notons seulement que dès l'époque des habitations lacustres, on a constaté le goût pour la symétrie : il est inné, naturel, et dérive probablement d'une source organique qui est la disposition du corps humain, dont une moitié ressemble à l'autre.

La poésie des premiers âges est indifférenciée, à la fois épique, dramatique et lyrique; la division des genres s'est établie plus tard; mais son caractère universel, c'est d'être uniquement humaine; elle est consacrée exclusivement à l'homme, aux exploits humains, aux sentiments humains. La nature est absente ou à peu près dans l'*Iliade*, les *Niebelungen*, la *Chanson de Roland*, etc. Le poète n'est ému que par ceux que Nietzsche appelle les « surhommes », les dieux ou hommes divinisés, les rois, les héros, et c'est peu à peu que l'art descend aux régions moyennes ou populaires, aux représentants les plus humbles de l'humanité.

Sans discuter sur l'origine de la musique, qui a donné lieu à diverses hypothèses, nous la trouvons associée à la danse, d'abord sous la forme vocale, c'est-à-dire traduisant des émotions humaines par un organe humain. Presque aussitôt, elle s'extériorise dans les

chose au delà de ce qui est; il tâche de perfectionner son type, guidé par une obscure notion d'art. Le goût de l'ornementation distingue l'homme de la brute plus nettement que toute autre particularité. Aucun chien n'a eu l'idée de se mettre des boucles d'oreilles et les Papous stupides qui mangent de la terre glaise et des vers de terre, s'en font avec des coquillages et des baies colorées. »

instruments à percussion très grossiers, mais qui suffisent à marquer rigoureusement le rythme ou la mesure et à produire aussi sur les sens une certaine excitation physique. Puis vient l'imitation de la voix humaine par la flûte ou quelque autre instrument à vent ou à cordes; et le besoin toujours croissant de traduire par la musique les nuances les plus délicates de l'émotion, a créé des moyens de plus en plus souples, nombreux et complexes, depuis l'invention de l'orgue (époque alexandrine), jusqu'à nos jours où l'instrumentation a pris le rôle prépondérant.

De bonne heure, l'activité esthétique s'est étendue aux animaux pour les faire entrer dans son domaine, surtout les animaux domestiques, compagnons ou serviteurs de l'homme, comme le prouvent les peintures ou sculptures de l'Inde, de l'Égypte, de l'Assyrie. Dans la poésie, les chevaux des guerriers deviennent des personnages; de même, le chien d'Ulysse et celui des Pandavas dans l'épopée hindoue. Ils entrent dans l'art, en raison de leurs vertus morales : la bravoure, la fidélité.

Enfin, est venu le dernier moment où le sentiment esthétique s'est totalement *déshumanisé*; il ne s'attache plus seulement aux hommes ou aux animaux, mais au monde végétal et inorganique : c'est l'apparition du « sentiment de la nature ». Il est reconnu qu'il a paru fort tard et je crois inutile de l'établir à grand renfort de citations. — Dans la poésie primitive, comme on vient de le dire, l'homme est au premier plan; la nature n'est qu'un accessoire. Peu de descriptions, quelques vers ou quelques épithètes suffisent à l'origine. Même plus tard, « les Grecs, dit Schiller, si artistes et sous un si beau climat, ont l'exactitude dans la peinture d'un paysage, mais comme pour décrire une arme, un bouclier ou un vêtement. La nature paraît avoir intéressé leur intelligence plus que leur sentiment. » L'antiquité gréco-romaine ne s'est senti quelque communion esthétique avec la nature qu'aux époques dites de décadence, c'est-à-dire de civilisation avancée (Euripide, les Alexandrins, le siècle d'Auguste et surtout d'Hadrien). — La peinture de paysage paraît avoir été à peu près inconnue des anciens. Humboldt, dans son *Cosmos*, fait remarquer que dans le long catalogue que Philostrate nous a laissé des tableaux de son temps, on relève, à titre d'exception, la description d'un volcan.

A l'époque impériale romaine, les peintures murales devinrent une mode ; mais elles ne figuraient qu'une nature sobre et ornée.

Sans insister sur des faits connus, on peut dire que la conquête esthétique de la nature a parcouru deux moments bien nets. Durant le premier, l'art reproduit une nature riante, cultivée, fertile, proche de l'homme, façonnée par lui, pliée à ses besoins, *humanisée*. Telles les peintures de Pompéi, des villas de la campagne de Rome ou du rivage de Pouzzoles. Durant le second, c'est l'amour d'une nature rude, sauvage, indomptée : la mer orageuse, les déserts sans bornes, les glaciers, les pics inaccessibles. Le goût pour les scènes de la nature abrupte ou violente ne datent, dit-on, que de J.-J. Rousseau [1] : elles étaient certainement, aux yeux des anciens et bien longtemps après, des spectacles horribles à éviter. Les Romains, qui ont tant de fois traversé la Suisse, n'y trouvaient aucune beauté et l'on sait que César, en passant les Alpes, composait un traité de grammaire pour tromper son ennui. Même dans les temps modernes, la révélation des paysages tropicaux et de leur grandeur terrible n'a eu qu'une influence très lente et tardive sur la poésie et les arts. Encore actuellement, l'immense majorité n'a que de la répulsion pour la sauvagerie de la nature. Ce n'est donc que pour le plaisir du petit nombre et depuis un siècle seulement que l'interversion des rôles s'est produite, les personnages humains devenant un accessoire et la nature fournissant la matière du tableau.

On a expliqué cette apparition tardive du sentiment de la nature par diverses raisons assez peu concordantes. Pour les uns, cette émotion est évoquée par le contraste ; la satiété de la civilisation et le dégoût de ses raffinements en éloignent l'homme, du moins en imagination, et lui font chercher ailleurs un autre idéal. D'autres (Schneider, Sergi) invoquent des influences ancestrales : l'homme primitif craignait la nature plus qu'il n'en goûtait les charmes (ainsi font encore les paysans et les enfants); la nature sauvage surtout lui inspirait une terreur superstitieuse, étant pleine, comme il le croyait, de génies malfaisants. Cette terreur a subsisté longtemps encore, même après que la connaissance des phénomènes physiques a changé la conception du monde, comme un retentisse-

[1]. J. Sully, *Psychology*, t. II, p. 115 et suiv.

ment des temps anciens. Grant Allen invoque la facilité des communications qui suppose une civilisation assez avancée : si pratique
que l'explication puisse paraître, elle n'est pas sans valeur : celui
qui doit se frayer une route à travers des glaciers inexplorés ou une
forêt vierge, fait sans cesse effort et lutte pour sa vie, ce qui est
inconciliable avec le caractère désintéressé de la contemplation
esthétique ; il faut une certaine sécurité pour admirer.

Ces explications ne me paraissent que partielles. La vraie raison
psychologique est dans l'extension naturelle de la sympathie. Nous
avons vu ailleurs qu'elle suppose deux conditions principales : un
tempérament émotionnel, un pouvoir compréhensif de représentation, ce qui se rencontre surtout dans les générations très civilisées dont la sensibilité est très vive, très affinée et la faculté
de comprendre très étendue.

La conquête de la nature par l'intelligence et par le sentiment se
fait par un procédé identique dans les deux cas. Il y a un mouvement ascendant de l'intelligence qui, par l'abstraction et la généralisation, cherche des ressemblances de plus en plus cachées et
difficiles à saisir : certaines races s'arrêtent aux premiers degrés,
certaines époques ne dépassent pas un niveau moyen de connaissance (par exemple les premiers siècles du Moyen âge). De même,
il y a un mouvement progressif du sentiment vers des analogies de
nature de plus en plus ténues ; et la même remarque est applicable
aux races et aux époques.

On a dit que les tendances panthéistiques qui sont propres à
certains peuples, comme ceux de l'Inde, favorisent une éclosion plus
précoce et un développement plus rapide du sentiment de la nature.
C'est, en fait, la thèse de la sympathie sous une autre forme,
puisque la communauté de nature supposée entre tous les êtres
enveloppe celle des sentiments.

Remarquons enfin que cette extension du sentiment esthétique
à la nature inanimée se produit par un processus analogue à celui
qui explique la genèse de la bienveillance. Les plaisirs et peines
viennent de nous, mais nous les attachons aux objets qui en sont
l'occasion ; ce que nous appelons l'âme des choses, c'est la nôtre
projetée au dehors, placée dans les choses qui ont été associées à
nos sentiments.

Par quelques faits choisis entre beaucoup d'autres, nous avons essayé de montrer que le sentiment esthétique a évolué de la forme sociale à l'individualisme et l'homme à la nature. Ce mode d'exposition *objective* nous a paru préférable, parce qu'il permet de saisir sous une forme concrète et vérifiable la loi de son développement et de son accroissement en complexité.

III

Il est d'usage de comprendre sous la rubrique du sentiment esthétique deux autres émotions, celle du sublime et celle du comique, quoique je ne voie entre elles qu'une analogie de nature assez vague et des affinités partielles. En quoi ces trois états se rapprochent et diffèrent, nous allons essayer de le voir.

« Le sentiment du sublime est l'émotion particulière causée par la perception ou la représentation de l'immensité dans le temps et l'espace, ou de la puissance physique ou morale [1]. » La distinction généralement établie entre le sublime mathématique et le sublime dynamique me paraît secondaire ; car les deux cas se réduisent à l'idée de force agissante. L'opinion commune prétend que l'émotion du sublime est plus simple que l'émotion esthétique proprement dite. Si l'on entend par là que celle-ci est bien plus riche dans son développement, bien plus complexe, bien plus variée d'aspects, comprenant le joli, le gracieux, le beau pur, le pathétique, etc., cette opinion est incontestable ; mais si l'on entend plus simple, quant à l'origine, elle est inacceptable. Nous avons donné précédemment l'émotion du sublime comme un exemple de combinaison à forme binaire (2e partie, ch. VII) formée par la synthèse de : 1° un sentiment pénible d'angoisse, d'abaissement, de diminution de vie, réductible à une émotion primitive, la peur ; 2° la conscience d'un élan, d'une violente énergie déployée, d'une augmentation de vie, réductible à une émotion primitive, le sentiment de la puissance personnelle, le *self-feeling* sous sa forme positive. En sus, une condition négative est nécessaire : le sentiment conscient ou incons-

---

1. J. Sully. *ouvrage cité*, t. II. p. 145 et suiv.

cient de notre sécurité en face d'une puissance formidable : sans elle, tout caractère esthétique disparaît.

L'égoïsme qui est à sa racine, le sentiment du sublime doit le perdre en s'étendant par sympathie aux hommes et aux choses. En participant par l'imagination à la grandeur d'un personnage réel ou fictif, le Napoléon de l'histoire, le Moïse de Michel-Ange, le Satan de Milton, le moi s'extériorise et s'aliène. C'est l'histoire de ce développement qu'il nous faut suivre.

« La puissance de l'homme, dit Bain, voilà le sublime véritable et littéral, le point de départ de la sublimité des autres choses[1]. » C'est de là, en effet, qu'il faut partir. Grant Allen[2] a brillamment illustré cette thèse, en essayant de démontrer que le sentiment du sublime a évolué d'un anthropomorphisme étroit — l'admiration de la force physique de l'homme — vers le sublime des qualités morales et intellectuelles et celui de la masse et du temps, dans la nature. Sa conception mérite d'être résumée, bien qu'elle soit un peu schématique et non sans lacunes : il n'est pas sûr non plus, quoi qu'en dise cet auteur, que la terreur inspirée à l'homme par les phénomènes naturels ne s'est pas produite de très bonne heure, sous une forme confinant à l'émotion du sublime.

D'après lui, pour l'homme, le premier objet d'admiration, c'est-à-dire d'un respect mêlé de crainte, c'est l'homme fort, invincible, à qui rien ne résiste. Ce sentiment se manifeste même chez les animaux supérieurs entre eux et plus clairement encore chez les enfants entre eux : ils ont l'admiration de la force physique. — Avec le progrès social, le chef d'État ou roi absolu qui a droit de vie et mort sur tous, devient l'incarnation de la puissance, l'objet sublime, le sentiment se spécialise. — Lui mort, on croit que son « double » qui lui survit est investi des mêmes privilèges, peut-être de plus grands encore : c'est le passage du sentiment jusque-là renfermé dans le monde de l'expérience à un monde suprasensible.

L'auteur aurait pu montrer que, à ce moment de l'évolution, l'idée d'une puissance intellectuelle, prouvée par la supériorité du savoir ou de la prévision et celle d'une grande puissance morale,

1. Bain, *The Emotions*, ch. XIV.
2. Grant Allen, *Mind*, octobre 1878.

prouvée par le courage et l'énergie de l'effort, a dû inspirer le même sentiment.

Comme, à cette période, tout dans la nature est conçu comme animé, l'homme a nécessairement assimilé les forces naturelles à la force humaine : l'orage, la tempête, les tremblements de terre, les volcans; dans les montagnes, il voit une puissance surhumaine qui les a élevées. — Enfin, le mouvement de la pensée, continuant toujours, conduit vers un dieu supérieur à tous les autres ou unique, considéré comme la puissance absolue, sans bornes, qui a tout fait. — Quant au sublime de la masse, probablement il a été ressenti d'abord en face des grands monuments, temples, palais, pyramides, tombeaux, que l'orgueil des rois a fait construire et qui évoquent l'idée de leur toute-puissance et de la somme énorme de forces humaines dépensée. — Quant au sublime dans l'immensité du temps, il n'est pas attaché au concept d'un temps vide et abstrait; il nous émeut parce qu'il nous apparaît comme plein, peuplé d'une myriade d'événements passés ou possibles, d'activités qui se sont succédé avec une prodigalité indéfectible.

Ainsi tous les cas se réduisent à une force écrasante, conçue par analogie et sentie par sympathie; et, à prendre cette évolution dans ses grands traits, elle a parcouru deux périodes principales : celle où prédomine la terreur; elle n'est pas, elle ne peut pas être esthétique; celle où prédominent l'admiration et la sympathie et où la conscience de la sécurité personnelle confère au sentiment un caractère désintéressé : l'émotion est *devenue* esthétique. « Il est probable, dit J. Sully (*loc. cit.*), que ce sentiment a passé du désagréable à l'agréable et est devenu esthétique par l'élimination du sentiment de la peur. »

On a prétendu réduire l'émotion du sublime à un contraste; elle repose plutôt sur une harmonie, sur une synthèse de contradictoires (au sens hégélien), c'est un cas de *combinaison*, comme nous avons essayé de le montrer dans une autre partie de cet ouvrage. Elle n'est ni la peur, ni l'orgueil (conscience de la force) ressentis directement ou par sympathie; mais un produit de leur coexistence dans la conscience et de leur fusion en un état spécial que l'analyse ne peut dissocier complètement. En somme, elle est bien plus apparentée aux deux émotions primitives ci-dessus nommées qu'à l'émotion esthétique dont elle se rapproche, non par nature mais par accident [1].

IV

C'est aussi par un abus que l'état émotionnel désigné par les noms de sentiment du risible, du ridicule, du comique, est considéré comme une annexe de l'émotion esthétique, sans autre motif, à ce qu'il semble, sinon que le comique entre dans tous les arts et produit un plaisir désintéressé : son domaine s'étend bien au delà.

1. L'activité esthétique est cette forme du jeu qui crée avec les images comme matériaux. Il est généralement admis que les perceptions ou représentations visuelles et auditives sont les seules qui provoquent l'émotion esthétique. Cependant Guyau (et peut-être d'autres avec lui), a soutenu qu'il faut attribuer ce pouvoir à toutes les sensations externes, sans exception (*Probl. de l'esth. contemp.*, ch. vi), au chaud, au froid, aux contacts, aux saveurs et aux odeurs; mais les faits qu'il énumère se réduisent le plus souvent à des associations, notamment en ce qui concerne les odeurs; les sensations dites inférieures n'agissent pas directement, seulement elles ravivent des représentations de la vue ou de l'ouïe. Une fraîcheur délicieuse, un contact doux, une odeur enivrante produisent un état agréable, c'est-à-dire un plaisir physique et rien de plus, si l'association fait défaut. D'ailleurs, sans entrer dans une discussion oiseuse et scolastique, il suffit d'observer qu'il n'existe *en fait* aucun art au sens esthétique qui repose sur des sensations autres que celles de la vue et de l'ouïe, à moins qu'on ne considère comme tels la parfumerie et la cuisine.

Pourquoi deux espèces de sensations ont-elles seules ce privilège exclusif? On en a donné diverses raisons : parce qu'elles sont plus éloignées des besoins directs de la vie auxquels les sensations du toucher, du goût, de l'odorat sont liées directement (H. Spencer); parce que leurs plaisirs et leurs peines ont en général un caractère modéré et que leurs nerfs spéciaux subissent rarement un ébranlement violent (Gurney); parce que les nerfs des sens inférieurs sont excités par masse et ceux des sens supérieurs par fibres isolées (? ?) d'après Grant Allen. — Il me semble que l'on oublie l'une des raisons principales. Si l'on se réfère aux recherches exposées précédemment (1re part., ch. ix) sur les images olfactives et gustatives, on voit qu'elles ont leurs caractères propres. Pour les images visuelles et auditives, la reviviscence est aisée et l'association est facile, soit sous la forme d'une simultanéité, en groupes; soit sous la forme d'une succession, en séries. Pour les images du goût et de l'odorat, c'est tout le contraire : la reviviscence est faible ou nulle; le pouvoir d'association entre elles est nul. (Les images tactiles-motrices forment un groupe intermédiaire, mais bien plus proche des sens inférieurs.) Ces conditions psychologiques les rendent tout à fait impropres à entrer dans une construction. Très difficilement évocables dans la mémoire, ne pouvant se grouper ni en simultanéités ni en séries, elles ne peuvent fournir ni un art dans le repos ni un art dans le mouvement.

Il a été fort étudié dans des ouvrages généraux et spéciaux (Darwin, Piderit, Spencer, L. Dumont, Hecker, Kräpelin, etc.); aussi je ne me propose pas d'insister, n'ayant que peu de remarques personnelles à faire. Toutefois, cette manifestation de la vie affective avec son mode propre d'expression, le rire, ne peut être omise dans un travail complet sur les sentiments.

Ce sujet présente deux aspects : l'un intérieur, subjectif, psychologique; l'autre extérieur, objectif, physiologique. Ce dernier ne présente pas de difficultés, il est réductible à une description exacte; mais le rattacher à une cause intérieure, dire pourquoi on rit, est un problème fort malaisé et qu'on a résolu de diverses manières. A mon avis, l'erreur consiste à croire que le rire a *une* cause. Il a *des causes* très distinctes qui paraissent irréductibles ou dont au moins jusqu'ici on n'a pas découvert l'unité. Si l'on énumérait seulement quelques-unes des nombreuses définitions du rire qui ont cours dans les livres, il n'y en a pas une qui ne prête à la critique par quelque endroit, parce qu'il n'y en a pas une qui embrasse la question dans sa multiplicité d'aspects. Ainsi L. Dumont, dans un ouvrage spécial sur le rire, dit : « C'est un ensemble de mouvements musculaires qui correspond à un sentiment de plaisir. » Et le rire causé par le chatouillement, par le froid, par l'ingestion de certaines substances, le rire des hystériques alternant avec des pleurs, le rire nerveux des soldats en campagne après que le moment du danger est passé, tout cela doit-il être inscrit au compte du plaisir? Même en classant ces faits et leurs analogues dans une catégorie à part, comme purement réflexes, il reste encore des difficultés.

1° Considéré du point de vue de la psychologie pure, l'état mental qui se traduit par le rire consiste, d'après les uns, dans la conscience d'un désaccord, d'une contradiction d'une certaine nature; d'après les autres dans la conscience chez celui qui rit d'une supériorité par rapport aux hommes ou aux choses.

La première thèse paraît avoir le plus d'adhérents. Elle pose comme fait fondamental un contraste saisi entre deux perceptions, images ou idées. Cependant tout contraste contradictoire ne fait pas rire, il doit pour cela remplir certaines conditions. D'abord les deux éléments contradictoires doivent être donnés simultanément comme appartenant à un même objet, en sorte qu'ils nous induisent à penser qu'une chose à la fois est et n'est pas : un singe nous fait rire, parce qu'il nous rappelle un homme et ne l'est pas; il nous fait rire davantage, s'il est affublé de vêtements humains, parce que la contradiction est plus frappante. Ensuite les deux états de conscience coexistants doivent être à peu près de même intensité, de même masse : un vieillard cassé qui porte un lourd fardeau ne nous fait pas rire. « Les deux forces contradictoires mises en jeu dans le rire ne pouvant aboutir à l'unité d'une conception sont obligées de s'écouler au dehors par une dépense d'énergie musculaire » (L. Dumont).

La seconde thèse formulée d'abord par Hobbes (et qui lui est peut-être antérieure) dit : « Le rire est un orgueil soudain, naissant de la perception soudaine de notre être, comparée aux infirmités des autres ou à notre faiblesse antérieure. » Ses partisans ont vivement critiqué la théorie du désaccord ou de la discordance dans les choses : « Un instrument désaccordé, de la neige en juin, Archimède faisant de la géométrie pendant un siège, tout ce qui produit le désordre, tout ce qui est contre nature, le catalogue entier des vanités donné par Salomon, tout cela est contradictoire, mais produit la souffrance, la colère, la tristesse et non pas la gaieté [1]. » On pourrait tout aussi bien critiquer cette thèse que la précédente et faire une longue énumération des cas où le sentiment, justifié ou non, de la supériorité ne fait pas rire.

Selon moi, les deux thèses doivent être admises, parce qu'elles sont partiellement vraies et répondent à des cas distincts.

La seconde théorie convient à la forme primitive et inférieure de cet état émotionnel qui se traduit par le rire. Dans le cas actuel, cet état dérive directement du sentiment de la force, de la puissance ou, comme dit Hobbes, de l'orgueil : le contraste contradictoire, s'il est perçu, est au second plan. L'expression la plus grossière, la plus brutale — presque physiologique — de cet état mental est le rire du sauvage, après la victoire, quand il tient sous ses pieds son ennemi vaincu. « Il semble tout à fait certain non seulement que le rire accompagne la brutalité et la cruauté chez

---

1. Bain, *Émotions*, ch. xiv.

les races et les enfants incultes ; mais que dans le cas du rire le
plus raffiné et le plus bienveillant, il est encore apte à accompagner
la vue de la perte de la dignité chez les autres, quand cette perte ne
suscite pas d'autres sentiments pénibles [1]. » Elle est d'observation
commune, la tendance chez beaucoup de gens à rire immédiatement de tout accident, même un peu grave, qui arrive aux autres
et ce rire instinctif ne tient assurément pas aux bons côtés de la
nature humaine. Il est clair que, sous cette forme, le rire est
étranger à l'esthétique.

La théorie du désaccord convient aux formes secondaires et
supérieures : le sentiment de la supériorité s'efface pour passer au
second plan. C'est une manifestation intellectualisée qui a ou peut
avoir une valeur esthétique, le développement de l'esprit permettant
de saisir au vol des contradictions fugitives et subtiles qui constituent le principal élément du comique. Elle prend un caractère
presque désintéressé, quoiqu'elle ne perde peut-être jamais complètement sa tache originelle.

Enfin, le rire peut prendre encore une forme plus élevée
dans l'esprit humoristique dont nous avons parlé déjà (2e partie,
ch. vii, 3°) où le sentiment de la supériorité est mitigé par une
large dose de sympathie.

2° La nature du rire serait bien incomplètement connue si l'on
s'en tenait à la psychologie pure ; mais l'étude physiologique de ce
phénomène n'a pas été négligée. On en trouvera la description
dans les ouvrages spéciaux sur l'expression des émotions (notamment Darwin, ch. xii). Le rire est un mouvement expiratoire renforcé ; quand il est prolongé, l'excès des expirations sur les inspirations nécessite de profonds soupirs pour rétablir l'équilibre ; il
y a rétraction en arrière et élévation de la commissure labiale ; les
yeux deviennent brillants par accroissement de la circulation sanguine, etc. D'après Darwin, la gradation ininterrompue de fou rire
(qui dans toutes les races humaines s'accompagne de larmes) au
rire modéré, au large sourire et au sourire léger, établit leur communauté de nature ; mais le rire est-il le complet développement
du sourire, ou bien le sourire une forme avortée du rire bruyant

---

1. J. Sully, *Sensation and Intuition*, p. 262. *The Human Mind*, II, 148.

du premier âge ? En général, les évolutionnistes tiennent le rire bruyant pour la forme primitive, liée au sentiment brutal de la supériorité. Cependant l'apparition précoce du sourire chez l'enfant, vers deux mois, tandis que le rire n'apparaît guère qu'au quatrième mois, semble en contradiction avec le principe que l'évolution de l'individu reproduit sous une forme abrégée et rapide ce qui s'est passé dans l'évolution de l'espèce. D'un autre côté, les animaux ne nous fournissent sur ce point aucun renseignement : certains singes rient ou sourient ; c'est-à-dire que les coins de la bouche sont tirés en arrière, que les yeux deviennent brillants et qu'ils émettent un son particulier se rapprochant du ricanement (Darwin, Wallace, Mantegazza, etc.).

Mais l'important est de savoir pourquoi cet ensemble de faits physiologiques est lié à certaines dispositions mentales. Si le rire était l'expression constante et exclusive de la joie et du plaisir, la réponse serait facile ; comme il est de plus quelquefois morbide, quelquefois futile et simplement physiologique, l'explication doit embrasser tous ces cas.

H. Spencer en a proposé une qui, quoique déjà un peu ancienne (1863), reste encore l'une des plus satisfaisantes. Pour lui[1] le rire est dû à une diversion subite de l'énergie nerveuse à travers une nouvelle voie ; c'est un canal de dérivation. — L'excitation du système nerveux qui existe à un moment donné, surtout si elle est intense, ne peut se dépenser que de trois manières : ou bien en se transmettant à quelque autre partie de l'organisme cérébro-spinal, suscitant d'autres sentiments ou d'autres pensées ; ou bien en agissant sur les viscères, le cœur, les poumons, les organes digestifs ; ou bien en produisant des mouvements musculaires : et, comme la décharge nerveuse, surtout si elle est modérée, suit la ligne de moindre résistance, ébranle d'abord les muscles les plus mobiles, elle agit sur les organes de la voix, sur la bouche et la face : c'est à ce dernier cas que le rire appartient.

Il peut résulter d'excitations purement physiques : chatouillement, froid, actions toxiques, délivrance après une longue contrainte.

---

1. *Essays*, t. I, *Physiology of Laughter*.

Il peut être lié à des représentations, avoir une cause psychique. Spencer admet la théorie du contraste, en la précisant. Il distingue le contraste ascendant qui va du moins au plus et le contraste descendant qui va du plus au moins. Celui-ci seul provoque le rire. Il faut qu'il y ait passage brusque d'un état de conscience intense à un autre qui l'est beaucoup moins, tout en contrastant avec lui. Ainsi, pendant l'audition d'une symphonie, l'éternuement d'un spectateur peut faire rire; pendant que deux amants, sur la scène, se réconcilient après de longs malentendus, une chèvre se met à bêler; l'incident est comique. L'intensité d'attention du premier moment tombe brusquement sur un événement futile qui ne lui fournit pas matière à se transférer ou à se dépenser; il faut que le surplus s'écoule : ce qui produit le rire.

Le trop-plein d'émotion, quand il n'ébranle pas tout le corps et ne résulte pas d'un contraste, suit une autre voie : les actes automatiques de certains avocats ou autres gens parlant en public, celui de l'écolier intimidé qui roule sa plume entre ses doigts, etc.

Hecker, dans un ouvrage spécial, propose une autre hypothèse [1]. Il ramène tout à un fait-type : le chatouillement, qui explique le rire de cause physique et le rire de cause mentale.

Dans le chatouillement, il y a d'abord l'effet produit par chaque sensation cutanée : excitation des vaso-moteurs et du grand sympathique, dilatation de la pupille, éclat des yeux, rétrécissement des vaisseaux, comme on peut le constater expérimentalement dans une application de sinapisme ou une affusion brusque d'eau chaude. Il y a ensuite une condition nécessaire, l'intermittence; il faut pour chatouiller, un changement dans la vitesse ou la direction du mouvement ou une interruption. Au moment de l'attouchement correspond l'expiration, au moment de l'interruption correspond l'inspiration; dans un cas l'élévation, dans l'autre cas l'abaissement du diaphragme. En résumé, le chatouillement est une excitation intermittente de la peau qui produit une excitation intermittente des vaso-moteurs et une excitation intermittente de la respiration et une alternance d'état agréable et d'état pénible. Mais à quoi sert le

1. *Physiologie und Psychologie des Lachens und des Komischen* (1873). Pour les critiques, voir Léon Dumont, *Théorie scientifique de la sensibilité*. 211; Piderit, *Mimik*, 138 et suiv.

rire dans cette occurrence? il joue un rôle protecteur, c'est un phénomène *compensateur* de la diminution de pression sanguine dans
le cerveau; les expirations fréquentes qui compriment la cage tho-
racique et par suite le cœur, les gros vaisseaux, les poumons,
empêchent les vaisseaux sanguins de se vider.

Quant au rire de cause intellectuelle, Hecker, qui emprunte sa
psychologie à l'esthéticien Fischer et qui paraît fondre ensemble
les deux théories du contraste et de la supériorité — ramène toutes
les manifestations de ce genre au comique. Or, dans le comique,
il y a deux états simultanés : l'un agréable, le sentiment de notre
supériorité, l'autre désagréable, la contradiction dans l'objet; de là
une alternance rapide de plaisir et de peine. Le comique est une
impression intermittente, il agit comme le chatouillement, c'est un
chatouillement psychique qui, lui aussi, se traduit par le rire et
pour les mêmes causes. Telle est, dans ses traits principaux, la thèse
de Hecker.

Pour conclure, le rire se manifeste dans des circonstances si
hétérogènes et si multiples — sensations physiques, joie, contraste,
surprise, bizarrerie, étrangeté, bassesse, etc. — que la réduction
de toutes ces causes à une seule reste bien problématique. Après
tant de travaux sur un fait aussi banal, la question est loin d'être
complètement élucidée.

V

La pathologie du sentiment esthétique mériterait un ouvrage [1].
On doit se borner ici à quelques remarques sur les conditions psychologiques les plus générales qui la produisent et sur les causes
naturelles, presque toujours agissantes, dans le sens d'une déviation.

La faculté de sentir esthétiquement peut-elle manquer d'une
manière absolue? Y a-t-il des cas d'anesthésie complète pour toute
manifestation d'art si humble qu'elle soit? Je pense qu'il n'est

---

1. Je ne connais comme essai dans ce sens que le livre de Nordau :
« Dégénérescence » (*Entartung*), qui est limité à la période contemporaine et traite d'ailleurs d'autres questions.

aucunement téméraire de l'affirmer. *A priori*, puisque la cécité morale et l'indifférence religieuse existent, il est invraisemblable qu'une émotion de luxe soit douée, chez tous les hommes sans exception, d'un caractère indélébile. A titre de fait, il est difficile de fournir la preuve; elle passe inaperçue, n'ayant aucune conséquence fâcheuse pour l'individu ou la société. Cependant on peut noter au moins des cas partiels. L'insensibilité totale pour la musique n'est pas rare et si on le sait, c'est parce qu'elle est la plus facile à constater [1]. Bien des gens déclarent que la lecture ou l'audition des vers les ennuie et les « fatigue » au plus haut point et ils ne peuvent comprendre pourquoi les poètes se donnent tant de peine, lorsqu'il serait si facile de s'exprimer en prose.

Laissons ces cas extrêmes pour la pathologie proprement dite. Tout d'abord, on peut se demander s'il y a là un sujet à étudier ou si nous poursuivons une chimère. La question ne se pose pas ici comme ailleurs. Pathologie signifie désordre, déviation, anomalie; or, dans l'activité esthétique, où est la règle? On a souvent répété que l'essence de l'art, c'est la liberté absolue : je n'y vois rien à objecter; il a sa fin en lui-même et il n'est soumis à d'autres exigences que de créer des œuvres viables, acceptées des contemporains et, s'il se peut, de la postérité. Donc, par quel procédé peut-on décider que telle manifestation esthétique est normale ou anormale : c'est l'arbitraire. Nous n'avons pas même la ressource de dire que tout ce qui tient au beau est sain et tout ce qui tient au laid, malsain; car, outre que la ligne de démarcation entre les deux est souvent indécise, le laid a son entrée dans tous les arts à titre d'ingrédient ou de repoussoir, et un auteur (Rosenkranz) a pu écrire une « Esthétique du laid ». Je ne vois qu'une manière de sortir d'embarras : c'est de *transposer* le sujet, d'étudier non la patho-

---

[1]. Il y a sur ce point une observation très complète de Grant Allen, *Note deafness* (dans *Mind*, III, 1878). Le sujet, jeune homme d'un esprit très cultivé, avait étudié infructueusement la musique pendant son enfance. On s'aperçut plus tard qu'il était incapable de distinguer une note d'une autre, sauf pour des intervalles atteignant quelquefois l'octave et plus. Il n'existait pour lui ni accords ni dissonances, ni timbre d'instruments : ceux-ci étaient pour lui des bruits très nettement perçus, de cordes pour le piano, de grincement pour le violon, de souffle pour l'orgue, etc. Il était très sensible au rythme de la poésie. On ignore si les anomalies de ce genre viennent de l'organe de Corti ou des centres cérébraux.

logie du sentiment esthétique lui-même, mais celle de la source dont il émane ; en d'autres termes, de ne le considérer que comme un symptôme. Ceci demande quelque explication.

Tout défaut d'harmonie entre les tendances qui constituent l'homme sain se traduit par une rupture d'équilibre, une anomalie de la vie affective. Cette déviation de la vie normale peut être considérée sous deux aspects, l'un général, l'autre spécial, l'un humain, l'autre professionnel.

Si nous la considérons sous sa forme générale, c'est-à-dire comme simplement inhérente à la constitution de l'homme, la déséquilibration s'exprime par des manifestations multiples, suit des orientations diverses selon le tempérament, le caractère, les circonstances : mélancolie, phobies, aberrations sexuelles, impulsions irrésistibles, etc.

Si nous la considérons sous sa forme spéciale, particulière, comme propre à tel individu exerçant telle profession, ayant telle habitude de vie, étant ouvrier, agriculteur, commerçant, avocat, médecin, etc., la déséquilibration nous apparaît comme apposant sa marque sur l'activité professionnelle de l'individu et sur ce qu'elle produit. L'ouvrier passera d'une fougue de travail à des excès de paresse ou d'alcoolisme ; le négociant d'une timidité exagérée à une témérité sans bornes dans ses entreprises ; et de même suivant chaque métier. Or, l'art est une profession comme une autre et le *produit* artistique doit porter la marque de l'ouvrier — une marque de déséquilibration, dans le cas actuel. Par suite, les anomalies du sentiment esthétique peuvent être étudiées non d'après une norme imaginaire, d'après un prétendu principe régulateur de l'art, que nous ne connaissons pas, mais d'après un critérium psychologique ; elles peuvent être étudiées comme les effets et la révélation d'une diathèse morbide ; plus simplement, il ne s'agit pas d'esthétique, mais de psycho-pathologie à propos d'esthétique.

Même ainsi transposé, le sujet présente encore d'inévitables difficultés. Voici la principale. Sur la constitution psycho-physiologique de l'artiste créateur, il existe deux théories. (Rappelons que chez le simple dégustateur des œuvres d'art, les mêmes conditions psychologiques sont requises, quoique à degré moindre ; elles sont d'autant plus accentuées qu'il sent plus vivement.)

L'une, qui a été souvent développée, dans des ouvrages très connus, maintient que la supériorité esthétique est inconciliable avec la santé du corps et de l'esprit. Les faits à l'appui ont été souvent colligés avec très peu de critique et dans les caractères énumérés comme typiques, on trouve tout. Parmi les créateurs, il y a les vigoureux et les chétifs, les grands et les petits, les beaux et les difformes, les abouliques et les entreprenants, les tardifs et les précoces, les misanthropes et les dissipés, les moroses et les folâtres : en sorte qu'on en peut tout au plus conclure qu'ils ont une tendance à s'écarter de la moyenne, soit par en haut, soit par en bas.

L'autre considère tout cela comme secondaire, accessoire; les tares physiques et psychiques ne sont aucunement la condition nécessaire du génie; il pousse également sur un tronc sain et sur un tronc pourri; il porte sa marque d'origine, mais c'est accidentel. Il y a aussi des faits à l'appui de cette thèse, qui sont, il faut le reconnaître, beaucoup moins nombreux que pour la thèse adverse.

On peut généraliser la question et se demander si toujours l'activité esthétique n'est pas une déviation. Nordau a soutenu l'affirmative : « L'art est un léger commencement d'écart de la pleine santé. » Ainsi présentée, la question est équivoque. Si l'on entend par santé mentale, l'ataraxie des anciens philosophes, il est clair que la création et même la jouissance esthétique sont inconciliables avec elle. Vouloir que l'on crée ou que l'on jouisse sans excitation, en restant au même moment dans le calme plat, prosaïque, terre à terre, de la vie commune, c'est réclamer l'impossible. A ce titre on pourrait en dire autant de toute émotion quelle qu'elle soit et prétendre qu'elle est un écart de la santé. Quelques intellectualistes, Kant entre autres, l'ont osé : ce qui revient à dire que l'homme est un être exclusivement raisonnable par nature. Erreur psychologique si énorme qu'il n'y a pas à la discuter. D'ailleurs, en supposant que ce soit un idéal, la psychologie n'a pas pour mission d'étudier un homme idéal, mais l'homme réel.

Après ce préambule un peu long, mais que l'ambiguïté de notre sujet rendait nécessaire, voyons le rôle des deux facteurs essentiels — l'émotion et l'imagination — quand leur activité est pathologique et dans les cas nets.

I. La nécessité pour l'artiste de sentir vivement et sincèrement est d'une telle évidence que je n'ai pas à insister sur une pareille banalité. Toutefois, cette disposition n'est pas identique dans tous les cas. L'émotion vive peut être intermittente, surgir seulement aux moments d'inspiration et de création; puis, l'accès passé, disparaître pour laisser la vie affective reprendre son train normal. C'est la marque des génies et des talents sains qui, descendus de leurs hauteurs, rentrent dans la vie ordinaire et s'y adaptent. Le cas le plus fréquent, d'après les documents biographiques, surtout à mesure que l'on approche de l'époque contemporaine, c'est l'état d'excitation permanente, l'hyperexcitabilité. Artistes et dilettantes sont des instruments délicats qui vibrent sans cesse à tous les bruits. Ici notre triple critérium de l'activité pathologique retrouve son emploi : il y a disproportion (apparente) entre la cause et l'effet, secousse violente et prolongée, chronicité. Cet état physiologique est une déperdition continuelle; non une combustion, mais une série d'explosions; non une vie, mais une fièvre. De là le besoin d'excitants artificiels si fréquent chez les émotifs de cette espèce; ils les recherchent sous toutes les formes et le remède aggrave le mal. Il n'est pas utile de produire des exemples : que l'on pense seulement au contingent considérable de mélancoliques, d'hypocondriaques, d'alcooliques, d'hallucinés, d'aliénés ou de simples déséquilibrés que les créateurs ou amateurs passionnés de l'art ont fourni.

Outre ces caractères généraux, on peut noter comme marques pathologiques de l'émotion esthétique :

1º La tendance obstinée vers le pessimisme, le goût persistant et exclusif de l'art triste, prédominant à certaines époques de l'histoire, surtout dans la nôtre. Sa contagion n'est pas suffisamment expliquée par l'imitation et la mode; elle tient à des causes plus profondes, à un état général de dépression, d'affaiblissement, de défaillance. L'art est l'expression de ce secret malaise chez ceux qui créent et chez ceux qui goûtent. Ce pessimisme n'est pas une maladie de l'art, mais de l'individu et de l'époque qui ne peut produire autrement. On sait que la nature du sol terrestre modifie la flore et donne aux fruits une saveur propre, un goût de terroir; le sol humain subit la même nécessité et à certains moments de la civilisation, il n'en peut sortir qu'une floraison mélancolique, d'odeur âcre et étrange. L'amour constant, savouré avec complaisance du lugubre, du morbide, du macabre est la forme esthétique du *plaisir de la douleur*, dont nous avons essayé précédemment (1ʳᵉ partie, ch. IV) de faire l'analyse et de déterminer les causes pathologiques.

2° La tendance vers la mégalomanie, sous forme d'orgueil et bien plus souvent encore de vanité suraiguë. La remarque sur le « genus irritabile vatum » est de vieille date; mais, à diverses époques, la folie des grandeurs sévit dans le domaine esthétique à la manière d'une épidémie. Elle a trouvé son expression suprême en ce siècle dans la doctrine de la « divinité de l'art » proclamée par l'école de Schelling et qui survit chez les « esthètes » contemporains. « Le commencement de toute poésie, disait Schlegel, est de suspendre la marche et les lois de la raison, de nous replonger dans le bel égarement de la fantaisie, dans le chaos primitif de la nature humaine. Le bon plaisir du poète ne souffre aucune loi au-dessus de lui. » On a été plus loin depuis et l'on ferait un joli recueil des folies imprimées sur ce sujet. — Quand, sans parti pris et de bonne foi, on se demande sur quoi reposent ces hautes prétentions, cette apothéose, on ne le voit pas. Est-ce parce que l'art donne des jouissances très supérieures à celles des sens? Mais la recherche scientifique, l'amour des voyages, des explorations, fait de même. Est-ce parce qu'il crée? mais la création est partout, dans les sciences, les arts mécaniques, la politique, le commerce, l'industrie : la création artistique n'est qu'une forme entre beaucoup d'autres. Est-ce parce qu'il ajoute un monde idéal au monde réel? les religions en font autant, avec cet avantage qu'elles ne travaillent pas pour le petit nombre, pour l'élite, mais pour tout le monde. Malherbe disait qu'un bon poète n'est pas plus utile à l'État qu'un bon joueur de quilles : c'est un autre excès, parce que l'artiste a un rôle social; il peut pressentir, instruire, exprimer les sentiments confus de la masse qui arrivent par lui à la vie.

Si, prenant cette forme de mégalomanie comme fait et sans discuter sa légitimité, nous recherchons les causes psychologiques de sa genèse, on en trouve deux principales.

La première est dans le caractère de l'individu, dans l'hypertrophie de son moi. Le *self-feeling* fait éruption sous un masque esthétique, comme il pourrait faire sous un autre. L'art « égotiste » est l'expression la plus sincère de cette poussée d'orgueil (remarquons en passant qu'il se place à l'antipode de l'art primitif qui est collectif, social, anonyme) : mais c'est une forme éphémère qui doit mourir d'inanition; d'ailleurs sa force d'expansion serait au besoin limitée par l'expansion des moi rivaux. Une nécessité de la civilisation, c'est de faire des monstres. Par la division du travail, elle impose, dans toutes les conditions, dans tous les métiers, un excès de développement unilatéral, vers une aptitude unique; elle exige qu'on soit spécial. Aux temps primitifs, l'art n'était pas une profession; le créateur, tout en faisant autre chose, produisait naturellement, spontanément comme un rosier donne des roses; c'était une surabondance, un trop-plein qui s'écoulait. Peu à peu il est entré dans la voie de la profession et victime de sa propre gloire, *il faut* qu'il produise bon gré mal gré, comme il peut, par artifice, fabriquant des œuvres d'art comme d'autres des articles de commerce, sans souci de la surproduction. C'est une hypertrophie de la fonction créatrice.

La deuxième cause doit être cherchée dans une région plus profonde, au-dessous de la conscience, dans l'inconscient (quelque opinion que l'on professe sur sa nature), qui produit ce qu'on nomme vulgairement l'inspiration. Cet état est un fait positif qui s'accompagne de caractères physiques et psychiques qui lui sont propres. Avant tout, elle est impersonnelle et involontaire; elle agit à la façon d'un instinct, quand et comme il lui plaît, elle peut être sollicitée, non conquise. Pour la création originale, ni la réflexion ni la volonté ne la suppléent. Il y a de nombreuses anecdotes sur les habitudes des poètes, peintres, musiciens, pendant qu'ils composent : marcher à grands pas, être étendu dans son lit, chercher l'obscurité complète ou la pleine lumière, tenir les pieds dans l'eau ou dans la glace, la tête en plein soleil, user du vin, de l'alcool, des boissons aromatiques, du hachich ou autres poisons de l'intelligence, etc. A part quelques bizarreries difficilement explicables, tous ces procédés poursuivent le même but : créer un état physiologique particulier, augmenter la circulation cérébrale pour provoquer ou maintenir l'activité inconsciente. Les anciens voyaient dans l'inspiration un état surnaturel, une action divine, une possession; ils y croyaient fermement. Assurément, nous ne voyons plus que des fictions surannées dans les Muses et les Dieux de la poésie et de la musique des diverses mythologies : il reste pourtant à leur place une impression de mystère, d'une puissance supérieure, d'un don inné et rare départi à un homme, qui est son privilège, qui agit par lui, qui est inconnu aux autres, quelque chose d'analogue à ce que nous avons rencontré déjà dans la théomanie; et la conscience vague de cet état d'élection, de cette faveur exceptionnelle de la nature est, chez l'artiste, un acheminement commode vers l'affirmation de sa grandeur.

II. La pathologie de l'imagination créatrice n'est pas de notre sujet; elle ne s'y rattache que par l'influence que le sentiment exerce sur ses opérations. La construction d'un monde imaginaire est un attribut humain dont nul n'est dénué, puisque sans lui nous ne pourrions sortir du présent pour faire un pas dans l'avenir et nous le représenter, si pauvrement que ce soit. L'observation montre que, au-dessus de ce niveau commun, il y a tous les degrés depuis l'imagination sèche, nette, cohérente, jusqu'à la rêverie incohérente et insaisissable et à l'exubérance désordonnée : or, la prédominance toujours croissante de l'imagination confine au danger de vivre complètement dans le monde de l'irréel, ce qui advient fréquemment. Les documents biographiques nous permettent de noter les étapes dans cette marche ascendante vers le suprasensible.

Il y a les artistes qui font de leur vie deux parts et ne les confondent pas; ils tiennent leurs comptes en partie double; ils ont leurs heures d'imagination débridée et leurs heures de bon sens pratique. Ainsi fut l'Arioste dont on a dit qu'il avait mis sa folie dans ses poèmes et sa sagesse dans sa vie.

D'autres sont pris momentanément par leurs créations et si violemment entraînés par elles, qu'ils sont tout près de l'hallucination. Suivant la nature de leur esprit, ils voient leurs personnages ou bien ils les entendent parler; les sons résonnent à leurs oreilles, ils respirent des odeurs, ils sentent des saveurs; sur ce dernier point, la déclaration de Flaubert rapportée par Taine a été révoquée en doute, sans aucune raison.

Il y a ceux qui sont dans un état d'hallucination presque constante. Tel paraît avoir été le cas de Torquato Tasso. A cer-

tains moments, disait Gérard de Nerval, « tout prenait pour moi
des aspects nouveaux : des voix secrètes sortaient de la plante, de
l'arbre, des animaux, des plus humbles insectes, pour m'avertir et
m'encourager. Les objets sans forme et sans vie avaient des tours
mystérieux dont je comprenais le sens. » Les « symbolistes » des
divers pays, français, belges, anglais, nous répètent cela aujour-
d'hui et mieux encore. Je ne crois pas qu'ils nous trompent toujours. Ils reviennent par une sympathie aiguisée et raffinée à la
période primitive de l'animisme naïf où tout dans la nature a une
vie, des regards et une voix ; où, comme dit l'un d'eux, « le monde
réel prend des airs de féerie ».

Au-dessus, il n'y a plus que l'hallucination complète, permanente, celle des asiles d'aliénés ; la substitution totale d'un monde
imaginaire au monde réel, sans intermittences, sans doute, sans
conscience de la substitution.

Ceci est la partie claire du sujet ; un point obscur doit nous
arrêter, d'autant mieux qu'il tient au phénomène fondamental de
la vie affective : la tendance. S'il est une loi psychologique bien
établie par les faits et le raisonnement, c'est que toute représentation
intense d'un acte tend à se réaliser : ce qui est inévitable, puisque
l'image vive d'un mouvement est un mouvement qui commence,
est une reviviscence des éléments moteurs inclus dans l'image.
Celui qui du haut d'une tour a la fascination d'une chute possible,
court risque de se précipiter ; l'attrait de l'abîme n'est pas autre
chose. D'autre part, les artistes ont par nature des représentations
intenses et ressentent violemment : ils rêvent orgies, aventures
amoureuses, drames sanguinaires, dévouements, vertus et vices
de toute sorte. D'où vient que tout cela reste simplement imaginé,
sans passer à l'acte, sans devenir une réalité ?

C'est que, pour eux, la loi subit non une exception, mais une
déviation. La représentation intense *doit* s'objectiver, c'est-à-dire
d'intérieure devenir extérieure, elle y parvient de deux manières :
par un acte réel, c'est le lot du commun des hommes ; par la création d'une œuvre d'art qui débarrasse de l'obsession, c'est le propre
des artistes. Si l'on veut, en sus, une raison physiologique, on
pourrait admettre, à titre d'hypothèse, que chez eux les centres
moteurs n'ont pas généralement une énergie suffisante pour la réa-

lisation pratique et que de là vient que la satisfaction est purement esthétique.

Pour rester dans la psychologie, nous savons par de nombreux témoignages que beaucoup n'ont été délivrés de leur obsession qu'en créant (j'en ai déjà parlé à propos de la mémoire); elle se fixe dans un poème, un roman, un drame, une symphonie, sur la terre ou dans la pierre : Michel-Ange et les sculptures de la cha-pelle des Médicis, le Schiller de la première manière dans *Les Brigands*. Byron dont Taine a si bien fait la psychologie, né pour l'action et les aventures, rendu peut-être à sa vraie vocation lors-qu'il alla mourir à Missolonghi, n'est-il pas le poète des pirates, des entreprises étranges et suspectes? Le lecteur me dispensera d'accu-muler les exemples.

Cependant ceci n'est pas sans exceptions. La loi qui exige que l'image intense s'actualise est toujours satisfaite, mais quelquefois elle se satisfait des deux façons : esthétiquement et pratiquement. Beaucoup ont vécu leurs rêves d'amour, d'orgies, d'aventures et de violences et en ont fait de plus une œuvre d'art : un double torrent a coulé du même sommet. Quelques romantiques ont ressuscité les âges disparus dans leurs demeures, leur ameublement, leur vie. Les souverains artistes ont pu donner à leurs imaginations la pleine réalité : Néron, Hadrien, Louis II de Bavière, etc.

Un anthropologiste italien, C. Ferrero, a fait observer avec raison que si l'on se plaint de l'art contemporain si souvent pessimiste, satanique, macabre, névrosé, ce mal ne va pas sans quelque bien : c'est une soupape de sûreté, un émonctoire. L'art morbide « est une défense contre des tendances anormales qui finiraient sans cela par se transformer en actions ». Beaucoup se contentent d'une satisfaction littéraire, plastique ou musicale. Ceci paraît incontes-table. On peut aussi concéder à l'auteur que la suggestion de l'œuvre d'art n'a pas la puissance de la suggestion directe, celle du fait vu, perçu et que, de ce chef, elle est moins dangereuse; mais comme sa diffusion est plus grande et qu'elle agit surtout sur les prédisposés, on peut se demander si, finalement, le gain est sérieux.

C'est une question de sociologie dont la discussion ne serait pas ici à sa place et que nous ne faisons qu'indiquer. Notre conclusion, c'est que la pathologie du sentiment esthétique n'existe pas par elle-même ; elle est l'expression, entre beaucoup d'autres déjà signalées, d'une prédisposition morbide qui ne peut suivre cette voie que chez le petit nombre, ceux qui ont la puissance de l'imagination créatrice.

CHAPITRE XI

LE SENTIMENT INTELLECTUEL

I

On sait que ce nom désigne les états affectifs, agréables, désagréables ou mixtes, qui accompagnent l'exercice des opérations de l'intelligence. L'émotion intellectuelle peut être liée à des perceptions, à des images, à des idées, au raisonnement et au cours logique de la pensée : en un mot à toutes les formes de la connaissance. Sauf quelques cas rares qui seront signalés plus loin, elle ne dépasse guère une tonalité moyenne, surtout dans ses manifestations supérieures : nous avons dit ailleurs pourquoi les notions abstraites sont peu aptes à promouvoir les conditions organiques de l'émotion.

Après l'avoir prise à son origine, nous aurons à retracer son évolution qui parcourt trois phases principales : l'une, utilitaire, pratique ; une autre, désintéressée, scientifique ; une dernière beaucoup moins fréquente, où elle atteint la puissance et l'exclusivisme d'une passion.

I. Ce sentiment, comme tous les autres, dépend d'un instinct, d'une tendance, d'un besoin ; il exprime dans la conscience sa satisfaction ou sa non-satisfaction. Ce besoin primitif — le besoin de connaître, — sous sa forme instinctive, s'appelle la curiosité. Elle a tous les degrés, de l'animal qui palpe et flaire, jusqu'à un Gœthe qui scrute tout, veut tout savoir, tout embrasser ; de l'investigation puérile aux spéculations les plus hautes ; mais quelles que soient les différences dans son objet, dans son point d'application, dans son intensité, elle reste toujours identique à elle-même. Celui qui en est privé, comme l'idiot, est un eunuque dans l'ordre intellectuel.

Étant posé ce besoin inné, comment se développe-t-il durant la première période ?

Le premier moment est celui de la *surprise*. Elle se produit de bonne heure chez l'enfant : clairement et au plus tard vers la vingt-deuxième semaine, d'après Preyer. C'est un état émotionnel spécial, irréductible à tout autre qui consiste dans un choc, une désadaptation ; à mon avis, son caractère propre et singulier, c'est qu'il est sans contenu, sans objet, sauf un rapport ; sa matière est un *rapport*, une transition entre deux états, un simple mouvement de l'esprit et rien de plus. La surprise a un mode d'expression et des concomitants physiologiques très nets. On en trouvera la description dans Darwin (ch. XII) : les yeux et la bouche sont grands ouverts, les sourcils relevés, la secousse soudaine est suivie d'immobilité, les battements du cœur et les mouvements de la respiration s'accélèrent, etc.

Le second moment est celui de l'*étonnement*. Je pense avec Bain et J. Sully [1] que la distinction entre ces deux moments n'est pas une vaine subtilité. La surprise est momentanée, l'étonnement est stable ; l'une est une désadaptation, l'autre une réadaptation ; l'une est sans matière objective, l'autre a pour matière un objet inaccoutumé, étrange. C'est sans doute ce second moment que Descartes appelait l'admiration et qu'il mettait au nombre de ses six passions primitives : « L'admiration est une subite surprise de l'âme qui fait qu'elle se porte à considérer avec attention les objets qui lui semblent rares et extraordinaires [2]. » En fait, l'étonnement est l'éveil de l'attention dont il a les principaux caractères : unité de la conscience, convergence vers un seul objet, intensité de la perception ou de la représentation, adaptation des mouvements [3]. Au début, avant que l'étonnement s'accompagne de plaisir ou de peine suivant les cas, il a une manière d'être particulière qui se rapproche de ce que l'on a appelé l'état neutre ou de simple excitation.

1. Bain, *Émotions*, ch. IV : J. Sully, *Psychology*, t. II, 126.
2. Descartes, *Traité des passions*, 2e partie, art. 70.
3. Nous avons donné plus de détails sur ce point dans la *Psychologie de l'attention*.

Le troisième moment est celui de l'*interrogation*, de la réflexion qui succède à la période d'étourdissement du premier choc. C'est le moment de la curiosité proprement dite qui consiste en deux questions posées implicitement ou explicitement : Qu'est-ce que cela? à quoi cela sert-il? Quelle est la nature concrète de cet objet et quelle peut être son utilité? L'homme primitif, l'enfant, les animaux posent incessamment cette double question, non sans doute en termes clairs et analytiques, mais instinctivement et par des actes. Le chien qui, en face d'un objet inconnu, le regarde, le flaire, s'approche, s'éloigne, se hasarde à le toucher, revient et recommence, poursuit cette investigation à sa manière : il résout un double problème de nature et d'utilité [1]. L'interrogation consiste à assimiler l'objet nouveau à nos perceptions ou représentations antérieures, à le classer.

L'homme primitif est-il curieux? Herbert Spencer allègue beaucoup de faits pour établir son peu de goût pour la nouveauté [2]. Cependant, le besoin de connaître paraît fort inégalement répandu suivant les races; le seul fait universel, c'est que la curiosité primitive est limitée à des choses très simples qui toutes ont ou paraissent avoir une utilité pratique. La curiosité et l'état affectif qui l'accompagne n'ont pour but que la conservation de l'individu, tout comme nous l'avons vu pour la tendance à vivre en société ou à révérer des dieux, dans cette même période initiale de l'évolution. Être en éveil, s'enquérir de ce qui sert ou nuit, en un mot, savoir dans l'ordre pratique est une arme puissante dans la lutte pour la vie, une cause de sélection en faveur des curieux et aux dépens des incurieux. C'est la survivance de cette curiosité tout utilitaire qui explique pourquoi, actuellement encore, les peuplades incultes et même demi-civilisées n'admettent pas que des voyageurs viennent de loin dans leur pays, pour des explorations de géologie, d'archéologie, de zoologie, de botanique : elles soupçonnent toujours, chez ces étrangers, une recherche de trésors, l'espionnage ou quelque maléfice qui leur échappe.

II. Comment s'est produit le passage à la période désintéressée?

1. Pour des faits sur la curiosité des animaux, voir Romanes, *Évolution mentale*, 283-331.
2. *Principles of Sociology*, I, p. 98-99.

On peut admettre avec J. Sully (*ouv. cité*, II, 131) qu'il s'est fait par la tendance naturelle, innée, de l'esprit humain pour l'extraordinaire, l'étrange, le merveilleux. La même tendance qui, sous sa forme créatrice, engendre les mythes religieux, poétiques, sociaux, sous la forme de la recherche, essaie de découvrir les causes au lieu de les imaginer[1]. Nous sommes ici au point de jonction du sentiment esthétique et du sentiment intellectuel qui vont bifurquer et suivre chacun son développement propre. Toutefois la recherche n'est qu'à moitié désintéressée; car, en essayant de pénétrer le mystère des choses, l'homme espère bien en profiter.

Au reste, de quelque manière que ce passage se soit fait, il s'est produit quand la lutte pour l'existence est devenue moins âpre et que la recherche désintéressée a pu être cultivée pour elle-même. Alors la curiosité est devenue l'émotion scientifique et s'est étendue peu à peu à toute espèce d'investigation : le sentiment intellectuel s'est constitué dans sa plénitude.

Il a été étudié avec une certaine faveur par les psychologues, surtout ceux de l'école de Herbart ou qui ont subi son influence, sous les noms de « sentiments de rapport », « sentiments liés au cours des représentations ». Je n'ai pas l'intention de les suivre dans leur œuvre fastidieuse et peu instructive de divisions, subdivisions et distinctions, digne des scolastiques du xive siècle. D'ailleurs, la prétendue classification des sentiments intellectuels varie d'un auteur à un autre, l'un en donne 15, un autre 60. C'est un travail artificiel, un labyrinthe, une source d'obscurité, non de clarté. Je défie le psychologue le plus subtil de noter et de fixer les nuances de sentiments qui, par hypothèse, répondraient à cette énumération

---

1. Voici, d'après un voyageur, un exemple de ce passage spontané à la curiosité désintéressée, chez un Cafre intelligent. « Il y a une douzaine d'années [c'est lui-même qui parle], je conduisais mon troupeau. Le temps était gris, je m'assis sur un roc et je me faisais à moi-même des demandes, et j'étais triste parce qu'il m'était impossible d'y répondre : Qui a fait les étoiles? Sur quoi reposent-elles? Les eaux ne s'épuisent jamais, elles coulent du matin au soir, où s'arrêtent-elles? Les nuages passent et repassent et se changent en pluie, d'où viennent-ils? Nos sorciers certainement ne donnent pas la pluie, car comment pourraient-ils la former? et je ne les ai jamais vus de mes yeux aller la chercher dans le ciel. Et le vent, qui le guide, qui le fait souffler? etc., et je me serrais la tête dans les mains, incapable de répondre. » Cité par Vignoli, *Mito e Scienza*, p. 63.

sans fin [1]. Mais le défaut le plus grave, c'est que l'on classe les états intellectuels seuls, non les états affectifs.

Je ne vois qu'une seule division admissible; elle a l'avantage d'être simple et surtout de reposer sur la nature même du processus affectif. Il y a les plaisirs et peines qui accompagnent la recherche ou l'acquisition d'une connaissance quelconque; et les plaisirs et peines qui s'attachent à la possession ou à la privation. Les premiers sont dynamiques, les seconds statiques.

L'émotion intellectuelle, sous sa forme *dynamique*, dépend de la quantité d'énergie dépensée. En fait, elle n'est qu'un cas particulier de l'état émotionnel qui accompagne toute forme d'activité dirigée vers un but comportant des succès et des échecs : elle n'est qu'un mode du *self-feeling*, ne différant de l'émotion de l'explorateur ou du chasseur que par son objet, sa matière, non par sa nature. La recherche de la connaissance est une chasse comme une autre, dont la vérité est le gibier ; et de même que beaucoup de chasseurs trouvent plus de charmes aux péripéties de leur expédition qu'à leurs prises, de même beaucoup de chercheurs de vérité accepteront le mot connu de Lessing : « Si l'on m'offrait le choix entre la vérité toute trouvée et le plaisir de la chercher, c'est le second parti que je prendrais. »

Sous sa forme *statique*, l'émotion intellectuelle est encore un cas particulier du *self-feeling*, dont la principale manifestation est le sentiment de la force, de la puissance (ou son contraire) : elle en est un mode, au même titre que le plaisir de la force physique, le plaisir de la richesse (ou leurs contraires). Elle se rapproche surtout de l'émotion que donnent la possession, la propriété : elle est sentie comme accroissement sous sa forme positive ; comme diminution et pauvreté sous sa forme négative ; l'ignorance est un rétrécissement, une limite.

1. Je donne un échantillon, choisissant une classification qui n'est ni des plus longues ni des plus courtes. 1° Émotions qui naissent des rapports logiques (raisonnables, déraisonnables, contradictoires, satisfaction logique, ignorance, inconnu, hypothétique, possibilité ou impossibilité de conclure); 2° Émotions naissant des rapports de temps (présent, passé, avenir, anticipation, espoir, pressentiment, sentiment de l'irrémédiable, de l'opportunité, de la routine, etc.); 3° Émotions naissant des rapports d'espace (distance, grandeur, rapprochement, éloignement, etc.); 4° Émotions naissant des rapports de coexistence et de non-coexistence, de quantité, d'identité, etc. En tout 32 : j'ai beaucoup abrégé.

En somme, l'émotion intellectuelle est assez simple ; elle n'est que la transposition de manifestations affectives déjà connues à un groupe d'opérations de l'esprit. Nous n'avons donc pas à y insister davantage.

III. Reste à la suivre dans une troisième phase qu'elle atteint rarement, parce que les idées pures ont peu d'attrait pour la moyenne des hommes : c'est le cas où elle devient une *passion*. Il est évident que la passion intellectuelle ne peut sortir que du groupe dynamique, la possession étant par nature un plaisir calme ou, comme disaient les anciens, un plaisir dans le repos.

On en trouverait de nombreux exemples dans la biographie des savants et des philosophes. Quelques noms se présentent tout de suite, Kepler, Spinoza et tant d'autres qui ont consacré leur vie exclusivement et rigoureusement à la recherche de la vérité. Toutefois, on peut objecter que, dans certains cas et chez certains hommes, rien ne prouve que la passion intellectuelle n'a pas été alimentée ou soutenue par des éléments étrangers, que tout en admettant l'amour de la science a été le principal mobile, il n'était pas le seul ; qu'il y en a d'autres qui sont venus l'adultérer : désir d'une place, de l'influence, de la richesse, de la renommée, de la gloire ; bref, l'ambition sous ses multiples aspects. Il n'est pas aisé de trouver des cas absolument purs ; car outre que la passion intellectuelle est rare, la demande est posée en termes presque contradictoires, puisqu'il ne faut produire que des inconnus. En voici pourtant un exemple qui me paraît complet. Descuret, dans sa *Médecine des passions*, a résumé la biographie d'un Hongrois, Mentelli, philologue, mathématicien, qui, sans but déterminé, uniquement pour le plaisir d'apprendre et de satisfaire ses besoins intellectuels, consacra sa vie tout entière à l'étude, sans paraître éprouver d'autres besoins. « Vivant à Paris, dans un réduit infect qui lui avait été accordé par charité, il avait retranché de ses dépenses tout ce qui n'était pas absolument indispensable pour vivre. Sa dépense, à part l'achat des livres, était de sept sous par jour, dont trois pour la nourriture et quatre pour l'éclairage ; car il travaillait vingt heures par jour, ne s'interrompant qu'un seul jour pour donner des leçons de mathématiques dont le prix lui était nécessaire pour vivre. De l'eau qu'il allait chercher lui-même, des pommes de terre qu'il cuisait sur sa lampe, de l'huile pour alimenter celle-ci, du pain de munition, c'est là tout ce dont il avait besoin. Il couchait dans une grande boîte où il mettait le jour ses pieds enveloppés d'une couverture de laine ou d'un peu de foin. Un vieux fauteuil, une table, une cruche, un pot de fer-blanc, un morceau d'étain grossièrement courbé, servant de lampe, composaient tout le reste de l'ameublement. Mentelli avait supprimé tous les frais de blanchissage, en supprimant le linge. Une capote de soldat achetée à la caserne et qu'il ne remplaçait qu'à la dernière extrémité, un pantalon de nankin, une casquette de peau et d'énormes sabots composaient tout son costume. En 1814, les boulets des Alliés tombant autour du réduit qu'il occupait alors ne le troublèrent nullement... Durant la première épidémie de choléra à Paris, il fallut employer la force armée pour contraindre cet anachorète scientifique à interrompre ses études, afin de nettoyer sa cellule infecte. Il vécut ainsi trente ans, sans être jamais malade, sans se plaindre, très heureux. Enfin, le 22 décembre 1836, à l'âge de soixante ans, étant allé comme d'habitude renouveler sa provision d'eau à la Seine, son pied glissa, il tomba dans la rivière qui était très haute et se noya. Mentelli n'a laissé aucun ouvrage, aucune trace de ses longues recherches [1]. »

On pourrait citer d'autres exemples ; mais ils pâliraient par comparaison. Les grandes collaborations anonymes, comme celle des Bénédictins, ont certainement compté des passionnés de ce genre : ainsi Dom Mabillon fut un type de travailleur acharné, modeste, ignoré, remplissant ponctuellement ses devoirs religieux et, le reste du temps, courant le monde à pied pour recueillir des documents historiques.

Il y a donc des cas où l'amour de la science, seul et sans autres mobiles qui viennent ternir sa pureté, a les caractères d'une passion, fixe, tenace, qui remplit toute une vie et résume l'homme tout entier.

1. Cité par Letourneau, *Physiologie des passions*, p. 23.

II

Le sentiment intellectuel a aussi sa pathologie où je trouve à signaler deux cas principaux : les formes extrêmes du doute et l'introduction du mysticisme dans la science.

1° Le doute est un état d'équilibre instable où des représentations contradictoires se succèdent, sans s'imposer ou se concilier. Je distingue le doute simple, le doute dramatique et la folie du doute.

Dans le doute simple, limité, l'indécision intellectuelle a pour concomitant affectif un malaise faible, un état pénible résultant d'un désir non satisfait, d'une tendance qui n'aboutit pas. Sous cette forme, le doute est normal, légitime, nécessaire; il devient morbide, lorsqu'il prend une forme chronique, permanente et envahissante, lorsqu'il produit un ébranlement violent et à long retentissement.

C'est ce doute que j'appelle dramatique parce qu'il est un déchirement intérieur, une crise souvent longue et répétée; il précède les grandes conversions, puis s'apaise; quelquefois il dure toute la vie, comme chez Pascal; et sa violence ne peut surprendre puisqu'il est, dans l'ordre intellectuel, l'équivalent d'un amour intense, incurable, toujours éconduit et sans espoir : dans les deux cas, même situation, mêmes effets.

La folie du doute nous fait pénétrer plus avant dans la pathologie. C'est « une maladie chronique de l'esprit, caractérisée par une inquiétude constante ». Elle présente des variétés nombreuses que les aliénistes ont classées. Les uns ne sortent pas de la réalité vulgaire et banale, comme celui qui vérifie vingt fois de suite s'il a bien fermé sa porte; d'autres s'épuisent en questions abstruses et insolubles, sans jamais se satisfaire ni s'arrêter, comme une roue qui tourne toujours; d'autres, les timorés, s'abîment dans des scrupules et des puérilités sans fin : mais quelle que soit la matière à laquelle l'esprit s'applique, l'opération psychologique reste identique : c'est une interrogation sans trêve ni limites, accompagnée d'angoisse, de constriction de la tête, d'oppression épigastrique, de troubles vaso-moteurs, etc.; c'est le désir ardent de trouver un état fixe pour la pensée, sans y parvenir.

Sous sa forme la plus grave, elle est « la perte complète de toute notion et de tout sentiment de la réalité ». C'est le scepticisme absolu, non théorique et spéculatif à la manière des Pyrrhoniens, mais *pratique* : il porte non seulement sur des idées, des concepts abstraits, des souvenirs, des raisonnements, mais sur les perceptions mêmes et les actes ; l'exercice de l'intelligence n'est accompagné d'aucune croyance, c'est-à-dire d'aucun état de l'esprit qui pose une réalité. « J'existe, dit l'un de ces malades, mais en dehors de la vie réelle et en dépit de moi-même... ; quelque chose qui paraît être dans mon corps me pousse à agir comme autrefois ; mais je ne puis arriver à croire que mes actions sont réelles. Je fais tout mécaniquement et inconsciemment... Mon individualité a complètement disparu ; la manière dont je vois les choses me rend incapable de les réaliser, de sentir qu'elles existent... Même en touchant et en voyant, le monde m'apparaît comme un fantôme, une gigantesque hallucination... Je mange, mais c'est une ombre de nourriture qui entre dans une ombre d'estomac, mon pouls n'est que l'ombre d'un pouls... J'ai parfaitement conscience de l'absurdité de ces idées, mais je ne peux les surmonter [1]. » Cet état appartient, en effet, à la catégorie des folies avec conscience.

Mais ce n'est pas essentiellement une maladie de l'entendement : l'élément intellectuel est secondaire ; ce doute perpétuel, cette interrogation sans fin ne sont que des effets ; la cause est dans un affaiblissement de la vie affective et de la volonté, incapable d'aboutir à une croyance, c'est-à-dire à une affirmation ; plus profondément encore dans un trouble de la vie organique, démontré par des perversions sensorielles, de l'affaiblissement moteur, par l'état mélancolique du patient, avec son cortège physiologique et son abaissement des fonctions vitales.

2° L'introduction du mysticisme dans la science, quoiqu'elle sévisse fortement à l'époque contemporaine, est une maladie intellectuelle de tous les temps. A l'origine, la recherche scientifique n'a eu la conscience claire ni de son objet ni de sa méthode. Les premiers philosophes de la Grèce spéculent à la fois sur les causes premières, sur les causes secondes et sur les applications pra-

1. Hack Tuke's, *Dictionnary* : art. *Insanity of Doubt*. Des cas analogues ont été rapportés par divers auteurs. Griesinger, Clouston, etc.

tiques, sans établir entre elles aucune distinction tranchée. Thalès construit une cosmologie et calcule les éclipses; Pythagore réduit l'univers aux nombres, mais fait avancer les mathématiques et fonde une société communiste d'après ses principes. Peu à peu, lentement, son domaine propre se constitue : la détermination des causes secondes, des lois. A la Renaissance, l'alchimie, l'astrologie, les sciences occultes sont expulsées, malgré leurs services provisoires et quelques découvertes positives à leur actif. Actuellement les méthodes sont fixées dans leurs grandes lignes; ce qui nous permet de déterminer les anomalies et les déviations du sentiment intellectuel.

Comment sort-il de la voie normale? Inutile de remarquer que ce n'est pas en recherchant l'inconnu, puisque c'est sa tâche fondamentale, celle de tous les jours et de tous les temps. Est-ce en poursuivant l'inconnaissable? Cette thèse serait bien fragile, car où commence l'inconnaissable? Admettons, par hypothèse et pour simplifier, que ce mot couvre tout le domaine des causes premières tenu pour inaccessible; cette élimination faite, c'est par un acte tout arbitraire qu'on décide que ceci ou cela est inconnaissable. L'histoire des sciences en fournit des preuves à profusion. Pour n'en donner qu'un exemple qui tient de très près à la psychologie, l'un des plus grands physiologistes du siècle, J. Müller, déclarait que le temps nécessaire pour percevoir une sensation n'est pas mesurable, ne pourrait jamais être déterminé; ce qui n'empêchait pas Helmholtz de le mesurer quelques années plus tard, et l'on sait combien on a travaillé depuis et prospéré dans cette voie.

Ce n'est pas quant à l'objet qu'il poursuit, mais quant à la *méthode* qu'il emploie, que l'amour de la science peut faire fausse route. Le mysticisme scientifique consiste à remplacer les procédés réguliers par l'intuition et la divination; à tout attendre d'une révélation intérieure, d'une illumination surnaturelle; à substituer le subjectif à l'objectif, la croyance à la démonstration et à la vérification, la validité individuelle à la validité universelle. Certes, ce serait une grossière erreur de prétendre que l'intuition et la divination n'ont pas joué un rôle capital dans les découvertes des savants; elles sont à l'origine de presque toutes et il y a un moment où la création scientifique et la création artistique coïncident dans leurs conditions psychologiques; mais nul savant digne de ce nom ne confond la vision d'une vérité avec la démonstration d'une vérité; il ne la tient pour scientifique que quand il a fourni ses preuves. Le mysticisme est la réintégration, dans la science, de l'amour du merveilleux et du désir illusoire d'agir sur la nature, sans recherches préalables, sans peine, sans travail.

L'émotion intellectuelle a donc deux principales formes morbides : le doute qui, à son dernier terme, aboutit à la dissolution; le mysticisme qui n'est qu'une déviation et dont l'essence consiste à substituer des procédés imaginatifs à des procédés logiques [1].

1. Deux psychologues américains, sans rien dire de ces formes principales que nous venons d'étudier, comptent parmi les aberrations contemporaines du sentiment intellectuel quelques tendances qui me paraissent, par comparaison, des infirmités bien légères :

1° « Une forme subtile qui est la maladie propre du xixᵉ siècle, c'est l'amour de la culture de l'esprit pour elle-même. Quand le sentiment est dirigé non vers les objets, mais vers les états d'esprit causés par la connaissance des objets, il se produit un amour de connaître qui a pour but le développement de l'esprit lui-même. La connaissance est acquise en vue de l'extension et de l'expansion du moi. La culture de nos facultés mentales devient une fin en elle-même et la connaissance de l'univers objectif est subordonnée à cette fin. Les sentiments intellectuels, détachés de leur place propre comme fonctions de la vie intégrale, occupent une place indépendante dans la conscience. Ici, comme toujours en pareil cas, la tentative se suicide elle-même. La seule manière de développer son moi, c'est de le rendre objectif, et la seule manière d'y arriver, c'est de le sacrifier. La culture du moi renverse l'ordre des choses et essaie d'employer la connaissance comme un pur moyen de satisfaire l'intérêt personnel. Le résultat, c'est que l'individu ne sort jamais en réalité de lui-même. » (Dewey, *Psychology*, p. 305-306.) Cette critique est juste. On pourrait dire plus simplement que la recherche de l'émotion intellectuelle pour elle-même confine au dilettantisme scientifique, c'est-à-dire à une disposition superficielle et à une tendance de l'esprit à courir en tout sens, sans rien approfondir. Mais on ne peut compter comme morbide l'amour des recherches abstraites et purement spéculatives; car le sentiment intellectuel reste en cela fidèle à sa nature qui est la curiosité et à sa mission qui est l'attraction vers la vérité. D'ailleurs, les spéculations de l'apparence la plus théorique et la plus inutile peuvent se traduire un jour en résultats applicables à la pratique.

2° Ladd (*Psychology, descriptive and explanatory*, p. 566 et suiv.) considère comme une forme morbide du sentiment intellectuel la personnification de la Science, si courante à l'époque actuelle (à mon avis, c'est plutôt une maladie de la pensée, un cas de la tendance incurable de l'esprit humain à réaliser des abstractions et à plier le genou devant l'idole qu'il a fabriquée), et il critique aussi l'amour croissant des minuties et la recherche obstinée des petits faits. — Il faut avouer que cette tendance devient quelquefois un fléau dans les sciences d'observation, d'expérimentation ou de documents: que ceux qui se sont confinés dans ce labeur ont une disposition naturelle à en exagérer la portée; mais ce

En résumé, le sentiment intellectuel se meut entre deux pôles : l'un où il enveloppe une connaissance confuse et joue un rôle prépondérant sous cette forme instinctive qu'on nomme le flair, le tact ; l'autre où il n'est plus que le pâle accompagnement de l'exercice de la pensée abstraite. Sous cette dernière forme, il est le type dont se rapprochent toutes les autres émotions, quand l'élément affectif s'appauvrit : l'émotion morale, chez les théoriciens rationalistes (les Stoïciens, Kant), l'émotion esthétique, chez les critiques, l'émotion religieuse, chez les métaphysiciens et les théologiens dogmatistes.

travail est nécessaire et le progrès de toute science est à ce prix. Chacun en prend à sa mesure et suivant ses forces ; il n'y a pas d'architectes sans ouvriers.

CHAPITRE XII

LES CARACTÈRES NORMAUX [1]

A diverses reprises plusieurs auteurs ont fait remarquer avec raison que le grand travail d'analyse qui se poursuit de nos jours, dans le domaine de la psychologie, devrait être complété par des études d'un caractère tout opposé; c'est-à-dire que la psychologie analytique et abstraite a pour indispensable complément une psychologie synthétique et concrète. Comme toute science, la psychologie ordinaire procède par généralités. Qu'elle s'occupe des perceptions ou des concepts, de l'association des idées ou des mouvements, de l'attention ou des émotions, elle prend ces manifestations partout où elle les trouve, chez tous les hommes, chez tous les animaux et essaie de les expliquer, en les ramenant à leurs conditions les plus générales. Elle part de cette supposition implicite, qu'il se rencontre chez chaque homme des instincts, des habitudes, des phénomènes intellectuels, affectifs, volontaires. Mais en quelles proportions ces éléments se combinent-ils pour constituer les diverses individualités psychologiques? Quels multiples assemblages peuvent-ils produire? Y a-t-il prépondérance des émotions, de l'intelligence ou de l'action? La prépondérance de l'un influe-t-elle sur le développement des autres? Ces questions et bien d'autres analogues, la psychologie analytique ne les pose pas, et à juste titre, parce qu'elles ne sont pas de son ressort. Pourtant, elles valent la peine d'être posées, ne fût-ce que pour l'utilité pratique.

1. Ce chapitre a été publié en article (octobre 1893); il a été laissé sans changement quant au fond.

On a dit, en médecine, qu'il « n'y a pas de maladies, mais des malades ». Aussi les traités de pathologie, qui décrivent les caractères généraux, classiques, d'une maladie, ont pour complément nécessaire les études cliniques qui décrivent des cas concrets, particuliers. De même, en psychologie, on pourrait dire qu'il n'y a pas une humanité, mais des hommes; il ne suffit pas de décrire les manifestations de l'esprit en général; il faut tenir compte aussi des individus qui les incarnent et des variétés qu'ils nous révèlent. Le point de vue synthétique n'est ni chimérique, ni négligeable, en psychologie moins qu'ailleurs.

Une erreur très répandue consiste à croire que, lorsque l'on a résolu un tout complexe en ses éléments, on a *tout* ce qui le constitue. On oublie que la plupart des composés ressemblent plutôt à des *combinaisons* chimiques qu'à de simples mélanges, qu'ils ne se forment pas par une simple addition et qu'il y a *plus* dans la synthèse que dans l'analyse.

L'élimination du point de vue synthétique est de moins en moins admissible à mesure que l'on monte de l'inorganique à la vie, à la conscience, à la société. Même dans le monde inorganique où n'existent que les propriétés générales de la matière brute, certains corps composés présentent déjà une sorte d'individualité, c'est-à-dire une manière d'être et de réagir qui leur est propre. Cela se voit au mieux dans les cristaux : leur croissance peut être interrompue et reprise; brisés ou mutilés, ils peuvent réparer leurs pertes; ils peuvent subir des désagrégations ou modifications profondes, mais si une portion reste inaltérée, elle a encore le pouvoir de croître et d'échapper à la « sénilité »; deux substances totalement différentes peuvent même se confondre d'une façon presque inextricable, tout en conservant chacune son individualité. — Dans le monde de la vie, la cellule et l'ovule ont une individualité bien nette; puis viennent ces agrégats à unité vague, instable et précaire, comme celle des végétaux, des hydrozoaires et de ces colonies animales fixes ou errantes qu'on a appelées des fédérations; mais ces étapes de l'évolution franchies, les formes animales supérieures affirment leur individualité si franchement qu'il est inutile d'insister. — En psychologie, de même. Que n'a-t-on dit sur l'unité et l'identité du moi, érigé en entité simple et indissoluble? On ne soupçonnera pas l'auteur de ce livre d'incliner dans ce sens. Toutefois, il faut reconnaître qu'on s'est tant occupé, dans ces dernières années, des troubles, altérations, désagrégations, dissolutions de la personnalité, que le triomphe de la méthode analytique a été complet et que le côté synthétique du sujet a été rejeté dans l'ombre.

Sans insister sur une question trop étendue pour être traitée incidemment — l'opposition entre la psychologie analytique et la psychologie synthétique, — on peut dire qu'il y a deux manières également légitimes de considérer toutes choses dans la nature : la manière analytique, abstraite, pour qui il n'y a que des lois, des genres, des espèces, du général; la manière synthétique, concrète, pour qui il n'y a que des faits, des événements, des individus, du particulier. L'une suppose l'autre et complète l'autre : ce sont deux moments d'une même méthode.

Jusqu'ici, il est clair que, dans la psychologie nouvelle, c'est le procédé analytique qui a prévalu. Malgré ces conditions défavorables, quelques travaux fructueux ont été faits dans l'autre sens, dont le principal est la détermination de certains types d'imagination (visuel, auditif, moteur et leurs variétés). Mais le problème capital qui se pose à la psychologie synthétique est ailleurs; dans l'ordre de l'action, non de la connaissance. Il est pratique. Il consisterait à déterminer les principaux types d'individualité, d'après la manière d'agir et de réagir, qui a sa source dans les sentiments et le vouloir. Cela s'appelle d'un terme un peu vague, consacré par l'usage : le caractère.

I

Le but de ce chapitre n'est pas de traiter ce difficile sujet; mais simplement d'essayer une classification des caractères et de montrer leurs rapports avec la psychologie affective.

Je passerai sous silence l'histoire de la question; elle serait longue et monotone. Il me semble qu'elle s'est développée dans deux directions, l'une surtout physiologique, l'autre surtout psychologique.

La théorie physiologique est très ancienne et a régné exclusivement pendant des siècles. Elle se résume dans la doctrine classique des quatre tempéraments qui date des médecins grecs. Ces grands observateurs l'avaient déduite de leur longue expérience, en y ajoutant, il est vrai, des hypothèses chimériques sur la prédominance des liquides de l'organisme ou des éléments cosmiques. Critiquée, défendue, abandonnée, reprise, modifiée, augmentée par Cabanis des deux tempéraments nerveux et musculaire, réduite à trois par d'autres, elle est restée en substance la même jusqu'à nos jours. La psychologie s'est contentée de l'adapter à son usage et de la traduire dans sa langue. Au reste, cette besogne était pour ainsi dire toute faite d'avance ; car la description de chaque tempérament énumérait des caractères non seulement physiques, mais psychiques. Le *sanguin* est réputé léger, versatile, superficiel, accommodant ; le *mélancolique* est profond, renfermé en lui-même, hésitant ; le *colérique* a une imagination active, des passions intenses, tenaces, difficiles à supplanter ; le *lymphatique* (ou flegmatique) est mou, froid, à réactions lentes, à imagination terne. La description détaillée de ces quatre types se trouve un peu partout, ce qui me dispense d'insister. Je remarque que, pendant ce siècle, c'est en Allemagne surtout que cette théorie psycho-physiologique a dominé. Kant l'adopte et la développe (*Anthropologie*, liv. III) ; Lotze remplace « mélancolique » par « sentimental » qui lui paraît moins prêter à l'équivoque ; Wundt, dans sa *Psychologie physiologique*, reproduit à peu près sans changement les divisions de Kant.

La théorie psychologique est plus récente et me paraît d'origine anglaise. On sait que Stuart Mill réclamait la constitution d'une « Éthologie » ou science du caractère qui serait déduite des lois générales de la psychologie. C'est à cet appel que Bain paraît avoir essayé de répondre dans son livre : *Study of Character* (1861). Ce n'est pas le lieu d'analyser cet ouvrage dont une moitié est consacrée à la critique des phrénologistes qui, eux aussi à leur manière, scrutaient notre sujet, sans beaucoup se préoccuper des tempéraments. Il importe seulement de noter que la position de Bain est strictement, rigoureusement psychologique : il admet trois types fondamentaux, intellectuel, émotionnel et volitionnel ou énergique. Plus récemment, M. B. Perez a proposé une classification des caractères, appuyée uniquement sur un phénomène objectif :

les mouvements, leur rapidité et leur énergie. Il distingue d'abord les vifs, les lents, les ardents; puis comme types mixtes, les vifs-ardents, les lents-ardents et les pondérés [1]. Paulhan ramène la loi qui explique la formation du caractère à une loi plus générale, celle « d'association systématique, c'est-à-dire l'aptitude de chaque élément, désir, idée ou image, à susciter d'autres éléments qui puissent s'associer à lui pour une fin commune ». Il a donné une description très détaillée des formes multiples qui se rencontrent dans la vie courante avec un grand nombre d'exemples à l'appui. — Fouillée étudie séparément les tempéraments et les caractères et répartit ceux-ci en trois catégories : les sensitifs, les intellec-tuels, les volontaires, avec des subdivisions [2].

Si nous essayons maintenant de reprendre la question à nos risques et périls, la première chose à faire c'est de déterminer clai-rement les marques essentielles d'une véritable individualité, d'un vrai caractère; ce qui nous permettra d'éliminer tout de suite ce qui y ressemble sans l'être : les apparences, les simulacres, les fantômes d'individualité.

Pour constituer un caractère, deux conditions sont nécessaires et suffisantes : l'unité, la stabilité.

L'unité consiste dans une manière d'agir et de réagir toujours constante avec elle-même. Dans l'individualité vraie, les tendances sont convergentes ou du moins il y en a une qui s'asservit les autres. Si l'on considère l'homme comme un ensemble d'instincts, besoins et désirs, ils forment ici un faisceau bien lié qui agit dans une direction unique.

La stabilité n'est que l'unité continuée dans le temps. Si elle ne dure pas, cette cohésion des désirs est de nulle valeur pour déter-miner un caractère. Il faut qu'elle se maintienne ou se répète, tou-jours la même dans des circonstances identiques ou analogues. La marque propre d'un vrai caractère, c'est d'apparaître dès l'enfance et de durer toute la vie. On sait d'avance ce qu'il fera ou ne fera

1. B. Perez, *Le caractère de l'enfant à l'homme*, ch. i. On peut rappro-cher de cette classification objective, les travaux des graphologistes et de ceux qui se sont occupés de l'expression des émotions.

2. Paulhan, *Les caractères* (1894). Fouillée; *Tempérament et caractère selon les individus, les sexes et les races* (1895). Ces deux ouvrages ont paru après la publication du présent chapitre en article.

pas dans les circonstances décisives. Tout ceci équivaut à dire qu'un véritable caractère est *inné*.

On pourrait reprocher à cette définition d'être trop idéale. A la vérité, les caractères tout d'une pièce, invariables, sont assez rares ; il s'en trouve pourtant et c'est la notion consciente ou obscure de ce type qui règle nos jugements. Il y a un besoin instinctif de cette unité idéale dans notre conception psychologique, morale, esthétique du caractère. Il nous déplaît de constater un désaccord entre les croyances et les actes d'un homme. Il nous déplaît qu'un scélérat avéré ait quelque bon côté et qu'une personne très bonne ait une faiblesse. Pourtant, quoi de plus fréquent? Au théâtre, dans un roman, les personnages indécis ou contradictoires ne nous captivent pas. C'est que l'individualité nous apparaît comme un organisme qui doit être régi par une logique intérieure, suivant des lois inflexibles. Nous inscrivons volontiers au compte de la duplicité et de l'hypocrisie, ce qui n'est souvent qu'un simple conflit entre des tendances incohérentes ; et ce n'est pas l'un des moindres résultats pratiques des travaux contemporains sur la personnalité, que d'avoir montré que son unité n'est guère qu'un idéal et que, sans tomber dans la dissolution mentale et la folie, elle peut être pleine de contradictions inconciliées.

Ces réserves faites, notre définition du caractère a l'avantage de nous fournir un critérium qui simplifie singulièrement notre tâche : car il est clair que, parmi les innombrables individus humains, il y en a — et c'est le plus grand nombre — qui n'ont ni unité, ni stabilité, ni marque personnelle qui leur soit propre. Ce nombre immense de cas frustes, que je retranche de notre étude, je les divise en deux catégories : je les appelle les *amorphes* et les *instables*.

Les *amorphes* sont légion. J'entends, par là, ceux qui n'ont pas de forme qui leur soit propre ; ce sont les caractères acquis. En eux, rien d'inné ; rien qui ressemble à une vocation ; la nature les a faits plastiques à l'excès. Ils sont intégralement le produit des circonstances, de leur milieu, de l'éducation qu'ils ont reçue des hommes et des choses. Un autre, ou à défaut de cet autre, le milieu social veut pour eux et agit par eux. Ils ne sont pas une voix, mais un écho. Ils sont ceci ou cela, au gré des circonstances. Le hasard décide de leur métier, de leur mariage et du reste : une fois pris dans l'engrenage, ils font comme tout le monde. Ils ne représentent pas un caractère individuel, mais spécifique, professionnel ; ce sont des copies en nombre illimité d'un original qui a existé autrefois. — On a dit que c'est le propre de la civilisation de faire des amorphes et que c'est grâce à elle qu'ils pullulent. Cela n'est vrai qu'à demi. Il est certain que la culture excessive efface le relief du caractère et que, en élevant les uns et en abaissant les autres, elle tend au nivellement universel. Mais, il ne faut pas oublier qu'à l'autre extrémité de la vie sociale, dans l'état de sauvagerie, où il n'existe que la tribu, le clan, avec ses mœurs, coutumes, rites, traditions, qui pèsent sur chacun de tout leur poids, qui ne peuvent être ni discutées ni enfreintes ; où toute innovation est rejetée avec horreur (c'est ce que Lombroso appelle le *misonéisme*), les conditions sont aussi très défavorables pour le développement individuel. — Il semble, d'après l'histoire, que les périodes les plus propres à l'apparition des vrais caractères sont les âges de demi-civilisation, comme les premiers siècles de la République romaine et du Moyen âge ; ou les époques troublées comme la Renaissance italienne et en général tous les temps de révolutions.

Les *instables* sont les déchets et les scories de la civilisation et on peut l'accuser à juste titre de les multiplier. Ils sont l'antithèse complète de notre définition, n'ayant ni unité ni permanence. Capricieux, changeant d'un instant à l'autre, tour à tour inertes et explosifs ; incertains et disproportionnés dans leurs réactions, agissant de la même manière dans des circonstances différentes et différemment dans des circonstances identiques ; ils sont l'indétermination absolue. Formes morbides, à des degrés divers, qui expriment l'impossibilité des tendances et des désirs à atteindre la cohésion, la convergence, l'unité. Nous y reviendrons dans le chapitre suivant.

Ces deux catégories exclues, les uns parce qu'ils sont un simple produit de leur milieu, les autres parce qu'ils ne sont qu'un faisceau incohérent d'impulsions presque impersonnelles, il reste les caractères qui existent par eux-mêmes et qu'il faut essayer de classer. Comme toute bonne classification, celle-ci doit être conduite systématiquement, c'est-à-dire en descendant pas à pas du général au particulier. Elle doit déterminer des genres, des espèces, des variétés et arriver ainsi jusqu'à l'individu. Le principal défaut de la doctrine des quatre tempéraments (adaptée à la psychologie, comme nous l'avons vu ci-dessus) c'est d'être trop générale : elle reste suspendue en l'air, sans intermédiaire, sans moyens termes, qui la ramènent à l'individu. Elle pose les genres et rien de plus. Au reste, quelques auteurs semblent avoir vu cette lacune, puisqu'ils ont décrit des tempéraments mixtes; mais on est loin de s'accorder sur leur nature et sur leur nombre.

L'essai de classification qui va suivre parcourt quatre degrés à détermination croissante et à généralité décroissante. Au premier degré, les conditions les plus générales, de simples cadres presque vides ne correspondant à aucune réalité concrète, analogues aux « genres » en zoologie et en botanique. Au second degré (analogue aux espèces), les types fondamentaux du caractère, formes *pures*, mais réelles cette fois et que par suite l'observation justifie et vérifie. Au troisième degré, les formes mixtes ou composites, analogues aux variétés, moins nettement dessinées que les précédentes. Au quatrième degré, les substituts ou équivalents du caractère (on pourrait les appeler aussi caractères *partiels*), qui s'éloignent de plus en plus du type pur, mais qui en tiennent lieu pour beaucoup de gens.

II

Commençons par établir les conditions les plus générales de la détermination des caractères, les grandes lignes d'orientation, les traits dominateurs qui impriment une marque nette et décisive.

La vie psychique, considérée dans sa plus haute généralité, se ramenant à deux manifestations fondamentales : sentir, agir; nous avons d'abord deux grandes divisions, les sensitifs et les actifs.

1° Les *sensitifs* qu'on pourrait nommer aussi les affectifs, les émotionnels, ont pour marque propre la prédominance exclusive de la sensibilité. Impressionnables à l'excès, ils ressemblent à des instruments en vibration perpétuelle et ils vivent surtout intérieurement. Les bases physiologiques de cette classe de caractère ne sont pas faciles à énumérer; mais si l'on admet (ce qui nous semble incontestable) que les sensations internes, organiques, de la vie végétative, sont la source principale du développement affectif, comme les sensations externes sont la source du développement intellectuel, il faut admettre ici une rupture d'équilibre en faveur des premières. Elle se traduit par une extrême susceptibilité du système nerveux aux impressions agréables ou désagréables. En général, cette classe comprend surtout des pessimistes; parce que une expérience vieille comme le monde prouve que les sensitifs souffrent plus d'un petit malheur qu'ils ne jouissent d'un grand bonheur. Inquiets, craintifs, timides, méditatifs, contemplatifs : tels sont les termes très vagues par lesquels on peut les caractériser, pour le moment, sans sortir des généralités.

2° Les *actifs* ont pour marque dominante la tendance naturelle et sans cesse renaissante à l'action. Ils ressemblent à des machines toujours en mouvement et vivent surtout extérieurement. La base physiologique de cette classe de caractères consiste en un riche fond d'énergie, une surabondance de vie — ce que Bain appelle la spontanéité — très différente de la réaction intermittente et explosive des instables, et qui se réduit en somme à un bon état de nutrition. Pris en masse et sous leur forme pure, ils sont optimistes; parce qu'ils se sentent assez de force pour lutter contre les obstacles, les vaincre et parce qu'ils prennent plaisir à la lutte. Gais, entreprenants, hardis, audacieux, téméraires : telles sont leurs principales marques.

H. Schneider, dans un intéressant article de psychologie zoologique [1], a essayé de montrer que tous les mouvements spéciaux qui se produisent chez les animaux supérieurs, ne sont que des différenciations de deux mouvements simples et primitifs : la contraction, l'expansion. La tendance à la contraction est la source de toutes les impulsions et réactions, y compris le vol, par lesquelles l'animal agit dans le sens de sa conservation. La tendance à l'expansion se traduit par les impulsions et instincts à forme agressive : se nourrir, combattre, s'emparer d'une femelle, etc. L'antithèse entre les sen-

1. *Vierteljahrsschrift für wissench. Philosophie*, t. III.

sitifs et les actifs se ramène aussi à ce contraste fondamental entre la contraction et l'expansion, entre la tendance à la vie intérieure pour les uns, à la vie extérieure pour les autres.

3° La réduction aux deux grandes classes qui précèdent n'est pas suffisante. Sans doute, si l'on s'en tient à une construction théorique, il n'y a rien de plus que l'agir et le sentir; mais l'observation nous montre qu'il est nécessaire d'établir une troisième classe : celle des *apathiques*, qui correspond à peu près au tempérament lymphatique de la physiologie. Ses caractères généraux sont bien nets : ils consistent dans un état d'atonie, dans un abaissement du sentir et de l'agir, au-dessous du niveau moyen. Les deux autres classes sont positives, celle-ci négative; mais très réelle. Les caractères apathiques ne doivent pas être confondus avec les amorphes : les premiers sont innés, les seconds sont acquis; sous sa forme pure, l'apathique a pour marque propre : l'inertie. Il n'est pas plastique comme l'amorphe; il n'offre pas de prises. Il ne réussit pas à sentir assez pour agir assez. Il n'est ni optimiste, ni pessimiste; mais indifférent. Paresseux, endormi, inerte, insouciant : telles sont les épithètes qui le peignent dans sa généralité. Ce caractère a pour base physiologique la constitution lymphatique bien souvent décrite : abaissement du *tonus* nerveux (Henle), augmentation de la circulation lymphatique, d'après les uns; affaiblissement de la circulation sanguine, d'après les autres. Cependant, il ne faudrait pas croire que ce n'est qu'une terre ingrate sur laquelle rien ne pousse. Ajoutez-y un troisième élément éliminé jusqu'ici à dessein — l'intelligence — et le caractère apathique prend du relief, comme nous le verrons dans la suite.

Dans cette détermination des genres, des classes fondamentales ramenées à leur plus haut degré de généralité, faut-il admettre une quatrième classe, celle des *tempérés*? On pourrait dire : prédominance du sentir, prédominance de l'agir, atonie de l'un et de l'autre; cela réclame un complément, à savoir un état de parfait équilibre entre la sensibilité et l'action. Ce type existe; mais je nie qu'il ait sa place dans une détermination primordiale. C'est une forme mixte, composite, dont par conséquent l'étude doit être ajournée. D'ailleurs, il ne faut pas se faire illusion : tout caractère est une hypertrophie ou une atrophie; le caractère « parfaitement équilibré » est un idéal analogue au *temperamentum temperatum* des physiologistes ou bien il se rapproche des amorphes.

III

Sortons de cette classification très générale pour entrer dans notre détermination du second degré. Passons des genres aux espèces. Ici entre en scène un nouveau facteur : les dispositions intellectuelles.

Le terme sentir (comparez l'anglais *feeling*) s'applique à deux groupes distincts de manifestations psychiques, confondues à l'origine : les états affectifs, les états représentatifs. Jusqu'ici, en employant ce terme, on n'a tenu compte que des seuls états affectifs, parce que seuls avec les mouvements ils sont primitifs dans la constitution du caractère. Ils forment la couche profonde, de première apparition; les dispositions intellectuelles forment une seconde couche, superposée. Ce qui est fondamental dans le caractère, ce sont les instincts, tendances, impulsions, désirs, sentiments : tout cela et rien que cela. C'est un fait d'une observation si simple et si évidente qu'il n'y aurait pas lieu d'insister, si la plupart des psychologues n'avaient embrouillé cette question par leurs incurables préjugés intellectualistes, c'est-à-dire par leur effort à tout ramener à l'intelligence, à tout expliquer par elle, à la poser comme le type irréductible de la vie mentale. Thèse insoutenable; car, de même que physiologiquement la vie végétative précède la vie animale qui s'appuie sur elle; de même, psychologiquement, la vie affective précède la vie intellectuelle qui s'appuie sur elle. Le fond de tout animal, c'est « l'appétit » au sens de Spinoza, la « volonté » au sens de Schopenhauer, c'est-à-dire le sentir et l'agir, non le penser. Je ne veux pas insister sur ce point qui exigerait trop de développement : je m'abstiens, non par pénurie, mais par surabondance de preuves [1].

Restons strictement dans notre sujet en nous bornant à quelques

---

1. Je renvoie le lecteur au brillant chapitre de Schopenhauer intitulé : « Du primat de la volonté », en rappelant que « volonté » signifie chez lui tendance, sentiment. (*Le monde comme volonté*, etc. Supplément au liv. II, ch. XIX.) Nous reviendrons sur ce sujet dans la Conclusion de cet ouvrage.

remarques décisives. Le caractère exprimant l'individu dans ce qu'il
a de plus intime, ne peut se composer que d'éléments essentiellement subjectifs et ce n'est pas dans les qualités intellectuelles qu'il
faut les chercher; puisque l'intelligence, dans son évolution ascendante des sensations, aux perceptions, aux images, aux concepts,
tend de plus en plus vers l'impersonnel.

On pourrait, de plus, prouver par de nombreux exemples que le
développement excessif de l'intelligence entraîne souvent une atrophie du caractère, ce qui établit clairement leur indépendance. Les
grands manieurs d'abstractions, confinés dans la spéculation pure,
tendent à réduire leur vie ordinaire à une routine monotone, d'où
l'émotion, la passion, l'imprévu dans l'action, sont exclus autant
que possible (Kant, Newton, Gauss et bien d'autres). Schopenhauer
a raison de dire que beaucoup d'hommes de génie sont « des
monstres par excès », c'est-à-dire par hypertrophie des facultés
intellectuelles. « Si l'homme normal, dit-il, est formé de 2/3 de
volonté et de 1/3 d'intellect, l'homme de génie comprend 2/3 d'intellect et 1/3 de volonté [1]. » Il y a des exceptions : on le sait. Elles
prouvent non que le développement de l'intelligence favorise celui
du caractère; mais que, *chez quelques-uns*, elle ne l'entrave pas.
— N'est-il pas aussi d'observation courante que ces deux facteurs,
le caractère et l'intelligence, sont souvent en désaccord? on pense
d'une manière et on agit d'une autre, on écrit de beaux traités de
morale que l'on ne pratique pas, on prêche l'action et on reste bien
tranquille, on a le cœur très tendre et on rêve des plans de destruction universelle [2].

L'intelligence n'est donc pas un élément fondamental du caractère : elle est la lumière, elle n'est pas la vie, ni par conséquent
l'action. Le caractère plonge ses racines dans l'inconscient, ce qui
veut dire dans l'organisme individuel; c'est là ce qui le rend si
difficile à pénétrer et à modifier. Les dispositions intellectuelles ne
peuvent agir qu'*indirectement* dans sa constitution. Reste à voir
par quel mécanisme.

---

1. *Ouvrage cité*, supplément au liv. III, ch. xxxi.
2. Faut-il rappeler les cas si souvent cités de François Bacon, de d'Alem-
bert, etc.? Sur ce point, voir l'article du Dr Le Bon, *Revue philos.*, t. IV,
p. 496.

On sait que les diverses émotions (peur, colère, amour, mépris, etc.) se traduisent par certains mouvements spontanés et attitudes du corps qui constituent leur expression naturelle. L'émotion est la cause, les mouvements sont l'effet. — On sait moins que les mouvements et attitudes du corps produits artificiellement peuvent susciter, dans quelques cas et à un degré plus faible, les émotions correspondantes. Gardez quelque temps la posture de la tristesse et vous la sentirez vous envahir. Mêlez-vous à une société joyeuse, réglez sur elle vos démarches extérieures et vous éveillerez en vous une gaieté fugitive. Chez les hypnotisés, placez le bras dans l'attitude de la menace, le poing fermé; l'expression se complète spontanément dans les traits du visage et le reste du corps : de même pour l'expression de l'amour, de la prière, du mépris. Ici le mouvement est la cause et l'émotion est l'effet. Les deux cas sont réductibles à une formule unique. Il y a entre tels mouvements et telle émotion une association indissoluble. L'émotion suscite les mouvements; les mouvements suscitent l'émotion; mais avec cette différence très importante : que les mouvements ne sont pas toujours capables de susciter l'émotion et, quand ils réussissent, ne suscitent que des états faibles, instables. En un mot, l'action du dehors au dedans est toujours inférieure à l'action du dedans au dehors.

C'est exactement la même loi psychologique qui régit les rapports entre les dispositions affectives et les dispositions intellectuelles dans les manifestations du caractère.

Appelons action de bas en haut celle des sentiments sur les idées, et action de haut en bas celle des idées sur les sentiments (par pure métaphore et seulement pour nous entendre).

L'action de bas en haut est solide, tenace, énergique, efficace : elle a sa force en elle-même; elle la puise dans le fond inconscient; c'est-à-dire dans l'organisation. En arrivant à la conscience, elle n'y gagne que la lumière. Ainsi, un malaise d'abord vague de l'organisme s'affirme dans la conscience comme faim et peut conduire au vol, à l'assassinat, à tous les excès. Un autre état de l'organisme se traduit d'abord par des désirs flottants, indécis, puis s'affirme comme amour pour un être déterminé et peut éclater comme un orage. Il est bien superflu de passer en revue toutes les passions, en faisant les mêmes remarques. Complexes ou simples, elles ont la même évolution. Les vocations morales, religieuses, esthétiques, ont leurs périodes d'incubation, de révélation et d'action. Le mot du Corrège, devant le tableau d'un maître, vrai ou faux historiquement, est vrai psychologiquement.

Au contraire, l'action de haut en bas est instable, vacillante, variable, faible, d'efficacité douteuse. Elle n'a qu'une force d'emprunt, extrinsèque. Le problème psychologique (souvent pédagogique) qui se pose est celui-ci : Susciter des états intellectuels, idées-images, pour qu'elles suscitent par contre-coup les sentiments correspondants, si elles le peuvent. L'action est médiate, indirecte Aussi que d'échecs ou de maigres résultats. C'est une sensibilité toute intellectuelle et qui ne sait que les passions intellectuelles sont des fantômes qu'une passion vraie balaie comme un coup de vent ?

Pour conclure, l'action des émotions sur les mouvements ressemble à celle des sentiments sur les idées ; l'action des mouvements sur les émotions ressemble à celle des idées sur les sentiments.

Après avoir ainsi établi sommairement le rôle secondaire et superficiel de l'intelligence dans la formation du caractère, revenons à notre classification. Nous sommes maintenant en face des individus réels, doués à doses inégales d'énergie, de sensibilité, d'intelligence. Reprenons l'une après l'autre nos trois grandes divisions qui ne sont jusqu'ici que des cadres vides, pour les remplir.

I. Les sensitifs. — Je distingue dans ce genre trois espèces principales qui vont être décrites, en allant du simple au complexe ; par conséquent en nous éloignant de plus en plus du type pur pour nous rapprocher des caractères mixtes.

1° La première espèce ne peut être fixée par aucun nom propre, c'est celle des *humbles*. Sensibilité excessive, intelligence bornée ou médiocre, énergie nulle : tels sont leurs éléments constitutifs. Tout le monde en connaît de tels, car ils sont faciles à rencontrer. Leur note dominante, c'est la timidité, la crainte et toutes les manières de sentir qui paralysent. Comme le lièvre de La Fontaine, ils vivent dans l'inquiétude perpétuelle. Ils craignent pour eux, pour leur famille, pour leur petite place ou leur petit commerce, pour le présent, pour l'avenir. Ils s'inquiètent de l'opinion de tout le monde, même d'inconnus qu'ils ne voient qu'en passant. Ils tremblent pour leur salut dans l'autre vie et, dans celle-ci, ils se sentent comme un néant dans l'organisme social qui pèse sur eux de tout son poids et que souvent ils ne comprennent pas. La plus petite mésaventure les ébranle profondément, parce qu'ils ont conscience d'être faibles, sans ressort pour l'action, sans esprit d'initiative.

Il n'est personne qui ne puisse mettre des noms au-dessous de ce portrait; mais je ne puis donner aucun nom propre justement parce qu'ils sont humbles. J'ai éliminé de cette étude les cas pathologiques; mais je note à titre d'éclaircissement que beaucoup d'hypocondriaques appartiennent à ce type et nous le montrent en grossissement.

2° La deuxième espèce est celle des *contemplatifs*, qui se distinguent des précédents par un développement intellectuel très supérieur; en sorte que leurs éléments constitutifs peuvent être énumérés dans l'ordre suivant : sensibilité très vive, intelligence aiguisée et pénétrante, activité nulle.

Je groupe sous cette rubrique des variétés assez nombreuses, mais qui se ressemblent toutes parce qu'elles ont en commun les trois marques précitées :

Les indécis, comme Hamlet, qui sentent beaucoup, pensent beaucoup et ne peuvent passer à l'action.

Certains mystiques (non les grands, ceux qui ont agi et que nous retrouverons plus tard), mais les purs adeptes de la vie intérieure qui se trouvent à toutes les époques et dans tous les pays (yoghis de l'Inde, soufis persans, thérapeutes, moines de toutes croyances), plongés dans la vision béatifique, n'ayant rien écrit ni rien fondé; ayant, suivant leur rêve, traversé le temps sans y laisser leur trace.

Les analystes, au sens purement subjectif, c'est-à-dire ceux qui s'analysent eux-mêmes assidument et minutieusement; qui rédigent leur « journal », notant heure par heure les petits changements de leur vie interne, leurs changements d'humeur au gré des influences atmosphériques. Tels Maine de Biran parmi les psychologues, Alfieri parmi les poètes. Au reste, pourquoi citer des noms, puisque cette manie de l'analyse personnelle est devenue de nos jours une maladie, sous l'influence d'une excitation nerveuse excessive, du raffinement intellectuel et de l'énervement de la volonté. Noter que ces sensitifs sont presque tous pessimistes.

3° Reste la troisième espèce que je nomme les *émotionnels*, au sens restreint; non au sens large de Bain, qui en fait une classe. Avec elle, la catégorie des sensitifs atteint son apogée et elle est riche en grands noms. A l'impressionnabilité extrême et à la subtilité intellectuelle des contemplatifs s'ajoute l'activité. Mais leur activité a sa marque propre; elle est intermittente et parfois spasmodique; parce qu'elle découle d'une émotion intense, non d'un fond stable d'énergie. « L'indolence, dit Bain, est la disposition du caractère purement émotionnel[1]. » Rien de plus juste avec une apparence paradoxale. Il n'agit que sous l'influence momentanée de motifs puissants, puis retombe dans l'inaction qui est sa nature essentielle : alternative d'énergie impétueuse et d'affaissements brusques.

A ce groupe appartiennent beaucoup de grands artistes : poètes, musiciens, peintres; capables d'activité fiévreuse quand l'inspiration, c'est-à-dire une poussée inconsciente les soutient; puis traversant des périodes d'épuisement et de marasme. Citons au hasard J.-P. Richter, Mozart, J.-J. Rousseau. Ce dernier entre dans la pathologie, ainsi que de nombreux travaux l'ont démontré. Même remarque pour certains orateurs, ceux qui ont « du tempérament ». Ce n'est qu'à certains jours qu'ils donnent toute leur mesure; quand il y a à défendre une cause qui leur tient à cœur ou des ennemis à terrasser.

II. LES ACTIFS. — Je divise cette classe en deux espèces, selon que l'intelligence est médiocre ou puissante.

1° L'espèce des *actifs médiocres* nous fait mieux saisir les traits distinctifs de cette forme du caractère et en quoi elle diffère des sensitifs. « L'homme actif travaille mieux (que le sensitif) parce qu'il peut accomplir des corvées, tandis que l'autre néglige tout ce qui n'a pas un intérêt intense et soutenu. L'un peut se promener uniquement pour conserver sa santé; l'autre ne peut sortir sans un fusil, des instruments de pêche, un compagnon ou quèlque chose à voir[2]. » Les actifs sont des machines solides, bien munies de force

1. *Ouv. cité*, p. 214.
2. Bain. *ibid.*, p. 214.

vive et encore plus d'énergie potentielle. Considérez un petit marchand, sans esprit, sans culture, appartenant à ce type : il se dépense en allées et venues, offres de service, bavardages sans fin ni trève ; ce n'est pas le seul appât du gain qui le soutient ; c'est sa nature qui le poussse ; *il faut* qu'il agisse. Mettez un sensitif à sa place, il ne fera que le strict nécessaire ou ce qui l'intéresse.

Appartiénnent à ce premier groupe tous ceux qui ont un riche fond d'énergie physique avec besoin de la dépenser : les *sportmen*, ceux qui aiment la vie d'aventure, sans autre but que d'agir ; ces voyageurs qui courent le monde à toute vapeur, sans raisons d'instruction ou d'affaires, sans rien étudier sur les pays qu'ils parcourent, ni avant, ni pendant, ni après, pressés d'en finir pour recommencer Ajoutons-y les batailleurs sans malice, mais qui déversent le trop-plein de leurs forces. Au temps des armées de mercenaires, elles ont dû se recruter presque entières parmi les gens de ce groupe.

2° Prenons maintenant le *condottiere* vulgaire, tel que les républiques italiennes en avaient par milliers à leur solde, beaux types de l'énergie physique et de l'activité sans esprit. Sur ce fond robuste, greffez une intelligence puissante, pénétrante, souple, raffinée, sans scrupules, rompue à la diplomatie, et le *condottiere* banal devient César Borgia, et nous passons de la forme inférieure du caractère actif à sa forme supérieure.

Ceux-ci, les *grands actifs*, abondent dans l'histoire et y jouent les premiers rôles. Malheureusement, entre eux et les formes mixtes que nous rencontrerons plus loin, la ligne de séparation est si vague que j'hésite à citer des noms. Jules César paraît appartenir à ce type pur : le vers de Lucain, « *Nil actum reputans si quid superesset agendum* », est la formule complète d'un actif. Rien n'indique une vive sensibilité ni dans sa vie ni dans son style, à moins que l'on ne veuille invoquer quelques passions connues et ses crises épileptiques, ce qui ne prouve guère. — Citons encore les *Conquistadores* du XVIᵉ siècle, ces capitaines espagnols (F. Cortez, Pizarre) dont les expéditions ressemblent à un roman, qui, avec une poignée d'hommes hardis comme eux, renversent les grands empires du Mexique et du Pérou et apparaissent aux vaincus comme des dieux.

III. Les apathiques (lymphatiques ou flegmatiques, d'après la classification ordinaire des tempéraments). — J'emploie ce mot au sens étymologique, pour désigner non une absence complète de sensibilité, ce qui est impossible, mais un faible degré d'excitabilité et, par suite, de réaction. On serait disposé à croire que cette classe de caractères ne dépasse jamais la médiocrité; l'expérience nous montre le contraire. C'est ici que l'intelligence joue un rôle souverain. Dans le silence des passions et l'absence de l'activité physiologique, elle trouve un terrain favorable à son développement.

Nulle part, on ne voit mieux l'influence des dispositions intellectuelles dans la constitution du caractère et les limites exactes que la nature leur impose.

Je distingue encore deux espèces dans cette classe :

1° La première espèce est le type apathique pur : peu de sensibilité, peu d'activité, peu d'intelligence. C'est un état négatif. Rien à ajouter à ce qui a été déjà dit. Ils sont à la fois au-dessus et au-dessous des amorphes : au-dessus, parce qu'ils ont leur caractère propre, leur marque indélébile — l'inertie — et que les amorphes n'en ont pas ; au-dessous parce qu'ils opposent une résistance passive aux influences extérieures ; peu éducables, peu suggestibles, non plastiques, également incapables de bien et de mal.

2° Avec une intelligence puissante, tout change; mais nous devons distinguer deux cas, suivant que les dispositions intellectuelles sont spéculatives ou pratiques.

Le premier cas est hors de notre sujet. Si un tempérament lymphatique coexiste avec une haute intelligence spéculative — ce qui s'est rencontré chez un assez grand nombre de mathématiciens, métaphysiciens, savants, — nous n'avons plus en face de nous que des intelligences pures, ce sont les « monstra per excessum » de Schopenhauer et nous n'avons rien à dire de leur caractère.

Le deuxième cas (intelligence pratique) mérite l'attention, parce qu'il nous montre une forme de caractère très spéciale, celle qui résulte de l'action de haut en bas, de l'influence des idées sur les sentiments et les mouvements. J'appelle ce groupe de caractères, les *calculateurs*. Les idées sont le premier moteur, aussi la spontanéité manque; les tendances ne sont suscitées qu'indirectement; la volonté n'est pas un « laisser faire », mais une alternative d'effort et d'inhibition : — d'effort, parce que le pouvoir moteur des idées est toujours très faible comparé à celui des désirs; — d'inhibition, non parce qu'il y a des mouvements violents à refréner, mais parce que la réflexion domine et qu'elle ne permet d'agir qu'en temps et lieu. Ces caractères pourraient aussi être appelés *raisonnables* et ils sont l'œuvre de l'art encore plus que de la nature. Si ce chapitre n'était consacré exclusivement à la psychologie individuelle, je ferais remarquer que cette forme de caractère a prédominé dans certaines races, chez certains peuples et à certaines époques.

Benjamin Franklin en est un bel exemple; c'est « le génie du calcul prudent ». Qu'on lise sa lettre à Priestley intitulée « Algèbre morale ou Manière de résoudre soi-même les questions douteuses » [1]. Les raisons *pour* et *contre* sont inscrites en face les unes des autres, chaque jour, après réflexion pendant un temps suffisant, souvent long; puis elles sont comparées, compensées, balancées : l'opération arithmétique achevée, on agit.

Parmi les grands noms de l'histoire qui portent cette marque, citons : Guillaume le Taciturne; notre roi Louis XI si peu chevaleresque pour son époque; Philippe II qui n'interrompait pas ses vêpres en apprenant la victoire de Lépante et, confiné dans cette chambre froide et nue qui se voit encore à l'Escurial, ourdissait les trames dont il enveloppait les deux Mondes.

Sur une scène plus modeste, même caractère chez les spéculateurs froids, tenaces, qui ne livrent rien au caprice, à l'imagination, au hasard; ni exaltés par le succès, ni abattus par les revers.

En résumé, les trois classes comptent de grands noms. Les sensitifs célèbres ont agi par l'intensité du sentiment et sa contagion. Les actifs célèbres, par la puissance de leur énergie qui s'impose aux autres hommes. Les grands calculateurs par leur pouvoir de réflexion qui ne laisse rien à la chance; ils sont forts, parce qu'ils sont sages; mais d'une gloire terne, sans prestige, sans sympathie. Ils sont pourtant des caractères *vrais*, parce qu'ils ont une manière de réagir qui leur est propre, qui vient d'eux, non du dehors.

---

1. Elle est reproduite *in extenso* dans Bain, *La volonté*, ch. vii, p. t.

IV

Je ne puis entrer dans ma détermination du troisième degré sans quelques remarques préalables. Nous passons des espèces aux variétés, des caractères relativement simples aux caractères composés. La doctrine des tempéraments essaie une détermination analogue, quand elle s'engage dans la description des tempéraments mixtes (lymphatico-sanguin, nervoso-sanguin, etc.), qui a soulevé beaucoup de discussions. Au lieu d'une seule marque dominante, la sensibilité, l'énergie ou la réflexion; nous en avons *deux*, juxtaposées et coexistantes, tantôt harmoniques, tantôt contraires. Nous nous éloignons de l'unité. Ceux qui, traitant ce sujet en logiciens, raisonnent sur de purs concepts, ont dit : Il y a des manières d'être qui s'excluent: on ne peut, par exemple, être à la fois apathique et actif; les formes mixtes sont à rejeter. — Nous nous garderons bien de les écouter. Il s'agit d'observer, non de raisonner. Les caractères mixtes, contradictoires ou non, sont-ils donnés par l'expérience? Voilà toute la question. Aussi, ce n'est pas ce point qui m'embarrasse, mais la difficulté d'établir des différences nettes, surtout légitimes et incontestables entre le deuxième et le troisième degré de détermination, entre les espèces et les variétés du caractère. J'ai déjà fait remarquer que les formes supérieures des sensitifs, des actifs, des apathiques, conduisent insensiblement aux types mixtes.

Sans méconnaître les objections possibles, je propose les groupes suivants :

1º Les *sensitifs-actifs*. — Rien de contradictoire dans cette forme de caractère. Une sensibilité vive, sans excès, sans hyperesthésie morbide, se concilie aisément avec un tempérament actif, énergique, parce qu'il y a un lien naturel entre le sentir et l'agir. Ces caractères résultent d'une synthèse du type sensitif et du type actif, ayant les qualités des deux, du moins celles qui ne s'excluent pas. En somme, dans ses plus brillants représentants, elle nous semble une des plus riches, des plus harmonieuses variétés du caractère.

Je la trouve à son bas degré chez ceux qui, sans grande portée intellectuelle, mènent la vie de plaisir, qui ont un besoin purement égoïste de jouissance et d'action. Ce sont les spécimens ternes et sans originalité du caractère sensitif-actif; il ne serait pas toujours aisé de les distinguer d'une part des amorphes, d'autre part des instables.

Plus haut, les martyrs et les héros *fougueux*, qui ont besoin d'agir, de se dévouer, de se sacrifier pour leur patrie ou leur foi; les grands mystiques fondateurs ou réformateurs (sainte Thérèse, saint François d'Assise); les grands prédicateurs religieux (Pierre l'Ermite, Luther); les hommes à charité dévorante (saint Vincent de Paul) : bref, tous ceux qu'au sens le plus large du mot on nomme des apôtres.

Des hommes de guerre comme Alexandre et Napoléon; beaucoup de grands révolutionnaires (Danton); des poètes comme lord Byron; des artistes comme Benvenuto Cellini et Michel-Ange.

Je ne cite que des noms très connus et juste assez pour fixer les idées.

2° Les *apathiques-actifs*. — Cette variété se rapproche beaucoup de l'espèce décrite sous le nom de « calculateurs ». Elle me paraît cependant plus complexe par l'addition d'une certaine quantité de sentiment ou de passion qui leur permet d'agir, plutôt sous la forme défensive que sous la forme offensive. L'élément dominateur est l'idée qui donne à ce caractère une fixité inébranlable et qui soumet leur sensibilité, assez faible, à son pouvoir souverain. C'est par excellence le *tempérament moral*, mais d'une moralité froide, constituée en habitude, qui inspire le respect plus que la sympathie. L'idéal moral, qui est le fond et le soutien de cette forme de caractère, peut être vrai ou faux; il varie suivant les temps et les lieux (salut public, utilité générale, croyance à un dogme religieux ou autre, devoir abstrait, impératif catégorique).

Il se rencontre chez les martyrs et les héros *passifs* qui ne courent pas au-devant du danger, qui ne sollicitent pas le supplice ou la mort; qui, sans entraînement, mais sans peur ni recul, font leur devoir jusqu'au bout.

La langue courante les appelle des stoïciens. Joignons-y les fanatiques à froid, les jansénistes, etc.

3° Les *apathiques-sensitifs*. — Synthèse contradictoire qui pourtant existe. Il faut reconnaître que si « caractère » signifie marque essentielle, fondamentale, invariable, cette variété est moins normale que semi-pathologique. Je la réduis à cette formule : atonie et instabilité. On rencontre (ceci n'est pas un portrait de fantaisie, mais d'après nature) des gens à tempérament lymphatique, passant leurs jours dans l'inaction, le repos, la torpeur et qu'une circonstance soudaine jette dans l'action et qui s'y dépensent aussi fiévreusement que les sensitifs ; mais ce n'est que par épisodes. Tel, que j'ai connu sédentaire, ayant horreur de la locomotion et du changement, part brusquement pour l'Australie, fasciné de projets aléatoires et revient au plus vite, jurant qu'on ne l'y reprendrait plus. Cette variété a pour marque dominante l'apathie, mais elle se rapproche des instables.

4° Si l'on admet le caractère *tempéré*, c'est ici qu'il trouve sa place. Faut-il l'admettre? N'est-ce pas un pur idéal? Toutefois en accordant qu'on rencontre réellement des gens chez qui le sentir, le penser et l'agir sont en proportion rigoureusement équivalentes, n'est-ce pas la suppression même du caractère, c'est-à-dire de la marque individuelle? Ce parfait équilibre est une faveur de la nature et un gage de félicité : sans doute, mais la constitution d'un caractère réclame autre chose. On pourrait dire que les *tempérés* rentrent dans notre définition du caractère avec ses deux conditions fondamentales, unité, stabilité ; qu'ils ont une manière d'agir et de réagir qui leur est propre, toujours constante avec elle-même, pouvant être prévue : mais il faudrait savoir si leur initiative ne vient pas plutôt des circonstances que d'eux-mêmes et si leur personnalité n'est pas surtout une adaptation.

Je ne veux pas insister sur un problème ambigu qui deviendrait une discussion de mots. En tout cas, c'est une forme fuyante, indécise, sans relief, qui confine aux amorphes.

Je ne vois pas de noms marquants à placer sous cette rubrique. On a souvent cité Gœthe comme un bel exemple de pondération et d'équilibre ; mais était-ce un génie ou un caractère?

V

En nous éloignant de plus en plus des formes simples, nettes, bien tranchées, nous arrivons à un dernier groupe que j'ai appelé les *substituts*, remplaçants ou équivalents du caractère. La dénomination la plus courte et la plus convenable me paraît : caractères *partiels*. Leur formule est celle-ci : un amorphe *plus* une disposition intellectuelle ou une tendance affective très prépondérante. Le caractère complet exprime l'individu tout entier : le sensitif, l'actif, l'apathique sont sensibilité, énergie, apathie, jusqu'aux moelles ; toutes leurs réactions ou non-réactions l'attestent. Le caractère partiel n'agit que sur un point ; mais sur ce point unique la réaction est énergique, invariable, constante avec elle-même, prévue. Pour tout le reste, il sent, pense et agit comme tout le monde. C'est un imitateur, une copie, un impersonnel, un produit de son éducation et de son milieu. Cette manière d'être tient lieu de caractère à beaucoup de gens et paraît un caractère à beaucoup de gens.

Les caractères partiels qui résultent des dispositions intellectuelles sont les plus simples. Supposons une aptitude innée pour les mathématiques, les arts mécaniques, la musique, la peinture, etc. ; elle tend à se développer, à masquer tout le reste, à devenir la marque de l'individu entier et à donner l'illusion d'un caractère qui n'existe pas, c'est-à-dire qui est impersonnel. La langue courante désigne cette hypertrophie d'un mot emprunté aux phrénologistes : « Il a telle bosse. »

Les caractères partiels à forme affective consistent dans la prédominance exclusive d'une passion (amour sexuel, jeu, avarice, etc.). Tout ce qui l'éveille de près ou de loin suscite une réaction énergique et identique. En dehors d'elle, réaction banale ou indifférence. Notons que cette forme de caractère partiel a peu de stabilité, parce qu'il est dans la nature de la passion de s'étendre, d'envahir peu à peu l'individu et de lui faire subir une transformation pathologique.

Enfin, comme la nature est féconde en combinaisons et qu'il faut essayer de n'en oublier aucune, il se rencontre des formes composites : un caractère amorphe *plus* une disposition intellectuelle et une passion.

Si incomplète qu'elle soit, la classification qui vient d'être exposée a pu paraître minutieuse. Je n'ai pas à m'en excuser, mon but étant de suivre la méthode naturelle : bien distinguer les éléments dominateurs des éléments subordonnés, descendre du général au particulier par une filiation ininterrompue et par l'addition de nouvelles marques. Est-elle pratique? Peut-elle servir à s'orienter au milieu des manifestations multiples du caractère? Si non, elle doit être rejetée.

Ce qui ressort du moins de cette classification : c'est combien sont diverses et hétérogènes ces modalités individuelles qu'on désigne sous le nom collectif de caractère. L'unité du mot dissimule la multiplicité des cas. Ceci nous permet de répondre, en terminant, à une question très importante au point de vue pratique et souvent débattue : Le caractère est-il immuable?

On a donné deux réponses contraires, également radicales.

Pour les uns, le caractère est acquis, par suite indéfiniment transformable par une culture appropriée. C'est la théorie de la *table rase* transportée du domaine des sensations à celui des tendances et des sentiments. Elle se rencontre chez quelques philosophes du xviiie siècle et, implicitement, chez tous ceux qui ont une foi aveugle en la toute-puissance de l'éducation.

Pour les autres, le caractère est inné, immuable et ne peut être transformé. Tout ce qui est acquis est un vêtement d'emprunt, une couche superficielle et fragile qui tombe au moindre choc. A travers un grand luxe de distinctions métaphysiques, Schopenhauer a soutenu cette thèse avec beaucoup de verve et de vigueur.

Le problème semble donc réduit à ce dilemme : inné ou acquis. Je ne puis l'accepter sous cette forme; il est plus complexe. Le caractère est une entité, il n'existe que *des* caractères. A ce terme équivoque qui n'a qu'une unité abstraite et factice, substituons la multiplicité des espèces et des variétés ci-dessus décrites et même oubliées. Mettons à un bout les formes nettes, tranchées que j'ai appelées les types purs. Rien ne les modifie, rien ne les entame; bons ou mauvais, ils sont solides comme le diamant. Mettons à l'autre bout les amorphes; ils sont par définition la plasticité incarnée. Entre ces deux extrêmes, disposons en série tous les modes du caractère, de manière à passer par une transition insensible d'un bout à l'autre. Il est clair qu'à mesure que l'on descend vers les amorphes, l'individu devient moins réfractaire aux influences de son milieu et que la part du caractère acquis augmente dans la même proportion. Ce qui équivaut à dire que les *vrais* caractères ne changent pas.

CHAPITRE XIII

LES CARACTÈRES ANORMAUX ET MORBIDES

Dans les ouvrages précités (Perez, 1892 ; Paulhan, 1894 ; Fouillée, 1895) et dans le précédent chapitre, les diverses formes de caractère ont été classées, décrites, ramenées à des principes explicatifs. Malgré des divergences d'interprétation et des différences de nomenclature, il y a des types acceptés par tous ; ainsi les actifs, les sensitifs, les apathiques. Mais sont-ils équivalents ? Telle est la question qui se pose d'abord comme transition des caractères normaux aux caractères morbides. On semble admettre implicitement que, chaque type ayant ses qualités et ses défauts, ses avantages et ses inconvénients, on doit les mettre sur la même ligne. Celui qui se borne à classer et à décrire peut s'en tenir là et ne pas affronter la difficulté. Mais, dès qu'on entre sur le terrain des caractères franchement morbides, on est conduit à se demander préalablement si les caractères réputés normaux le sont tous au même degré, ou si quelques-uns, par leur nature même, ne sont pas plus près des formes pathologiques, plus aptes à subir une métamorphose régressive : en d'autres termes, il s'agit d'établir non plus une classification, mais une hiérarchie, une appréciation de valeur souvent contestable et difficile à fixer.

Un anthropologiste russe, N. Seeland, est le seul, à ma connaissance, qui ait pris la question par ce biais. A la vérité, les anciens auteurs, classant les tempéraments et par contre-coup les caractères, les divisaient en forts (colérique, mélancolique) et faibles (sanguin, flegmatique). Cette division (acceptée récemment par Wundt) n'est pas au fond très claire, donnerait lieu à beaucoup d'objections.

Seeland, rompant avec la tradition, abandonne résolument la division quadripartite; il ne considère pas « tous les tempéraments comme ayant la même valeur; les uns s'approchent plus de l'idée de perfection, les autres moins [1] ». Sa classification est donc en fait une hiérarchie et voici, en résumé, celle qu'il propose [2] en commençant par les formes les plus parfaites du caractère :

I. — Les tempéraments *forts* ou *positifs*, ils comprennent :

1° Le tempérament *gai*, qui est un type dont le « sanguin » des divisions classiques n'est qu'une variété; il renferme trois espèces principales : a. le sanguin fort : prédominance de la vie végétative, réactions rapides mais appropriées, conformes au but, sans agitation; — b. le sanguin moins fort : ressemble au précédent avec mélange du tempérament nerveux, les réactions ont moins de modération et de mesure; tels sont les Français et les Polonais; — c. le tempérament serein : se tient entre le sanguin fort et le flegmatique, réunissant les avantages des deux.

2° Le tempérament *flegmatique* ou calme ne dépasse pas l'intensité moyenne et présente une uniformité singulière : c'est une masse qui, dans son mouvement, ne se laisse ni accélérer ni ralentir; mais le calme n'exclut pas la force, il la suppose tout au contraire. Comme peuples, les Hollandais, les Anglais, les Norvégiens, appartiennent à ce type.

II. — Nous descendons à un degré plus bas avec le tempérament *moyen* ou *neutre*, « inconnu dans la science, quoiqu'il soit celui de la plupart des hommes ». Il correspond aux équilibrés de Paulhan et à ceux qu'ailleurs nous avons appelés les amorphes, parce qu'ils n'ont pas de marque nette qui leur soit propre.

III. — Enfin nous descendons encore avec les tempéraments *faibles* ou *négatifs* : « Leur réaction peut être lente ou rapide, mais ce qui les caractérise c'est l'irrégularité, le superflu et même la perversité de leurs manifestations. » Trois variétés : a. le mélancolique pur se distingue par la tristesse et l'apathie sans symptômes

---

1. « On a avancé que chacun des tempéraments en vaut un autre et que tous sont également nécessaires pour le progrès de l'humanité : je ne le crois pas. »

2. *Le tempérament au point de vue psychologique et anthropologique.* Mémoire publié dans les *Bulletins du Congrès international d'anthropologie*, IV, 1892, St-Pétersbourg (en français), p. 91 à 154.

nerveux, du moins dominants; *b.* le nerveux, versatile avec alternances d'activité normale ou d'abattement et d'excitation; *c.* le colérique, qui n'est pas un genre, est assez rare; il se distingue par l'irascibilité et peut se combiner avec le mélancolique ou le sanguin moins fort; le serein et le flegmatique l'excluent.

A l'appui de cette classification suit une longue enquête anthropologique exposée en seize tableaux. Elle a été faite sur 160 hommes et 40 femmes appartenant aux quatre types principaux : gai, flegmatique, neutre, mélancolique; elle comprend des recherches comparatives sur la taille, la circonférence du thorax, du cou, des bras, la capacité pulmonaire, la respiration, le pouls, la température, la force dynamométrique, les indices céphaliques, l'état des sens, etc. Les résultats sont décidément favorables aux tempéraments gais et très défavorables aux mélancoliques (voir particulièrement, tableau V, p. 114) chez lesquels on constate moins de force et de finesse sensorielle, sauf pour la sensibilité à la douleur. Pour les femmes, le groupe nerveux, qui remplace le groupe mélancolique des hommes, est le seul qui offre des anomalies.

Dans ses conclusions, l'auteur combat « la tendance enracinée à chercher l'essence des tempéraments dans les phénomènes de la circulation et de son satellite, l'échange matériel ». Huit soldats bien portants, dont quatre appartenaient au type gai et quatre au type mélancolique, ont été soumis par lui à une alimentation identique et rigoureusement surveillés pendant trois jours : le résultat de l'analyse du poids, des sécrétions et excrétions « ne montre pas que l'échange matériel des sanguins ait été plus intense que celui de leurs collègues mélancoliques ». Une expérience si courte et si limitée est elle probante?

Quoi qu'il en soit, rejetant la théorie chimique, Seeland préfère une explication physique. Pour lui, « le tissu nerveux, outre son activité générale, possède une vie élémentaire qui est la base du tempérament et du caractère ». Tout dépend de la façon dont le système nerveux reçoit les excitations extérieures et intérieures. Le tempérament gai correspondrait à des vibrations moléculaires rapides et harmonieuses; le flegmatique, à des vibrations moins rapides, mais d'une constance imperturbable; le neutre, à des vibrations peu rapides mais constantes; les formes négatives, à des vibrations lentes et discordantes, ou rapides mais interrompues.

Cette disposition hiérarchique n'est pas à l'abri des objections. Je la donne seulement comme exemple d'une classification d'après la valeur présumée des caractères et comme introduction à l'étude des formes morbides que nous allons aborder.

I

Il faut, avant tout, savoir à quels signes on peut reconnaître qu'un caractère est une dérogation aux types normaux. Sans revenir sur un sujet traité dans le chapitre précédent, on peut dire brièvement :

1° Un caractère vrai est réductible à une marque, à une tendance prépondérante qui en fait l'unité et la stabilité pendant la vie entière. Cette conception est un peu idéale; plus le caractère est tranché, plus il s'en rapproche.

2° Dans la pratique, un caractère net permet toujours (sauf des cas rares qui s'expliquent) de prédire et de prévoir. Nous savons d'avance ce que fera, dans telles circonstances, un actif, un sensitif, un flegmatique, un contemplatif. Les neutres, qui sont à proprement parler des non-caractères, sont agis par les événements ou par d'autres : aussi le calcul de prévision a son point d'appui non en eux, mais hors d'eux.

Une de ces marques, ou les deux, manquent dans les caractères anormaux, et plus ils dérogent à ces deux conditions constitutives — l'unité et la possibilité d'une prévision — plus ils s'éloignent des formes typiques pour devenir à la fin franchement morbides.

On serait tenté de croire que les anomalies du caractère telles que l'observation les donne, sont si variées d'aspects, si multiples, qu'elles échappent à toute classification et qu'il est impossible de sortir du désordre; je crois pourtant que les marques déterminées plus haut nous donnent un fil conducteur. Il est à peine utile de dire que j'exclus du groupe des anomalies les déviations légères, temporaires, intermittentes, qui ne sont que des infractions passagères à l'unité du caractère. César, Richelieu, Napoléon sont des types bien tranchés et pourtant, dans certains moments de leur vie, ils ont cessé d'être eux-mêmes. Pendant qu'on le conduisait à l'île d'Elbe, devant la fureur et les injures du peuple, Napoléon eut des moments de pusillanimité étrange. Les faits de ce genre prouvent encore une fois que le caractère complet n'est qu'un idéal; mais une indisposition de quelques heures n'est pas une maladie. Cette réserve faite, nous pouvons pour classer suivre la marche régressive de l'unité coordonnée à la multiplicité, de la stabilité à la dissolution et nous avons ainsi trois groupes qui s'éloignent de plus en plus des formes normales : 1° les caractères contradictoires successifs; 2° les caractères contradictoires simultanés; 3° les caractères instables ou polymorphes, dernier degré de la désagrégation. Reste à les étudier dans cet ordre.

Par caractères contradictoires *successifs*, j'entends deux formes, deux manières opposées de sentir et d'agir, telles que la vie embrassée tout entière semble celle de deux individus, l'un avant la crise, l'autre après la crise.

Avant d'arriver aux cas vrais, il y a des éliminations préalables à faire :

1° Les caractères contradictoires en apparence (le triumvir Octave et l'*imperator* Auguste); ils abondent dans l'histoire politique. Cromwell, tour à tour illuminé et farceur grossier, restait toujours sous ces apparences l'homme d'une tendance fondamentale, très pratique. Bien loin de se contredire et d'être instable, le caractère est un et solide : parfaite unité dans le but, la contradiction n'est que dans les moyens. Le moraliste les appelle à bon droit des caractères faux, parce qu'ils portent des masques; pour le psychologue, ils sont normaux et bien accentués. Ils se rencontrent en grand nombre dans la vie commune et il n'est pas besoin pour se contredire en apparence d'être acteur sur un grand théâtre; il suffit de rester fidèle au but qu'on poursuit, et sans scrupules sur l'emploi des moyens. Ceux qui, en temps de révolution, deviennent brusquement cruels par peur, sont de la même catégorie : leur unité est dans le soin de leur conservation.

2° Les transformations produites par l'évolution de la vie et le changement des circonstances. Ainsi un caractère actif peut se déployer tour à tour dans l'amour, les aventures périlleuses, l'ambition, la recherche de la richesse.

Débarrassés des cas équivoques, nous pouvons répartir les caractères contradictoires successifs en deux classes : la première comprend les anomalies, la seconde les formes pathologiques.

1re classe. Comme, dans notre classification, nous nous éloignons pas à pas de l'état normal, il nous faut commencer par les formes mitigées qui sont de simples déviations de l'idéal du caractère, c'est-à-dire d'une unité constante et imperturbable. Tout idéal à part, les caractères successifs sont des exceptions par rapport à la généralité ; car même les neutres ont durant toute leur vie une espèce d'unité, celle de leur plasticité perpétuelle.

Dans cette première classe, je distingue deux cas. Si le lecteur trouve excessives ces divisions et subdivisions, elles sont pourtant nécessaires. On ne classe pas sans distinguer et on ne suit pas un ordre régressif sans marquer chaque pas vers la dissolution.

1° Le cas le plus simple, le plus proche de l'état normal consiste dans le changement d'orientation d'une seule et même tendance prédominante chez l'individu. Telle est la métamorphose des amours profanes qui ont absorbé la première partie de la vie en un amour platonique et chevaleresque qui remplit la seconde (Raymond Lulle) ; le cas inverse n'est pas rare et on en pourrait trouver des exemples chez les mystiques. Telles sont les conversions sincères en religion ou en politique (St Paul, Luther). De même, les cas où la fougue du tempérament s'étant dépensée dans le sens du bien, se dépense dans le sens du mal ou inversement. Tout cela, pour le moraliste, est un changement complet, il y a deux hommes ; pour le psychologue, c'est un changement d'orientation, il n'y a qu'un homme. Il est facile de voir que, sous les deux contraires, existe un fond commun, une unité latente ; c'est la même quantité ou la même qualité d'énergie employée à deux fins contraires ; mais, sans effort, on peut retrouver la chrysalide dans le papillon.

2° Voilà les formes mitigées : les cas francs, qui nous éloignent davantage de la règle, impliquent une dualité foncière et véritable. Exemple : le passage de la vie d'orgie à une vie d'ascétisme *qui dure* (sans quoi, ce n'est qu'un accident passager) ; de la vie active à la vie contemplative (Dioclétien) ; de la vie contemplative à la vie active (Julien l'Apostat) ; bref, tous les cas où l'on brûle ce que l'on a adoré et où l'on adore ce qu'on a brûlé ; où l'on trouve deux individus dans le même individu. — La langue courante appelle cela des « conversions ». Elles peuvent être religieuses, morales, politiques, esthétiques, philosophiques, scientifiques, etc.; toujours elles consistent dans la substitution d'une tendance ou d'un groupe de tendances à leurs contraires, d'une croyance à une autre contraire, d'une forme d'unité à une autre forme : expressions synonymes qui traduisent les divers aspects psychologiques de la transformation. Remarquons, en passant, que chez les hommes qui ont traversé deux phases antithétiques, l'opinion commune n'en voit jamais qu'une qui est ordinairement la dernière, celle de la fin; ou la plus longue ou la plus éclatante : l'autre reste dans l'ombre. Saint Augustin est l'homme d'après la conversion; Dioclétien l'homme d'avant l'abdication. Il y a, au fond de ce jugement, le besoin de simplification et d'unité de l'esprit appliqué au caractère.

Comment se produit ce changement qui divise la vie en deux phases contradictoires dans les cas extrêmes? Il est impossible de donner une réponse générale; chaque cas particulier suppose des conditions particulières. Cependant on peut essayer de déterminer par approximation les causes qui agissent le plus souvent.

D'abord les causes physiques. Il y a des maladies graves qui, en changeant la constitution, transforment le caractère; montrant ainsi à quel point il dépend de la cénesthésie : qu'on suppose comme condition dernière des modifications chimiques (de nutrition) ou des modifications physiques (hypothèse de Henle et de Seeland), il n'importe. Il y a les chocs violents, notamment les traumatismes de la tête, dont nous parlerons plus loin. Azam [1] donne quelques exemples de ces métamorphoses : Un homme laborieux et rangé, à la suite d'une fracture compliquée de la jambe, devient impulsif et intolérable; l'auteur suppose une ischémie cérébrale. Un autre, dans les mêmes circonstances, change un caractère gai pour une mélancolie incurable. Une névralgie faciale persistante fait d'un homme foncièrement bon un être méchant et acariâtre, etc.

Ensuite les causes morales. Elles paraissent agir à la manière d'un choc dont l'effet est immédiat ou à longue échéance : de là

1. *Le caractère dans les maladies*, p. 188 et suiv.

les métamorphoses brusques ou à incubation lente. Les premières ont leur type dans les conversions qui suivent une crise inattendue : saint Paul et sa vision, Pascal et son accident, R. Lulle et la révélation d'une de ses maîtresses, le seigneur espagnol Marana dont on a tant de fois raconté l'histoire, qui fut Don Juan pendant une moitié de sa vie et que des chants d'église transforment soudainement. Le « coup de la grâce » des théologiens est d'une psychologie vraie. — Les secondes ne se produisent pas d'emblée, mais après un combat entre les anciennes tendances et les nouvelles : saint Augustin, Luther, Loyola, F. de Borgia qui, en voyant le cadavre de son impératrice (femme de Charles-Quint), projette de renoncer au monde, mais ne le fait que bien plus tard. A ces noms illustres, ajoutez les noms obscurs de gens que chacun de nous connaît.

On peut se demander si les changements, même les plus brusques, le sont autant qu'ils le paraissent; s'ils n'ont pas leurs antécédents dans la vie de l'individu, s'ils ne sont pas le résultat accéléré d'une incubation semi-inconsciente. Quoi qu'on en pense, le mécanisme psychologique des conversions ressemble fort à celui des impulsions irrésistibles. Dans son évolution complète, il parcourt trois moments : 1° la conception d'un but ou d'un idéal contraire; cela arrive à tout le monde, sans durer ni agir; cet état ne produira rien s'il traverse seulement l'esprit, s'il est transitoire; 2° il faut donc que cette conception devienne une idée *fixe* avec la stabilité, la prédominance, l'obsession qui lui sont propres; 3° alors l'acte se produit, parce qu'il est déjà inclus dans l'idée fixe et parce que l'idée fixe est une croyance et que toute croyance se pose comme étant ou devant être. En somme, rien n'aboutit tant que l'idée n'est pas devenue une impulsion. Dans les cas du coup de foudre, le mouvement impétueux de la passion naît d'emblée et triomphe immédiatement. C'est encore une ressemblance avec les impulsions irrésistibles qui passent à l'acte, tantôt après une période de lutte, tantôt dans un *raptus* soudain.

Il y a toutefois cette différence que le nouveau caractère — c'est-à-dire une nouvelle manière de sentir, de penser et d'agir — dure. Cette stabilité serait impossible si dans les deux cas, d'incubation et d'éruption, un changement profond ne s'était produit dans la constitution individuelle. Les conversions ne créent pas une nouvelle tendance, mais elles montrent que les plus antithétiques sont en nous et que l'une remplace l'autre, non par un acte de volonté toujours précaire, mais par une transformation radicale de notre sensibilité.

2ᵉ classe. Elle comprend les caractères *alternants*, qui parfois se succèdent avec une telle rapidité et une telle fréquence, qu'ils se rapprochent des caractères contradictoires simultanés. Au lieu de deux caractères différents, l'un avant, l'autre après la crise, dont la formule pour la vie entière de l'individu serait A puis B, nous avons l'alternance de deux formes de caractère (avec ou sans crise intermédiaire) et la formule serait : A puis B, puis A, puis B et ainsi de suite.

Cette alternance se rencontre à l'état normal ou quasi normal ; mais elle est trop fugitive ou trop difficile à fixer, pour qu'on la distingue des caractères instables ; il n'en est pas de même pour les formes morbides qui la montrent en grossissement. Tels sont les phénomènes tant étudiés de nos jours sous les noms d'altérations, maladies, désordres de la personnalité. Le lecteur les connaît ; ils sont d'ailleurs en partie étrangers à notre sujet et si j'y touche, c'est simplement à titre d'éclaircissement sur un point particulier : les variations du caractère.

Dans les cas d'alternance de personnalité, on peut considérer ou bien les changements physiologiques qui sont assez obscurs, ou bien les changements intellectuels qu'on réduit à peu près à la mémoire, ou bien les changements affectifs qu'on néglige un peu et qui sont même omis dans beaucoup d'observations : ces derniers seuls nous intéressent, parce qu'ils se résument en des alternances de caractère.

Si l'on prend, en effet, les observations complètes, on voit que les deux personnalités (il y en a quelquefois davantage) ne consistent pas seulement dans l'alternance de deux mémoires, mais aussi de deux dispositions affectives distinctes et ordinairement opposées. La célèbre Félida d'Azam est, dans son état premier, sombre, froide, réservée ; dans son état second, gaie, expansive, vive jusqu'à la coquetterie et la turbulence. Dans le cas de Mary Reynolds, rapporté par Weir Mitchell, nous avons d'abord une femme mélancolique, taciturne, fuyant le monde ; puis dans sa nouvelle person-

nalité, « sa disposition est totalement et absolument changée »,
elle est folle de plaisir, bruyante, cherchant toujours la compagnie,
à moins qu'elle ne courre à pied ou à cheval les forêts, les vallées,
les montagnes, s'enivrant des spectacles de la nature et ne connais-
sant pas la peur : ces alternances ont duré seize ans, puis « l'opposition émotionnelle entre les deux états semble s'être graduellement effacée » pour aboutir à une moyenne, entre les deux, « à
un tempérament bien équilibré » qui a coexisté pendant un quart
de siècle avec son second état « devenu permanent ». Rappelons
encore l'observation si connue de L. V. qui présente *spontanément*
au moins deux formes opposées de caractère : bavard, arrogant,
violent, brutal, insubordonné, voleur, voulant tuer ceux qui lui
donnent des ordres; puis doux, poli, silencieux, sobre, d'une
timidité presque enfantine. Je dis spontanément, car MM. Bourru
et Burot ont produit *artificiellement* chez V. des modifications
physiques qui s'accompagnent aussi de quelques modifications du
caractère; mais je m'en tiens aux changements naturels. — Pour
d'autres exemples je renvoie aux livres spéciaux sur les altérations
de la personnalité.

J'incline à croire que les alternances de mémoire, quoique les
plus étranges et les plus troublantes, résultent d'une alternance
des dispositions affectives (du caractère) qui résultent elles-mêmes
de changements physiologiques; en sorte que la réduction dernière
conduit à la cénesthésie. Quand on voit, par exemple, chez L. V. le
caractère violent accompagner toujours l'hémiplégie et l'anesthésie
droites, le caractère doux, l'hémiplégie et l'anesthésie gauches —
sans parler des modifications partielles qui accompagnent la para-
plégie, l'anesthésie totale, etc., produites artificiellement en état
d'hypnotisme, — il est difficile de ne pas admettre que les changements de mémoire, de caractère, d'habitude physique forment un
tout presque indissoluble : c'est aussi la conclusion que Bourru et
Burot ont tirée de leurs expériences.

A défaut de preuves positives qui établissent que le changement
de la cénesthésie est primordial dans ces alternances du caractère,
nous pouvons les rapprocher d'une maladie mentale où l'alternance,
encore plus simple, laisse mieux saisir ses conditions physiologiques : c'est la folie à double forme (appelée aussi folie circulaire,

à formes alternes, etc.). Elle consiste dans l'alternance régulière de deux périodes : dépression, exaltation. La transition de l'une à l'autre est instantanée ou se fait par des dégradations insensibles; mais rien de plus net que le contraste entre les deux périodes.

Pendant la dépression, les symptômes affectifs sont : mélancolie, sentiment de fatigue, torpeur, indifférence, frayeur vague, inquiétude sur tout. Physiquement le malade est amaigri, vieilli, cassé, ridé, il y a abaissement de la température, diminution énorme du pouls, des sécrétions et excrétions, du poids du corps (jusqu'à dix livres en une semaine).

Pendant l'excitation, le tableau est inverse, traits pour traits : sentiment de bien-être, joie, orgueil, activité exubérante; le malade est rajeuni, engraissé, les fonctions organiques sont amples et faciles. « Ce contraste, dit un aliéniste, est une des particularités les plus curieuses et les plus intéressantes de la médecine mentale [1]. »

Ici la connexion entre la disposition affective et l'état somatique est de toute clarté et paraît réductible à une tropho-névrose du cerveau (Schüle, Krafft-Ebing). Il faut reconnaître que cette maladie, qui est la forme extrême, et les alternances de la personnalité, qui sont des formes mitigées, ne nous fournissent que des exemples pathologiques; mais les manifestations morbides sont en germe dans la vie normale. Malheureusement, ces alternances ne sont saisissables que par leur relief et on ne peut citer que les gros cas. Comparés aux caractères successifs dont l'un a tué l'autre, les caractères alternants marquent une nouvelle étape vers la dissolution et forment une transition à notre deuxième groupe, les caractères contradictoires *coexistants*.

II

Ils consistent dans la coexistence de deux tendances contraires, également prépondérantes et inconciliables; il y a deux caractères, deux sources d'action contradictoires et, d'après notre critérium pratique, il y a, dans une circonstance donnée, deux prévisions

. Régis. *Maladies mentales*, p. 200.

possibles et également probables. Ils diffèrent et des caractères successifs, où le second homme a éliminé le premier, et des caractères alternants qui occupent la scène à tour de rôle *exclusivement* et pendant quelque temps. Ils se présentent sous deux formes principales.

1° La première forme n'est pas un type pur ni complet. Elle résulte d'une contradiction entre le penser et le sentir, entre la théorie et la pratique, entre les principes et les tendances. Rien n'est moins rare et il est à peine besoin d'en fournir des exemples : l'opposition tranchée entre l'homme privé et l'homme public, entre l'homme comme savant et entre l'homme comme croyant; tel qui, en matière de preuves scientifiques est intraitable, sera, en religion ou en amour, d'une ingénuité, d'une candeur sans pareilles. Quant à ceux qui professent énergiquement une doctrine et agissent dans le sens contraire, ils ne manquent pas. Schopenhauer, en théorie pessimiste, mysogyne, pénétré de compassion pour tous les êtres, ascète, n'est rien de tout cela en pratique. C'est une contradiction inconciliée à laquelle j'opposerai la parfaite unité d'un Spinoza.

Un homme qui, par hypothèse, serait tout entier intellectuel et qui cependant agirait (si cela est possible), échapperait par sa constitution à cette dualité contradictoire. Le magistrat observé par Esquirol qui, avec une parfaite lucidité d'esprit, avait perdu toute sensibilité et « était aussi indifférent aux siens et à toute chose qu'à un théorème d'Euclide », s'en rapproche. On en trouve des formes atténuées chez les apathiques intelligents.

Mais cette dualité contradictoire est si commune qu'on n'oserait pas y insister, si elle ne mettait en plein jour l'inanité de ce préjugé si répandu : qu'il suffit d'inculquer des principes, des règles, des idées, pour qu'ils agissent. Sans doute, l'autorité, l'éducation, la loi, n'ont pas d'autre moyen d'influence sur les hommes; mais ce moyen n'est pas efficace par lui-même; il peut échouer ou réussir; c'est une expérience qu'on essaie et qui se réduit à ceci : Le caractère intellectuel (s'il y a des caractères proprement intellectuels, comme l'admettent certains auteurs) et le caractère affectif marche-ront-ils de pair?

2° La deuxième forme est pure et complète; elle renferme une contradiction plus profonde, parce qu'elle existe entre deux manières de sentir, deux tendances, deux modes d'agir dont l'un nie l'autre. Ces caractères nous rapprochent de notre dernier groupe (les instables) : ce sont des incohérents qui ne veulent ou ne peuvent résoudre la contradiction qui est en eux. L'un des plus communs exemples se trouve chez les gens qui cumulent la sincérité religieuse et le libertinage. L'opinion les juge sévèrement et les tient pour des hypocrites, confondant ainsi deux cas très distincts : — celui de la dissimulation volontaire et celui de la contradiction incurable — le sentiment religieux et le sentiment sexuel, bien enracinés en eux, agissent tour à tour sans qu'ils se mettent en peine de les concilier. Citons encore les hommes partagés entre le besoin de l'activité et celui du repos, qui passent sans cesse de l'un à l'autre ; l'amant qui ressent à la fois pour sa maîtresse un ardent amour et un violent mépris. Dans les temps et les pays de profonde foi monarchique, on trouve un état analogue chez les sujets qui ont un sentiment de fidélité inébranlable au roi et d'abjection pour sa personne. En étudiant les caractères « composés », Paulhan rappelle que Rubens, calme, tranquille, rangé dans la vie pratique, devenait en proie à une fermentation tragique dès qu'il saisissait le pinceau. On a dit d'un contemporain célèbre (Wagner) qu'il y avait en lui « des instincts d'ascète et de satyre, le besoin d'aimer et de haïr, un appétit de jouissance et une soif d'idéal, de la dignité hautaine et une plate courtisanerie, un mélange de dévouement et de lâche trahison ». Ce portrait pourrait convenir à beaucoup d'autres. Il dénote plus qu'une dualité contradictoire, car il n'est pas réductible à deux marques essentielles ; mais il n'est pas encore le type vrai de l'instable.

A en croire certains auteurs, la cause des caractères contradictoires simultanés serait bien simple : elle serait réductible à la dualité cérébrale. On sait que les deux hémisphères du cerveau, même normal, sont asymétriques, différents quant au poids, à la distribution des artères, à l'importance fonctionnelle, le côté gauche étant prépondérant ; que les hallucinations peuvent être unilatérales ou bilatérales, à caractères différents, etc. Bref, le dualisme cérébral est indéniable ; mais qu'il suffise à expliquer la dualité du caractère, c'est une hypothèse tellement simpliste que je ne m'arrêterai pas à la discuter.

Une explication tirée de la psychologie sera moins simple, mais moins fragile. Pour comprendre comment ces caractères se constituent, la marche suivante me paraît la meilleure. Prenons comme point de départ les caractères bien équilibrés, « complètement unifiés », qui présentent une coordination hiérarchique des diverses tendances. Un premier pas vers la rupture est marqué par la prédominance d'une seule et unique tendance : on est actif, contemplatif, sensitif, etc. C'est encore une unité; mais au lieu d'une unité de convergence qui ressemble à une fédération, nous avons unité de prépondérance qui correspond à une monarchie absolue. Un deuxième pas, décisif, est marqué par l'apparition de deux tendances dominatrices; mais il faut qu'elles soient contradictoires. Ainsi, Michel Cervantes qui, après une vie de batailleur chevaleresque, devient l'écrivain que l'on sait, offre l'exemple d'une nature complexe, composite, nullement contradictoire. La contradiction est dans les cas analogues à celui du croyant libertin, parce qu'en même temps qu'il affirme des règles de morale prescrites par sa religion, il les nie par ses actes. Donc deux tendances incoordonnées. Toutefois ce n'est que l'exagération d'un fait normal : un homme très grave peut avoir des accès de joie folle; un autre peut être pris d'une passion qui dément toutes ses habitudes. Donnez à cet état transitoire, épisodique, la stabilité, la permanence, et le caractère contradictoire s'établit. Les causes de cette transformation peuvent être assignées aux circonstances; je les crois bien plus encore dépendantes de l'innéité : ce sont des dispositions inhérentes à la constitution individuelle; l'occasion ne sert qu'à les faire éclore.

En définitive, on peut soutenir, sans paradoxe, que ces caractères sont ou ne sont pas contradictoires, selon les points de vue adoptés : pour la logique de l'intelligence, ils le sont; pour la logique des sentiments, ils ne le sont pas.

Quand nous jugeons un caractère contradictoire, qu'il s'agisse de nous ou des autres, nous procédons *objectivement*; nous constatons dans l'individu l'existence simultanée de deux idées directrices dont l'une nie l'autre; nous le déclarons illogique rationnellement, parce que le principe de contradiction est le nerf de toutes nos affirmations et que la logique de l'intelligence repose sur lui.

La logique des sentiments est *subjective*; elle est régie par le principe de finalité ou d'adaptation. L'individu, comme être purement affectif, ne vise qu'une fin, la satisfaction de ses désirs ; et en lui, chaque tendance spéciale vise sa fin spéciale, son bien spécial. Si donc le savant mû par l'amour de la vérité tend vers la vérité rigoureuse et, mû par un vif sentiment religieux, se satisfait par des croyances d'enfant ; il n'y a pas, il ne peut y avoir de contradiction entre ces deux désirs ; elle n'existe que dans la région des idées, objectivement. La logique des sentiments a aussi ses illogismes, mais ils sont autres et je n'en vois que deux : 1° quand une tendance isolée, en allant vers son but, est une cause de nuisance ou de ruine pour l'individu tout entier ; 2° quand celui-ci se complaît dans sa propre destruction, comme dans le cas de « plaisir de la douleur » que nous avons étudié ailleurs et dont le dernier terme est l'attrait du suicide.

III

Les caractères instables ou polymorphes ne peuvent être appelés « caractères » que par une extension tout à fait abusive de ce mot ; car il n'y a plus ni unité, ni stabilité, ni prévision possible : comment agiront-ils ? à chaque moment nous sommes en face d'une énigme. En fait, c'est la dissolution du caractère et tous les échantillons de ce groupe sont pathologiques.

Il n'est pas utile de les décrire, car ils se comprennent d'eux-mêmes. Leurs principaux types se rencontrent : chez les hystériques dont la psychologie protéiforme a été tant de fois faite et bien faite qu'il n'y a pas à insister ; chez les aventuriers dont l'histoire avec des variations sans nombre est, au fond, toujours la même et peut se résumer ainsi : précocité, indiscipline à la maison paternelle ou aux écoles, fugues fréquentes, inaptitude à tout travail suivi ; passant brusquement de la fougue au dégoût, essayant tout et laissant tout, roulant ainsi au hasard des impulsions et des circonstances jusqu'à une catastrophe finale qui les conduit en cour d'assises ou dans un asile d'aliénés.

Les causes de cette instabilité sont congénitales ou acquises.

La diathèse spasmodique, comme l'appelle Maudsley, est le plus souvent innée. Elle a pour marques les divers symptômes qui sont compris sous le nom de dégénérescence, groupés en stigmates physiques et stigmates psychiques : ils sont trop connus pour qu'il soit besoin de les énumérer.

L'instabilité acquise au cours de la vie est le reliquat de certaines maladies, surtout des blessures et chocs au cerveau et avant tout des lésions du lobe frontal. Telle est la conclusion qui ressort des observations de David Ferrier, de Boyer, Lépine, etc. Plus récemment, Allen Starr[1], sur 46 cas, a constaté 23 fois, comme seuls symptômes, l'obtusion mentale, l'impossibilité de l'attention, l'irritabilité, les actes incoordonnés et impulsifs, l'absence de contrôle volontaire, la perte du pouvoir d'inhibition : phénomènes qui coïncident spécialement avec les lésions du côté gauche de la région frontale.

M. Paulhan, dans son livre sur les *Caractères*, étudiant ceux qu'il appelle les inquiets, les nerveux et les contrariants, en donne plusieurs exemples : parmi eux Alfred de Musset, d'après son propre portrait, confirmé par celui de G. Sand. Écoutons-les tour à tour : « Au sortir de ces scènes affreuses, un amour étrange, une exaltation poussée jusqu'à l'excès me faisaient traiter ma maîtresse comme une divinité. Un quart d'heure après l'avoir insultée, j'étais à ses genoux; dès que je n'accusais plus, je demandais pardon; dès que je ne raillais plus, je pleurais. » (Musset.) « Ses réactions étaient soudaines et violentes en raison de la vivacité de ses joies... L'on eût dit que deux âmes, s'étant disputé d'animer son corps, se livraient une lutte acharnée pour se combattre l'une l'autre... Règle invariable, inouïe, mais absolue dans cette étrange organisation, le sommeil changeant toutes ses résolutions, il s'endormait le cœur plein de tendresse, il s'éveillait l'esprit avide de combats et de meurtres et s'il était parti la veille en maudissant, il accourait le lendemain pour bénir. » (G. Sand.) — De là et des cas analogues, Paulhan conclut que « ces types résultent de la prédominance de l'association par contraste ». Il me paraît impossible de réduire la psychologie des instables — et des caractères contradictoires qui y confinent — à ce seul fait. D'abord, l'association par contraste n'est pas primitive. Avec raison, les psycho-

1. *Brain*, n° 32, p. 570, et *Brain Surgery* (1893), ch. 1.

logues la réduisent indirectement à l'association par ressemblance, mélangée quelquefois d'éléments de contiguïté. De plus, le contraste n'existe que par couples et chez les « nerveux, inquiets, contrariants » il n'y a pas seulement passage du contraire au contraire, mais du divers au divers ; ils parcourent toute une gamme. Enfin l'association par contraste n'a une forme précise que comme phénomène *intellectuel* et l'on ne pourrait soutenir que l'amour, en tant que représentation, évoquerait la *représentation* de la violence, ou l'*idée* de la jalousie celle de l'indifférence. Ici l'association des idées n'est qu'un effet, un résultat, une traduction dans la conscience d'événements plus profonds, d'ordre affectif et même organique. Si Musset, s'étant représenté Sand comme une divinité, sévit aussitôt sur elle comme un planteur brutal sur une esclave, son changement d'orientation est dans sa manière de sentir, non de penser. J'y vois plutôt l'effet d'un épuisement rapide, mais partiel, très fréquent chez les déséquilibrés. Si l'on tient à conserver le mot contraste, il faudrait le prendre, non dans son acception psychologique, mais au sens des physiologistes, lorsqu'ils parlent de « contraste successif » et qu'ils l'attribuent (à tort ou à raison) à la fatigue de certaines portions de la rétine.

La formule qui, à mon avis, résume et explique les instables, est celle-ci : *infantilisme psychologique*. On pourrait dire aussi arrêt de développement, mais l'expression ne serait pas applicable à tous les cas.

Si l'on considère, en effet, les marques distinctives du caractère des enfants (sauf exceptions), on constate d'abord la mobilité ; ils désirent une chose, puis une autre et une autre, passent vite aux extrêmes, de la fougue au dégoût, du rire au pleurer ; c'est un faisceau incoordonné d'appétits et de désirs dont chacun chasse l'autre. Puis, faiblesse ou absence totale de volonté, sous la forme supérieure de l'arrêt qui maîtrise et coordonne. Sont-ils impulsifs par défaut d'inhibition ou incapables de se gouverner par l'excès des impulsions? Les deux cas se rencontrent et le résultat est le même. Le tableau de leur caractère, qu'il est inutile de poursuivre dans le détail, est celui des instables — c'est-à-dire d'une non-constitution du caractère.

Le terme *infantilisme* convient également aux formes congénitales et aux formes acquises. Les uns n'ont pas cessé d'être enfants, les autres le redeviennent ; ils sont au même niveau, les uns pour n'avoir pas assez monté, les autres pour avoir trop descendu : arrêt de développement ou régression. Et il n'y a pas à objecter que cette instabilité s'est rencontrée maintes fois chez des esprits supérieurs : le génie est une chose, le caractère une autre chose et il ne s'agit ici que du caractère. Le vulgaire qui, frappé de l'incohérence de leur conduite, appelle ces hommes de « grands enfants » trouve la note juste, sans subtilité d'analyse.

En somme, depuis le caractère *vrai* (c'est-à-dire l'affirmation d'une personnalité sous une forme stable et constante avec elle-même) qui ne se réalise jamais complètement ni sans de courtes éclipses, il y a tous les degrés possibles d'infraction à l'unité et à la stabilité, jusqu'à ce moment de la multiplicité incoordonnée, où le caractère n'a pu naître ou a cessé d'être.

CHAPITRE XIV

LA DISSOLUTION DE LA VIE AFFECTIVE

En commençant cet ouvrage, on a présenté un tableau général de l'évolution de la vie affective ; en le finissant, il convient d'essayer un travail contraire : le tableau de sa dissolution. Se produit-elle comme par hasard, variant d'un homme à un autre, ou suit-elle une marche régulière et déterminable ; est-elle réductible à une formule qu'on puisse assimiler à une loi ?

La loi de dissolution, en psychologie, consiste en une régression continue qui descend du supérieur à l'inférieur, du complexe au simple, de l'instable au stable, du moins organisé au mieux organisé : en d'autres termes, les manifestations qui sont les dernières en date dans l'évolution disparaissent les premières ; celles qui ont apparu les premières disparaissent les dernières. L'évolution et la dissolution suivent un ordre inverse.

J'ai montré autrefois que la disparition lente et continue de la mémoire vérifie cette formule et, à titre de contre-épreuve, que, dans les cas assez rares où cette faculté est recouvrée, la restauration remonte pas à pas en sens inverse le chemin descendu. Le travail méthodique de la dissolution se montre mieux encore dans la psychologie des mouvements ; qu'on me permette, à titre d'éclaircissement et de préparation, de résumer ce que j'ai exposé plus longuement ailleurs : la régression motrice dans le cas banal de l'ivresse. Il y a d'abord une période d'excitation, même d'exubérance et de verve qui est l'antipode de la réflexion, c'est-à-dire que l'attention sous sa forme la plus haute et comme résultat d'une convergence motrice ne peut plus se constituer. Puis, on n'est plus maître de sa langue, on livre ses secrets : la volonté sous sa forme supérieure (d'inhibition) a disparu. Puis, on est incapable d'une action ou d'un dessein suivi : la volonté sous sa forme inférieure (d'impulsion) reste impuissante. Puis les mouvements volontaires, les plus délicats, ceux de la parole et de la main deviennent incoordonnés. A un degré plus bas, il y a perte des mouvements semi-automatiques, comme ceux de la marche; l'ivrogne titube et perd l'équilibre. Plus bas encore, la tonicité musculaire s'affaiblit; de son siège, il tombe sous la table; puis, abolition des réflexes et enfin, si l'on va jusqu'à la mort, perte des mouvements automatiques de la respiration et du cœur. — Voilà un ordre de régression bien marqué, facilement déterminable, parce que le rôle psychologique des mouvements est relativement simple.

Le but de ce chapitre est d'établir que la disparition des sentiments, quand elle se fait peu à peu, d'une manière continue, par l'effet de l'âge ou de quelque maladie à évolution lente (paralysie générale, démence sénile, etc.), se conforme à la même loi. Mais, en raison de la complexité de la vie affective, la question présente des difficultés qu'il faut d'abord signaler.

La première est celle-ci : la régression affective ne serait-elle pas simplement l'effet d'une régression intellectuelle? ou faut-il la tenir pour primitive, indépendante et autonome, non pour secondaire et consécutive à la déchéance de l'intellect? ou bien — et cette hypothèse me paraît la plus vraisemblable — les deux cas se produisent-ils? Il est impossible de donner une réponse péremptoire, les deux éléments, intellectuel et affectif, étant étroitement associés. Toutefois, comme la régression est irrémédiable et qu'elle résulte d'une déchéance ou d'une usure organiques, les présomptions sont plutôt en faveur d'une extinction graduelle des tendances.

La seconde difficulté est au moins aussi grande. Nous avons admis que, chez tout homme normal, toutes les tendances primitives existent; mais leur coexistence n'implique par leur égalité : l'expérience le prouve. Le caractère individuel résulte de la prépondérance d'une ou de plusieurs tendances : esthétique ou sexuelle, morale ou religieuse; l'un est peureux et l'autre colérique par tempérament. Il en résulte que tous les cas de régression ne sont pas strictement comparables entre eux; car il est évident que la tendance maîtresse doit tolérer mieux que les autres les chocs et les assauts, résister plus longtemps au travail de destruction. C'est ce qui explique, à mon avis, comment, dans une observation citée plus bas, on verra le sentiment esthétique, l'un des plus fragiles et des derniers formés, disparaître très tard chez un artiste : ce qui est en apparence une exception, en fait, une confirmation de la loi.

La position idéale de notre sujet serait celle-ci : Un homme moyen, chez qui les tendances seraient à peu près équipollentes, frappé d'une maladie à régression lente, permettant de noter l'ordre d'affaiblissement et d'extinction des sentiments; puis, la déchéance s'arrêtant court pour être suivie d'une restauration de la vie affective qu'on pourrait suivre pas à pas dans sa marche ascendante, pour savoir si elle est la répétition à rebours de la période de dissolution. La recherche d'un cas pareil n'est guère moins que chimérique. La seule méthode pratique consisterait à recueillir un grand nombre d'observations, chez des malades différents, et à composer ainsi un tableau schématique de la dissolution, analogue aux photographies composites de Galton, formé par l'accumulation des ressemblances et l'élimination des différences individuelles. C'est ce qu'on va essayer, autant que le permettent l'extrême pénurie des matériaux et la difficulté d'un sujet inexploré. Nous étudierons d'abord la dissolution proprement dite; puis, en manière de contre-épreuve, l'arrêt de développement.

I

La dissolution des sentiments allant du supérieur à l'inférieur, de l'adaptation complexe à l'adaptation simple, en rétrécissant peu à peu le champ de la vie affective, on peut, dans cette déchéance, distinguer quatre phases marquées par la disparition successive : 1° des émotions désintéressées; 2° des émotions altruistes; 3° des émotions égo-altruistes; 4° des émotions purement égoïstes.

1° Je classe sous le premier titre les émotions esthétiques et les formes supérieures de l'émotion intellectuelle, qui ont pour but un idéal non pratique ni utilitaire, qui sont un luxe, qui ne sont pas nécessaires à la vie. Les besoins esthétiques et scientifiques sont si peu marqués et si peu exigeants chez la plupart des hommes, qu'il est impossible d'établir positivement qu'ils disparaissent les premiers; mais on peut user de moyens indirects.

On ne peut nier que ceux qui ont la passion de l'art ou de la science, pour qui c'est une nécessité, une condition de vie, sont extrêmement rares en comparaison de ceux qui sont mus ou possédés par l'amour, le désir des richesses, l'ambition. Dans la masse de l'humanité, l'émotion esthétique et l'émotion intellectuelle restent embryonnaires ou parviennent à un développement faible, tout au plus moyen; c'est une lueur non une lumière et on ne peut dire quand elles s'éteignent, parce qu'elles ont à peine brillé. Relativement aux formes supérieures, elles ressemblent à un arrêt de développement, c'est-à-dire à une régression; et cet arrêt de développement est la règle, comme il doit être pour des tendances qui dépassent les nécessités de la vie.

A cette preuve négative, on peut en ajouter d'autres, positives.

L'âge et les maladies à marche régressive diminuent ou annihilent le zèle, l'ardeur, l'élan pour créer, découvrir ou simplement pour savourer l'art et être toujours en éveil de curiosité. J'omets les très rares exceptions qui exigeraient chacune un examen particulier. Pour la majorité des hommes, l'affaiblissement vital tarit tout de suite le goût de ce superflu.

Notons encore, avec l'âge, l'hostilité décidée contre les innovations : formes nouvelles de l'art, nouvelles découvertes, nouvelles manières de poser ou de traiter les questions scientifiques. Le fait est si connu qu'il dispense de preuves. Ordinairement, en esthétique surtout, une génération renie celle qui la suit. L'explication commune de ce « misonéisme » c'est qu'il y a une constitution cérébrale fixée, des habitudes intellectuelles organisées. Oui; mais si le nouvel idéal artistique ou scientifique proposé causait une émotion vraie, profonde, intense, il entraînerait, il romprait l'habitude. Il y aurait choc, bouleversement, conversion. On rencontre des cas de rupture avec le passé esthétique ou scientifique; ils sont rares, parce qu'ils supposent la possibilité d'une secousse violente, la résurrection d'une passion impérieuse, orientée dans un autre sens. Cette répulsion pour la nouveauté est d'origine émotionnelle bien plus qu'intellectuelle ; elle est une marque d'affaiblissement de la vie affective, d'une tendance vers le moindre effort, le repos, l'inertie.

2° Les sentiments altruistes (émotions sociales et morales), ayant une valeur pratique et comptant parmi les conditions d'existence de l'humanité, il est bien plus facile de fixer le moment de leur dissolution partielle ou totale. Or, le groupe précédent mis à part, elles disparaissent les premières. Elles sont depuis longtemps altérées ou éteintes, tandis que les tendances égo-altruistes et surtout égoïstes sont encore intactes. Nous avons vu à satiété combien rapidement on devient insociable et ingouvernable par le fait de la démence, de la paralysie générale, de la mélancolie, de l'épilepsie, de l'hystérie des chocs et blessures à la tête.

Mais leur régression comporte des degrés que des observations seules peuvent faire saisir [1].

Observation 1. — Le 20 décembre 1889, F... entre à l'asile, atteint de paralysie générale à forme démente. C'est un homme intelligent, bien élevé, capable de tenir dans le monde une place brillante. Musicien de talent, il s'est fait connaître comme violoncelliste et a été longtemps le charme des concerts les plus courus. — Ce qui frappe surtout chez ce malade, à son entrée, c'est une indifférence profonde pour tous ceux qui l'entourent, médecins, gardiens, malades. Devant un vieux dément qui se meurt et qu'on lui montre, il ne s'émeut ni ne se trouble et déclare simplement : « En voilà un qui va claquer. » A toute proposition de sortir de l'asile et de se mêler au monde, on n'obtient jamais que cette réponse : « J'aime trop mon bien-être ; qu'on me laisse la paix. » — Les sentiments altruistes les plus généraux paraissent donc avoir disparu à cette date ; mais l'amour de la famille, l'amour filial surtout, est encore intact. F... parle sans cesse de son père, veut lui écrire, le voir. On lui montre son portrait ; il se met à fondre en larmes. — Les sentiments personnels sont encore intacts : amour de la liberté, instinct de la conservation sous toutes ses formes.

Le 15 janvier 1891 (au bout d'un an et demi), F... est maintenant dans la salle des gâteux. Les sentiments déjà ruinés ou détruits n'ont pas réapparu. La régression a continué presque sans interruption. F... ne parle plus de son père, et, si on lui en parle, il répond avec

1. Nous devons ces observations à l'obligeance de M. le Dr Dumas, qui les a recueillies en vue d'étudier spécialement la dissolution des sentiments, et nous les a communiquées.

indifférence. Un jour, toute sa famille est réunie au pied de son lit ; il reconnaît chacun de ses parents, les nomme et ne manifeste aucune émotion : le moment de la séparation le laisse aussi froid que celui de l'arrivée.

Les sentiments égoïstes sont même atteints : il ne demande plus la liberté de ses mouvements. Manger est la seule chose qui l'intéresse ; il dévore et, son repas terminé, il ramasse les miettes de pain qui courent sur les draps. L'instinct de la nutrition est le dernier qui subsiste en lui.

Cependant, chez ce malade, le sentiment esthétique reste longtemps et solidement organisé, pour la raison que nous avons indiquée plus haut, parce qu'elle est l'expression directe de son tempérament et une partie essentielle de son moi, parce qu'il est artiste.

« Deux mois après son entrée à l'asile, dépourvu de tendances sociales et de sentiments généreux, il pouvait encore coordonner ses mouvements et jouer sur son violoncelle les airs d'autrefois. Un jour, au jardin, il a été surpris en extase devant le ciel bleu, tacheté de petits nuages blancs ; il disait : « Que c'est beau ! que c'est beau ! » C'est d'ailleurs tout ce qu'on put tirer de lui ce jour-là. Le hasard a conduit à l'asile le premier violon du concert X... On le prie de jouer devant F..., environ un mois avant sa mort. Il était gâteux depuis longtemps et ne comprenait plus rien. Pourtant, il comprit cette fois et, devant ce violon qui lui jouait des airs d'autrefois, son œil redevint clair et pour une minute l'esprit semblait s'être ressaisi sous l'influence de l'art. »

Observation 2. — Ph. R..., soixante-dix ans, atteint de démence sénile, a été jusqu'à cet âge un citoyen intelligent, paisible, rangé. Aux dernières élections, il se présente à la députation et, malgré les protestations de sa famille, se met à la tête d'un groupe d'anarchistes et rédige un programme dont nous faisons grâce au lecteur. Il prétend avoir recueilli 700 voix. Quoi qu'il en soit, il a fallu l'interner. Ses tendances politiques et sociales ont péri dans une première débâcle, mais les sentiments de famille sont restés intacts. Il parle des siens avec une simplicité touchante. Une lettre écrite à son beau-frère (trop longue pour être transcrite ici, mais très sensée) en fournit d'un bout à l'autre une preuve irrécusable. Peu à peu, ces sentiments s'affaiblissent, la maladie marche rapidement, il devient gâteux et la seule fonction qui persiste chez lui, c'est l'instinct de la génération sous sa forme la plus simple : la masturbation.

Dans les observations qui suivent, la régression intellectuelle paraît précéder et déterminer l'évolution affective.

Observation 3. — D..., paralytique général, à son entrée à l'asile, parle volontiers de trois mille francs qu'il a placés; il s'occupe des rentes et des coupons échus qu'il aurait dû toucher. Vérification faite, tout cela est exact. Il avait donc une idée assez nette de la propriété, puisqu'elle s'éveillait à l'image de certains papiers représentant les valeurs engagées. Plus tard, on lui parle de ses trois mille francs; il a tout oublié, il ne comprend pas. On lui rappelle ce qu'il a dit, comment il possède des valeurs garanties par des reçus : il ne comprend pas davantage. — Mais D... porte de l'argent sur lui et sait très bien ce qu'il porte : « Avec dix centimes, dit-il, j'ai tous les jours une tasse de café, et je possède trois francs. » La vue d'un métal brillant et blanc suffit donc pour éveiller en lui l'idée de la possession représentée par le plaisir qu'il peut s'acheter. — Trois mois après, il ne comprend même plus cette possession du troisième degré : posséder pour lui, c'est avoir à manger; le morceau de pain qu'il tient à la main et qu'il dévore avidement est la seule chose qu'on ne puisse le faire donner.

Observation 4. — M..., ancien employé de l'octroi, démence paralytique. Les premiers jours de son entrée à l'asile, se livre à des divagations politiques, parle beaucoup de suffrage universel et surtout de liberté. On lui demande de définir ce mot et il donne l'explication suivante : La liberté, c'est le droit de faire ce qu'on veut. Peu de temps après, il cesse de pérorer, s'affaisse. Il n'est plus capable de donner sa définition, ne la comprend plus; pressé de questions, il finit par dire : « La liberté c'est de pouvoir se promener dans la cour. » L'idée abstraite est remplacée par l'idée concrète d'un ensemble de mouvements. Plus tard, quelques jours avant sa mort, il répond à la même question : « Être libre, c'est quand on est couché; je serai libre, lorsque je serai couché. » L'idée de liberté arrive donc pour lui à se confondre avec celle d'un bien-être vague.

Ces observations montrent comment le groupe des sentiments altruistes se dissout par morceaux; la sphère affective se rétrécit de plus en plus. D'abord, disparaissent les formes les plus vagues et les plus faibles de la bienveillance, étendue à tout le monde; puis les émotions familiales, plus stables, plus restreintes, plus souvent répétées; finalement, indifférence absolue pour tous le monde [1].

1. « Lorsque l'esprit subit une dégénération, c'est le sentiment moral qui est le premier atteint, tout comme il est le dernier à être restauré quand la maladie a disparu. Étant la dernière et la plus haute acquisition de l'évolution mentale, il est le premier à témoigner de la dissolution par son affaiblissement. Quand elle défait une organisation mentale,

3° Les émotions égo-altruistes (pour terminer la terminologie d'H. Spencer) forment un groupe à limites vagues, flottantes, indécises. Existe-t-il même comme groupe distinct ou répond-il simplement à un *moment* de l'évolution des émotions complexes? Sans discuter ce point ni y attacher de l'importance, j'emploie cette formule parce qu'elle est commode pour suivre la régression pas à pas, dans sa transition du pur altruisme au pur égoïsme.

L'amour sexuel est un assez bon représentant du groupe. Est-il besoin de dire que, apparaissant après tous les autres instincts, il disparaît aussi avant eux, ce qui est rigoureusement conforme à la loi de régression? Il n'appartient pas à l'enfance, mais il n'appartient pas non plus à la vieillesse. J'élimine les survivances et simulacres qui ne sont qu'un produit factice de l'imagination; il s'agit de la tendance sous sa forme normale et complète, avec *toutes ses* conditions physiologiques et psychologiques.

Le sentiment religieux dans ses formes moyennes, ni trop grossières ni trop subtiles, appartient aussi à cette catégorie; plongeant ses racines profondes dans l'individu, mais pour le dépasser. De ses deux éléments constitutifs, l'un, l'amour, va dans le sens de la dépossession de l'individu; l'autre, la peur, dans le sens du strict égoïsme : avec la régression, celui-ci devient exclusif. Le croyant, surtout dans l'état de mélancolie, se plaint d'abord de manquer de pitié, de ferveur, d'amour de Dieu; il ne trouve plus de consolation dans la prière. Puis, avec l'accroissement de la déchéance ou simplement par l'effet de l'âge et de l'approche de la mort, la préoccupation égoïste du salut devient impérieuse. C'est à ce moment que les rois, princes, seigneurs du Moyen âge multipliaient les fondations pieuses : monastères, églises, hôpitaux; et il en est encore

la nature commence par dissocier les fils les plus délicats, les plus parfaits, les plus artistement associés de son merveilleux réseau. Si le sentiment moral était un instinct aussi ancien, aussi solidement fixé que celui de marcher la tête haute ou que l'instinct encore plus solidement organisé de la génération — si cela était, comme beaucoup de gens dans l'intérêt présumé de la morale ont essayé de le persuader à eux-mêmes et aux autres, — l'instinct moral ne serait pas le premier à souffrir quand la dégénération mentale commence. L'impératif catégorique ne prendrait pas la fuite au premier assaut; il affirmerait son autorité, jusqu'à la dernière période de la décadence. Mais, comme il est le dernier acquis et le dernier fixé, il est le plus exposé à varier non seulement dans les états pathologiques, mais dans l'état normal, selon les diverses conditions où il est placé. » (Maudsley, *Body and Will*, p. 266.)

ainsi, de nos jours, dans les religions qui admettent pour la
rédemption l'efficacité des œuvres et des prières après la mort.
Le sentiment religieux revient ainsi à la peur, sa forme primitive
dans l'évolution. — On pourrait noter encore la survivance fréquente des observances et des rites, quand le sentiment *vrai* a
disparu; c'est-à-dire la solidité de l'élément organique et automatique. Dans une religion qui rétrograde, le dogme se dissout avant
le culte extérieur : ce qui est, nous l'avons vu, l'inverse de l'évolution.

L'ambition est le type de la forme supérieure de l'égoïsme; mais
comme elle doit tenir compte de la nature des autres hommes et
les employer à ses desseins, c'est un égoïsme mitigé. On sait combien, sous ses formes multiples — recherche du pouvoir, des hon-
neurs, de la renommée, de la richesse, — cette passion est tenace
et dure tard; c'est qu'avec elle nous avons un avant-goût de la
stabilité de l'égoïsme dans la ruine des autres tendances. Elle disparaît au moment où l'homme se déclare sincèrement dégoûté de
tout et parle comme l'auteur de l'*Ecclésiaste*. Le plus grand des
califes de Cordoue, Abderrhaman III, qui tenait note des principaux événements de sa vie, a écrit : « J'ai régné cinquante ans en
paix et en guerre, chéri de mes peuples, craint de mes ennemis,
respecté de mes alliés, voyant mon amitié recherchée par les plus
grands rois de la terre. Rien ne m'a manqué qu'un cœur d'homme
puisse ambitionner, ni la gloire, ni la puissance, ni les plaisirs.
Cependant, j'ai compté dans cette longue vie les jours où j'ai joui
d'un bonheur sans mélange; j'en ai trouvé quatorze. » Mais ce
mépris des choses humaines vient tard et plutôt de faiblesse que
de sagesse. On y renonce, moins parce qu'on les a pesées et appré-
ciées à leur valeur, que parce qu'on n'a plus le courage de les conquérir ou de les conserver. Les sages mis à part, la disparition de
toute ambition est le premier symptôme de la décadence des tendances égoïstes; elle est marque de fatigue, d'épuisement, de
manque de foi en soi-même.

4° Le dernier groupe, celui des tendances strictement égoïstes,
le plus général et le plus solidement organisé de tous, disparaît le
dernier. La trinité formée par l'instinct offensif (colère), l'instinct
défensif (peur) et les besoins nutritifs, persiste chez l'homme et

les animaux jusqu'à la dernière limite. On sait que la colère paraît après la peur; disparaît-elle avant? Je n'ai aucun fait qui me permette de répondre à cette question. Ce qui est certain, c'est que les états affectifs associés à la nutrition durent jusqu'au bout et que tout ce qui reste d'activité se concentre en eux, comme le montrent les observations ci-dessus : le fait est d'ailleurs si connu qu'il n'y a pas à insister.

II

Nous venons de voir comment le travail de la dissolution, attaquant l'édifice par le sommet, renverse l'un après l'autre tous ses étages en descendant jusqu'aux fondations. Il serait curieux de vérifier si le travail de restauration suivrait, comme il doit, l'ordre inverse; mais quand la dissolution a fait son œuvre jusqu'au bout, tout est fini, sans espoir de retour : on ne rencontre que des cas de restaurations partielles et fragmentaires. A défaut de cette contre-épreuve, nous pouvons procéder de bas en haut; non pour retracer l'évolution normale de la vie affective — ce qui a été déjà fait, — mais pour considérer les cas où cette évolution reste embryonnaire ou bien avorte à divers moments de sa marche ascendante; c'est-à-dire chez les idiots, imbéciles, faibles d'esprit, êtres humains à développement incomplet.

Au plus bas degré, chez le parfait idiot, tout instinct manque, même celui de la nutrition. Il n'apprend qu'avec beaucoup de peine à s'approcher du sein de sa mère. Plus tard, il en est qui ne sentent ni la faim ni la soif; la vue des aliments ne les fait pas sortir de leur torpeur et, sans le secours d'autrui, ils périraient d'inanition. Le cas ordinaire, plus élevé — car nous montons, — est une gloutonnerie, une voracité sans limites. Les idiots peuvent être réduits aux seuls besoins nutritifs, sans autres indices de plaisir ou de peine que des grognements sourds, des cris aigus ou un rire strident.

Aucune manifestation de la peur chez l'idiot complet; il ne craint rien, parce qu'il ne sent rien et ne comprend rien. S'il est moins dénué de sensibilité, il redoute les punitions et les coups.

De même pour la colère, il y a les apathiques et les insensibles. Au-dessus, chez les imbéciles, la rage bestiale avec convulsions, suffocations, impulsions violentes et besoin de destruction.

Ceux qui dépassent la période purement égoïste, qui ne restent pas totalement indifférents à ceux qui les entourent, manifestent un attachement vague et sans durée pour la personne qui les soigne. D'autres, moins dénués, « paraissent aimables et affectueux, mais leurs sentiments n'ont pas de racines profondes et l'on peut comparer ces malades au chien qui caresse ceux qui le flattent » (Schüle). Le plus haut degré qu'ils atteignent — rarement, — c'est un certain sentiment de l'injustice. Itard l'avait observé sur son fameux « sauvage de l'Aveyron » qu'il avait à dessein puni sans raison [1]. En somme, les tendances sociales et morales sont nulles ou rudimentaires.

Quant à l'instinct sexuel, absence complète ou perversions multiples et éréthisme sans frein.

Enfin, quelques-uns peuvent s'élever jusqu'à une manifestation embryonnaire des sentiments de luxe, désintéressés. La règle, c'est que l'idiot ne joue pas; il est renfermé en lui-même, isolé, et n'a pas un surplus de vie à dépenser. Cette activité qui semble vivre d'elle-même, qui ne coûte aucun effort, qui est une source de plaisir sans fatigue, lui est à peu près inconnue; même quand on le convie ou qu'on l'entraîne, il met peu d'entrain. On trouve pourtant un rudiment de tendances esthétiques chez ceux qui ont quelque goût pour le dessin ou la musique. Notons en passant que la faculté musicale étant, comme on le sait, l'une des premières à apparaître, doit être l'une des dernières à disparaître [2]. Mais tout

_____

1. Itard, *Mémoire sur le sauvage de l'Aveyron*, éd. Bourneville, p. XLVIII et suiv.

2. Ireland (*Journal of mental science*, juillet 1894) a publié quelques observations qui sont en faveur de cette régression tardive dans la démence. Cas où le dément non seulement a retenu son aptitude musicale, mais peut apprendre de nouveaux airs. Cas où le malade, assis devant un piano, peut jouer d'anciennes mélodies, mais est incapable de toute autre chose. Cas d'une fille de quatorze ans, devenue démente après une fièvre cérébrale, qui n'a plus que quelques mots à sa disposition, mais reste folle de musique et joue des fragments de phrases. Deux femmes, totalement incohérentes dans leurs paroles, qui jouent très bien du piano; l'une avec l'oreille seule, l'autre en lisant les notes, quoiqu'elle fût incapable de lire un livre, etc. [Peut-être, dans ce dernier cas, il y avait cécité verbale pour les mots seuls.]

cela est très pauvre et se réduit à l'imitation ; tendance naturelle et simple qui fait même défaut aux degrés inférieurs chez les faibles d'esprit.

Tel est le bilan bien sommaire de la vie affective chez ces déshérités. On admet généralement que, dans ce développement avorté, il y a deux périodes principales : l'une de la naissance jusqu'à trois ou quatre ans ; si l'arrêt se produit pendant cette période, l'état psychique reste presque nul ; l'autre, plus tardive, comporte une psychologie moins indigente, mais inharmonique et pervertie. Dans les deux cas, l'évolution, si incomplète qu'elle soit, reproduit à tous ses degrés l'ordre contraire à celui de la dissolution.

Il est nécessaire, en terminant cette étude sur la dissolution, de dire quelques mots d'une doctrine dont on use et abuse beaucoup de nos jours, à laquelle on a souvent fait allusion dans le cours de cet ouvrage, qui a un rapport direct avec la pathologie des sentiments, qui permet enfin de répondre en quelque mesure à une question posée au début de ce chapitre : c'est la théorie de la dégénérescence.

Lorsque l'on passe en revue les formes anormales ou morbides de la vie affective : impulsions destructives, phobies, tristesse incurable, perversions sexuelles, défaillance du sentiment moral, folie du doute et le reste ; et qu'on en cherche les causes, on en trouve tout d'abord qui sont prochaines, immédiates. Parmi les plus fréquentes, on compte les maladies physiques, les traumatismes à la tête, les chocs soudains comme dans les accidents de chemins de fer ; les chagrins, quelle qu'en soit l'origine, amour, ambition, ruine, séparation ; le surmenage intellectuel et les excès de toute sorte. Cependant un peu de réflexion montre que les causes alléguées ne sont pas *toute* la cause ; que souvent elles sont plutôt accidentelles et occasionnelles. Tel supporte avec courage ou allégrement une perte sous laquelle son voisin succombe. Beaucoup peuvent se livrer impunément aux excès de plaisir ou de travail intellectuel et physique. Entre les voyageurs pris dans un même déraillement, la plupart en sont quittes pour la peur contre un qui deviendra, de ce chef, phobique ou aliéné. Pour expliquer cette différence de résultats, les conditions paraissant identiques, il faut chercher un supplément de cause dans la constitution de l'individu lui-même. Lorsqu'il offre peu de résistance et succombe au moindre choc, on dit que c'est un dégénéré.

La conception de la dégénérescence comme cause fondamentale est due, tout le monde le sait, à Morel, et a fait, depuis, un beau chemin. Malheureusement, on l'invoque à propos d'événements si nombreux et si dissemblables qu'elle a fini par devenir suspecte à quelques-uns qui, dans ces derniers temps, l'ont qualifié d'explication « métaphysique », c'est-à-dire vague et transcendante. En fait, ce que les divers auteurs mettent sous ce mot varie fortement de l'un à l'autre. Le fondateur de la doctrine se faisait de la dégénérescence une notion nette, sinon juste. « L'idée la plus claire, dit Morel, que nous puissions nous former de la dégénérescence humaine, est de nous la représenter comme une déviation maladive d'un type primitif. Cette déviation, si simple qu'on la suppose à son origine, renferme néanmoins des éléments de transmissibilité tels que celui qui en porte le germe devient de plus en plus incapable de remplir sa fonction dans l'humanité, et que le progrès, déjà enrayé dans sa personne, se trouve menacé dans ses descendants... Dégénérescence et déviation maladive du type normal de l'humanité sont donc, dans ma pensée, une seule et même chose. » Voilà qui est clair. Morel était chrétien et croyait à un homme-type sortant des mains du Créateur : cela simplifiait bien des choses. Aussi cette position a-t-elle été abandonnée. On entend actuellement par dégénérescence une prédisposition morbide ayant ses marques propres, ses « stigmates » physiques et psychiques.

Les stigmates physiques que les auteurs spéciaux ont longuement énumérés, consistent en anomalies du système osseux, musculaire, digestif, des appareils respiratoire, circulatoire, génito-urinaire, de la peau, des organes des sens et de la parole et surtout du système nerveux central et périphérique. Les listes détaillées en comptent au moins une soixantaine.

Les stigmates psychiques sont déterminés d'une manière plus vague. Les principaux sont : l'irritabilité qui se révèle par une disproportion marquée entre l'action et la réaction; l'instabilité du caractère, absence d'unité, de consensus, changements incessants; l'excentricité de la conduite; l'obsession douloureuse avec idées fixes; les impulsions irrésistibles ou une apathie extraordinaire.

On a objecté à cette doctrine que sur mille individus pris au hasard, il n'y en a peut-être pas un seul qui ne présente un ou plusieurs des stigmates énumérés, en sorte que l'humanité tout entière serait incluse sous la prétendue rubrique de la dégénérescence. Aucun stigmate, a-t-on dit, n'est spécifique par lui-même; aucun groupement de symptômes ne l'est non plus, au moins sous une forme claire et indiscutable : en sorte que l'on ne peut rien conclure.

Cette difficulté et d'autres ont fourni matière à beaucoup de discussions où nous n'avons pas à entrer. La dégénérescence, quels que soient sa valeur explicative et l'abus qu'on en a fait, n'est pas un pur mot; elle exprime une réalité, elle résume une somme de caractères. Cela nous suffit et nous permet d'éliminer une hypothèse — celle qui consisterait à croire que la dissolution affective est nécessairement dépendante de la dissolution intellectuelle.

A vrai dire, la question posée plus haut : — La régression des sentiments est-elle primitive et celle des idées, secondaire? ou inversement, — est, sous cette forme, passablement factice. Ce n'est que par un artifice d'analyse que nous dissocions le sentir et le penser, de leur nature étroitement conjoints. La loi de régression a une validité générale en biologie et probablement aussi en psychologie; elle n'agit pas isolément; elle enveloppe tout peu à peu et sape l'édifice entier par quelque côté qu'elle l'entame. Il est clair que tout affaiblissement intellectuel, tel que l'âge et la maladie en produisent (difficulté à comprendre les idées générales, perte d'un groupe de souvenirs, etc.), entraîne la disparition des états affectifs correspondants : l'une des observations précitées (obs. 3) en est un exemple. Mais il n'en faudrait pas conclure que la régression de la vie affective est, *de droit*, subordonnée toujours à celle de la connaissance. La plupart des cas de dégénérescence prouvent le contraire : elle est essentiellement une déchéance organique, un état de misère physiologique, qui se traduit avant tout par des altérations dans l'ordre des émotions, des tendances, des actes, des mouvements. L'intelligence, elle, subit mieux le choc et quelquefois reste indemne. Bien mieux, les partisans de cette doctrine ont montré que le dégénéré est parfois doué de brillantes facultés intellectuelles;

quelques-uns ont même soutenu que la dégénérescence est la condition nécessaire de la haute originalité de l'esprit (le génie est une névrose, etc.).

Toute exagération écartée, la masse des faits permet d'induire que la décadence est primitivement, non exclusivement, celle des tendances et des manifestations affectives, puisque la dégénérescence — en prenant ce mot dans son sens le moins vague — agit d'abord et principalement sur elles.

CONCLUSION

A travers les aspects multiples de notre sujet et la diversité des questions traitées, l'idée fondamentale de ce livre a été d'établir que le fond de la vie affective c'est l'appétit ou son contraire, c'est-à-dire des mouvements ou arrêts de mouvements; que dans sa racine, elle est tendance, acte à l'état naissant ou complet, indépendante de l'intelligence qui n'a rien à y voir et peut même ne pas exister. Il serait fastidieux d'infliger au lecteur des variations nouvelles sur un thème tant de fois répété. En finissant, je ne veux qu'ajouter quelques remarques sur la place de la vie affective dans la totalité de la vie psychique et montrer que cette place est la *première*.

Cette affirmation a besoin d'être précisée. Comparer, comme l'ont fait certains auteurs, la « sensibilité » et l' « intelligence » pour rechercher si l'une de ces deux « facultés » est supérieure à l'autre, est une question factice, déraisonnable, puisqu'il n'y a pas de commune mesure entre les deux et elle ne comporte aucune solution, sinon arbitraire. Mais on peut procéder objectivement et se demander si l'une est primaire et l'autre secondaire, si l'une vient se greffer sur l'autre et, dans ce cas, laquelle est le tronc et laquelle est la greffe. Si la vie affective apparaît la première, il est clair qu'elle ne peut être dérivée, qu'elle n'est pas un mode, une fonction de la connaissance, qu'elle existe par elle-même et est irréductible.

Ainsi posée, la question est simple et la réponse est de toute évidence.

Les preuves physiologiques de la priorité en faveur de la vie affective n'ont besoin que d'un rappel sommaire; elles peuvent toutes se ramener à une seule : la vie organique, végétative, apparaît partout et toujours avant la vie animale : les physiologistes se plaisent à répéter que l'animal est greffé sur un végétal qui lui préexiste. Or la vie organique s'exprime directement par les besoins et appétits, matière de la vie affective; la vie animale par les sensations, matière de la vie intellectuelle. Le rôle primordial de la sensibilité organique a été exposé dans l'Introduction. Que l'on considère d'ailleurs les myriades d'animaux qui ne sont qu'un faisceau de besoins, dont toute la psychologie consiste à trouver des aliments, à se défendre, à se propager : leurs sens (et beaucoup sont réduits au toucher seul) ne sont que des outils, des instruments grossiers, des armes téléologiques au service de leurs besoins; mais si fermés qu'ils soient au monde extérieur, l'appétition chez eux n'en est pas moins intense. Chez l'homme, la vie fœtale et même celle des premiers mois est-elle bien différente? n'est-elle pas faite presque entière de besoins, satisfaits ou non, et, par suite, de plaisirs et de douleurs? Du point de vue purement physiologique, la connaissance apparaît non comme une maîtresse, mais comme une servante.

Les preuves psychologiques ne sont pas difficiles à fournir; d'ailleurs ce travail a été fait par Schopenhauer d'une manière si brillante et si complète qu'il serait téméraire de recommencer. Le chapitre intitulé « Du primat de la volonté dans la conscience de soi »[1] est un long plaidoyer en faveur de la priorité des tendances sur la connaissance. Qu'on ne se laisse pas abuser par l'équivoque du mot volonté; car, pour lui, « vouloir, c'est désirer, aspirer, fuir, espérer, craindre, aimer, haïr; en un mot, c'est tout ce qui constitue directement notre bien ou notre mal, notre plaisir ou notre peine ». Qu'on ne se préoccupe non plus ni de la métaphysique qui lui est propre, ni de sa physiologie surannée, ni de sa haine personnelle contre l'intelligence qu'il traite en ennemie, en usurpatrice, « parce que tous les philosophes jusqu'à ce jour en ont fait l'essence intime et primitive de leur soi-disant âme »; et ces éliminations faites, l'on trouvera des pages pleines de remarques pénétrantes

1. *Die Welt als Wille und Vorstellung*, 3e partie, ch. xix

et d'une psychologie achevée. Je rappelle ses principaux arguments.

La volonté [au sens indiqué plus haut] est universelle. La base de la conscience dans tout animal, c'est le désir. Ce fait fondamental se traduit par la tendance à conserver sa vie, son bien-être et à se reproduire. Ce fond est commun au polype et à l'homme. Les différences entre les animaux viennent d'une différence dans le connaître ; à mesure que l'on descend dans la série, l'intelligence devient de plus en plus faible et imparfaite ; aucune dégradation pareille n'a rien dans la volonté [désir] ; le plus petit insecte veut ce qu'il veut aussi pleinement que l'homme : la volonté est partout identique à elle-même. Relativement à l'intelligence, elle est l'aveugle vigoureux portant sur ses épaules le paralytique qui voit clair.

Elle est fondamentale. La volonté de vivre avec l'horreur de la mort qui en résulte, est un fait antérieur à toute intelligence et indépendant d'elle. En elle, est la base de l'identité et du caractère ; « l'homme est enfoncé dans le cœur, non dans la tête ». Elle est la source et le lien de toutes les associations stables : religieuses, politiques, professionnelles. Elle fait la force de l'esprit de parti, de secte, de faction. Que l'on compare la fragilité des amitiés fondées sur la seule analogie des intelligences à celles qui viennent du cœur. Aussi c'est avec une grande raison que les religions ont promis la récompense dans l'éternité aux qualités morales de l'homme, non pas aux dons de l'esprit.

Sa puissance est souveraine. Ce n'est pas la raison qui se sert de la passion, mais la passion qui se sert de la raison pour arriver à ses fins. Sous l'influence d'un désir intense, l'intellect s'élève parfois à un degré de vigueur dont personne ne le croyait capable. Le désir, l'amour, la crainte, rendent perspicace l'entendement le plus obtus. D'ailleurs, si, entre la volonté et l'intelligence, il y avait identité de nature, leur développement irait de pair ; or, rien de plus fréquent qu'un grand esprit avec un médiocre caractère, et « on rencontre parfois des désirs violents, des tendances passionnées et impétueuses unies à un intellect faible, c'est-à-dire à un petit cerveau mal enfermé dans un crâne épais ».

La mémoire que l'on considère ordinairement comme un fait purement intellectuel dépend souvent — nous l'avons vu — de l'état affectif. Ceci n'a pas échappé à Schopenhauer. « Une mémoire même faible retient toujours parfaitement ce qui vaut pour la passion actuellement dominante : l'amoureux n'oublie aucune occasion favorable ; l'ambitieux, rien de ce qui sert ses projets ; l'avare n'oublie jamais la perte subie, ni l'homme fier la blessure faite à son honneur ; le vaniteux retient chaque mot d'éloge, chaque distinction dont il est l'objet... C'est ce qu'on pourrait appeler la mémoire du cœur, plus intime que celle de l'esprit. »

Comment se peut-il que des faits si clairs, si nombreux, d'observation commune, qui n'exigent pour être découverts ni expérimentation ni recherches spéciales, ni même une longue réflexion, aient été généralement méconnus, et que l'opinion contraire ait toujours prédominé, réduisant les manifestations affectives à des « qualités de la sensation », à une « intelligence confuse » et autres formules tant de fois répétées ? Je n'y trouve d'autres raisons que celles-ci. Pendant des siècles, ce sujet a été traité philosophiquement, non psychologiquement, et le procédé philosophique est nécessairement intellectualiste. On ne s'occupait guère que des formes adultes et complexes de la vie affective, sans souci de leur évolution qui, seule, ramène à l'origine. Le rôle des mouvements comme facteurs psychologiques et de l'activité inconsciente était oublié ou méconnu. Les plaisirs et douleurs, sous leurs formes multiples, étaient considérés comme les phénomènes essentiels, au lieu des ressorts cachés qui les suscitent.

En résumé, la psychologie des sentiments a son point de départ dans les émotions complexes que la vie journalière met à chaque instant sous nos yeux. Leur complexité est l'œuvre de notre nature intellectuelle, qui associe, dissocie, mélange et combine des perceptions, des images, des idées, dont chacune, en tant qu'elle se rapporte aux conditions d'existence individuelles ou sociales, aux besoins physiologiques, à l'instinct offensif et défensif de la conservation, aux tendances sociales, morales, religieuses, esthétiques, scientifiques, produit dans l'organisme des effets variables qui, traduits dans la conscience, donnent aux états intellectuels un ton affectif. — L'analyse montre que ces formes complexes sont réductibles à quelques émotions simples. L'émotion simple est elle-même un complexe fait de tendances, c'est-à-dire d'éléments moteurs, et d'états de conscience agréables, pénibles ou mixtes : ces deux facteurs forment un tout en apparence indissoluble. — Enfin, l'élément fondamental (moteur, dynamique) se manifeste sous deux formes : les tendances conscientes ou désirs, les tendances inconscientes ou appétits; entre les deux, identité de nature, avec la conscience en plus pour les premières. De là pour les désirs (forme psychologique), grâce à la conscience, la possibilité d'adaptations multiples et d'une plasticité indéfinie. De là, pour les appétits (forme physiologique), la stabilité, la fixité, l'automatisme, l'absence d'invention et de cet état d'indécision qui naît avec la conscience,

Si nous comprenons toutes les tendances primitives conscientes sous le nom collectif de *désir* (ou de son contraire, l'*aversion*), on trouve sur son *origine* deux thèses en apparence contradictoires. D'après l'une, le désir est un phénomène primitif, antérieur d'une part à toute connaissance, d'autre part à toute expérience de plaisir et de douleur. D'après l'autre, le désir est un phénomène secondaire, l'anticipation d'un plaisir connu à rechercher, d'une peine connue à éviter : celle-ci compte le plus de partisans; elle est d'ailleurs condensée en des dictons et formules axiomatiques bien connus : On ne désire pas ce qu'on ignore; Nous ne pouvons désirer que ce qui nous paraît notre bien; « Le désir est fondé sur un plaisir expérimenté » (Bain). Les deux thèses sont vraies, mais chacune pour un moment distinct et la première seule répond à la question d'origine.

Au premier moment, le désir est antérieur à toute expérience, à toute considération de plaisir ou de peine; il agit comme une force aveugle; c'est une *vis a tergo*, une propulsion qui n'est explicable que par l'organisation physique et mentale. Il est nécessaire qu'il agisse d'abord, sans savoir où il va, sans quoi il n'agirait jamais ou agirait bien tard — ce qui n'est pas.

Au second moment, il est guidé par l'expérience, il repose sur le plaisir et la peine expérimentés, il cherche l'un et fuit l'autre. A lui s'appliquent les dictons précités. C'est la forme définitive et elle embrasse l'immense majorité des cas. Cependant, même chez l'adulte, le désir vague, sans objet, sans but déterminé se rencontre; nous en avons vu des exemples.

La tendance aveugle, quand elle a atteint son but, s'y complaît et le cherche de nouveau, parce que c'est agréable. Mais l'agréable et le désagréable sont des qualités relatives, variant d'un individu à l'autre et d'un moment à l'autre pour le même individu. Que l'organisation physique et mentale change, les tendances changent, la position du plaisir et de la peine change par contre-coup : la pathologie nous en a donné des preuves incontestables.

C'est donc bien la tendance qui est le fait primordial de la vie affective et nous ne pouvons mieux finir qu'en empruntant à Spinoza le passage suivant qui résume tout l'esprit de ce livre : « L'appétit est l'essence même de l'homme, de laquelle découlent nécessairement toutes les modifications qui servent à le conserver... Entre l'appétit et le désir, il n'y a aucune différence, sinon que le désir c'est l'appétit avec conscience de lui-même. Il résulte de tout cela que ce qui fonde l'appétit et le désir, ce n'est pas qu'on ait jugé qu'une chose est bonne; mais, au contraire, l'on juge qu'une chose est bonne, parce qu'on y tend par l'appétit et le désir [1]. »

1. *Ethica*, III. prop., 9. schol.

TABLE DES MATIÈRES

INTRODUCTION

L'ÉVOLUTION DE LA VIE AFFECTIVE

PREMIÈRE PARTIE

PSYCHOLOGIE GÉNÉRALE

CHAPITRE I

LA DOULEUR PHYSIQUE

CHAPITRE II

LA DOULEUR MORALE CHAGRIN, (TRISTESSE)

CHAPITRE III

LE PLAISIR

Voyez : Ossip-Lour

CHAPITRE IV

PLAISIRS ET DOULEURS MORBIDES

CHAPITRE V

LES ÉTATS NEUTRES

CHAPITRE VI

CONCLUSIONS SUR LE PLAISIR ET LA DOULEUR

CHAPITRE VII

NATURE DE L'ÉMOTION

CHAPITRE VIII

CONDITIONS INTÉRIEURES DE L'ÉMOTION

DEUXIÈME PARTIE

PSYCHOLOGIE SPÉCIALE

INTRODUCTION

CHAPITRE I

L'INSTINCT DE LA CONSERVATION SOUS SA FORME PHYSIOLOGIQUE

CHAPITRE II

L'INSTINCT DE LA CONSERVATION SOUS SA FORME DÉFENSIVE
LA PEUR

CHAPITRE III

L'INSTINCT DE LA CONSERVATION SOUS SA FORME OFFENSIVE
LA COLÈRE

CHAPITRE XI

LE SENTIMENT INTELLECTUEL

CHAPITRE XII

LES CARACTÈRES NORMAUX

Coulommiers. — Imp. PAUL BRODARD. — 1906.

www.ingramcontent.com/pod-product-compliance
Lightning Source LLC
Chambersburg PA
CBHW060956280326
41935CB00009B/733